ndes en contact (VIe-XIIIe siècles)

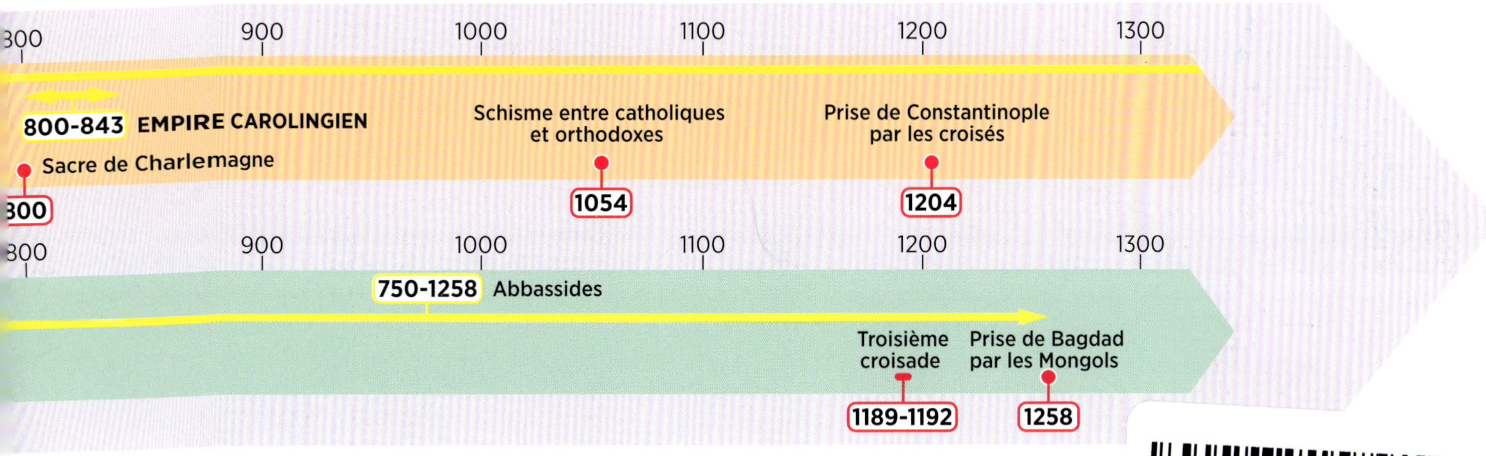

litique dans l'Occident féodal (XIe-XVe siècl

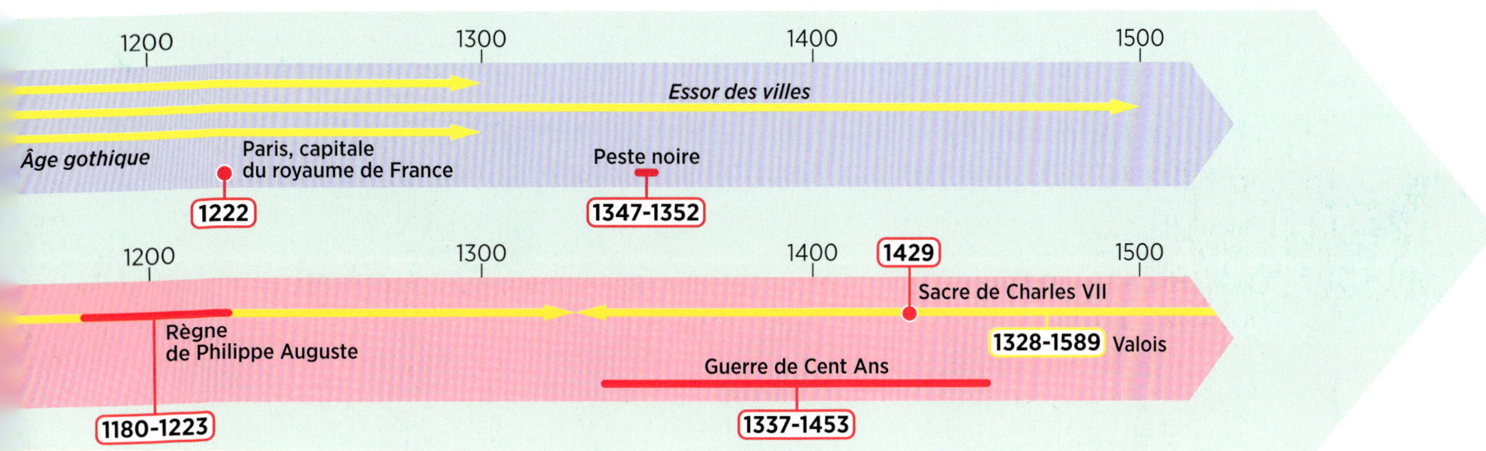

et ouverture sur le monde (XVIe-XVIIe siècles)

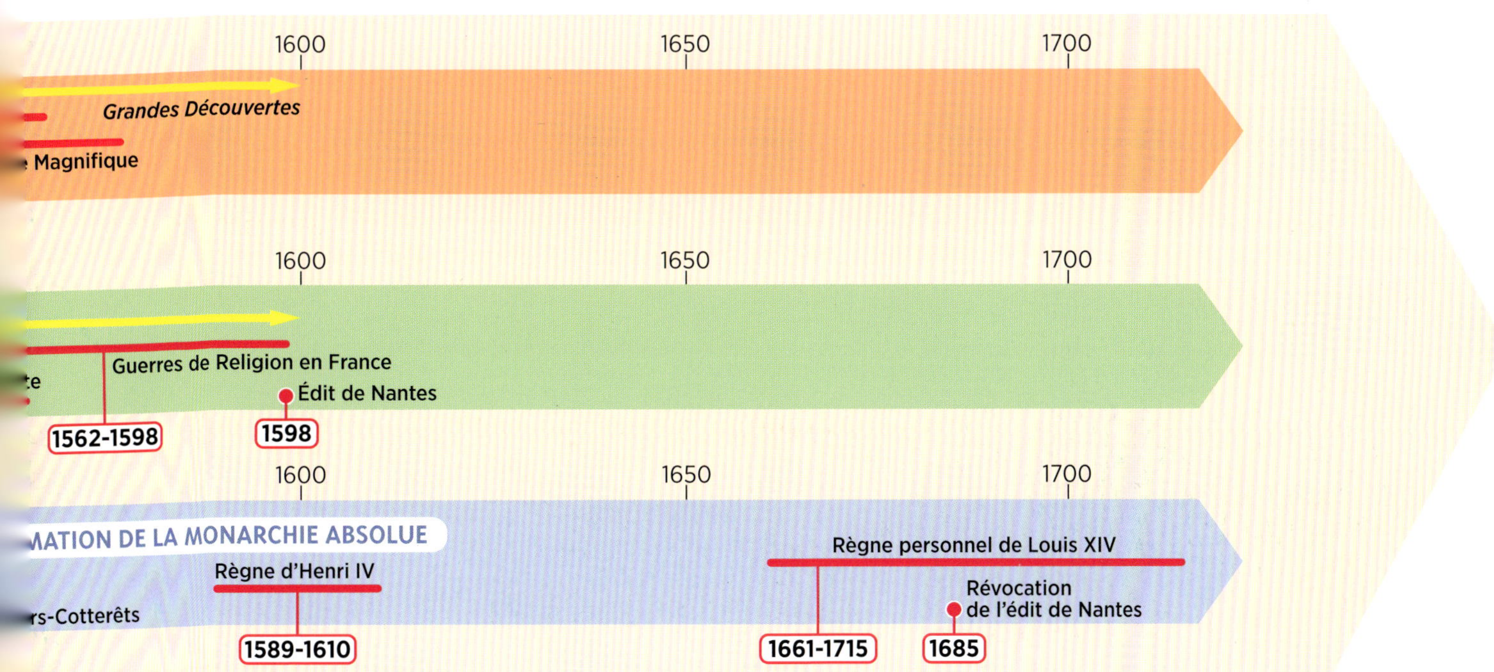

Les ressources de votre manuel

Quiz interactif
14 quiz interactifs

COURS audio
18 cours audio

EXERCICE interactif
60 exercices interactifs

CARTE interactive
30 cartes et frises interactives

VIDÉO en ligne
70 vidéos

CROQUIS à télécharger
45 fonds de cartes, croquis et schémas à compléter

RÉVISE en jouant avec Genially !
14 activités Genially pour réviser en jouant

Comment y accéder ?

Retrouvez immédiatement toutes les ressources de votre manuel en saisissant les mini-liens présents dans votre ouvrage depuis n'importe quel support (smartphone, tablette ou ordinateur).

Exemple : **flashbelin.fr/hgemc5-84**

Ou flashez les QR-Codes des cours audio, Genially et exercices interactifs avec l'appareil photo de votre smartphone ou de votre tablette.

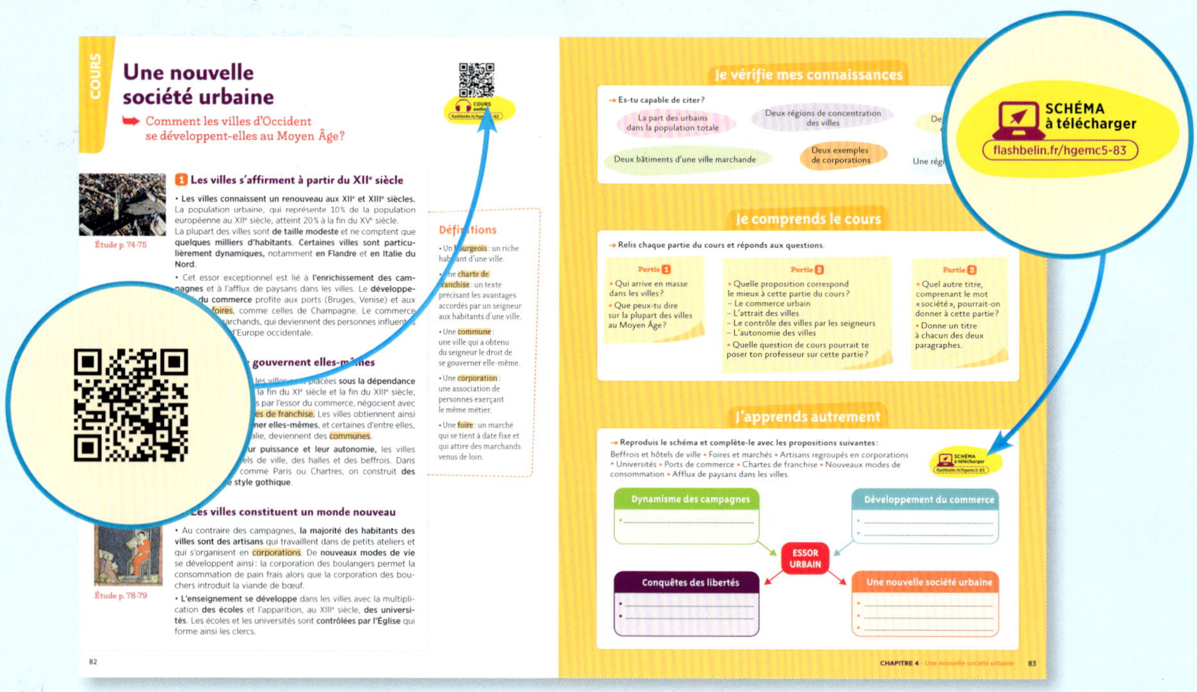

Cycle 4

5e

Nouvelle collection

HISTOIRE
Enseignement moral et civique
GÉOGRAPHIE

COLLECTION
Mondes d'hier
et d'aujourd'hui

Sous la direction de

Stéphane Henry (pour l'histoire-géographie)

Fabien Chaumard (pour l'enseignement moral et civique)

Auteurs

Lucile Bryselbout
Collège Saint-Jean, La Madeleine (59)

Fabien Chaumard
Collège Jacques Mauré, Castelginest (31)

Cédric Delattre
Collège Angellier, Boulogne-sur-Mer (62)

Nathalie Dezitter
Collège Yvonne Abbas, La Madeleine (59)

Renaud Farella
Collège Lucie Faure, Paris (75)

Véronique Frélaut
Collège de la Morinie, Saint-Omer (62)

Stéphane Henry
IA-IPR, Académie de Lille

Paul-Étienne Leclercq
Collège André Streinger, Douai (59)

Baptiste Marque
Collège Jean Macé, Bruay-sur-l'Escaut (59)

Benoît Mazingue
Lycée La Colinière, Nantes (44)

Nadège Muzard
Cité scolaire Marie Curie, Sceaux (92)

Manuel Péro
Collège Miriam Makeba, Lille (59)

Nicolas Pollet
Collège René Cassin, Wizernes (62)

Carine Reynaud
Collège Émilie de Mirabeau, Marignane (13)

Fabien Reynaud
Collège Georges Brassens, Marignane (13)

Agathe Sobreiro
Lycée Jean Jaurès, Châtenay-Malabry (92)

Aurélie Torres-Pradayrol
Collège Jacques Mauré, Castelginest (31)

Belin:
ÉDUCATION

Découvrez

VOTRE MANUEL

Des ouvertures de chapitres

- Deux grands documents questionnés

Un **quiz** pour faire le point sur ses connaissances

Des repères spatiaux-temporels

Une grande **carte** repère

En histoire, une **frise** illustrée

Des **infographies**

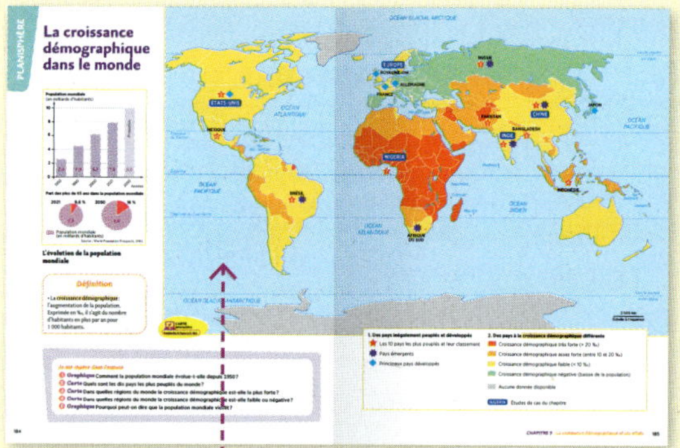

En géographie, le **planisphère** repère du chapitre

Des études et études de cas

- Des **études** de documents riches, en 1 ou 2 pages
- Une grande **variété** d'activités

En histoire et géographie, une **seule grande compétence travaillée** par étude et étude de cas

En EMC, des **débats** et des **études** rythmées par les temps forts de l'année

Des **compléments numériques** accessibles par mini-liens

Pour aller plus loin

En histoire, des dossiers **Histoire des arts**

En géographie, des dossiers **D'hier à demain**, pour une ouverture vers la géohistoire et la géographie prospective

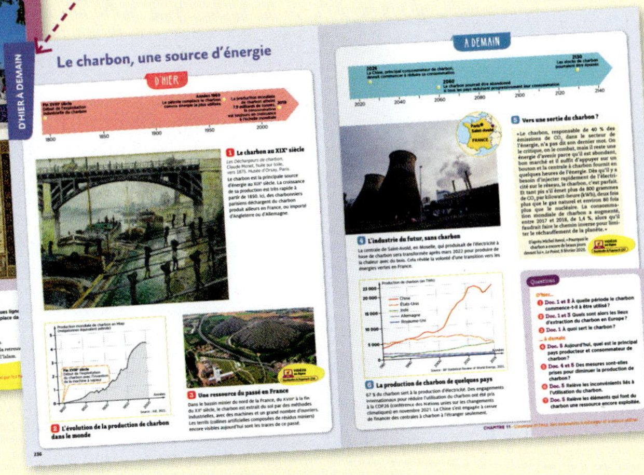

Des cours

La version **audio** proposée pour chaque cours

Un cours par chapitre, clair et synthétique

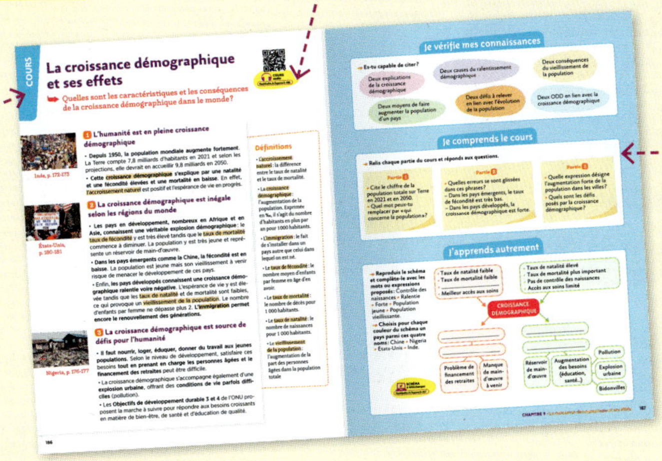

Des activités pour **réviser activement** sa leçon et **s'autoévaluer**

Des méthodes et exercices

Des exercices de **révision**

Un **Genially** par chapitre pour réviser différemment

Des méthodes pour **apprendre autrement** > voir sommaire p. 10

Des exercices d'**approfondissement** pour travailler les compétences

 - ISBN 979-10-358-2277-4

Découvrez
VOTRE MANUEL
Zoom sur la géographie

Des études de cas complètes et variées

• Une étude de cas sur 2 pages

Une **grande compétence** travaillée

Des activités variées

• Un bilan en deux parties

Des **activités** simples sur les informations essentielles à retenir

• Une mise en perspective

Une mise en perspective pour **comparer** le cas étudié avec d'autres pays ou régions du monde

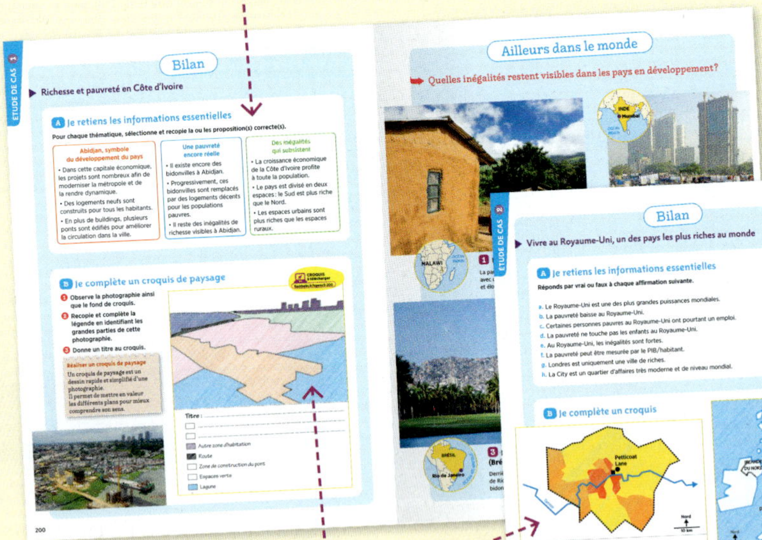

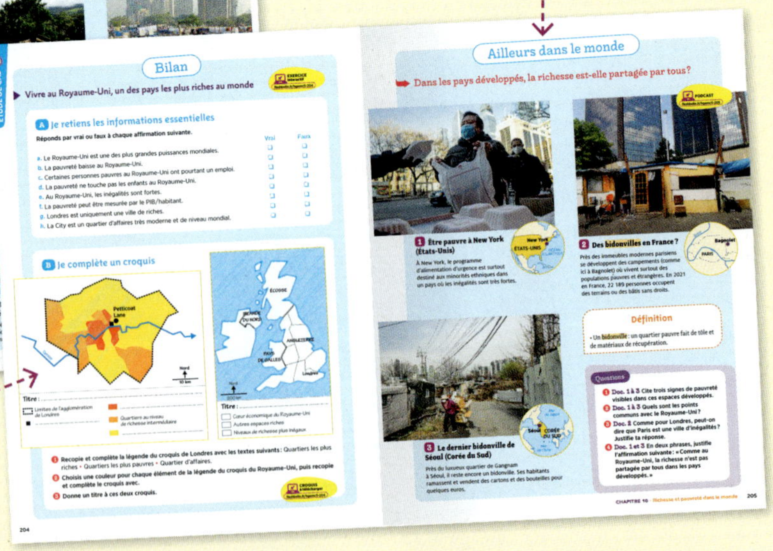

Un **croquis cartographique** ou un **croquis de paysage** à compléter

Les Objectifs de développement durable tout au long de l'année

Selon les ajustements du programme de juillet 2020

• Une présentation générale des ODD en début de la partie Géographie > voir p. 164-165

• En début de chapitre

Dans chaque chapitre, un **focus** sur 2 ODD

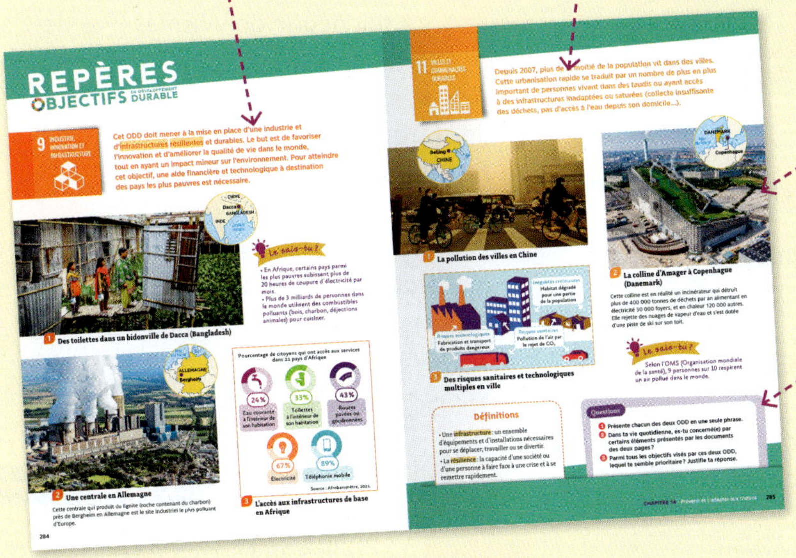

Des documents iconographiques et des infographies qui font un **état des lieux** de la situation actuelle

Des questions pour **se familiariser** avec les thématiques des ODD

• En fin de chapitre

Des exemples d'**initiatives** menées en faveur des ODD

Des **témoignages** de collégiens

Une activité pour **questionner nos modes de vie** et susciter l'**engagement citoyen** des élèves

Sommaire

HISTOIRE

Thème 1

Chrétientés et Islam, des mondes en contact (VIe-XIIIe siècles)

Thème 2

Société, Église et pouvoir politique dans l'Occident féodal (XIe-XVe siècles)

Thème 3
Transformations de l'Europe et ouverture sur le monde (XVIe-XVIIe siècles)

GÉOGRAPHIE

Thème 1
La question démographique et l'inégal développement

Sommaire

Thème 2

Des ressources limitées, à gérer et à renouveler

Thème 3

L'environnement, du local au planétaire

EMC

TABLE DES PLANISPHÈRES

Sommaire

MÉTHODES

APPRENDRE AVEC LE JEU

APPRENDRE AVEC LE NUMÉRIQUE

APPRENDRE AVEC LA BANDE DESSINÉE

POINTS MÉTHODE

Production graphique

Document

Écrit et oral

Travail de groupe

Repérage

Mots de l'historien

COMPÉTENCES

Histoire

Situé en Touraine, le château de Chenonceau enjambe le Cher, affluent de la Loire. Si ses origines remontent au XIIIe siècle, c'est la reine Catherine de Médicis qui fait construire au XVIe siècle les deux galeries superposées. Le château est considéré comme un chef-d'œuvre de la Renaissance.

1 Byzance et l'Europe carolingienne

Comment naissent et évoluent les empires byzantin et carolingien ?

1 L'empereur byzantin Justinien et sa cour

Mosaïque de la basilique Saint-Vital à Ravenne, Italie, VIe siècle.

Justinien, couronné, est entouré de membres importants de sa cour.

Pour bien commencer le chapitre

Fais le point sur ce que tu sais déjà.

Quiz interactif flashbelin.fr/hgemc5-15

1. À quoi l'adjectif « byzantin » fait-il référence ?

a. À un navire de guerre.
b. À un objet religieux.
c. À une ville.

2. Charlemagne fait partie de la dynastie :

a. Mérovingienne.
b. Carolingienne.
c. Capétienne.

3. Une basilique, c'est :

a. Une église.
b. Un aromate.
c. Une bête légendaire.

4. Les empires byzantin et carolingien sont près de la mer :

a. Caspienne.
b. Méditerranée.
c. Baltique.

2 Charlemagne reçoit le pouvoir impérial

Mosaïque de Saint-Jean de Latran, Rome, IXe siècle.

Saint Pierre (A) remet à Charlemagne (B) la bannière impériale, symbole de pouvoir, en présence du pape Léon III (C). La mosaïque illustre l'alliance entre le pape et l'empereur. Ce dernier montre ainsi son attachement au christianisme.

Questions

1 Doc. 1 Identifie l'empereur Justinien et décris-le en quelques mots : position, vêtements, symboles.

2 Doc. 2 Identifie et nomme l'empereur qui apparaît sur la mosaïque. Décris la scène.

REPÈRES

Les empires byzantin et carolingien

Le règne de Justinien marque l'apogée de l'Empire byzantin

Détail d'une mosaïque de la basilique Saint-Vital à Ravenne, Italie, VIe siècle.

527-565

Le schisme provoque la division de la chrétienté en deux Églises

Le pape à Rome en 781, détail d'une miniature du XIVe siècle. Bibliothèque municipale de Castres.

Le patriarche de Constantinople en 813, détail d'une miniature du XIe siècle. Bibliothèque nationale d'Espagne, Madrid.

1054

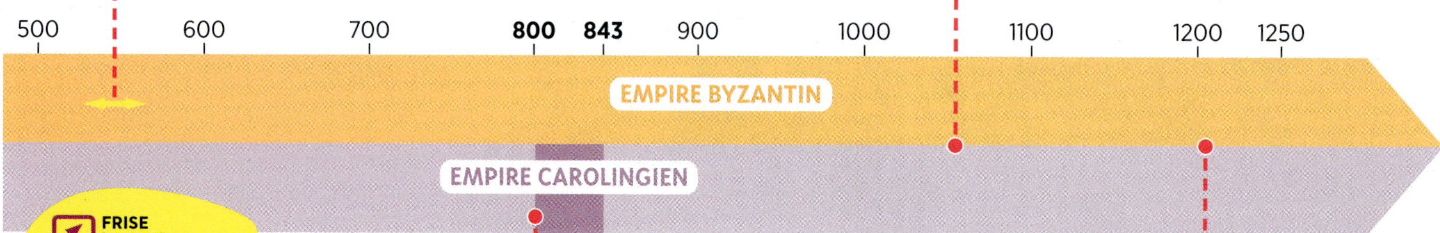

FRISE interactive
flashbelin.fr/hgemc5-16

800

Le sacre de Charlemagne marque le début de l'Empire carolingien

Denier impérial en argent de 810. Bibliothèque nationale de France, Paris.

1204

Les croisés francs s'emparent de Constantinople

Illustration de *La Conquête de Constantinople* de Geoffroy de Villehardouin, vers 1330. Bodleian Libraries, Oxford.

Les empires byzantin et carolingien au IXe siècle

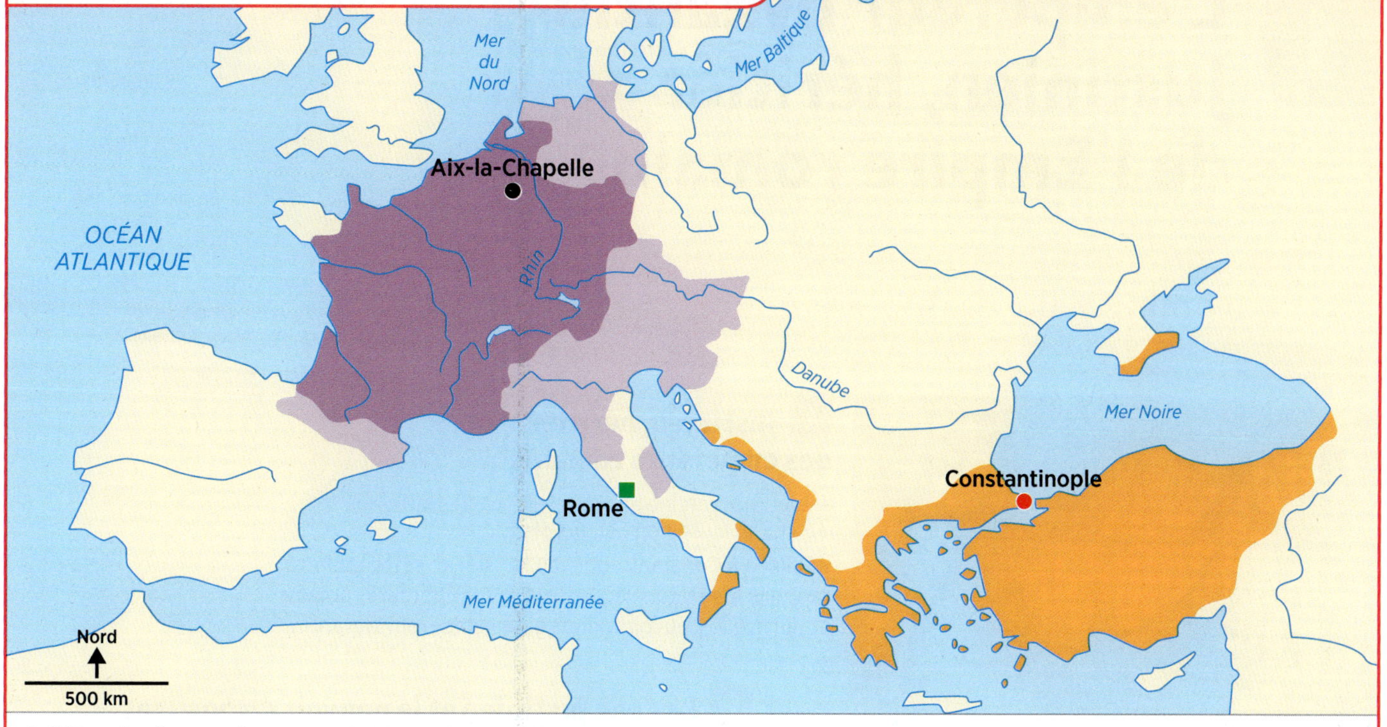

1. L'Empire byzantin
- L'Empire byzantin au IXe siècle
- Capitale impériale

2. L'Empire carolingien
- L'Empire carolingien au début du IXe siècle
- Régions conquises par Charlemagne
- Sacre de Charlemagne
- Capitale impériale

CARTE interactive
flashbelin.fr/hgemc5-17

a. Justinien, empereur en Orient

Règne 527-565

527	532 à 537	540
Arrivée au pouvoir et couronnement de Justinien	Construction de la basilique Sainte-Sophie	Reconquête de l'Italie

b. Charlemagne, empereur en Occident

Règne 768-814

786-799	800	804
Construction du palais d'Aix-la-Chapelle	Sacre de Charlemagne à Rome	Conquête définitive de la Germanie

Définitions

- Les Carolingiens : la deuxième dynastie de rois francs, fondée par Pépin le Bref, le père de Charlemagne.
- L'Empire byzantin : le nom donné à l'Empire romain d'Orient qui a pour capitale Constantinople. Il naît en 395 à la suite de la division de l'Empire romain et disparaît en 1453 avec la chute de Constantinople.
- Le schisme : la séparation de l'Église chrétienne en deux Églises distinctes : catholique à Rome et orthodoxe à Constantinople.

Questions

1. **Schéma b** Date le règne de Charlemagne.
2. **Carte** Quels sont les deux empires visibles sur le document ? Nomme leur capitale.
3. **Schémas a et b** Cite deux pouvoirs communs à Justinien et Charlemagne.

ÉTUDE

COMPÉTENCE TRAVAILLÉE
Analyser un document

1 L'empereur byzantin Justinien, héritier de l'Empire romain

➥ **Comment Justinien utilise-t-il son héritage romain pour établir sa puissance?**

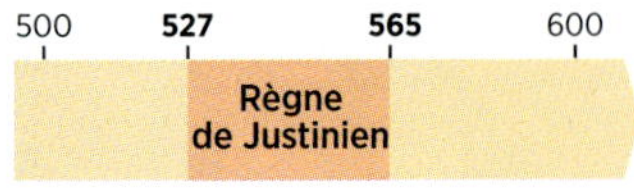

1 Justinien, héritier des empereurs romains

Tablette byzantine en ivoire, dite ivoire Barberini, VIe siècle. Musée du Louvre, Paris.

Réalisée à Constantinople au VIe siècle, cette tablette rappelle les statues équestres des empereurs romains et illustre le pouvoir militaire de l'empereur byzantin.

2 Le Code justinien et le pouvoir du *basileus*

Justinien est à l'origine d'un ensemble de lois très importantes, le Code justinien. Publié en 529, cet ouvrage regroupe les lois romaines autorisées par l'empereur, affirmant ainsi son autorité politique et judiciaire.

« La majesté d'un prince ne doit pas seulement briller par la force des armes, il faut encore qu'elle soit redoutable par l'autorité des lois. Recevez donc ces lois, et rendez-vous si habiles que vous puissiez espérer, après avoir achevé leur lecture, participer au gouvernement de l'empire.
Fait à Constantinople, le XI des calendes de décembre, l'empereur Justinien, toujours Auguste et consul pour la troisième fois. »

D'après Justinien, préface des *Institutes*, 533.

3 Reconstituer l'Empire romain par des conquêtes

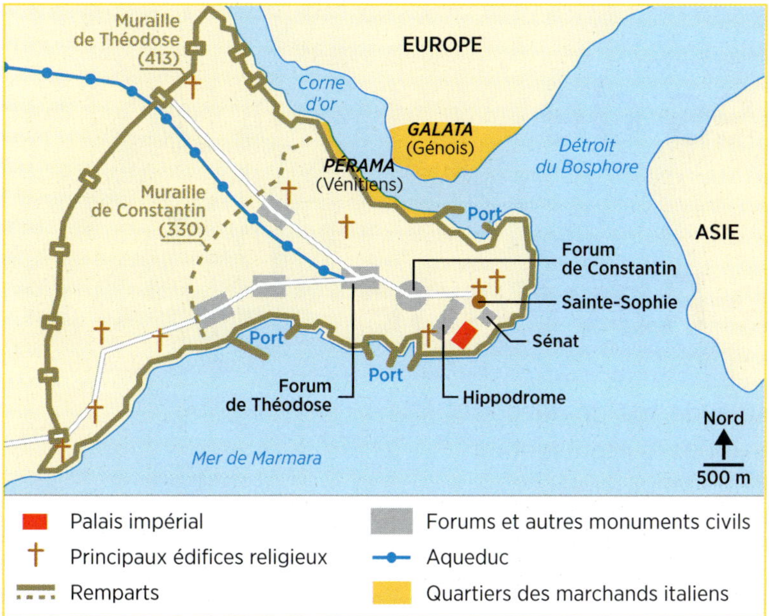

4 Constantinople, capitale de l'Empire byzantin

Constantinople est le nom donné à la ville de Byzance à partir de 330 et pendant tout le Moyen Âge. Aujourd'hui, la ville s'appelle Istanbul.

Définitions

- Le *basileus* : « roi » en grec, le titre donné à l'empereur byzantin, souverain sacré et puissant.
- Une basilique : un bâtiment religieux de grande dimension dans lequel se réunissent les chrétiens.
- Le Moyen Âge : la période qui dure du Ve au XVe siècle.

VIDÉO en ligne flashbelin.fr/hgemc5-19

5 La basilique Sainte-Sophie à Constantinople

A Coupole

B Écrits religieux musulmans datant de 1453 lorsqu'elle devient une mosquée

Activité A

Je comprends le sens général d'un document

1. **Doc. 1** Choisis la phrase qui correspond le mieux à ce que représente la tablette :
   a. Justinien est un chef de guerre ambitieux et intrépide.
   b. Justinien succède aux empereurs romains et montre sa puissance.
   c. Justinien voyage dans tout l'Empire byzantin.
2. **Doc. 5** Quelle image de l'Empire byzantin la basilique donne-t-elle ?

Comprendre le sens général d'un document POINT MÉTHODE

Il est nécessaire d'avoir une compréhension générale d'un document avant d'entrer dans le détail. Pose-toi les questions suivantes : quelle est l'idée principale ? Que veut dire l'auteur ?

J'extrais des informations des documents

3. **Doc. 1 et 2** Quels sont les trois pouvoirs du *basileus* ?
4. **Doc. 3** Nomme trois régions conquises sous Justinien.
5. **Doc. 4** Identifie six lieux qui rappellent la ville antique de Rome.

Activité B

J'extrais des informations pour les classer

À l'aide des documents 4 et 5, recopie et complète le tableau en classant les lieux importants de Constantinople. Tu peux t'aider de l'exemple.

Fonction politique	Palais impérial
Fonctions militaire et commerciale	....
Fonction de service/loisirs	....
Fonction religieuse	....

Retrouve la partie 1 du cours en lien avec cette étude, p. 26.

Les mosaïques de la basilique Saint-Vital de Ravenne

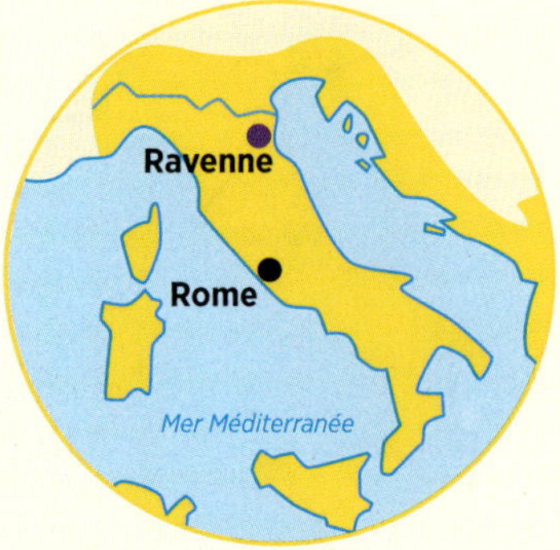

500	527	548	600
	Construction de la basilique		

Lorsque Justinien reconquiert l'Italie en 540, il décide de décorer la basilique Saint-Vital de Ravenne de mosaïques le représentant, ainsi que son épouse, l'impératrice Théodora.

VIDÉO en ligne flashbelin.fr/hgemc5-20

1 Justinien, le *basileus*

Mosaïque de la basilique Saint-Vital à Ravenne, Italie, VIe siècle.

- A L'empereur Justinien, auréolé, montre une coupe d'or au Christ
- B Des hommes de loi, chargés de la gestion de l'empire
- C Maximien, évêque de Ravenne
- D Des soldats, armés de lances et d'un bouclier orné du chrisme
- E Bélisaire, chef de l'armée byzantine

2 L'impératrice Théodora et sa cour

Mosaïque de la basilique Saint-Vital à Ravenne, Italie, VIe siècle.

- A L'impératrice Théodora, présentant un vase au Christ
- B Deux grands personnages
- C Sept dames d'honneur

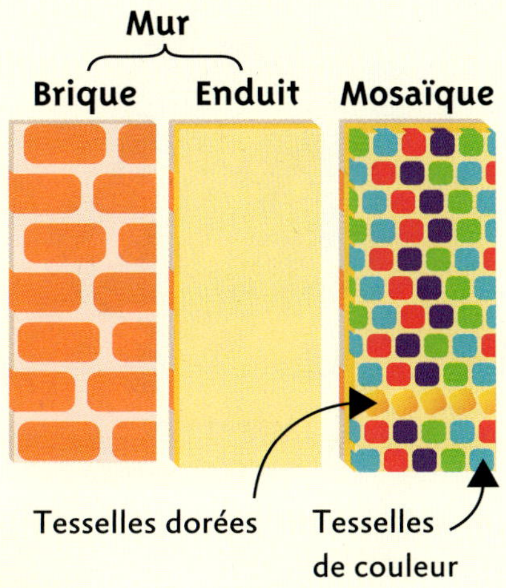

3 **L'art de la mosaïque, une technique ingénieuse**

Afin d'accrocher la lumière, l'utilisation de l'or et l'inclinaison des tesselles permettent de créer un effet lumineux qui rend les mosaïques de Ravenne uniques au monde.

Définitions

- Le **chrisme** : X et P, les premières lettres du mot « Christ » en grec.
- Une **mosaïque** : une décoration faite de petits cubes colorés (tesselles) incrustés dans du ciment.

4 **Le chœur de la basilique**

Activité A

Je situe une œuvre dans son contexte

1. **Doc. 1 et 2** Nomme tous les symboles liés au christianisme.
2. **Doc. 1 et 2** À ton avis, pourquoi Justinien a-t-il fait faire ces mosaïques après la conquête de l'Italie ?

J'utilise un vocabulaire adapté pour étudier une œuvre

3. **Doc. 1 à 4** Recopie les définitions suivantes et retrouve les mots correspondants :
   a. Assemblage de tesselles retenues par un ciment et colorées de façon à former un dessin.
   b. Symbole chrétien signifiant « Christ » en grec.
   c. Nom donné aux églises des premiers chrétiens.

J'analyse une œuvre

4. **Doc. 1** Attribue à chaque personnage ou groupe de personnages l'un des pouvoirs suivants : pouvoir politique • pouvoir religieux • pouvoir judiciaire • pouvoir militaire.
5. **Doc. 4** Pourquoi Justinien et Théodora sont-ils représentés de part et d'autre du Christ ?

Activité B

Je construis un exposé Oral

À l'aide des documents, construis un exposé de quelques minutes sur les mosaïques de Ravenne.

Coup de pouce

→ Décris les deux mosaïques impériales : emplacement, couleurs, personnages, thèmes…

→ Observe attentivement les personnages impériaux et demande-toi quelle image de l'empereur et de son épouse est transmise.

COMPÉTENCE TRAVAILLÉE
Pratiquer différents langages

Charlemagne, un empereur carolingien

Comment Charlemagne fait-il renaître l'empire en Occident ?

768 — 800 — 814
Sacre à Rome (800)
Règne de Charlemagne

Le sais-tu ? Contrairement aux idées reçues, ce n'est pas Charlemagne qui invente l'école. Cependant, l'empereur contribue à l'ouverture des classes au plus grand nombre. La lecture, l'écriture, le chant, la prière sont ainsi enseignés dans les monastères et les cathédrales de l'empire.

1 Charlemagne et l'héritage des empereurs romains

Denier impérial en argent de 810. Bibliothèque nationale de France, Paris.

Cette monnaie porte des inscriptions en latin, devenue la langue officielle de l'empire sur ordre de Charlemagne.

2 Le sacre de Charlemagne à Rome

« Vint le jour de la Nativité [naissance] de Notre Seigneur Jésus-Christ dans la basilique du bienheureux apôtre Pierre. Le vénérable pape Léon, de ses propres mains, couronna Charles d'une très précieuse couronne. Alors l'ensemble des fidèles romains, voyant combien il avait défendu et aimé la Sainte Église romaine et son pape, poussèrent d'une voix unanime, par la volonté de Dieu et du bienheureux Pierre, l'acclamation : "Charles très pieux[1] auguste, par Dieu couronné grand et pacifique empereur, vie et victoire." Et par tous, il fut institué empereur des Romains. Puis le pape appliqua l'huile sainte à Charles. »

D'après le *Livre des papes*, 800.

1. Croyant.

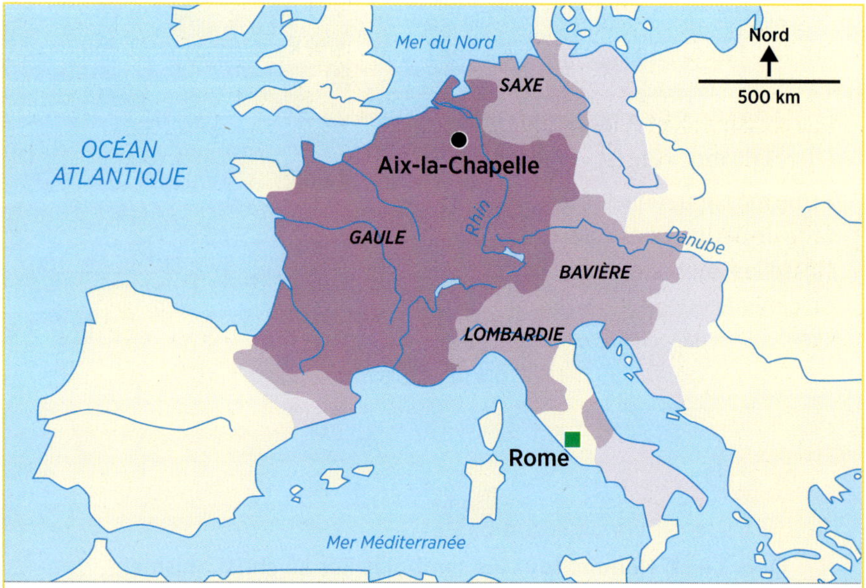

- Royaume des Francs de Charlemagne en 768
- Conquêtes de Charlemagne
- Régions soumises à l'influence de Charlemagne
- ● Capitale de l'Empire carolingien
- ■ Sacre de Charlemagne en 800

3 Charlemagne, un empereur conquérant

Définitions

- Un **comte** : une personne qui dirige un domaine appelé comté.
- Le **sacre** : la cérémonie religieuse par laquelle un roi ou un empereur affirme recevoir ses pouvoirs de Dieu.

4 Le palais d'Aix-la-Chapelle, siège du pouvoir impérial

Reconstitution du palais d'Aix-la-Chapelle, dont la construction a lieu de 792 à 805.

- A Salle du trône
- B Salle de réception des comtes et des ambassadeurs étrangers
- C Curie (tribunal royal)
- D Chapelle palatine
- E Atrium (lieu de rassemblement des fidèles)
- F Thermes

5 Les *missi dominici*, les « envoyés spéciaux » de Charlemagne

Illustration des *Grandes Chroniques de France*, XVe siècle. Bibliothèque municipale de Châteauroux.

Les *missi dominici*, bien souvent des évêques, sont chargés de surveiller les comtes et de veiller à la bonne application des lois dans tout l'empire. Ils rédigent ensuite des rapports écrits remis à Charlemagne.

Activité A

J'utilise un vocabulaire adapté

1 **Doc. 1 à 5 Pour justifier chaque affirmation, rédige une phrase en utilisant les mots proposés.**

a. Charlemagne est le successeur des empereurs romains.
> Auguste • empereur • latin

b. Charlemagne administre son empire.
> comtes • *missi dominici* • représentants • empire

c. Charlemagne est un souverain chrétien.
> sacré • 800 • pape • chapelle palatine

d. Charlemagne est un empereur puissant et conquérant.
> conquêtes • territoires • armée carolingienne

J'écris pour décrire

2 **Doc. 1 et 4 Décris en quelques lignes l'Empire carolingien : sa capitale, son chef, les territoires dominés et conquis.**

Activité B

Je m'exprime à l'oral Oral

À l'aide des documents, raconte à l'oral en quelques phrases comment Charlemagne restaure l'empire en Occident.

Coup de pouce

Repère les informations utiles dans les documents :
→ Mots importants : empereur, palais, capitale.
→ Personnages majeurs : les comtes, les *missi dominici*, l'armée.
→ Moments-clés : les conquêtes, le sacre.

Retrouve la partie 2 du cours en lien avec cette étude, p. 26.

COMPÉTENCE TRAVAILLÉE
Raisonner et justifier

ÉTUDE

3 Diplomatie et guerre entre empires

➥ Quelles relations les empires autour de la Méditerranée entretiennent-ils ?

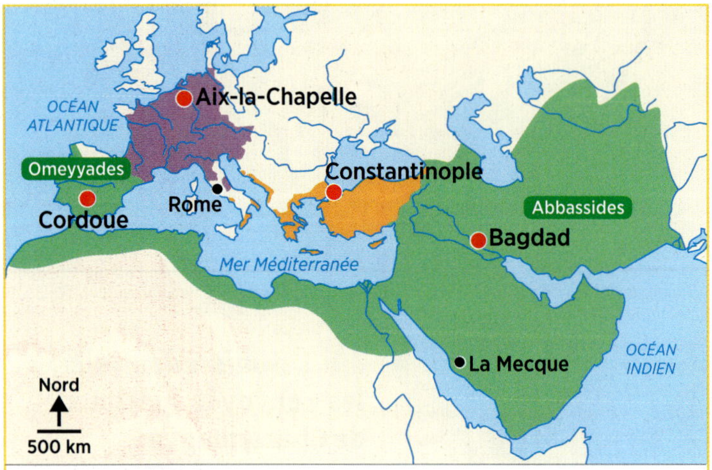

- L'Empire carolingien en 814
- L'Empire byzantin vers 800
- Le monde musulman au IXe siècle
- ● Capitales
- ● Autres villes importantes

1 Le bassin méditerranéen au IXe siècle

2 Un cadeau diplomatique

Détail d'une fresque romane, XIIe siècle. Musée du Prado, Madrid.

Parmi les cadeaux d'Haroun Al-Rachid offerts à Charlemagne, on compte un éléphant blanc. Ce somptueux présent entretient les relations diplomatiques et l'alliance commune contre l'Empire byzantin.

3 Haroun Al-Rachid et l'empereur byzantin : une relation conflictuelle

En 806, l'empereur byzantin Nicéphore (750-811) décide d'attaquer les territoires du chef musulman abbasside Haroun Al-Rachid.

« L'empereur byzantin attaqua avec une armée nombreuse les frontières de la Syrie. Haroun marcha contre lui à la tête de cent mille hommes et s'empara de plusieurs villes du pays de Rome. L'empereur byzantin Nicéphore fut obligé de conclure la paix ; il promit de payer tous les ans trois cent mille dinars et de respecter le territoire musulman. Haroun, de retour en Irak, fut informé que Nicéphore avait violé le traité de paix et qu'il avait envahi le territoire musulman. Haroun revint sur ses pas, entra dans le pays de Rome et détruisit un grand nombre de villes. Nicéphore fut de nouveau obligé de faire la paix, et Haroun s'en retourna. »

D'après Tabari, historien arabe, *Chronique des prophètes et des rois*, début du Xe siècle.

Définition

• La diplomatie : l'alliance politique entre plusieurs personnes.

Activité

J'identifie des acteurs

1 **Doc. 1 à 3** Nomme chacun des trois acteurs suivants : l'empereur byzantin • l'empereur d'Occident • le chef musulman abbasside.

J'identifie les liens entre les acteurs

2 **Doc. 2 et 3** Caractérise pour chaque duo ci-dessous leur relation.
a. Charlemagne et Haroun Al-Rachid.
b. Haroun Al-Rachid et Nicéphore.
c. Charlemagne et Nicéphore.

3 **Doc. 1 à 3** Contre quel ennemi Charlemagne et Haroun Al-Rachid font-ils alliance ? Justifie ta réponse.

Retrouve la partie 3 du cours en lien avec cette étude, p. 26.

ÉTUDE

COMPÉTENCE TRAVAILLÉE
Coopérer et mutualiser

4 La division entre chrétiens d'Orient et chrétiens d'Occident

Comment et pourquoi la chrétienté se divise-t-elle progressivement ?

L'Empire byzantin et l'Occident, héritiers de l'Empire carolingien, sont des rivaux économiques et sont en désaccord religieux. La séparation entre Rome et Constantinople se fait progressivement, avec comme point de départ l'année 1054 qui crée deux Églises : l'Église orthodoxe (Orient) et l'Église catholique (Occident). La rupture est définitive en 1204.

1 Désaccords entre chrétiens : le schisme de 1054

« L'Église d'Orient, dirigée par le patriarche de Constantinople, et celle d'Occident, dirigée par le pape, pratiquent la religion chrétienne de manière différente. En 1054, le pape Léon IX décide de simplifier les traditions chrétiennes. Les points de discorde sont nombreux : les baptisés sont immergés[1] trois fois en Orient, une fois seulement en Occident ; le calendrier des fêtes n'est pas le même ; la langue de la messe est le grec en Orient, le latin en Occident ; les latins communient avec un pain sans levain alors que les orthodoxes utilisent un pain fermenté ; les prêtres d'Orient portent la barbe et se marient alors que les prêtres catholiques sont imberbes[2] et doivent rester célibataires. Toutes ces différences ont conduit les deux Églises à se séparer. On retient habituellement la date de 1054 pour le schisme. En réalité, la séparation se fit progressivement. La véritable rupture eut lieu deux siècles plus tard. »

D'après Alain Ducellier, *Byzance et le monde orthodoxe*, Armand Colin, 2006.

1. Plongés entièrement dans l'eau.
2. Sans barbe.

2 La prise de Constantinople par les croisés

Illustration de *La Conquête de Constantinople* de Geoffroy de Villehardouin, vers 1330. Bodleian Libraries, Oxford.

Durant la quatrième croisade, les croisés d'Occident (A) s'emparent en 1204 de Constantinople (B) et y installent un Empire latin d'Orient jusqu'en 1261. Le pillage de la ville marque le début de l'affaiblissement de l'Empire byzantin, mais aussi la rupture définitive entre les deux Églises.

Définitions

- Un **croisé** : un chrétien d'Occident qui participe aux croisades.
- Le **schisme** : la séparation de l'Église chrétienne en deux Églises distinctes : catholique à Rome et orthodoxe à Constantinople.

Je travaille en groupe

ÉTAPE 1 : Avec ton groupe, rassemble les informations contenues dans les documents sur une des deux Églises en complétant le tableau ci-dessous.

ÉTAPE 2 : Avec un élève qui a travaillé sur l'autre Église, rédigez un texte de quelques lignes sur la division de la chrétienté entre 1054 et 1204.

	Église d'Occident (catholiques)	Église d'Orient (orthodoxes)
Chef religieux	....	....
Capitale	....	....
Langue de la messe	....	....
Baptême	....	....
Prêtres	....	....
Événement qui divise les deux Églises	....	

Retrouve la partie 3 du cours en lien avec cette étude, p. 26.

Byzance et l'Europe carolingienne

Comment naissent et évoluent les empires byzantin et carolingien?

COURS audio
flashbelin.fr/hgemc5-26

Étude p. 18-19

1 L'empereur byzantin est chrétien et romain

• C'est sous le règne de **Justinien (527-565)** que l'Empire byzantin **domine le bassin méditerranéen** grâce à des conquêtes. L'empereur est appelé ***basileus*** («roi» en grec). **Il s'appuie sur l'armée et sur l'Église** pour gouverner et restaurer l'ancien Empire romain.

• **Considéré comme l'élu de Dieu sur Terre,** il dirige son empire depuis **la capitale, Constantinople**, et y impose **le christianisme et les lois romaines** grâce au Code Justinien.

• Grâce à sa **position stratégique de carrefour entre Orient et Occident**, l'Empire byzantin prospère jusqu'au XIe siècle avant de faire face aux attaques des Turcs. En 1453, la prise de Constantinople fait disparaître l'empire.

Étude p. 22-23

2 L'empereur carolingien est chrétien et romain

• En Occident, **Charlemagne se place en successeur de l'Empire romain** grâce à ses nombreuses conquêtes militaires et sa volonté de diffuser le christianisme. Il est sacré empereur d'Occident à Rome en 800.

• C'est à **Aix-la-Chapelle, sa capitale**, que Charlemagne fait construire son palais. L'empereur carolingien s'entoure de **conseillers et d'hommes puissants** (comtes, évêques) qu'il fait surveiller par ses *missi dominici*.

• L'empire disparaît en 843, quand les petits-fils de Charlemagne se le partagent en trois royaumes.

Études p. 24-25

3 Le christianisme est la religion des deux empires

• Les empereurs, sacrés et couronnés par leur chef religieux, font construire des **lieux de culte imposants**. Cependant, les pratiques religieuses s'éloignent entre les chrétiens d'Orient et d'Occident.

• L'**opposition entre les deux Églises** est marquée aussi par l'existence de deux chefs: le pape résidant à Rome et le patriarche de Constantinople.

• En 1054, **c'est le schisme**. L'Église orthodoxe et l'Église catholique rompent de manière définitive quand les croisés pillent Constantinople en 1204.

Définitions

• Les Carolingiens: la deuxième dynastie de rois francs, fondée par Pépin le Bref, le père de Charlemagne.

• L'Église catholique: l'Église d'Occident, fidèle au pape qui la dirige depuis Rome.

• L'Église orthodoxe: l'Église chrétienne byzantine que dirige le patriarche de Constantinople.

• L'Empire byzantin: le nom donné à l'Empire romain d'Orient qui a pour capitale Constantinople. Il naît en 395 à la suite de la division de l'Empire romain et disparaît en 1453 avec la chute de Constantinople.

Je vérifie mes connaissances

→ **Es-tu capable de citer ?**

- Deux empires héritiers de l'Empire romain
- Deux capitales impériales
- Les deux Églises à partir de 1054
- Le lieu du sacre de Charlemagne
- Un titre de l'empereur byzantin
- Deux chefs religieux

Je comprends le cours

→ **Relis chaque partie du cours et réponds aux questions.**

Partie 1

- Cite un empereur byzantin.
- Date son règne.
- Quels termes de la leçon peux-tu remplacer par :
  – Roi byzantin ?
  – Empire romain d'Orient ?

Partie 2

- Cite un empereur carolingien.
- Quels termes de la leçon peux-tu remplacer par :
  – Couronné ?
  – seigneurs puissants ?
- Donne un titre à chacun des trois paragraphes.

Partie 3

- Quelle proposition correspond le mieux à cette partie du cours ?
  – L'unité des chrétiens
  – La diffusion de la chrétienté
  – La rupture entre chrétiens
- Quelle question de cours pourrait te poser ton professeur sur cette partie ?

J'apprends autrement

→ **Reproduis le schéma et complète-le avec les propositions suivantes :**
patriarche • Charlemagne • catholique • 527 • Schisme • Constantinople • 1204 • 565.

SCHÉMA à télécharger
flashbelin.fr/hgemc5-27

L'Empire byzantin	L'Empire carolingien
Justinien (...... - ......)	.... (768-814)
Capitale :	Capitale : Aix-la-Chapelle
Une Église orthodoxe dirigée par le	Une Église .... dirigée par le pape

Des rivalités et ruptures entre Orient et Occident

← .... de 1054

→ Prise de Constantinople par les croisés francs en ....

JE RÉVISE

RÉVISE en jouant avec Genially ! + EXERCICES interactifs
flashbelin.fr/hgemc5-28

1 Je révise les repères historiques

Situe dans le temps chacun des repères suivants en les écrivant dans l'ordre chronologique.
Associe chaque repère à une date.

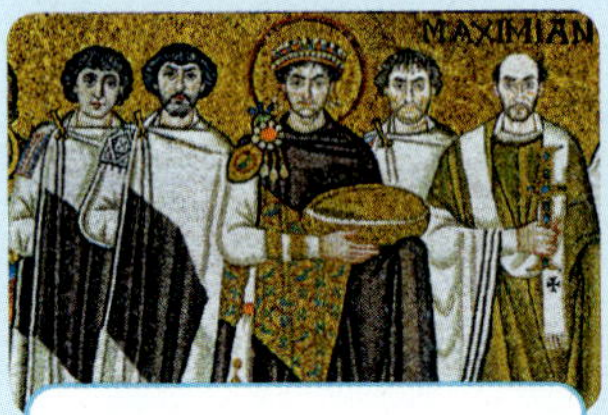

Le règne de Justinien

Le schisme

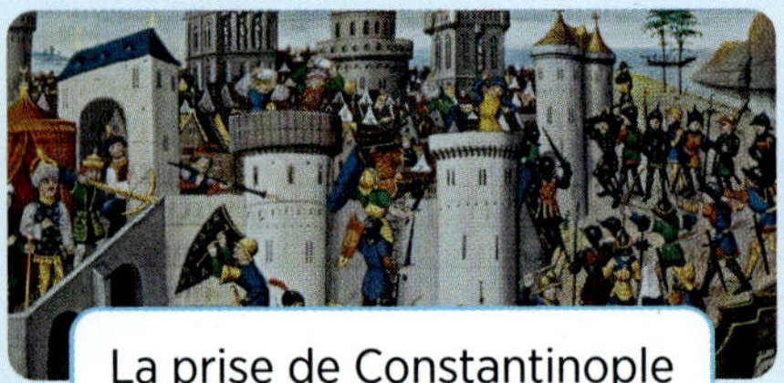
La prise de Constantinople par les croisés

Le sacre de Charlemagne

2 Je révise les repères géographiques

Recopie la légende et complète-la avec les noms :

a. Des deux empires.
b. Des deux capitales.
c. Des deux chrétientés.
d. Des chefs des deux Églises.

CARTE à télécharger
flashbelin.fr/hgemc5-28

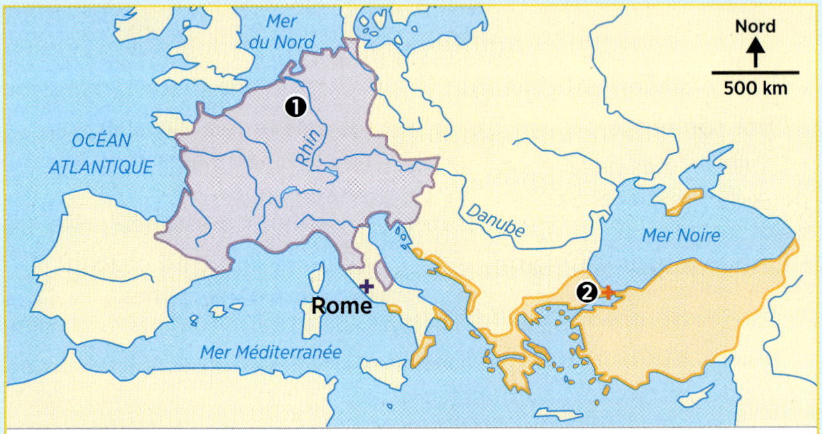

Deux empires
- ☐ ....
- ☐ ....

❶ ....
❷ ....

Deux chrétientés
- ■ .... ✚ Siège du ....
- ■ .... ✚ Siège du ....

3 Je révise en jouant

Jules César utilise un code secret pour crypter certains messages.
Il a inventé son propre alphabet en décalant chaque lettre de trois places dans l'alphabet.
À toi de déchiffrer quatre mots à l'aide de l'alphabet de César.

Tu peux t'aider de l'exemple suivant :
C'est le nom des premières églises chrétiennes. → EDVLOLTXH : Basilique

A	B	C	D	E	F	G	H	I	J	K	L	M	N	O	P	Q	R	S	T	U	V	W	X	Y	Z
↑	↑	↑	↑	↑	↑	↑	↑	↑	↑	↑	↑	↑	↑	↑	↑	↑	↑	↑	↑	↑	↑	↑	↑	↑	↑
D	E	F	G	H	I	J	K	L	M	N	O	P	Q	R	S	T	U	V	W	X	Y	Z	A	B	C

a. Elles sont considérées comme des chefs-d'œuvre de l'art byzantin. → PRVDLTXHV

b. Ils peuvent être considérés comme des « espions » au service de Charlemagne. → PLVVL GRPLQLFL

c. C'est l'ancien nom de la capitale de l'Empire byzantin. → EBCDQFH

d. C'est une église privée, servant de lieu de prière. → FKDSHOOH

J'apprends avec le jeu *Taboo*

Jouer est un excellent moyen d'apprendre et de réviser.
Voici un jeu de mots interdits à créer au fur et à mesure de tes cours ou à la fin de l'année pour tout réviser.

1 Les joueurs sont répartis dans plusieurs équipes et **doivent faire deviner** à leurs coéquipiers **un maximum de mots** dans un temps limité.

2 Pour chaque terme à faire deviner, **une carte indique des mots interdits à ne pas prononcer**. Si tu prononces un de ces mots, le point est perdu et tu passes à la carte suivante. Chaque mot trouvé fait gagner un point. L'équipe qui a remporté le plus de points gagne la partie.

3 Pour créer tes cartes, **identifie un maximum de mots-clés de ton cours** : personnages, dates, événements.

4 Écris sur chaque carte **au moins cinq mots « interdits »** qui ne pourront pas être utilisés. L'objectif est d'exploiter les mots spécifiques du cours.

5 Lorsque **toutes tes cartes sont réalisées**, tu peux jouer avec tes camarades ou ta famille.

➡ **Sur le modèle ci-dessus, réalise tes cartes *Taboo* sur les empires byzantin et carolingien à l'aide du cours p. 26 et du reste du chapitre p. 14 à 25.**

➡ **Tu peux t'aider des mots suivants à faire deviner : Charlemagne, schisme, patriarche, pape, Carolingiens, sacre, *missi dominici*, comtes, basilique, mosaïques, *basileus*. N'hésite pas à la compléter !**

MODÈLES à télécharger flashbelin.fr/hgemc5-29

JE M'ENTRAÎNE

1 Je confronte un document à ce que je sais sur les empires byzantin et carolingien

Analyser un document

1 Quels empereurs reconnais-tu sur les documents A et C ?

2 Quelle image les deux empereurs des documents A et C souhaitent-ils donner ?

3 Quelles sont les deux Églises représentées par le pape et le patriarche du document B ?

4 Fais correspondre chaque document à une date ou une période.

A Statue en pierre, monastère de Saint-Jean-Baptiste de Müstair, Suisse, IXe siècle.

B Miniature grecque, XVe siècle. Bibliothèque nationale, Palerme.

C Détail d'une mosaïque de la basilique Sainte-Sophie, Istanbul, Turquie.

2 Je me pose des questions sur la gestion de l'Empire carolingien

Raisonner et justifier

Le rapport d'un des *missi dominici* à Charlemagne

Miniature de la *Bible de Charles le Chauve*, IXe siècle. Bibliothèque nationale de France, Paris.

Un représentant des *missi dominici* est en train de lire son rapport écrit à Charlemagne, accompagné de ses comtes dans son palais.

1 À ton avis, où est Charlemagne sur le document ?

2 Comment se distingue-t-il des autres ?

3 Qui sont les autres personnages de la scène qui accompagnent Charlemagne ?

4 Formule une hypothèse pour expliquer l'utilité de ces personnes pour Charlemagne.

3 J'écris pour expliquer le pouvoir de Justinien

Pratiquer différents langages

À l'aide de tes connaissances, rédige un texte de cinq lignes environ qui explique pourquoi Justinien est un empereur héritier de l'Empire romain.

Pour t'aider, tu peux aller chercher des informations dans l'étude 1 p. 18-19 et dans le cours p. 26.

Expliquer — POINT MÉTHODE

Expliquer consiste à chercher les causes. Au sens large, cela revient à faire comprendre, à rendre compréhensibles un événement, un phénomène, une situation.

4 J'étudie un témoignage sur la prise de Constantinople

Analyser un document

La prise de Constantinople

Robert de Clary (vers 1170-1216) est un des chrétiens d'Occident qui participent à la prise de Constantinople en 1204.

« Constantinople est alors prise et pillée. Puis après, on commanda que tout le butin fût apporté à une abbaye qui était dans la ville. Et le butin était si riche et comportait tant de riche vaisselle d'or et tant de riches joyaux que c'était une vraie merveille. Jamais, depuis que le monde fut créé, on ne vit ni ne conquit un butin aussi grand, aussi noble, aussi riche, ni au temps d'Alexandre, ni au temps de Charlemagne, ni avant, ni après. Et je ne crois pas, quant à moi, que dans les quarante plus riches cités du monde il y aurait autant de richesses qu'on en trouva à l'intérieur de Constantinople. Et ceux qui devaient garder le butin prenaient les joyaux d'or ou des étoffes de soie brodée d'or, et puis ils l'emportaient. C'est de cette façon qu'ils commencèrent à voler, si bien qu'on ne fit jamais de partage pour le commun de l'armée, sauf pour le gros argent, comme les bassines d'argent que les dames de la cité emportaient aux bains. »

D'après Robert de Clary, *La Conquête de Constantinople*, XIIIe siècle.

1. Qui est l'auteur du texte ? Que fait-il à Constantinople en 1204 ?
2. Cite trois passages du texte qui montrent l'enthousiasme de Robert de Clary pour le butin pris à Constantinople.
3. D'après tes connaissances, nomme l'empire dont Constantinople est la capitale, ainsi que sa religion officielle.
4. L'auteur du texte partage-t-il cette même religion ? Justifie ta réponse.

5 Je m'informe sur les manuscrits carolingiens pix

S'informer dans le monde du numérique

→ Rends-toi sur le site expositions.bnf.fr/carolingiens/
→ Clique sur « L'exposition en images » puis sur « Les empereurs et le livre ».
→ Fais défiler les pages à l'aide des flèches du bas.

1. Quels sont les lieux de production des manuscrits carolingiens ?
2. Nomme quatre métiers d'artisanat liés aux manuscrits.
3. Quels sont les trois centres d'intérêt qui guident les lectures de Charlemagne ?
4. Comment certains manuscrits carolingiens montrent-ils la volonté des Carolingiens de renouer avec l'ancienne Rome ?

SITE internet flashbelin.fr/hgemc5-31

2 Des débuts de l'Islam à la prise de Bagdad par les Mongols

➡ Comment un nouveau monothéisme donne-t-il naissance à un vaste empire à partir du VIIe siècle ?

1 Les villes arabo-musulmanes connaissent un essor grâce aux échanges

Miniature des *Séances* d'Al-Hariri, XIIIe siècle. Bibliothèque nationale de France, Paris.

- A Minaret
- B Mosquée
- C Souks (marchés)
- D Marchands caravaniers

Pour bien commencer le chapitre

Fais le point sur ce que tu sais déjà.

Quiz interactif
flashbelin.fr/hgemc5-33

1. Quelle est la religion des musulmans ?

a. Le judaïsme.
b. Le christianisme.
c. L'islam.

2. Qu'est-ce qu'un monothéisme ?

a. Le fait de croire en plusieurs dieux.
b. Le fait de croire en un seul dieu.
c. Le fait de ne croire en aucun dieu.

3. Dans quel conte adapté en dessin animé voit-on un sultan et un vizir ?

a. *Ali Baba et les Quarante voleurs*.
b. *Aladdin*.
c. *Shéhérazade*.

4. Dans quelle ville arabo-musulmane se déroule le conte *Aladdin* ?

a. Cordoue.
b. Damas.
c. Bagdad.

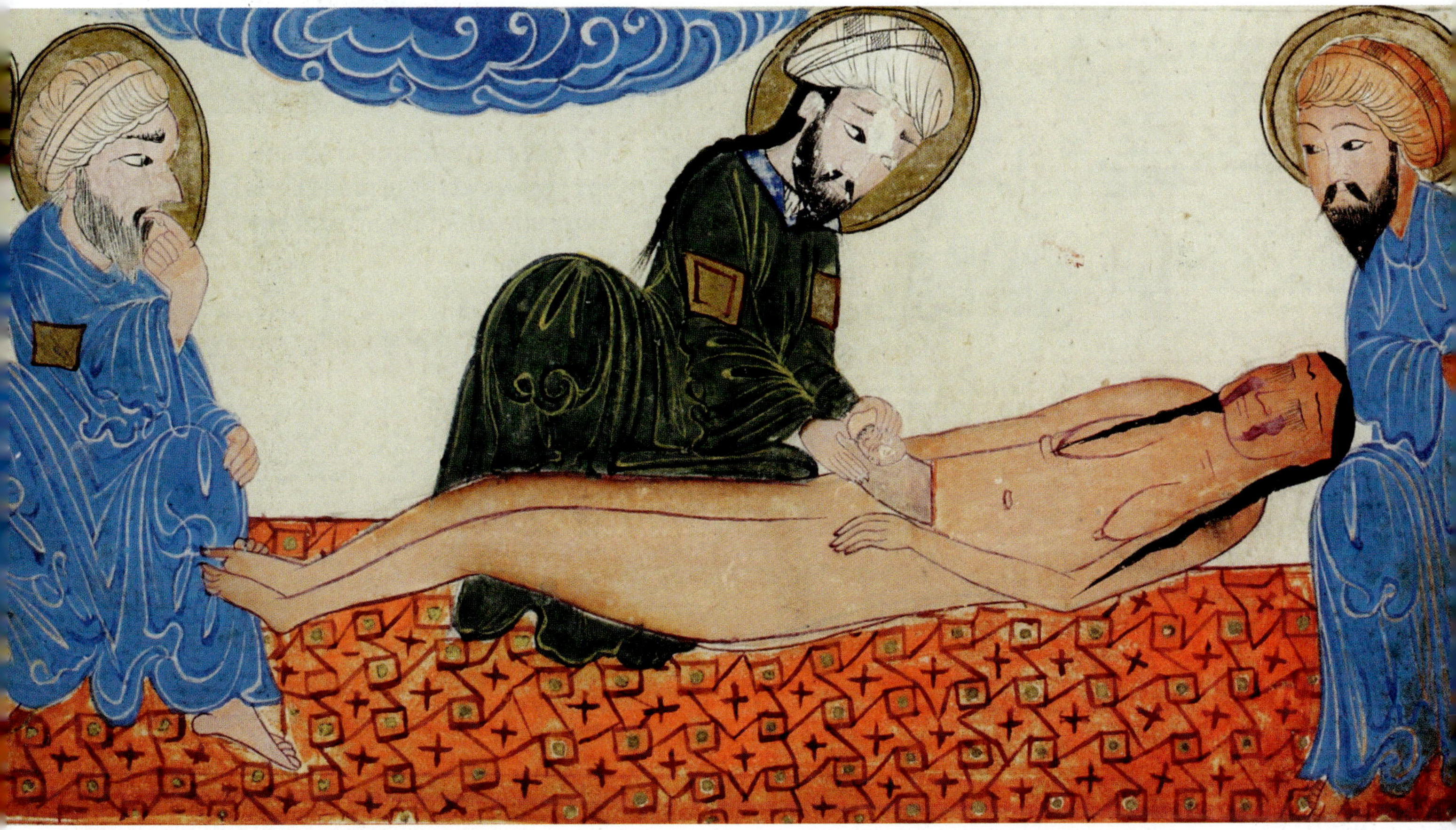

2 L'âge d'or de la médecine arabe

Miniature arabe du XIVe siècle. Bibliothèque universitaire, Édimbourg.

Le monde médiéval musulman est marqué par l'essor des sciences. Les médecins arabes ont une connaissance avancée du corps humain et savent entre autres réaliser des amputations et des anesthésies. Ici, un accouchement par césarienne est représenté.

Questions

1. **Doc. 2** Quelle image du monde musulman médiéval cette miniature donne-t-elle ?
2. **Doc. 1** Quel bâtiment symbolique de l'islam est présent sur cette miniature ?
3. **Doc. 1 et 2** Qu'apprend-on sur la civilisation arabo-musulmane avec ces images ? Justifie.

REPÈRES

Des débuts de l'Islam à la prise de Bagdad par les Mongols

622

Muhammad fuit La Mecque (l'Hégire)

Muhammad prêchant à Médine, miniature turque, XVIe siècle.

1189-1192

Lors de la troisième croisade, les croisés et les armées de Saladin, émir musulman, s'affrontent

Prise de Jérusalem par Saladin, miniature de l'*Histoire d'Outremer* de Guillaume de Tyr, XIIIe siècle. Bibliothèque nationale de France, Paris.

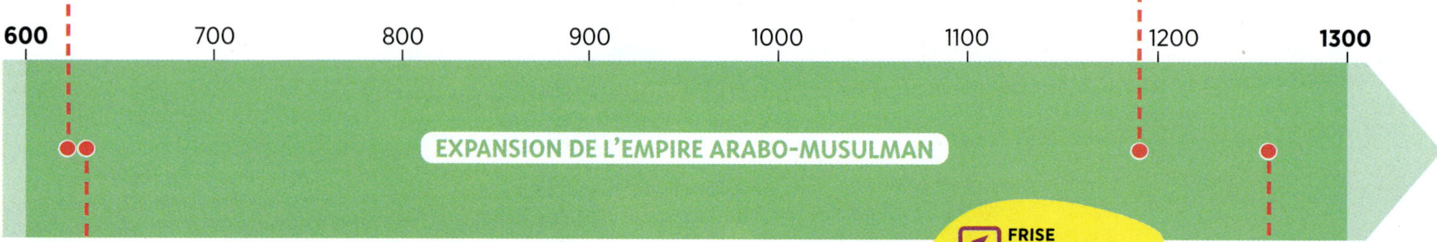

FRISE interactive
flashbelin.fr/hgemc5-34

632

Muhammad meurt et un calife lui succède

Premiers califes, miniature turque, 1550. Musée des Arts turcs et islamiques, Istanbul.

1258

Bagdad, capitale de l'Empire abbasside, est prise par les Mongols

Prise de Bagdad par les Mongols, miniature de la *Somme des histoires*, XIVe siècle. Bibliothèque nationale de France, Paris.

Le monde musulman à l'époque médiévale

1. L'expansion de l'Islam

Conquêtes :
- sous Muhammad (622-632)
- par les premiers califes (632-660)
- par les Omeyyades (661-750)

2. Les lieux importants de l'Islam
- Villes importantes
- Villes saintes

3. Les relations avec les civilisations voisines
- Royaumes francs
- Empire byzantin
- Arrêts de l'expansion de l'Islam
- Reconquête de l'Occident
- Avancée des Mongols
- Prise de Bagdad

CARTE interactive flashbelin.fr/hgemc5-35

a. L'organisation du pouvoir dans l'Empire arabo-musulman

Le calife – Successeur de Muhammad

nomme → **Les émirs** – Gouverneurs de provinces

nomme → **Le vizir** – Ministre qui gère l'administration

nomme → **Les cadis** – Juges

b. La diversité des populations dans l'empire

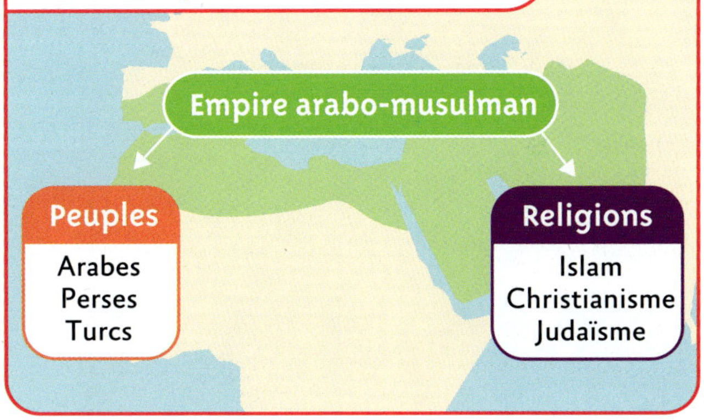

Définitions

- Un calife : un chef militaire, religieux et politique, successeur de Muhammad.
- L'islam : avec une minuscule, le mot désigne la religion ; avec une majuscule, la civilisation, c'est-à-dire ce qui est partagé culturellement par les peuples de l'Empire arabo-musulman.
- Les Mongols : un peuple d'Asie orientale qui établit un vaste empire entre la Méditerranée et l'océan Pacifique à partir du XIIIe siècle.

Questions

1. **Frise** En quelle année l'ère musulmane débute-t-elle ?
2. **Schéma a** Qui aide le calife à diriger le califat ?
3. **Frise et carte** Quel événement met fin à l'Empire abbasside ?
4. **Schéma b** Quelles religions sont présentes dans l'Empire arabo-musulman ?

ÉTUDE

COMPÉTENCE TRAVAILLÉE
Se repérer dans l'espace

1 L'Empire arabo-musulman

Comment l'Empire arabo-musulman s'étend-il si rapidement ?

MUHAMMAD (570-632)

Au VIIe siècle, Muhammad, un marchand caravanier de La Mecque (Arabie), fonde un nouveau monothéisme dont il est le prophète : l'islam. Il aurait reçu la révélation par l'ange Djibril en 610. Gênant les chefs polythéistes de La Mecque, il est chassé en 622 : c'est l'Hégire. Il fuit alors à Médine. Muhammad s'empare de la Mecque en 630 et impose l'islam.

1 Muhammad conquiert La Mecque

VIDÉO en ligne
flashbelin.fr/hgemc5-36

Miniature du XVIe siècle. Musée d'Art islamique, Berlin.

Entouré d'une armée de 10 000 hommes, Muhammad s'empare de La Mecque en 630 et détruit les idoles (A), symboles du polythéisme, pour imposer l'islam.

1. Les empires
- Empire byzantin
- Empire perse
- Villes importantes
- Territoires habités par des juifs et/ou des chrétiens

2. Les premières conquêtes arabes
- Arabie
- Villes saintes de l'Islam
- Avancées des Arabo-musulmans
- Victoires arabo-musulmanes

2 Les premières conquêtes des Arabo-musulmans au Proche-Orient

Définitions

- Une idole : une représentation imagée ou sculptée d'une divinité dans une religion polythéiste.
- Le polythéisme : le fait de croire en plusieurs dieux.
- Un prophète : une personne se disant choisie par un dieu pour transmettre sa parole.
- La révélation : la parole que Dieu aurait transmise à des hommes appelés prophètes.

3 La conquête d'Alexandrie par le général arabe Amr

Le général Amr, compagnon de Muhammad, est envoyé par le calife Omar (634-644) pour conquérir Alexandrie. Il s'en empare en 642.

« Amr se dirigea vers l'Égypte en traversant la province de Palestine. Le calife Omar lui envoya de Médine des renforts. Le premier endroit que Amr rencontra fut Bilbeis[1]. Il saccagea la ville, y tua beaucoup de monde et fit des prisonniers ; puis il continua sa route. Le prince d'Alexandrie se renferma dans la ville et Amr vient l'assiéger. Il resta sous les murs de la ville pendant cinq mois, jusqu'à ce que le prince d'Alexandrie demandât à capituler[2]. Amr exigea que les assiégés se convertissent à l'islam ou qu'ils paient le tribut[3]. Le prince répondit : "J'ai souvent payé le tribut, soit aux Perses, soit aux Byzantins ; je ne refuserai donc pas à payer tribut également aux musulmans." »

D'après Al-Tabari, historien arabe, *Chronique*, Xe siècle.

1. Une cité égyptienne au sud-est d'Alexandrie.
2. Se rendre à l'ennemi.
3. Un impôt payé par un peuple vaincu.

4 L'importance des cavaliers dans les conquêtes

Miniature du *Livre des Rois* de Ferdowsi, XVIe siècle. Collection Sarikhani, Royaume-Uni.

La bataille d'Al-Qadisiyya (636) est remportée par l'armée arabo-musulmane, composée de 30 000 cavaliers, face aux 120 000 soldats de l'Empire perse.

5 La coexistence des religions

L'empereur byzantin Héraclius, vaincu par les musulmans à Homs puis à Yarmouk (636), perd la Syrie.

« Les musulmans dirent aux habitants de Homs : "Nous sommes trop occupés pour vous protéger." Mais les habitants répondirent : "Nous préférons de beaucoup votre domination et votre justice à l'état d'oppression dans lequel nous vivions dans l'Empire byzantin. Si l'armée d'Héraclius vient, nous les repousserons de la ville." Les habitants des autres villes de Syrie, juifs et chrétiens, qui avaient capitulé entre les mains des musulmans, agirent de la même manière. Et quand les Byzantins furent défaits à la bataille de Yarmouk par les musulmans victorieux, les habitants ouvrirent les portes de leurs villes et payèrent le tribut. »

D'après Al-Baladhuri, historien arabe, *Histoire des conquêtes musulmanes*, IXe siècle.

Activité A

Je nomme et localise des espaces

1. **Doc. 2** Nomme et localise la ville conquise par Muhammad.
2. **Doc. 2 et 4** Nomme les territoires en conflit avec l'Empire arabo-musulman et situe-les en utilisant les points cardinaux.

Je caractérise des espaces

3. **Doc. 4 et 5** Quels peuples et communautés religieuses vivent dans les territoires envahis par les Arabo-musulmans ?
4. **Doc. 1** Qu'imposent les Arabo-musulmans dans les territoires conquis ?
5. **Doc. 3 et 5** Quelle condition permet aux peuples vaincus de garder leur religion ?

Localiser et situer — POINT MÉTHODE

Localiser un lieu consiste à indiquer où il se trouve sur une carte. Situer, c'est se repérer par rapport à un autre lieu ou espace en utilisant les points cardinaux.
Par exemple, Médine est localisée en Arabie et se situe au nord de La Mecque.

Activité B

J'utilise des repères spatiaux

À l'aide des documents, rédige quelques lignes sur la naissance et l'extension de l'Empire arabo-musulman en utilisant les repères suivants : La Mecque • Arabie • Empire byzantin • Empire perse • Médine • Alexandrie.

Retrouve la partie 1 du cours en lien avec cette étude, p. 44.

2 Bagdad, capitale impériale des Abbassides

762 — Fondation de Bagdad par Al-Mansur
1000
1258 — Prise de Bagdad par les Mongols

Tâche complexe — Oral

Je présente la ville de Bagdad au XIe siècle

Bagdad est créée par le calife Al-Mansur en 762 et compte un million d'habitants au Xe siècle. Elle est la capitale de l'Empire abbasside.
À partir des documents, prépare une présentation orale, que tu enregistreras sous la forme d'un podcast, montrant que Bagdad est le siège du pouvoir impérial et une ville ouverte sur le monde au XIe siècle.

1 Les pouvoirs du calife de Bagdad

« Son nom de calife lui vient de ce qu'il succède au prophète d'Allah à la tête de son peuple. Et de ce fait, on peut s'adresser à lui en disant: "Ô calife du prophète d'Allah!" Mais est-il permis de dire: "Ô calife d'Allah!"? On a répondu affirmativement, parce que c'est lui qui exerce ses droits à l'égard de ses créatures et parce qu'Allah a dit: "Il vous a placés comme lieutenants sur la Terre." Ses devoirs sont:
- S'occuper personnellement des affaires et pourvoir à l'administration sur l'Islam.
- Défendre la religion et la maintenir selon les principes fixés.
- Exécuter les décisions rendues par les juges de façon à faire régner partout la justice, et à ce qu'il n'y ait ni mauvaise action de l'oppresseur, ni écrasement de l'opprimé.
- Protéger les pays d'Islam et mettre des garnisons suffisantes aux frontières pour que l'ennemi ne puisse verser le sang d'un musulman ou d'un allié. »

D'après Al-Mawardi, juriste musulman de Bagdad, *Statuts gouvernementaux*, XIe siècle.

2 Le calife rend la justice à Bagdad

Miniature du *Kitab Al-Fakhri*, XIIIe siècle. Bibliothèque nationale de France, Paris.
Le calife abbasside Al-Qa'im bi-Amr règne à Bagdad de 1031 à 1075.

Définitions

- Allah : le nom donné à Dieu par les musulmans.
- Un calife : un chef militaire, religieux et politique, successeur de Muhammad.

Le sais-tu ?

Bagdad a inspiré des contes, qui ont été regroupés dans *Les Mille et Une Nuits*. On y retrouve notamment l'histoire d'Aladdin.

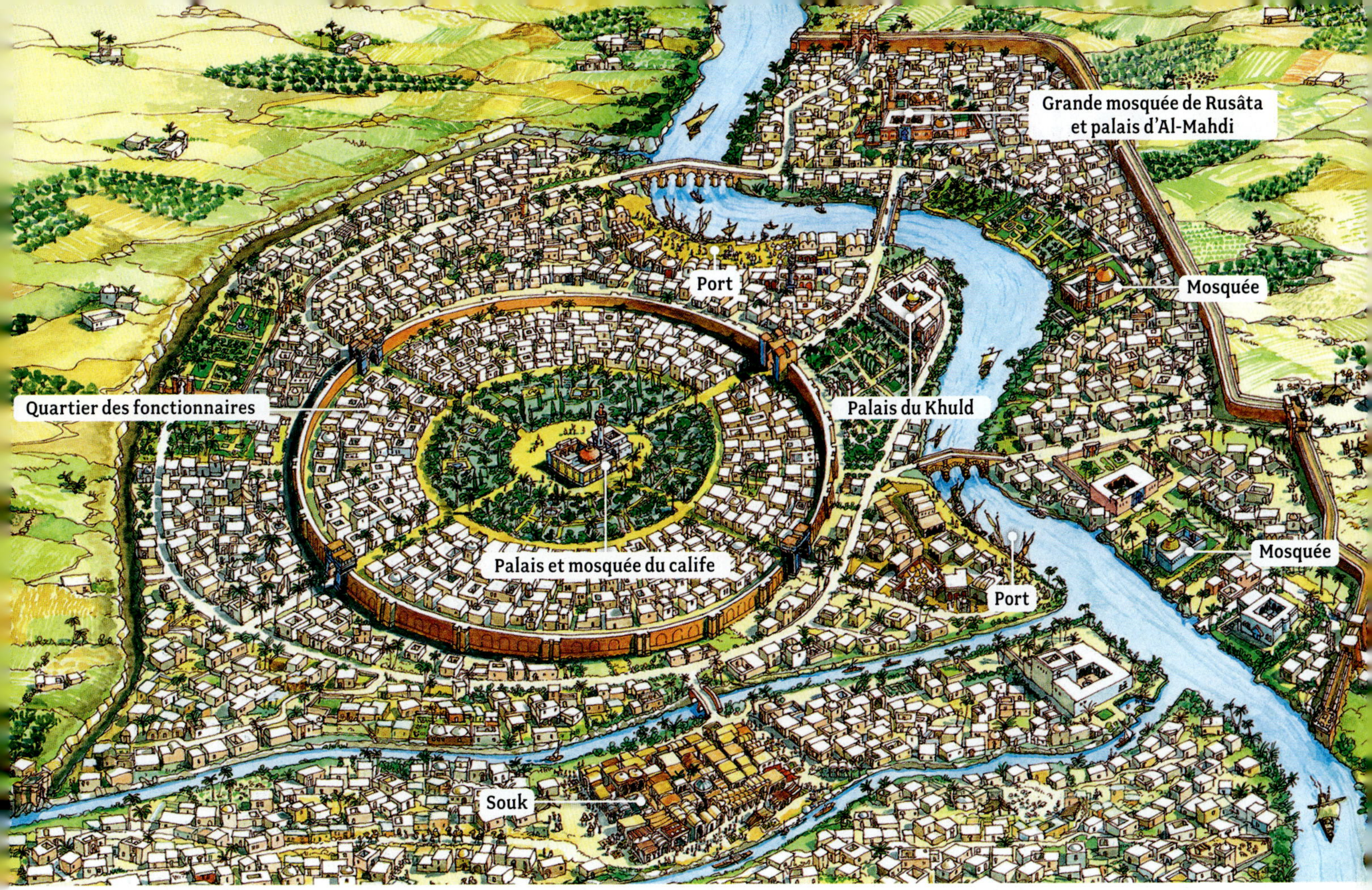

3 Reconstitution de Bagdad

4 Bagdad, une ville carrefour

« Des hommes de toutes origines et de différentes contrées et provinces résident à Bagdad. Ainsi s'y trouve réuni ce qui n'existe dans aucune autre ville du monde. Les marchandises arrivent en abondance de l'Orient et de l'Occident, des pays musulmans et des autres. On dirait que tous les biens de l'univers y ont afflué en abondance. »

D'après Al-Yaqubi, historien et géographe arabe, *Livre des Pays*, 891.

5 Des musulmans étudiant Aristote à Bagdad

Miniature des *Choix de maximes de sagesse et des meilleures paroles d'Al-Mubashir*, XIIIe siècle. Palais de Topkapi, Istanbul.

Pour affirmer leur pouvoir, les califes encouragent la traduction des œuvres de l'Antiquité grecque, comme celles du philosophe Aristote. Ces connaissances acquises permettent la réalisation de nouvelles œuvres comme la première carte du monde.

Coup de pouce

- ➜ Dans chaque document, relève les informations sur les pouvoirs du calife et le dynamisme commercial et culturel de Bagdad.
- ➜ À l'aide des images, décris la place du calife et la localisation de ses lieux de pouvoir.
- ➜ Tu peux classer dans un tableau, au brouillon, les éléments relevés.

Retrouve la partie 2 du cours en lien avec cette étude, p. 44.

COMPÉTENCE TRAVAILLÉE
Raisonner et justifier

ÉTUDE 3

Orient et Occident au temps des croisades

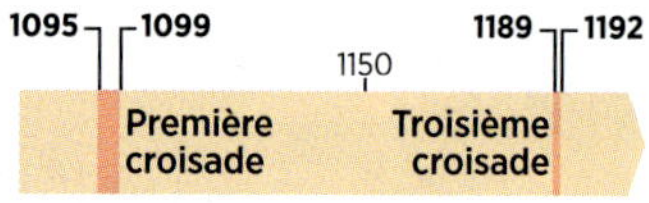

Le temps des croisades se définit-il seulement par la guerre ?

Les chrétiens et les musulmans se disputent la possession de la ville sainte Jérusalem à partir de 1071. En 1095, le pape Urbain II appelle les rois chrétiens à mener une guerre, appelée croisade, pour reprendre la ville. En 1189 débute la troisième croisade.

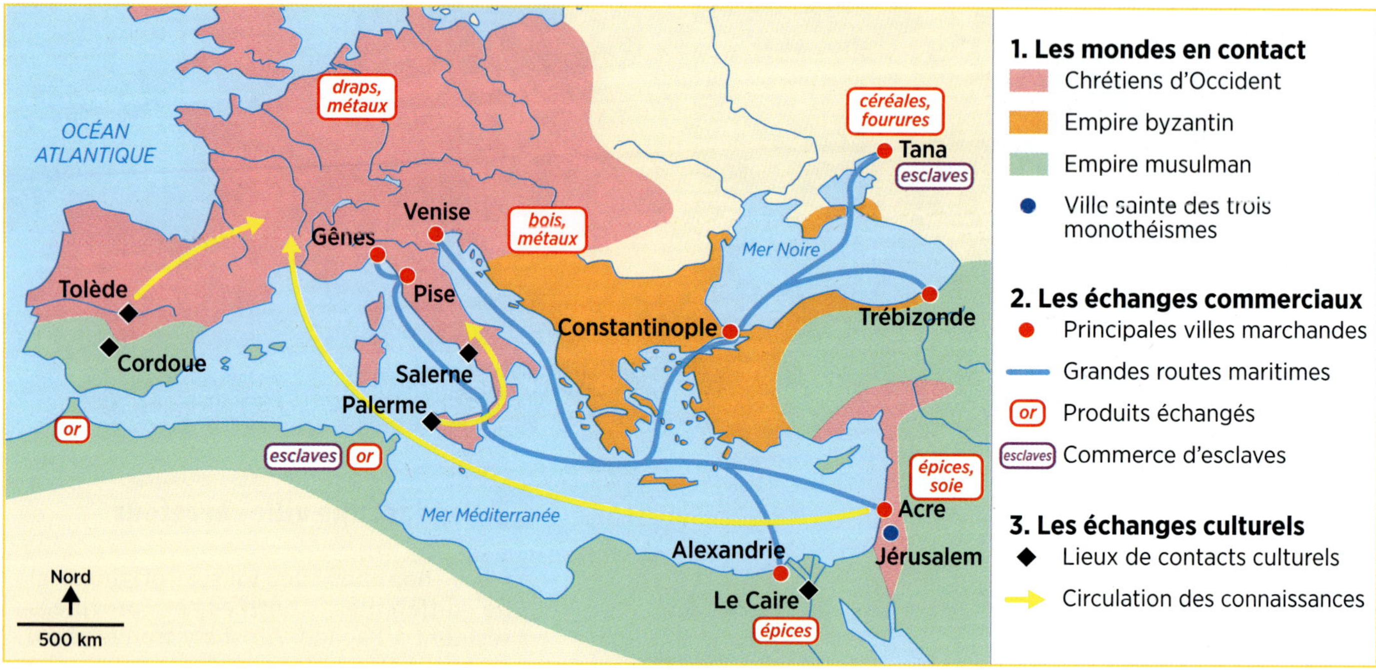

1 **Les échanges entre l'Occident et le monde musulman**

2 **La troisième croisade**

« La ville sainte est autant à nous qu'à vous ; elle est même plus importante pour nous car c'est vers elle que notre prophète a accompli son merveilleux voyage nocturne[1] et c'est là que notre communauté sera réunie le jour du Jugement dernier[2]. Il est donc exclu que nous l'abandonnions. Jamais les musulmans ne l'admettraient. Pour ce qui est du territoire, il a toujours été nôtre et votre occupation n'est que passagère. Vous avez pu vous y installer en raison de la faiblesse des musulmans qui alors le peuplaient. »

D'après une lettre du sultan Saladin au roi anglais Richard Cœur de Lion, septembre 1191.

1. Voyage qu'aurait fait Muhammad en une nuit entre La Mecque et Jérusalem.
2. Dans les religions monothéistes, jour où Dieu jugera les actes des croyants sur Terre.

Activité

Je questionne un événement

1. **Doc. 2** **Quels sont les deux acteurs principaux de la troisième croisade ?**
2. **Associe à chacun de ces deux acteurs les mots qui lui correspondent :** sultan • roi • Orient • Occident • chrétien • musulman.
3. **Doc. 1 et 2** **Quelle « ville sainte » la lettre évoque-t-elle ?**

Je justifie une affirmation

4. **Trouve l'affirmation exacte et justifie-la en t'appuyant sur deux exemples.**
   a. Les relations entre l'Occident et l'Orient ne sont pas seulement conflictuelles.
   b. Les centres culturels sont situés au nord de l'Europe.
   c. Les grandes routes maritimes relient le sud de l'Espagne à l'Égypte.

Retrouve la partie 3 du cours en lien avec cette étude, p. 44.

ÉTUDE

COMPÉTENCE TRAVAILLÉE
Analyser un document

4 Les rites de la religion musulmane

➥ Sur quelles pratiques l'islam repose-t-il ?

1 Extrait d'un conte des *Mille et Une Nuits*

Les contes des *Mille et Une Nuits* rassemblent les histoires qu'aurait racontées la princesse Shéhérazade au calife Haroun Al-Rachid chaque soir. Les plus anciens, écrits en arabe, datent du XIIIe siècle.

« Il y avait à Bagdad un marchand qui s'appelait Ali Khodja. Ayant décidé d'accomplir son devoir du pèlerinage, il loua sa maison, vendit sa boutique, ses marchandises et garda quelques étoffes qui pouvaient bien être vendues à La Mecque. Peu après, Ali Khodja partit avec la caravane de La Mecque. Il visita la sainte Kaaba[1] et, après avoir effectué tous les rites du pèlerinage, il ne lui resta plus qu'à vendre ses étoffes. Deux marchands qui passaient par là les virent et les trouvèrent si belles qu'ils s'arrêtèrent pour les examiner. L'un d'eux dit à son compagnon : "S'il savait le gain qu'il pourrait faire en Égypte avec de telles marchandises..."
Dès qu'il eut entendu ces paroles, Ali Khodja ramassa ses affaires et prit le chemin du Caire. Pour se rendre à Damas, la caravane passa par Jérusalem et <u>notre marchand profita de l'occasion pour adorer Dieu dans la glorieuse mosquée d'Omar</u>, considérée par les musulmans comme le temple le plus sacré après celui de La Mecque. »

D'après un extrait du *Voyage d'Ali Khodja*, un conte des *Mille et Une Nuits*.

1. La Kaaba est une pierre noire du VIIe siècle présente à La Mecque. C'est le lieu le plus sacré de l'islam.

2 Les piliers de l'islam

Les cinq piliers que doit respecter un musulman au cours de sa vie sont issus de la parole de Muhammad.

VIDÉO en ligne flashbelin.fr/hgemc5-41

Définitions

- Une **caravane** : un groupe de marchands se déplaçant généralement à dos de chameau ou de dromadaire.
- Un **pèlerinage** : un voyage vers un lieu sacré.
- Un **rite** : une pratique religieuse.

Activité

J'identifie les thèmes des documents

1. **Doc. 1** Quels sont les deux thèmes principaux abordés dans le document ?
2. **Doc. 1** Relève dans le texte deux ou trois mots ou expressions liés à chaque thème.

J'extrais des informations d'un document

3. **Doc. 1** Relève les endroits où se rend Ali Khodja.
4. **Doc. 1** Relève le nom des lieux importants dans le monothéisme musulman. Que dit le narrateur au sujet de ces lieux ?

Je mets en relation des documents

5. **Doc. 1 et 2** Quel rite musulman est mis en avant dans le texte ?
6. **Doc. 1 et 2** À quel rite musulman peux-tu faire correspondre le passage souligné ?

Retrouve la partie 1 du cours en lien avec cette étude, p. 44.

La calligraphie, un art de l'Islam

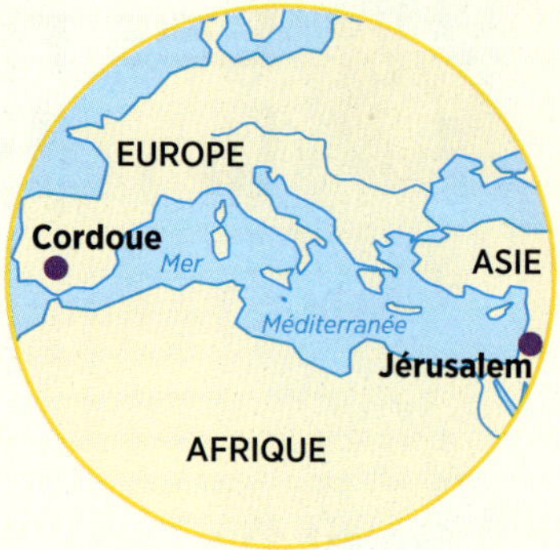

Dans la tradition musulmane, l'arabe est la langue de Dieu. Il n'est pas interdit de représenter des images d'humains, mais cela n'est pas encouragé non plus. À partir du VIIe siècle, les artistes et artisans développent la **calligraphie**, parfois en ajoutant des **arabesques** pour magnifier la langue divine.

SITE internet
flashbelin.fr/hgemc5-42

1 Une écriture artistique et symbolique

« Comme les partitions musicales, les écritures sont nées pour transmettre des sons. L'avantage de la calligraphie, et principalement de la calligraphie arabe, c'est que les signes, les lettres, bénéficient d'une liberté de style suffisante pour pouvoir non seulement exprimer des sons, mais encore des mouvements, des images.
Son effet le plus spectaculaire est celui de ses lettres qui peuvent aller jusqu'à devenir des figures ; le dessin même de ce qu'elles évoquent. C'est l'écriture de la métamorphose. »

D'après la préface d'Yvon Eurieult, *in* Lassaâd Métoui, *L'Atelier du calligraphe*, Éditions Alternatives, 2000.

2 Le **mihrab** de la **mosquée** de Cordoue

- A Extrait du **Coran** en écriture dorée sur fond bleu
- B Mosaïque de Byzance avec arabesques
- C Arabesques plaquées

Définitions

- Une **arabesque** : un motif décoratif représentant des formes géométriques ou végétales.
- La **calligraphie** : l'écriture des lettres de manière artistique.
- Le **Coran** : le texte sacré des musulmans considéré comme la parole divine dictée à Muhammad.
- Le **mihrab** : la niche dans le mur d'une mosquée indiquant la direction de la prière vers La Mecque.
- La **mosquée** : le lieu de culte des musulmans.

3 Le Dôme du Rocher à Jérusalem

Le Dôme du Rocher est construit à la fin du VIIe siècle. Il est l'un des bâtiments les plus anciens du monde musulman. C'est le lieu où Muhammad aurait rejoint le paradis lors de son voyage nocturne sur une créature fantastique.

Ⓐ Inscription de 240 m de long appelant les chrétiens à reconnaître que Jésus est un messager et non un prophète, ni le fils de Dieu (détail).

4 Une page manuscrite d'un Coran

Extrait d'un Coran manuscrit, 1289, Irak. Bibliothèque nationale de France, Paris.

Activité A

Je décris une œuvre en utilisant un vocabulaire adapté

1. **Doc. 1** Quelle est la particularité de l'écriture arabe ?
2. **Doc. 2, 3 et 4** Sur quels supports retrouve-t-on l'écriture arabe ?
3. **Doc. 1, 2 et 3** Comment appelle-t-on ce type d'écriture artistique ?

J'associe une œuvre à une civilisation

4. **Doc. 2 et 3** Quel rôle semble avoir l'écriture sur ces bâtiments religieux ?
5. **Doc. 4** Pourquoi peut-on dire que la calligraphie arabe est un art sacré ?

Activité B

J'interprète une œuvre

À l'aide des documents, explique en quelques lignes pourquoi la calligraphie occupe autant de place dans la culture musulmane.

Coup de pouce

→ Décris la particularité de l'écriture arabe.
→ Trouve les supports sur lesquels on peut la retrouver.
→ Explique le rôle qu'a la calligraphie dans l'Islam.

COURS

Des débuts de l'Islam à la prise de Bagdad par les Mongols

COURS audio
flashbelin.fr/hgemc5-44

Comment un nouveau monothéisme donne-t-il naissance à un vaste empire à partir du VIIe siècle ?

Études p. 36-37 et p. 41

1 L'Empire arabo-musulman se crée autour d'un nouveau monothéisme

• Au VIIe siècle, **Muhammad fonde un nouveau monothéisme dont il est le prophète** : l'islam. En 622, Muhammad, chassé de La Mecque, rejoint Médine : c'est **l'Hégire**. Il s'empare de La Mecque en 630 et impose la nouvelle religion. Il meurt en 632.

• **Un vaste empire est bâti entre le VIIe et le VIIIe siècle** et s'étend de l'Espagne à l'Indus en Inde. À sa tête règne le calife.

• Les musulmans ont **un livre sacré, le Coran, et un lieu de culte, la mosquée**. Ils doivent respecter **cinq principes** : la profession de foi, le jeûne du ramadan, l'aumône aux pauvres, la prière cinq fois par jour et le pèlerinage à La Mecque.

Étude p. 38-39

2 L'Empire arabo-musulman se distingue par sa diversité

• Cet empire, d'abord dirigé par les Omeyyades (661-750) puis par les Abbassides (750-1258), comprend **de nombreux peuples dont les Perses et les Berbères**. Ces peuples doivent se convertir à l'islam ou payer un impôt pour conserver leur religion. C'est ainsi que des juifs et **des chrétiens vivent dans l'empire**.

• **La civilisation arabo-musulmane se développe autour de villes comme Cordoue et Damas.** Celles-ci sont des lieux de commerce avec les souks, mais aussi de pouvoir politique et religieux. **Bagdad est la capitale des Abbassides** jusqu'en 1258 où elle est prise par les Mongols : c'est la fin de l'Empire arabo-musulman.

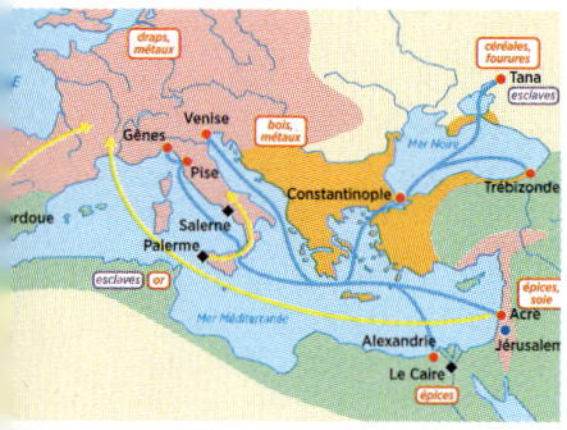

Étude p. 40

3 L'Empire arabo-musulman est au contact d'autres peuples

• **Les affrontements sont nombreux entre chrétiens et musulmans.** Ils ont lieu lors de l'expansion contre l'Empire byzantin mais aussi lors des croisades.

• **Les échanges entre l'Islam et les autres civilisations favorisent le commerce.** Des marchandises ainsi que des esclaves sont échangés avec les Européens ou les Asiatiques.

• **L'Empire arabo-musulman connaît également un rayonnement culturel** : les Arabes traduisent les textes grecs de l'Antiquité et réalisent d'importants progrès en médecine, en astronomie ou en mathématiques.

Définitions

• Le **Coran** : le texte sacré des musulmans considéré comme la parole divine dictée à Muhammad.

• Une **croisade** : une guerre religieuse organisée par le pape pour reprendre Jérusalem aux musulmans.

• L'**islam** : avec une minuscule, le mot désigne la religion ; avec une majuscule, la civilisation, c'est-à-dire ce qui est partagé culturellement par les peuples de l'Empire arabo-musulman.

• Un **prophète** : une personne se disant choisie par un dieu pour transmettre sa parole.

Je vérifie mes connaissances

→ **Es-tu capable de citer ?**

- Le nom de la religion musulmane
- Le titre du chef religieux, militaire et politique de l'Empire arabo-musulman
- Le nom du livre sacré des musulmans
- Deux types de contacts entre Occident et Orient
- Le nom du prophète des musulmans
- Le nom de la capitale de l'Empire arabo-musulman sous les Abbassides

Je comprends le cours

→ **Relis chaque partie du cours et réponds aux questions.**

Partie 1

- En quelle année et avec quel événement l'Empire arabo-musulman naît-il ?
- Quels sont les cinq piliers de l'islam ?

Partie 2

- Quel mot désigne un marché ?
- Quelles sont les villes les plus importantes de l'empire ?
  – Bagdad, La Mecque, Damas
  – Médine, Yarmouk, Kairouan
  – Constantinople, Poitiers, Fès

Partie 3

- Comment appelle-t-on les guerres menées par les royaumes chrétiens pour prendre Jérusalem ?
- Quels textes de l'Antiquité les Arabes traduisent-ils ?
  – Les textes grecs
  – Les textes nordiques
  – Les textes latins

J'apprends autrement

→ **Reproduis le schéma et complète-le avec les propositions suivantes :**
Bagdad • ibérique • le Coran • VIIe • Cinq • Jérusalem • VIIIe • scientifiques • Indus • La Mecque • textes antiques • Muhammad • chrétiens et juifs • les souks.

SCHÉMA à télécharger flashbelin.fr/hgemc5-45

DE LA NAISSANCE DE L'ISLAM À LA PRISE DE BAGDAD

Un empire très étendu
- Expansion entre le .... et le .... siècle
- De la péninsule .... à l'..........
- .... et musulmans se côtoient

Une civilisation monothéiste
- Un livre sacré : ....
- Des piliers : ....
- Des villes saintes : .... , ...
- Un prophète : ....

Une civilisation brillante ouverte sur le monde
- Des découvertes ....
- Des traductions de ....

Une civilisation urbaine
- Une ville impériale : ....
- Des lieux de commerce : ....

JE RÉVISE

RÉVISE en jouant avec Genially ! + EXERCICES interactifs
flashbelin.fr/hgemc5-46

1 Je révise les repères historiques

A

B

C

D

❶ **Date les événements suivants :** la prise de Bagdad par les Mongols • la troisième croisade • l'Hégire • l'Empire abbasside.

❷ **Associe chaque événement à l'image qui lui correspond.**

2 Je révise les repères géographiques

❶ **Indique à quels mers ou océans correspondent les lettres bleues.**

❷ **Indique à quel chiffre de la carte correspond chacune des villes suivantes :** Le Caire • Cordoue • Bagdad • Damas.

❸ **Nomme les trois villes saintes musulmanes et indique à quels chiffres de la carte elles correspondent.**

❹ **À quel empire correspond le territoire coloré en orange ?**

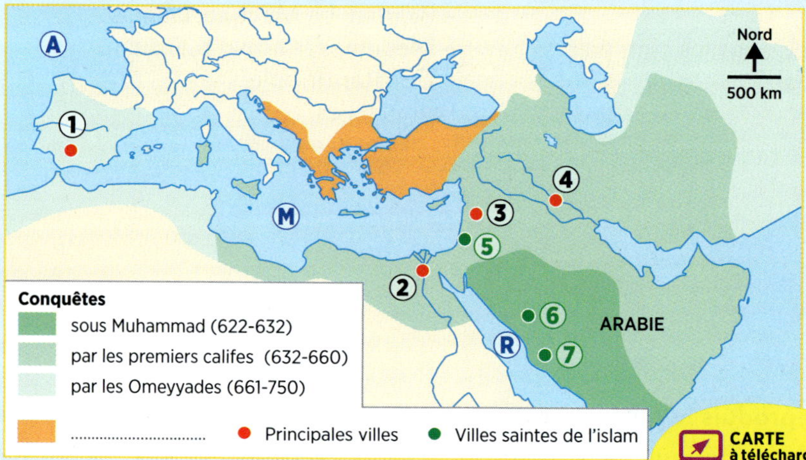

CARTE à télécharger
flashbelin.fr/hgemc5-46

3 Je révise en jouant

Retrouve les mots de cette grille en te servant des définitions.

❶ Chef politique, religieux et militaire de l'Empire arabo-musulman.
❷ L'un des cinq piliers de l'islam.
❸ Peuple ayant mis fin à l'Empire abbasside.
❹ Prophète de l'islam.
❺ Lieu de culte musulman.
❻ Capitale de l'Empire abbasside.
❼ Livre sacré des musulmans.
❽ Affrontements entre chrétiens et musulmans pour la possession de Jérusalem.

GRILLE à télécharger
flashbelin.fr/hgemc5-46

Je révise ma leçon avec l'application BDnF

Pour apprendre ou réviser, il peut être utile de présenter ta leçon de manière originale. Et pourquoi pas sous la forme d'une bande dessinée ? C'est un excellent entraînement pour vérifier ta bonne compréhension de la leçon.

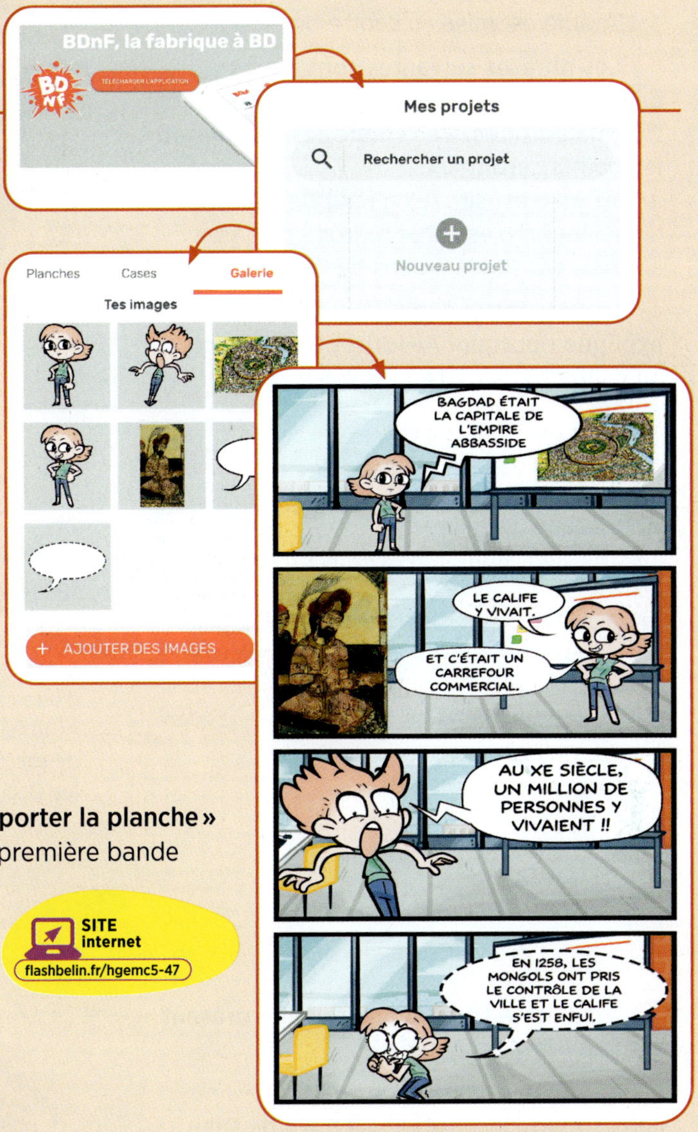

1 **Rends-toi sur le site bdnf.bnf.fr** et clique sur le bouton « Télécharger l'application ». Tu peux choisir de l'installer sur ordinateur, smartphone ou tablette.

2 **Crée ensuite un profil** en ajoutant un pseudonyme. Puis démarre un **« Nouveau projet »**.

3 **Choisis ensuite le format que tu souhaites utiliser :** « une à quatre cases », « planche ou webtoon », « sur mesure ». Une fois ton format choisi, clique sur « Démarrer la mise en page ».

4 Pour chaque case, **clique sur « Ajouter des images »** et choisis entre celles que tu as sur ton ordinateur ou celles proposées par l'application. Tu peux ainsi ajouter **un décor, un personnage et une bulle** dans laquelle tu entreras ton texte.

5 Une fois que tu as fini ta planche, **clique sur « Exporter la planche »** et choisis le format (png, pdf). Bravo ! Tu as créé ta première bande dessinée de révision.

SITE internet
flashbelin.fr/hgemc5-47

- **Crée une planche de quatre cases sur les relations entre l'Occident et l'Empire arabo-musulman en choisissant le décor et les personnages que tu souhaites.**
- **Pour chaque case, rédige un ou plusieurs textes en utilisant les mots clés suivants :**
  Case 1 : échanges, Occident, nombreux, Orient.
  Case 2 : astronomie, savoirs, partage.
  Case 3 : croisades, affrontements.
  Case 4 : commerciaux, échanges, surtout.
- **Tu peux résumer ainsi chaque partie de ton cours dans une planche de bande dessinée.**

EXEMPLE à télécharger
flashbelin.fr/hgemc5-47

EXERCICES

JE M'ENTRAÎNE

1 Je lis une carte médiévale

Se repérer dans l'espace

1 Parmi les propositions suivantes, choisis celles qui expliquent que la carte peut te sembler originale :

a. Le nord est représenté en bas.
b. L'Europe est mise au centre du monde.
c. L'ouest est représenté à gauche.
d. Le sud est représenté en haut.
e. L'Arabie est mise au centre du monde.

2 Les phrases suivantes sont issues de l'observation de la carte. Mais elles sont très maladroites. Reformule-les en utilisant les points cardinaux.

a. L'Afrique est située en haut de l'Europe.
b. Le Maghreb est situé à droite de l'Asie.
c. L'Asie est située en bas de l'Afrique.

3 D'après tes connaissances du chapitre, explique pourquoi Al-Idrisi place l'Arabie au centre de la carte.

L'orientation d'une carte POINT MÉTHODE

L'orientation d'une carte, c'est le placement des points cardinaux (nord, sud, ouest et est) qui détermine le sens de lecture de cette carte.
Aujourd'hui, c'est le nord qu'on place le plus souvent en haut. Mais cela n'a pas toujours été le cas.

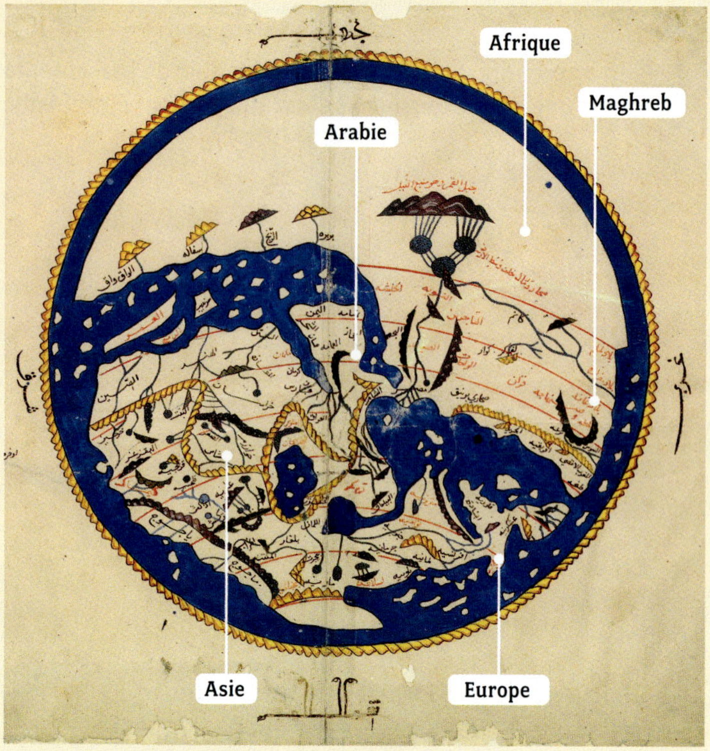

L'une des premières cartes réalisées par les Arabo-musulmans

Carte du XIIe siècle. Bodleian Libraries, Oxford.

Cette carte est une copie pour le roi chrétien Roger II de Sicile d'une carte de 1154 réalisée par le géographe musulman Al-Idrisi. Grâce à leurs avancées en sciences, et aux traductions de textes anciens, les Arabes ont de l'avance sur les Occidentaux en géographie.

2 Je me pose des questions sur une pièce de monnaie du VIIe siècle

Raisonner et justifier

1 Quel est le titre du personnage présent sur la pièce de monnaie ?

2 À quel mot vu dans le chapitre correspond l'inscription « Il n'y a de Dieu que Dieu seul » ?

3 Parmi ces propositions, lesquelles peuvent correspondre au sens de ce dinar ? Justifie.

a. Abd-al Malik se présente comme un défenseur de l'islam.

b. Il ne s'agit pas d'un calife mais d'un *basileus*.

c. Créer la monnaie participe à l'affirmation du pouvoir impérial.

Dinar en or frappé à Damas en 696

Bibliothèque nationale de France, Paris.

A « Il n'y a de Dieu que Dieu seul »

B « Et Muhammad est son prophète »

C Abd Al-Malik, calife omeyyade

Analyser un document

3 J'étudie un texte sur le pouvoir d'un émir

1 **Quel est le rôle du calife dans l'Empire arabo-musulman ?**

2 **Quelle cérémonie politique ce texte présente-t-il ?**

3 **Quels sont les symboles du pouvoir de l'émir ?**

4 **Relève dans le texte ce qui montre l'affaiblissement du pouvoir du calife au XIIe siècle.**

5 **Trouve le mot montrant que l'auteur n'apprécie pas ce changement.**

Un émir qui gagne en autonomie

Au cours du XIIe siècle, le pouvoir du calife est affaibli. Il est alors plutôt un symbole du pouvoir religieux. Ce sont les émirs, dans leurs provinces, qui détiennent à cette époque le réel pouvoir politique.

« L'émir prêta serment au calife, puis il demanda à ce dernier et à ses proches de lui prêter en retour le plus grossier des serments. Le calife prêta serment à l'émir, à ses frères et leur remit un document écrit qui en témoigna. L'émir enfila les vêtements d'honneur, les colliers et les bracelets, et un étendard[1] lui fut remis. »

D'après Ibn Al-Jawzi, savant musulman, *Chroniques bien ordonnées*, XIIe siècle.

1. Drapeau servant d'emblème à un pouvoir.

S'informer dans le monde du numérique

4 Je m'informe sur la mosquée de Cordoue

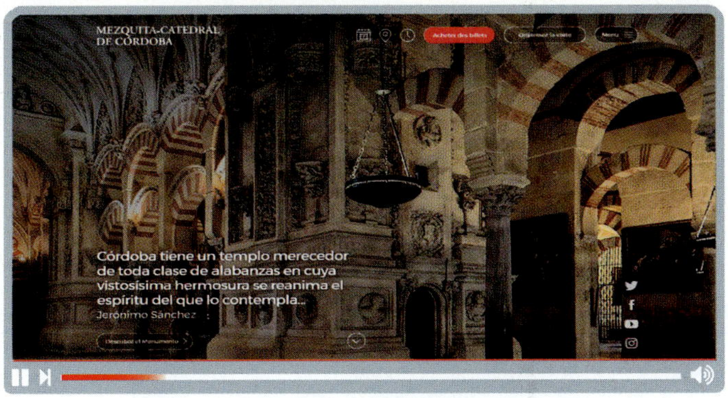

1 **Lis le texte et relève les différentes expressions montrant la richesse de la mosquée de Cordoue.**

→ Rends-toi sur le site de la mosquée-cathédrale de Cordoue mezquita-catedraldecordoba.es/fr/.

2 **Repère sur la page d'accueil les éléments architecturaux décrits dans le texte.**

→ Rends-toi dans le menu en haut à droite et sélectionne la rubrique « L'édifice ».

3 **Regarde l'animation en haut de cette nouvelle page. Que constates-tu ?**

4 **Quelle est la particularité de ce bâtiment ?**

→ Descends dans la page et clique sur « Savoir plus » sous « Mihrab ».

5 **En observant la photographie du mihrab, cela semble-t-il correspondre à la description de richesse faite par Al-Idrisi ?**

6 **Identifie précisément des éléments de décor cités par Al-Idrisi.**

Une description de la mosquée de Cordoue

« La ville de Cordoue est le siège du califat musulman. C'est dans la ville centrale que se trouvent la porte du Pont et la mosquée du Vendredi[1] qui, parmi les mosquées musulmanes, n'a pas sa pareille pour l'architecture, les ornements et les dimensions. Cette mosquée a un mihrab[2] qu'il n'est pas possible de décrire tant il est parfait. L'esprit est submergé à la vue de ses ornements et de toutes les mosaïques dorées et colorées que l'empereur de Constantinople la Grande a envoyées à Abd Al-Rahman[3] l'Omeyyade. Du côté du mihrab, il y a sept arcs qui s'élèvent sur des colonnes, tous émaillés comme une boucle d'oreille, avec un art dont les chrétiens, tout comme les musulmans, ne peuvent reproduire la splendeur d'exécution, ni la finesse de réalisation. »

D'après Al-Idrisi, géographe musulman, *Livre de Roger*, 1154.

1. Mosquée principale dans une ville musulmane.
2. Niche dans le mur d'une mosquée indiquant la direction de la prière vers La Mecque.
3. Émir de Cordoue de la famille Omeyyade qui donne naissance au califat de Cordoue.

SITE internet flashbelin.fr/hgemc5-49

3 Des campagnes dominées par les seigneurs

Comment les seigneurs dominent-ils les campagnes au Moyen Âge ?

1 Des campagnes cultivées par les paysans sous l'autorité des seigneurs

Les Très Riches Heures du duc de Berry, miniature du mois de juin, XVe siècle. Musée Condé, Chantilly.
Au bord de la Seine, des paysans travaillent aux champs.

Pour bien commencer le chapitre

Fais le point sur ce que tu sais déjà.

Quiz interactif
flashbelin.fr/hgemc5-51

1. Un défrichement c'est :

a. Le remplacement d'une forêt par des cultures.
b. La lecture d'un texte mal écrit.
c. La plantation d'arbres dans une prairie.

2. Qui habite dans un château fort ?

a. Un paysan.
b. Un seigneur.
c. Un prêtre.

3. Qui s'affronte dans un tournoi au Moyen Âge ?

a. Des joueurs d'échecs.
b. Des paysans.
c. Des chevaliers.

4. Le style roman est :

a. Un style d'architecture d'églises construites entre l'an mille et le XIIe siècle.
b. Une façon d'écrire des histoires policières au Moyen Âge.
c. Une façon de s'habiller au XIIe siècle.

2 Un prêtre et un chevalier

La communion du chevalier, bas-relief de la façade de la cathédrale de Reims, vers 1260.

Au Moyen Âge, la religion est très présente dans la société. Les chevaliers sont très respectueux de la croyance religieuse. Une de leurs fonctions est d'ailleurs de protéger l'Église.

Questions

1. **Doc. 1** Quels bâtiments sont présents en arrière-plan ?
2. **Doc. 2** À quoi reconnais-tu le prêtre et le chevalier ?

REPÈRES

Le Moyen Âge, une période de transformation des campagnes

Le début des défrichements marque l'extension des campagnes

Une scène de défrichement, *Chroniques de Hainaut*, XVe siècle. Bibliothèque royale de Belgique, Bruxelles.

XIe siècle

La croissance de la population correspond à un dynamisme dans les campagnes

Chantier de construction de maisons, miniature, XVe siècle.

900-1300

FRISE interactive
flashbelin.fr/hgemc5-52

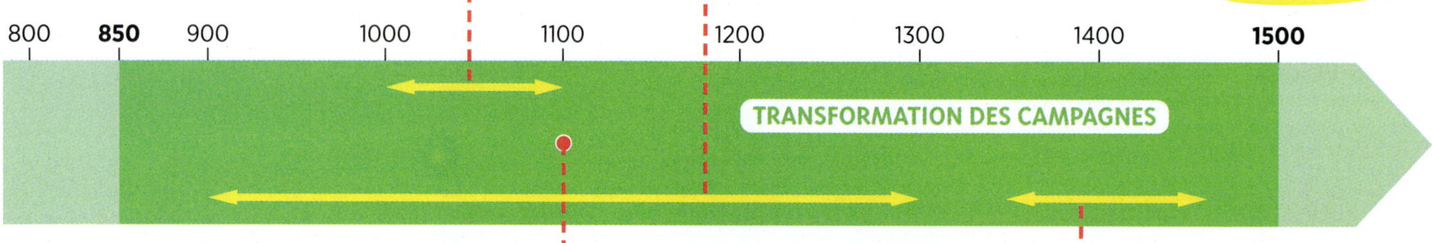

1100

L'autorité des seigneurs, symbolisée par des châteaux, est établie

La motte castrale de Gisors (Normandie), construite en 1096.

1348-1460

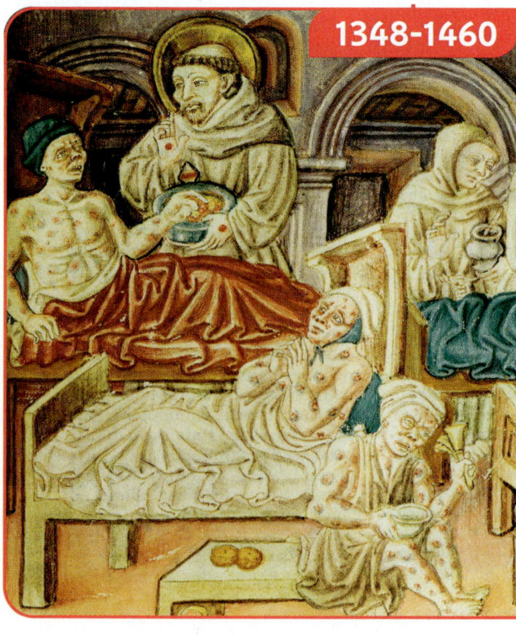

Une période de crise débute avec la Peste noire en 1348

Moines franciscains traitant des pestiférés en Italie au XVe siècle, miniature de *La Franceschina*, vers 1474. Biblioteca Capitolare, Pérouse.

L'Occident chrétien au XIIIe siècle

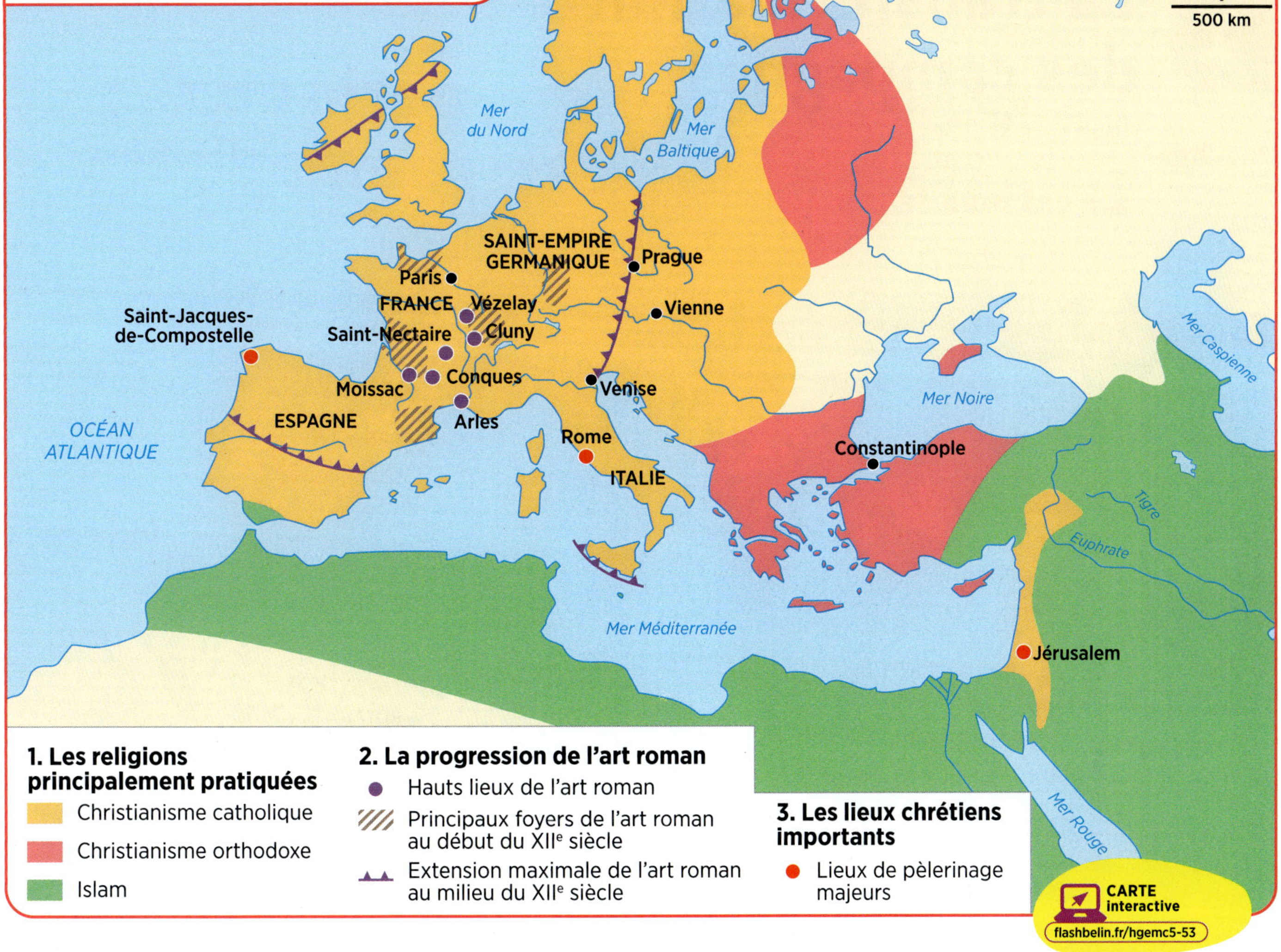

L'évolution de la population européenne au Moyen Âge

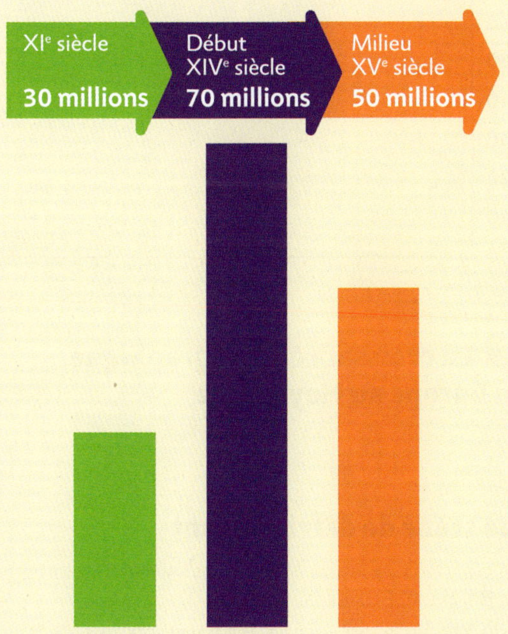

Définitions

- Un **défrichement** : la destruction de la végétation naturelle pour cultiver une terre.
- Une **motte castrale** : une fortification faite d'une butte de terre sur laquelle est construit un petit château souvent en bois.
- Un **seigneur** : une personne puissante qui domine une terre et les hommes qui y vivent.

Questions

1. **Frise et schéma** Durant quelle période la population européenne augmente-t-elle au Moyen Âge ?
2. **Carte** Quelle religion est pratiquée majoritairement en Europe de l'Ouest ?
3. **Frise et schéma** Qu'est-ce qui met fin à l'augmentation de la population européenne ? Date le début de cet événement.

COMPÉTENCE TRAVAILLÉE
Raisonner et justifier

ÉTUDE

1 La transformation des campagnes

➥ Quelles sont les principales évolutions des campagnes du XIe au XVe siècle ?

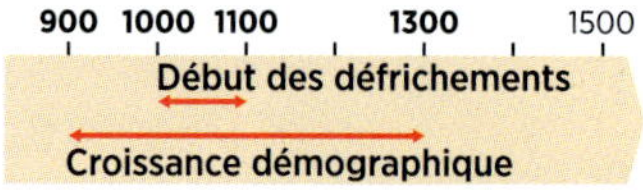

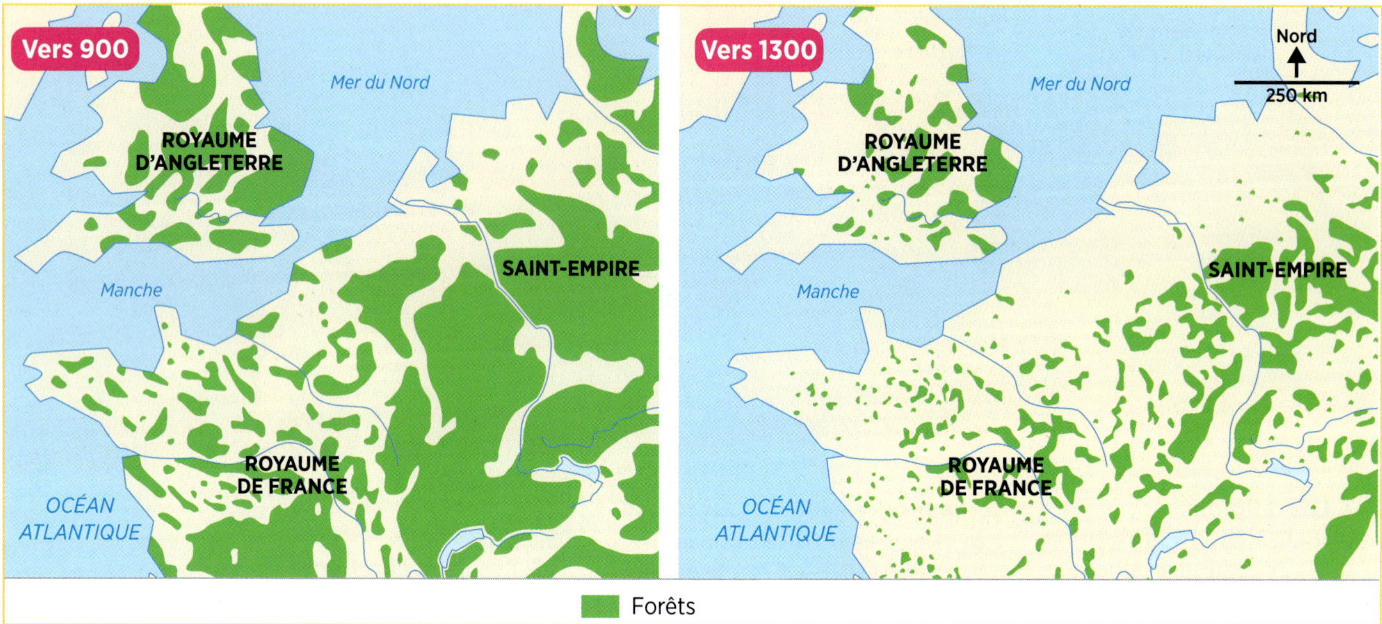

1 **L'évolution de la forêt en Europe du Nord-Ouest**

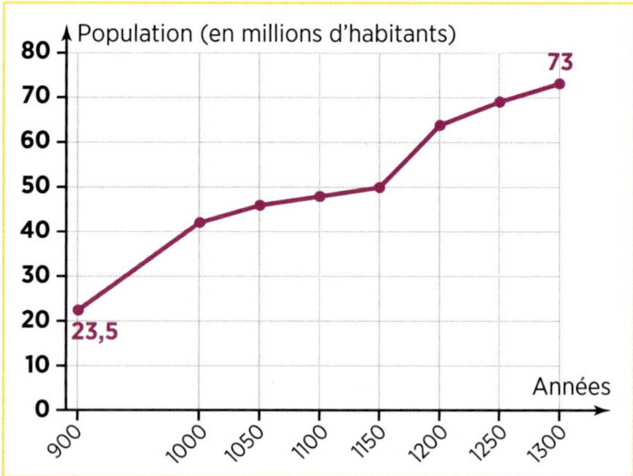

2 **La croissance démographique en Europe au Moyen Âge**

3 **Une scène de défrichement**

Miniature des *Chroniques de Hainaut*, XVe siècle. Bibliothèque royale de Belgique, Bruxelles.

À partir du XIe siècle, en Europe, les habitants des campagnes défrichent des forêts et assèchent des marais.

4 Des progrès agricoles

Miniature du *Livre du Régime des princes*, Gilles de Rome, XIIIe siècle. Bibliothèque nationale de France, Paris.

La charrue sert à labourer la terre profondément. Associée au collier d'épaule, elle permet de mettre en valeur de nouvelles terres et d'améliorer la production agricole. Le moulin transforme les céréales en farine.

A Moulin B Charrue C Collier d'épaule

5 La fondation du village de Torfou (Maine-et-Loire)

Certains seigneurs encouragent les défrichements et l'installation des paysans en leur donnant des droits par une charte de franchise.

« Moi Louis, par la grâce de Dieu, roi des Francs, je veux qu'il soit connu de tous que nous cédons aux hommes qui veulent devenir hôtes[1] dans notre bois de Torfou, un espace de terre pour qu'ils s'y établissent, à la condition qu'ils nous versent chaque année une taxe de six deniers, deux poules et deux mesures d'avoine. Nous leur concédons la liberté de ne point payer la taille[2], de ne point faire le service militaire et de ne point faire de corvée. »

D'après une charte de franchise de Louis VI le Gros, 1134.

1. Paysans qui s'installent sur une terre vierge pour la cultiver.
2. Un impôt payé par les paysans au seigneur en échange de sa protection.

Définitions

- Une **charte de franchise** : un texte précisant les avantages accordés par un seigneur à des habitants.
- Une **corvée** : un travail gratuit et obligatoire effectué par les paysans pour le seigneur.
- La **croissance démographique** : l'augmentation de la population.

Activité A

Je justifie des affirmations

1 **Complète les affirmations suivantes et précise les numéros des documents les justifiant.**
a. La population européenne connaît une forte croissance jusqu'au … siècle.
b. Les hommes défrichent les forêts pour … et construire de nouveaux …
c. Le roi ou les seigneurs encouragent les …
d. … sont des progrès techniques qui rendent l'agriculture plus performante.

Je questionne le rôle d'un acteur

2 **Doc. 5** **Quels sont les avantages donnés aux paysans ?**

3 **Doc. 5** **D'après toi, pourquoi Louis VI donne-t-il ces avantages aux paysans ?**

Activité B

J'identifie des causes et des conséquences

À l'aide des informations fournies par les documents, indique pour chacun des éléments suivants s'il est une cause ou une conséquence du dynamisme des campagnes : Charte de franchise • Apparition de nouveaux villages • Croissance démographique • Charrue ou collier d'épaule • Augmentation de la production agricole.

Les causes et les conséquences POINT MÉTHODE

La cause est ce qui est au départ d'une situation et à l'origine d'un effet. La conséquence est le résultat d'une action.

Retrouve la partie 1 du cours en lien avec cette étude, p. 64.

ÉTUDE

COMPÉTENCE TRAVAILLÉE
Pratiquer différents langages

2 La seigneurie de Wismes (Pas-de-Calais)

➥ Comment s'organise une seigneurie ?

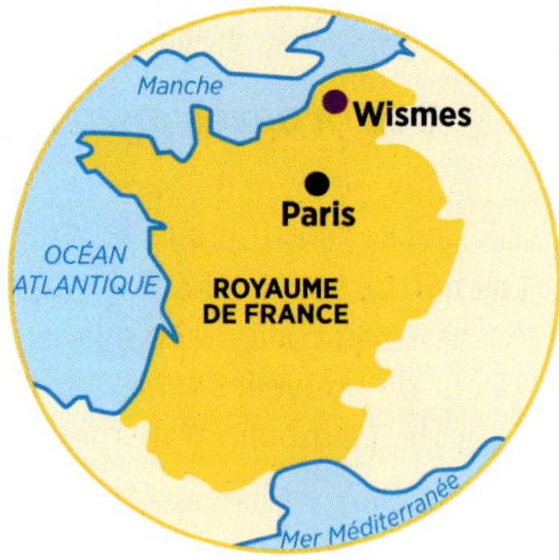

Le plan de la seigneurie de Wismes (Pas-de-Calais)

Plan du XVᵉ siècle. Archives privées du baron de Wismes.

Définitions

- Un **gibet** : un endroit où l'on pend les condamnés.
- La **réserve** : la terre que le seigneur garde pour lui-même et où les paysans viennent travailler gratuitement (ce travail est appelé « corvée »).
- Une **seigneurie** : un territoire où le seigneur exerce son pouvoir.
- La **tenure** : la terre que loue le seigneur aux paysans en échanges de taxes et de corvées.

Activité

Je complète la légende d'un croquis

1. Grâce aux définitions et à tes connaissances, reproduis et complète la légende du croquis en choisissant les bons figurés pour chaque élément de la seigneurie de Wismes.
Les constructions : Château du seigneur • Églises • Routes • Moulin • Gibet • Villages
Les terres et paysages : Réserve du seigneur • Bois du seigneur • Tenures

J'utilise un vocabulaire adapté

2. Qu'est-ce qui distingue la réserve des tenures ?
3. Quelle est la construction, appartenant au seigneur, qui est indispensable aux paysans pour moudre le grain ?

CROQUIS à télécharger
flashbelin.fr/hgemc5-56

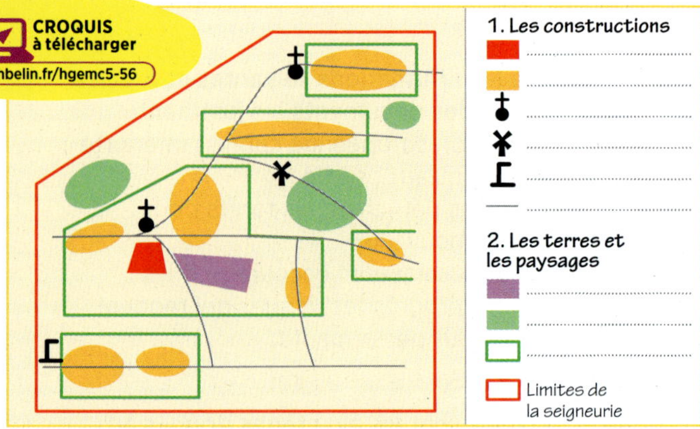

4. Encadre dans la légende la construction qui correspond au droit de justice du seigneur.

Retrouve la partie 2 du cours en lien avec cette étude, p. 64.

COMPÉTENCE TRAVAILLÉE
Analyser un document

ÉTUDE

3 Le seigneur et son autorité

Comment s'exerce le pouvoir du seigneur sur les paysans ?

1 Les obligations des paysans envers le seigneur

«À la Saint-Jean[1], les paysans de Verson doivent faucher l'herbe des prés du seigneur et porter le foin au manoir. Après, ils doivent curer le canal.
En août, ils doivent moissonner les blés du seigneur et les porter à sa grange. Ils doivent le champart[2] sur leurs terres. Ils le chargent sur leur charrette et ils le portent à la grange du seigneur.
Après vient le début septembre où ils paient le porcage : le vilain gardera deux porcs sur trois. Et après vient la Saint-Denis[3], où les vilains sont tout étonnés qu'il leur faille payer le cens. Après ils doivent encore la corvée : quand ils auront labouré la terre du seigneur, ils iront chercher le blé à son grenier et ils devront le semer.
À Noël, ils doivent des poules.
À Pâques, ils doivent de nouveau la corvée.
Puis ils vont au moulin banal et le meunier du seigneur prélèvera sa farine. Après, ils vont au four banal et paient le droit sur la cuisson du pain. Ces banalités sont encore le pire.»

D'après la *Complainte des vilains de Verson*, XIIIe siècle.

1. Le 24 juin.
2. Une part de la récolte due au seigneur.
3. Le 9 octobre.

2 Le château de Castelnaud (Dordogne), construit au XIIIe siècle

VIDÉO en ligne
flashbelin.fr/hgemc5-57

Depuis son château, le seigneur commande et assure la justice pour les habitants de la seigneurie. Ceux-ci peuvent venir s'y réfugier en cas d'attaque ennemie. Ce bâtiment où le seigneur vit avec sa famille et où il reçoit montre aussi sa puissance.

Définitions

- Une **banalité** : une taxe en nature due au seigneur en échange de l'utilisation de son four, de son moulin, de son pressoir.
- Le **cens** : une taxe due au seigneur en échange d'une tenure.
- Une **corvée** : un travail gratuit et obligatoire effectué par les paysans pour le seigneur.
- Un **vilain** : un paysan libre. Le vilain cultive la tenure et paye les impôts seigneuriaux mais il peut partir quand il le veut (contrairement au serf qui est lié à la terre et à la seigneurie).

Activité

J'extrais des informations des documents

1. **Doc. 1** Complète le tableau suivant à l'aide du document.

Travaux que doivent les paysans au seigneur	Taxes en nature que doivent les paysans au seigneur	Taxes en argent que doivent les paysans au seigneur
....	....	....

2. **Doc. 2** Quelles sont les trois fonctions du château du seigneur ?
3. **Doc. 2** Pourquoi le château symbolise-t-il la puissance du seigneur ?

J'identifie le point de vue de l'auteur

4. **Doc. 1** Relève les différents moments de l'année où les paysans doivent une taxe au seigneur.
5. **Doc. 1** L'auteur du texte semble-t-il plutôt proche du seigneur ou plaint-il les paysans ? Justifie ta réponse.

Retrouve la partie 2 du cours en lien avec cette étude, p. 64.

ÉTUDE

4 Perceval, un modèle de chevalier

Le sais-tu ?

Perceval est l'un des chevaliers de la Table ronde. Cette légende arthurienne sert de modèle aux seigneurs qui deviennent chevaliers : ils doivent respecter la même éducation, les mêmes règles et les mêmes loisirs.

Tâche complexe

J'écris une lettre à Perceval

Tu es le seigneur Gornemant de Goort, protecteur et parrain de Perceval. À la veille de son adoubement, Perceval est inquiet, il a peur de ne pas être à la hauteur de ses futures missions de chevalier. Écris une lettre à Perceval pour lui rappeler ce qu'il doit savoir.

1 L'adoubement de Perceval

« Perceval est un jeune homme qui vit dans la forêt. Mais un jour, il voit des chevaliers et, émerveillé, décide de partir à l'aventure. Le seigneur Gornemant de Goort le prend alors sous sa protection et fait de lui un chevalier. Perceval abandonne les vêtements donnés par sa mère. Alors le seigneur se baisse, et lui chausse l'éperon[1] droit. La coutume est en effet la suivante : celui qui fait chevalier doit lui chausser l'éperon. Il y a beaucoup d'autres serviteurs. Ceux qui peuvent l'approcher l'aident à s'armer. Le noble seigneur lui donne ensuite l'épée, lui donne l'accolade[2], et lui déclare qu'avec cette épée il lui confère l'ordre le plus élevé que Dieu ait créé et établi, c'est l'ordre de chevalerie qui n'admet aucune trahison. Puis il ajoute : "Mon ami, s'il arrive que vous deviez combattre quelque chevalier, souvenez-vous des instructions que je vais vous donner : si vous avez le dessus et que votre adversaire ne peut plus se défendre ni résister, ne le tuez pas volontairement. Et je vous prie également, si vous rencontrez une jeune fille ou une femme qui se trouve privée d'appui, secourez-la, si vous pouvez le faire. Vous agirez honorablement. J'ai encore une autre chose à vous apprendre : ne manquez pas de vous rendre à l'église y prier Dieu." »

D'après Chrétien de Troyes, *Perceval ou le Conte du Graal*, XIIe siècle.

1. Pièce de métal fixée au talon du chevalier pour faire avancer le cheval.
2. Le serre dans ses bras.

2 L'adoubement d'un chevalier de la Table ronde

Adoubement de Galaad, miniature de *La Quête du saint Graal*, vers 1380-1385. Bibliothèque nationale de France, Paris.

Définition

• L'adoubement : la cérémonie par laquelle on devient chevalier.

3 La chasse à courre

Miniature du *Livre de chasse* de Gaston Phébus, XIVe siècle. Bibliothèque nationale de France, Paris.

4 L'équipement du chevalier

5 Les tournois de chevalerie

Vitrail de Charlemagne, cathédrale Notre-Dame de Chartres, XIIIe siècle.

Les tournois sont des spectacles où s'affrontent des chevaliers. Ils permettent de s'exercer au maniement des lances et au combat à cheval.

Coup de pouce

Veille à bien expliquer à Perceval les différentes étapes qui l'attendent en lui présentant :

- la cérémonie de l'adoubement (**doc. 1 et 2**) ;
- les règles qu'il doit respecter (**doc. 1**) ;
- les équipements qu'il doit porter au combat (**doc. 4**) ;
- les loisirs qui vont lui permettre de s'entraîner à la guerre (**doc. 3 et 5**).

Retrouve la partie 3 du cours en lien avec cette étude, p. 64.

COMPÉTENCE TRAVAILLÉE
Pratiquer différents langages

5 Le système de la féodalité

➥ **Quelle est la relation entre un seigneur et son vassal ?**

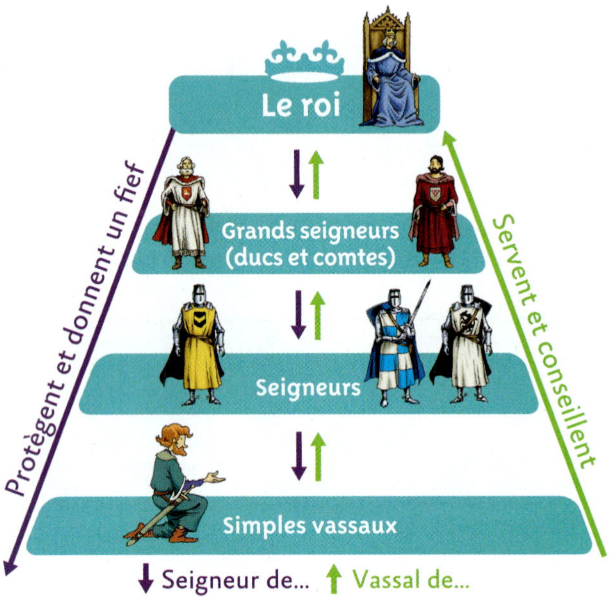

1 La société au temps de la féodalité

2 Un vassal rend hommage à son seigneur

Sceau de Raimond de Mondragon, XIIe siècle. Archives nationales, Paris.

3 Une cérémonie d'hommage

« Le comte demanda au futur vassal s'il voulait devenir son homme sans réserve. Celui-ci répondit : "Je le veux." Ses mains étant jointes dans celles du comte, ils s'allièrent par un baiser. Puis le vassal dit : "Je promets en ma foi d'être fidèle à partir de cet instant au comte Guillaume et de lui garder contre tous et entièrement mon hommage, de bonne foi et sans tromperie." Il jura cela sur la relique[1] des saints. Ensuite le comte lui donna un fief. »

D'après Galbert de Bruges, chroniqueur flamand, *Histoire du meurtre de Charles le Bon, comte de Flandre*, 1127.

1. Un objet ou les restes d'un saint faisant l'objet d'un culte.

Définitions

- La **féodalité** : l'organisation de la société fondée sur les relations entre les seigneurs et les vassaux.
- Un **fief** : un domaine accordé par un seigneur à un vassal en échange de services.
- Un **vassal** : une personne liée à un seigneur par la cérémonie de l'hommage.

Activité

Je complète un schéma

SCHÉMA à télécharger flashbelin.fr/hgemc5-60

1. **À l'aide des documents, complète le schéma sur les droits et les devoirs du seigneur et de son vassal en utilisant les éléments suivants :**
Seigneur • Fief • Vassal • Fidélité • Protection • Justice • Aide militaire • Aide financière • Conseil pour la justice et la guerre.

Devoirs du .... envers son vassal	Devoirs du .... envers son seigneur
•	• ....
•	• ....
•	• ....
	• ....

2. **Donne un titre au schéma en utilisant le mot « féodalité ».**

Retrouve la partie 3 du cours en lien avec cette étude, p. 64.

COMPÉTENCE TRAVAILLÉE
Analyser un document

ÉTUDE

6 Le rôle de l'Église

Quelle est la place de l'Église au Moyen Âge ?

1 Le testament d'un seigneur chrétien

« Moi, Bernard, seigneur d'Albret, je donne des sommes à tous les hôpitaux qui sont sur le chemin de Saint-Jacques[1]. De même, comme j'ai promis de faire cinq pèlerinages, je veux que ces pèlerinages soient faits par mes fils. En outre, je veux que 10 000 livres tournois soient distribuées pour faire de bonnes aumônes, là où mes héritiers jugeront qu'elles seront les mieux employées pour mon accession au paradis. »

D'après le testament de Bernard, seigneur d'Albret, XIVe siècle.

1. Saint-Jacques-de-Compostelle est une ville espagnole qui est un lieu de pèlerinage important au Moyen Âge pour les chrétiens.

2 Moines traitant des pestiférés en Italie

Miniature de *La Franceschina*, vers 1474. Biblioteca Capitolare, Pérouse.

Les religieux soignent les malades comme ici lors de l'épidémie de Peste noire qui touche l'Europe à partir de 1348.

3 Un religieux enseigne la lecture dans une école

Enluminure du XIVe siècle. Bibliothèque de la Sorbonne, Paris.

Définition

• L'Église : avec une majuscule, le mot désigne l'ensemble des chrétiens ; avec une minuscule, le bâtiment religieux.

Activité

J'extrais des informations des documents

1. **Doc. 1** À qui sont destinées les 10 000 livres tournois dans le testament de Bernard d'Albret ?
2. **Doc. 1 et 2** L'Église prend en charge d'autres personnes en difficulté. Lesquelles ? Justifie.
3. **Doc. 3** Que prennent en charge les religieux ici ?

J'identifie le point de vue de l'auteur

4. **Doc. 1** Cite les trois engagements faits par Bernard d'Albret à l'Église.
5. **Doc. 1, 2 et 3** Montre l'importance de la religion chrétienne dans la société médiévale. Pour cela, rappelle à qui l'Église porte assistance et ce qui motive les gens comme Bernard d'Albret à lui faire des dons.

Retrouve la partie 3 du cours en lien avec cette étude, p. 64.

Sainte-Foy de Conques, une église romane

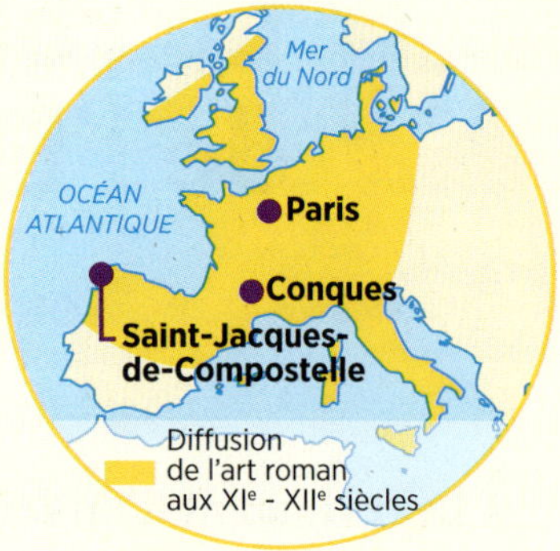

Du Xe au XIIe siècle, l'art roman s'impose en Europe occidentale. C'est dans ce style architectural nouveau que de nombreuses églises sont alors construites comme celle de Sainte-Foy de Conques, au XIIe siècle, étape du pèlerinage vers Saint-Jacques-de-Compostelle.

1 L'église romane Sainte-Foy de Conques

L'église de Conques comporte des voûtes qui se trouvent à plus de 20 mètres du sol. La hauteur du bâtiment montre la place centrale de l'Église et de la croyance en Dieu dans la société du Moyen Âge. L'édifice impressionne les fidèles.

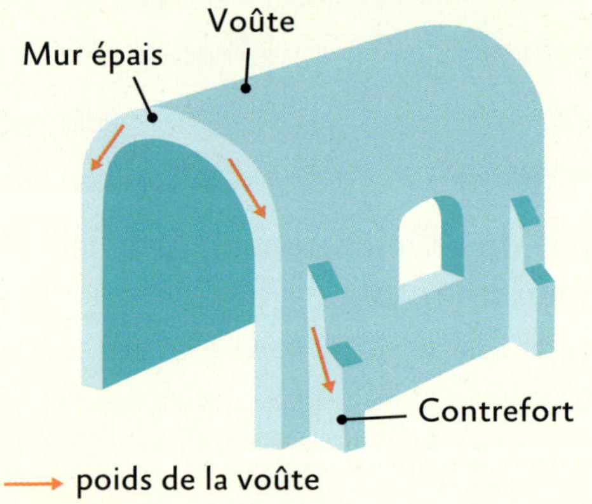

2 L'art roman

Dans le style roman, les murs sont épais car ils portent la voûte. Les fenêtres sont donc petites.

Définitions

- L'art roman : le style d'architecture des églises construites en Europe entre le Xe et le début du XIIIe siècle.
- Une relique : un objet ou les restes d'un saint faisant l'objet d'un culte.
- Le salut : le fait de pouvoir aller au paradis après la mort pour un chrétien.
- Le tympan : la partie arrondie et sculptée au-dessus du portail d'une église.

3 Le tympan du XIIe siècle

Le tympan représente le Jugement dernier : les chrétiens croient qu'à la fin des temps Dieu reviendra pour juger les vivants et les morts. Selon eux, ceux qui se sont mal comportés iront en enfer, les autres obtiendront le salut en allant au paradis.

SITE internet
flashbelin.fr/hgemc5-63

Sainte Foy priant, un modèle pour les chrétiens

Dieu juge

Un exemple de condamné à l'enfer : le menteur

4 Le reliquaire de sainte Foy

Cette statuette contient les restes de sainte Foy, une jeune fille qui, selon l'Église, a été martyrisée au IIIe siècle pour sa croyance chrétienne. Situées sur la route de Saint-Jacques-de-Compostelle, l'église et sa relique attirent de nombreux chrétiens.

Activité A

Je décris une œuvre en utilisant un vocabulaire adapté

1. **Doc. 3 et carton** Où peut-on voir ce bas-relief ?
2. **Doc. 2** Pourquoi la lumière entre-t-elle peu à l'intérieur de l'église ?
3. **Doc. 4** Pourquoi le reliquaire se trouvant dans l'église attire-t-il les pèlerins ?

J'associe une œuvre à son époque

4. **Doc. 3** À quel siècle le tympan a-t-il été sculpté et l'église construite ?
5. **Doc. 1 et 2** À quel style d'architecture cette église correspond-elle ?

Activité B

J'analyse et j'interprète une œuvre

Observe bien le document 3. D'après toi, quel message le tympan adresse-t-il aux fidèles ? Dans quel but ?

COURS

Des campagnes dominées par les seigneurs

➡ Comment les seigneurs dominent-ils les campagnes au Moyen Âge?

COURS audio flashbelin.fr/hgemc5-64

Étude p. 54-55

1 Les campagnes se développent du Xe au XIVe siècle

• **Au Moyen Âge, plus de 80 % de la population vit dans les campagnes.** Du XIe au XIIIe siècle, **la population de l'Occident augmente** fortement. **La production agricole progresse** grâce à des inventions comme la charrue, le collier d'épaule et le moulin.

• Pour nourrir ces nouveaux habitants, **des terres sont conquises** grâce aux défrichements et à l'assèchement des marais. Les seigneurs encouragent la mise en culture de ces nouveaux espaces grâce à des **chartes de franchise. Des villages apparaissent autour d'églises et de châteaux.**

Études p. 56-57

2 Les seigneurs dominent les campagnes

• **Le seigneur domine une terre et les hommes qui y vivent.** Sa seigneurie est composée d'un château, d'une église et de **deux types de terres agricoles: la réserve et la tenure.** La réserve est la terre que le seigneur se garde mais où il fait travailler les paysans soumis à la corvée. La tenure est une terre laissée aux paysans en échange de taxes nombreuses.

• **Le seigneur assure la sécurité et la justice** pour tous ceux qui vivent dans sa seigneurie. **Son château**, dans lequel il vit avec sa famille, symbolise **sa domination sur les campagnes**. Fortifié, il peut servir de refuge pour les paysans en cas d'attaque.

Études p. 58-61

3 La société s'organise autour des seigneurs et de l'Église

• **Les seigneurs dominent la société et la protègent grâce à des guerriers, les vassaux.** Un engagement associe le seigneur à son vassal lors de la cérémonie de l'hommage: c'est la féodalité. Le seigneur est lui-même le vassal d'un seigneur plus puissant ou du roi.

• **Certains seigneurs**, après avoir reçu une éducation militaire, **deviennent chevaliers par la cérémonie de l'adoubement**: ils combattent et ont des loisirs comme les tournois ou la chasse à courre.

• **Les chevaliers protègent aussi l'Église.** La religion est très présente dans la vie des gens qui croient au salut après la mort. L'Église se charge de l'enseignement, de l'aide aux pauvres et aux malades.

Définitions

• La **féodalité**: l'organisation de la société fondée sur les relations entre les seigneurs et les vassaux.

• Un **seigneur**: une personne puissante qui domine une terre et les hommes qui y vivent.

• Une **seigneurie**: un territoire où le seigneur exerce son pouvoir.

• Un **vassal**: une personne liée à un seigneur par la cérémonie de l'hommage.

Je vérifie mes connaissances

→ **Es-tu capable de citer ?**

- Deux inventions agricoles
- Deux fonctions de l'Église
- Deux cérémonies qui concernent les seigneurs
- Deux fonctions du seigneur
- Deux loisirs des chevaliers
- Deux types de terres agricoles

Je comprends le cours

→ **Relis chaque partie du cours et réponds aux questions.**

Partie 1

- Quels sont les deux bâtiments qui dominent le centre des villages ?
- Relève ce qui a permis de mieux nourrir les habitants entre le Xe et le XIVe siècle.

Partie 2

- Cite au moins trois éléments que l'on retrouve dans une seigneurie.
- Donne un titre au premier paragraphe en utilisant le terme « seigneurie ».

Partie 3

- Comment s'appelle la cérémonie par laquelle on devient le vassal d'un seigneur ?
- Que montre cette partie du cours ?
  – Le vassal domine le seigneur.
  – Le seigneur est l'égal du vassal.
  – Le roi est le seigneur le plus puissant.

J'apprends autrement

→ **Reproduis le schéma et complète-le avec les propositions suivantes :**
défrichements • règles de vie • seigneur • églises • taxes et corvées • croissance démographique • aide aux pauvres et aux malades • nouveaux villages • la protection des paysans et la justice • château • campagnes • chrétienne.

SCHÉMA à télécharger flashbelin.fr/hgemc5-65

LA SOCIÉTÉ AU MOYEN ÂGE

Elle se développe dans les ....

- La population augmente : c'est la ....
- De nouvelles terres sont conquises par les ....
- De .... apparaissent.

Elle est sous la domination d'un ....

- Le seigneur assure ....
- Le seigneur perçoit de nombreuses ....
- Le .... symbolise sa domination.

Elle est ....

- L'Église fixe les .... des fidèles.
- L'Église se charge de l'enseignement et de l' ....
- Les .... symbolisent sa puissance et son influence.

EXERCICES

JE RÉVISE

RÉVISE en jouant avec Genially ! + EXERCICES interactifs flashbelin.fr/hgemc5-66

1 Je révise les repères historiques

Associe à chaque fait historique la période correspondante.

- De nouveaux villages apparaissent •
- Épidémie de Peste noire •
- Début des défrichements •
- L'autorité seigneuriale est établie •

- • 900-1300
- • 1348-1460

2 Je révise les repères géographiques

Recopie et complète la légende de la carte à l'aide de ces éléments :
Principaux foyers de l'art roman au début du XIIe siècle • Islam • Extension maximale de l'art roman au XIIe siècle • Christianisme orthodoxe • Christianisme catholique.

1. Les religions présentes en Occident

- (orange) ....
- (rouge) ....
- (vert) ....

2. La progression de l'art roman

- ● ....
- ▲▲ ....

CARTE à télécharger flashbelin.fr/hgemc5-66

3 Je révise en jouant

1. Aide le seigneur à franchir le labyrinthe pour retrouver son château. Attention, pour avancer, tu dois retrouver six mots étudiés dans ce chapitre.
2. Utilise tous ces mots pour écrire un texte court sur le seigneur et la personne qui lui est liée (tu peux t'aider de l'étude p. 60).

G	A	T	F	I	O	T	A
O	R	C	E	E	R	E	F
S	E	T	G	F	P	C	U
C	I	I	A	X	E	T	S
A	G	L	M	M	O	I	S
E	N	E	T	O	N	R	I
L	I	U	C	H	F	I	T
P	O	R	V	L	I	L	E
R	U	L	A	A	D	E	L
E	T	A	S	S	O	M	B

LABYRINTHE à télécharger flashbelin.fr/hgemc5-66

Je révise le vocabulaire avec une bande dessinée

Dans le CDI de ton collège, tu trouveras des bandes dessinées en rapport avec tes cours d'histoire. C'est l'occasion de vérifier si tu maîtrises bien les mots importants de la leçon.

1 Après avoir choisi une bande dessinée en rapport avec le chapitre, commence par bien regarder l'ensemble des dessins : **identifie les personnages** et **lis les textes** car **ils peuvent t'aider à retrouver les notions étudiées en cours.** Pour ce chapitre, tu peux par exemple consulter la bande dessinée ci-contre : *Chevaliers, moines et paysans : de Cluny à la première croisade*.

2 Retrouve ensuite les mots du cours qui correspondent à chaque dessin. Plusieurs possibilités s'offrent à toi :

Niveau ☆ Tu ne maîtrises pas encore bien tout le vocabulaire : relis les définitions du chapitre et note au fur et à mesure tous les mots qui pourraient être utiles.

Niveau ☆☆ Tu as déjà appris le vocabulaire : Lance-toi ! Il faut essayer d'utiliser le maximum de mots liés au cours.

Niveau compétition Tu fais cette activité avec un(e) camarade : le défi est de retrouver au total plus de mots que son ou sa partenaire.

Images tirées de Florian Mazel et Vincent Sorel, *Chevaliers, moines et paysans : de Cluny à la première croisade, Histoire dessinée de la France n°6*, La Découverte/La Revue dessinée, 2019.

➡ **Sur ces quelques cases, retrouve le maximum de mots et notions du chapitre, puis vérifie que tu connais leur définition. Selon ton niveau, relis les pages d'études et de cours ou lance-toi directement.**

JE M'ENTRAÎNE

1 Je complète un schéma sur la société médiévale

Pratiquer différents langages

Reproduis et complète le schéma suivant à l'aide du texte.

L'organisation féodale

« La société est divisée en trois classes : les prêtres, les chevaliers et les paysans. Chacune d'elles est utile aux deux autres. La classe des prêtres a des obligations envers les chevaliers qui lui assurent la sécurité pour prier Dieu. Elle a aussi des obligations envers les paysans qui lui procurent par leurs travaux la nourriture. Les paysans, de leur côté, sont élevés jusqu'à Dieu par les prières des prêtres et sont défendus par les armes des chevaliers. Les chevaliers, eux, sont nourris par le produit des impôts versés par les paysans ; les prières des prêtres les protègent. »

D'après Gérard Ier, évêque de Cambrai, 1036.

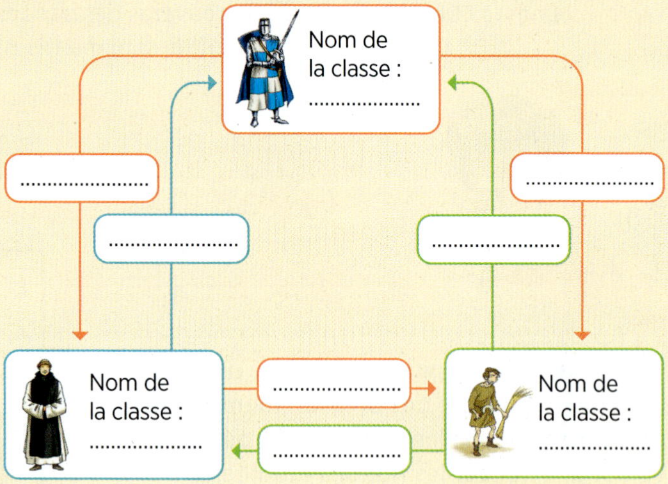

SCHÉMA à télécharger flashbelin.fr/hgemc5-68

2 J'utilise des repères chronologiques sur le Moyen Âge

Se repérer dans le temps

Miniature extraite d'un manuscrit. Musée de l'Assistance publique-Hôpitaux de Paris, Paris.

Détail du *Sachsenspiegel*, manuscrit de Eike von Repgow. Universitätsbibliothek Heidelberg, Allemagne.

Enluminure extraite d'un livre d'heures. British Library, Londres.

1 **Retrouve pour chaque image deux mots ou expressions qui lui correspondent parmi les suivants :** progrès agricoles • défrichement • Peste noire • charrue • assistance aux malades • nouveaux villages.

2 **À quelle période correspond chacune des images : la croissance démographique ou la baisse démographique ?**

3 **Quelles sont les bornes chronologiques de ces deux grandes périodes au Moyen Âge ?**

4 **Classe dans l'ordre chronologique ces trois images.**

3 J'utilise un vocabulaire adapté sur les campagnes au Moyen Âge

Pratiquer différents langages

Sur les images suivantes et comme dans l'exemple proposé ci-dessous, imagine des dialogues en utilisant les mots indiqués.

Mots à utiliser :
- adoubement • chevalier • épée.

Adoubement de Lancelot par le roi Arthur, miniature du XVe siècle. Bibliothèque nationale de France, Paris.

Le dialogue en histoire

POINT MÉTHODE

Écrire un dialogue historique est un exercice qui permet d'apprendre à raisonner.
Tu dois en effet te poser des questions sur les personnages eux-mêmes, sur leurs actions et sur leur époque. Les informations données dans le dialogue reposent sur des faits.
On évite les phrases telles que « comment ça va ? » qui n'apportent aucune information.

Mots à utiliser :
- défrichement
- charte de franchise
- seigneur

Miniature du *Commentaire sur l'Apocalypse*, Alexandre de Brême, XIIIe siècle. Cambridge University Library, Cambridge.

Mots à utiliser :
- seigneur
- vassal
- fidélité
- fief
- hommage

Le Procureur royal, le scribe et le seigneur féodal, parchemin, 1292. Archives départementales des Pyrénées-Orientales, Perpignan.

4 Je m'informe sur l'archéologie médiévale pix

S'informer dans le monde du numérique

→ Visionne la vidéo de l'INRAP sur le site de la ferme d'Amilly en Seine-et-Marne.

1 **Quel est le nom du site archéologique présenté ici ?**

2 **Quand ce site médiéval a-t-il été occupé ?**

3 **Quels sont les matériaux utilisés pour fabriquer les premières maisons paysannes ?**

4 **Quel matériau est progressivement utilisé par la suite ?**

5 **À la fin du XVe siècle, avec l'implantation seigneuriale, l'habitat évolue encore. Quels sont les éléments retrouvés par les archéologues qui montrent la richesse des installations ?**

VIDÉO en ligne
flashbelin.fr/hgemc5-69

4 Une nouvelle société urbaine

Comment les villes d'Occident se développent-elles au Moyen Âge ?

1 Monteriggioni, une ville d'Italie construite au Moyen Âge

La ville fortifiée de Monteriggioni a été construite en 1213 par les seigneurs de Sienne.

Pour bien commencer le chapitre

Fais le point sur ce que tu sais déjà.

Quiz interactif
flashbelin.fr/hgemc5-71

1. À quoi le titre du roman de Victor Hugo *Notre-Dame de Paris* fait-il référence ?

a. Une jeune femme.
b. Un bijou.
c. Une cathédrale.

2. Un bourg au Moyen Âge, c'est :

a. Une ville fortifiée.
b. Le quartier habité par le seigneur.
c. Une boutique.

3. La Champagne, c'est :

a. Un vin pétillant.
b. Une région située dans le nord-est de la France.
c. Une épice.

4. Le danger le plus craint par les marchands, c'est :

a. La pluie.
b. Les chiens.
c. Les brigands.

2 Une scène de foire au Moyen Âge

Enluminure du début du XVe siècle. Bibliothèque nationale de France, Paris.

Au Moyen Âge, les villes accueillent à des dates fixes des foires où se rencontrent les marchands.

Questions

1 Doc. 1 Nomme les trois éléments indiqués par les lettres A, B et C.

2 Doc. 2 Décris la scène et précise quels sont les produits vendus les jours de foire.

REPÈRES

Les villes au Moyen Âge

Les premières foires de Champagne sont organisées

Enluminure du début du XVe siècle. Bibliothèque nationale de France, Paris.

Vers 1130

Paris devient la capitale du royaume de France

Miniature du XIVe siècle. Bibliothèque de Besançon.

1222

FRISE interactive
flashbelin.fr/hgemc5-72

1000 — **1100** — 1200 — 1300 — 1400 — **1500**

ESSOR DES VILLES

Fin XIe-début XIIe siècle

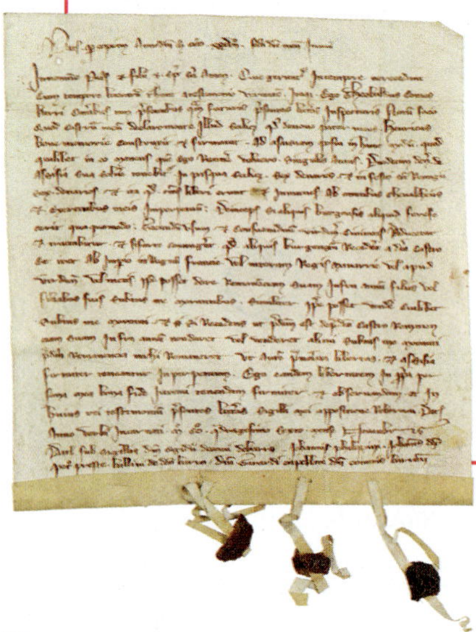

Les premières chartes de franchise apparaissent

Charte de franchise d'Aubréville (département de la Meuse).

1150-1300

L'art gothique s'impose en Occident

Façade de la cathédrale Notre-Dame de Reims construite aux XIIIe-XIVe siècles.

Villes et échanges commerciaux aux XIIe et XIIIe siècles

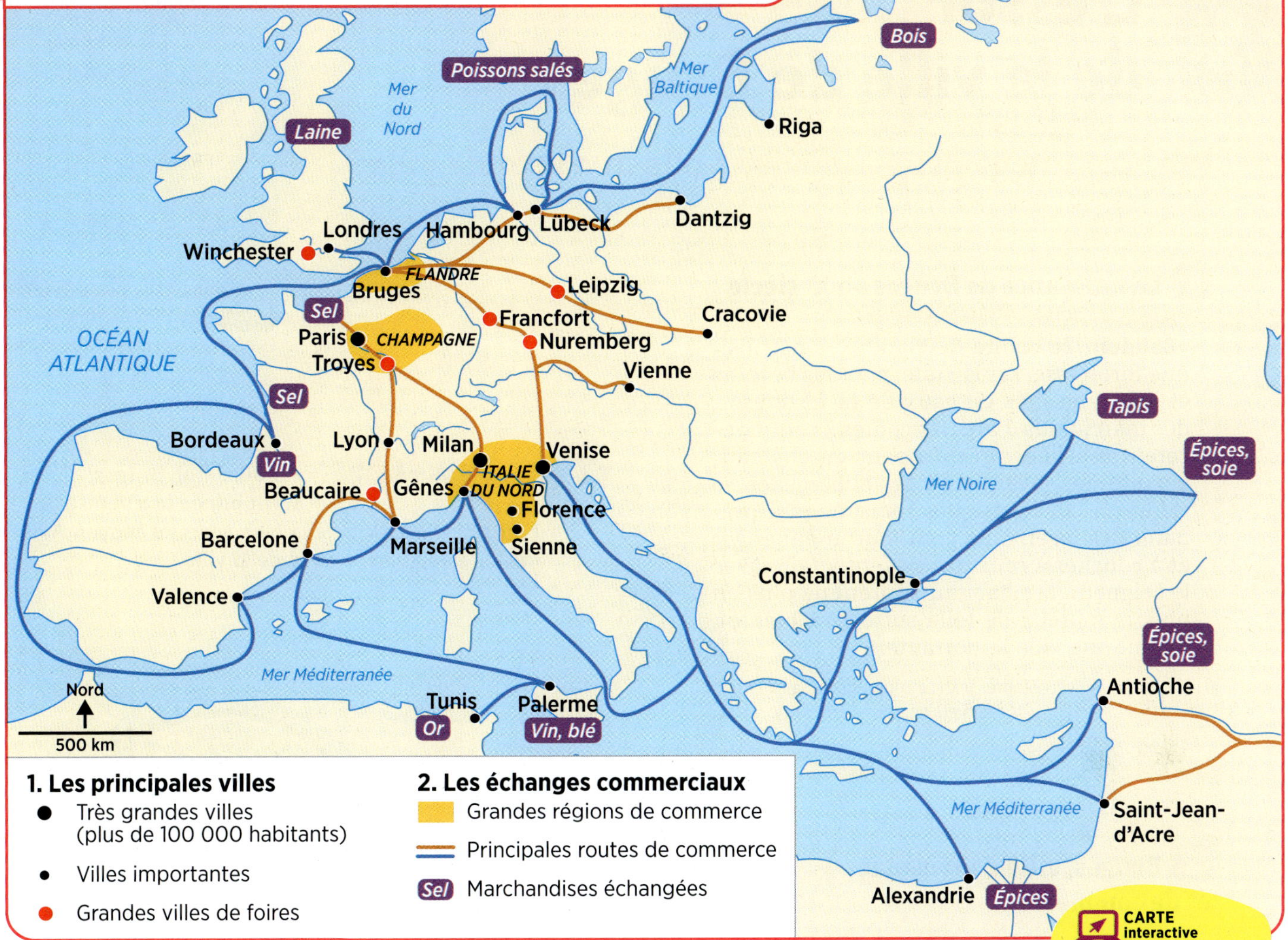

CARTE interactive
flashbelin.fr/hgemc5-73

a. Urbains et ruraux

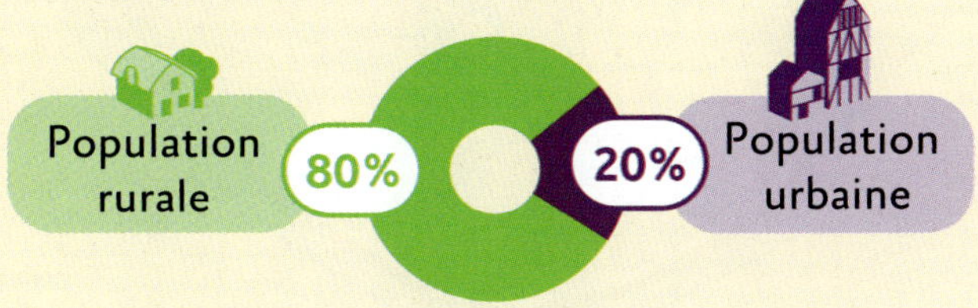

Part de la population urbaine et rurale dans la population d'Occident vers 1300

b. Les trois plus grandes villes d'Occident vers 1300

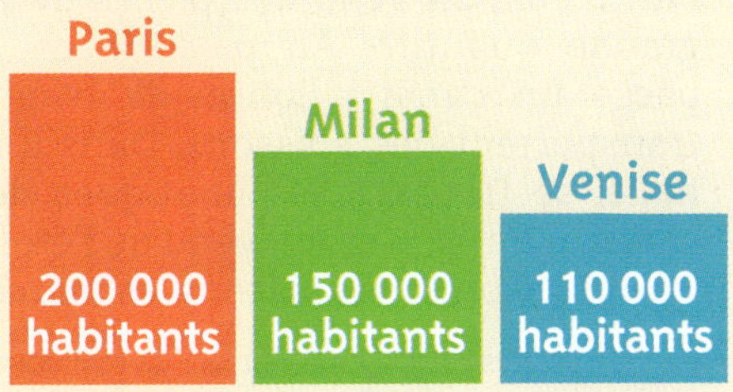

Définitions

• L'**art gothique** : un style d'architecture, surtout religieux, qui se diffuse en Occident entre 1150 et 1300.

• Une **charte de franchise** : un texte précisant les avantages accordés par un seigneur à des habitants.

• Une **foire** : un marché qui se tient à date fixe et qui attire des marchands venus de loin.

Questions

1. **Frise** Dans quelle région les foires apparaissent-elles au XIIe siècle ?
2. **Carte** Grâce à quoi les villes connaissent-elles un essor du XIe au XVe siècle ?
3. **Frise et schéma b** Qu'apprends-tu sur Paris au Moyen Âge ?

COMPÉTENCE TRAVAILLÉE
Raisonner et justifier

ÉTUDE 1

L'essor de la ville de Bruges

Comment Bruges devient-elle une grande ville ?

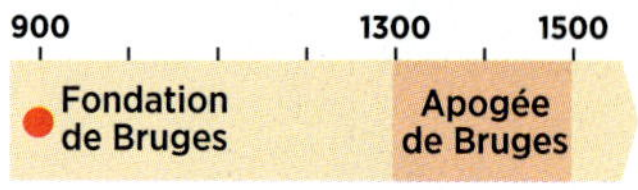

1 La naissance de Bruges au Xe siècle

« Baudoin, le comte de Flandre, construisit une forteresse. Par la suite, pour les besoins et les nécessités de ceux de la forteresse, des marchands d'articles coûteux commencèrent à affluer près du pont du château ; ensuite des taverniers[1], des aubergistes se mirent à construire des maisons et à préparer des logements pour fournir à manger et à coucher à ceux qui avaient affaire avec le seigneur. Les habitants furent de plus en plus nombreux de telle sorte que, bientôt, naquit une ville importante. »

D'après Jean Le Long, abbé à Saint-Omer, *Chronique de Saint-Bertin*, XIVe siècle.

1. Une taverne est un endroit où l'on sert à boire.

Le sais-tu ? Aujourd'hui, Bruges, surnommée la « Venise du Nord » est à 14 km de la mer. Mais au Moyen Âge, la mer atteignait le nord de la ville.

2 Bruges, ville d'artisanat et de commerce

« On fabrique à Bruges les meilleurs tissus de laine qui soient : de la toile très fine, des tissus de plusieurs couleurs, des tapis et beaucoup d'autres marchandises. Il y a de grands édifices appelés halles ; dans l'un d'eux, on vend des pièces de laine en grande quantité. Au pied de cet édifice, passe un canal sillonné de bateaux qui transportent des poissons. Dans une autre halle, se trouvent les boutiques des marchands ; au-dessus, on vend de l'étoffe. Il y a une place où se réunissent les marchands. »

D'après Hieronymus Münzer dit Monetarius, savant allemand, *Voyage aux Pays-Bas*, 1495.

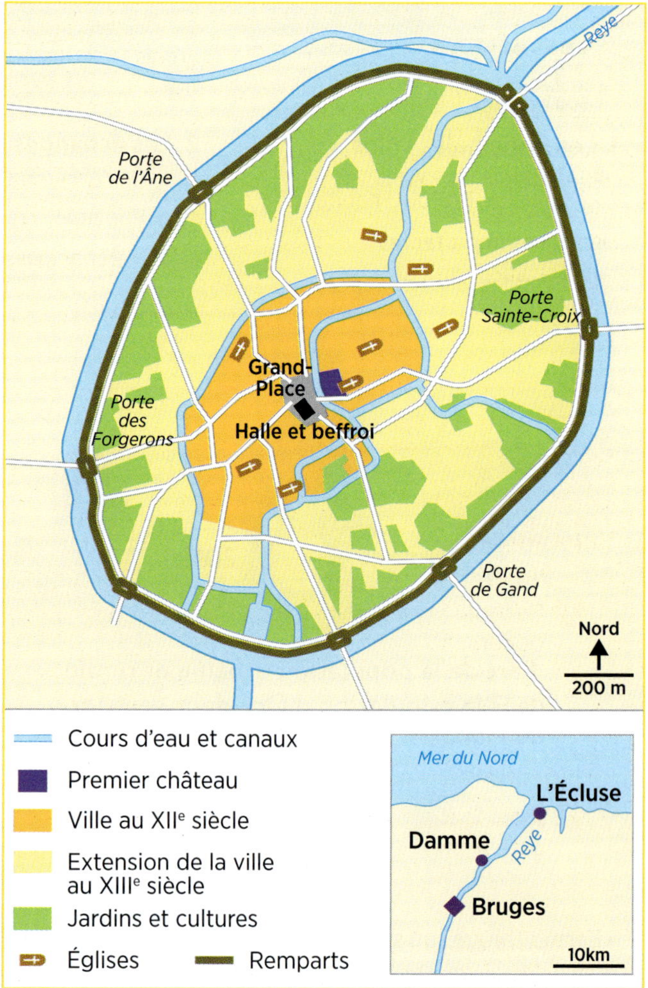

3 La ville de Bruges et son extension

À partir du XIIe siècle, Bruges s'enrichit. Les navires débarquent leurs marchandises dans les avant-ports. Les produits sont ensuite transportés jusqu'au centre de Bruges sur des barques suivant les canaux.

Définitions

- L'**artisanat** : une activité manuelle qui exige un savoir-faire.
- Un **beffroi** : une haute tour qui est un symbole d'une ville se gouvernant elle-même.
- Une **halle** : un lieu couvert où se tient le marché.

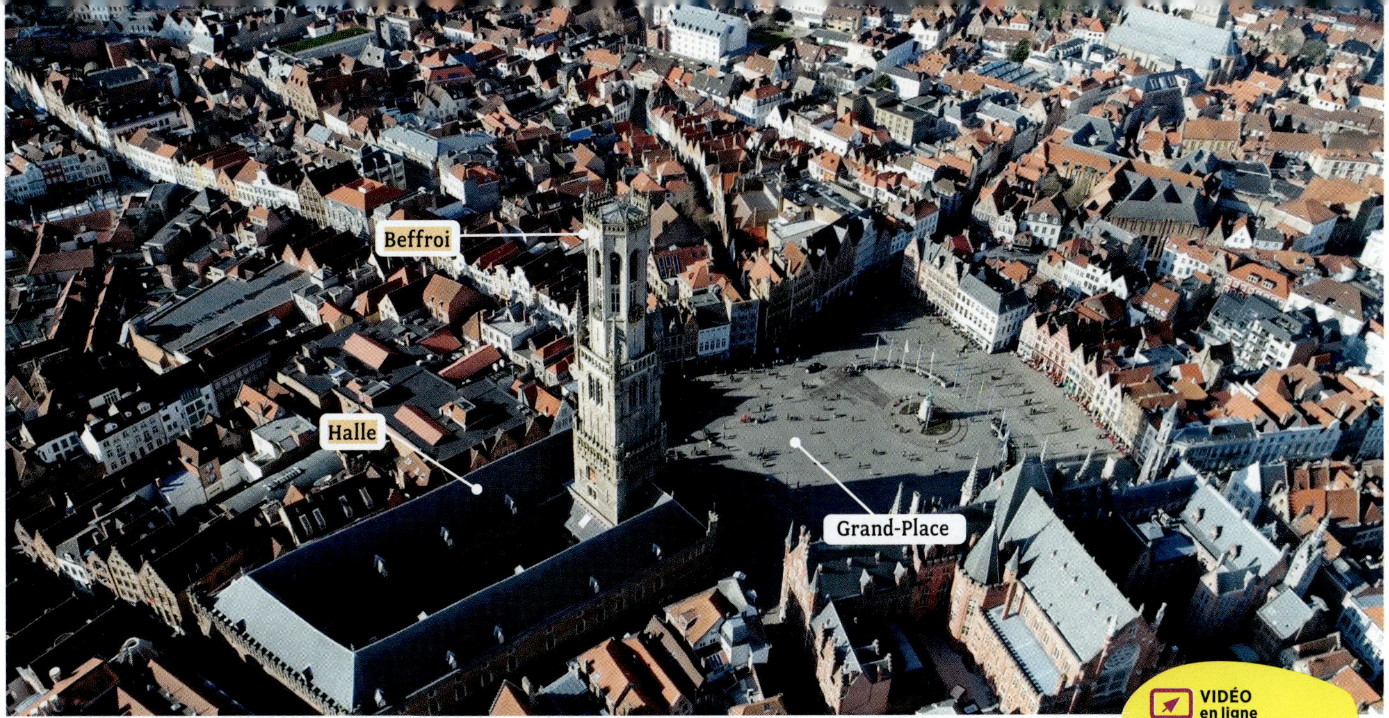

VIDÉO en ligne
flashbelin.fr/hgemc5-75

4 Le centre-ville de Bruges aujourd'hui

5 Les métiers de Bruges

Sceaux de la ville de Bruges.
Archives nationales, Paris.

Chaque métier possède son propre sceau, un objet métallique sur lequel est gravée, en cire ou en plomb, une image. Le sceau désigne aussi l'empreinte que laisse cet objet sur un document quand on veut garantir son authenticité.

A Les gantiers

B Les poissonniers

Activité A

Je justifie des affirmations

1. **Recopie les affirmations suivantes et justifie-les en citant les documents correspondants:** Le beffroi de Bruges est situé sur la Grand-Place. • Bruges se développe à partir du château du comte de Flandre. • Bruges doit sa richesse au textile. • Bruges se développe grâce à la proximité de la mer et grâce à ses canaux.

J'identifie ce que j'ai appris

2. **Doc. 1, 2 et 5 Quels acteurs as-tu découverts? Relève un acteur individuel et des acteurs collectifs.**

Les acteurs en histoire — POINT MÉTHODE

Un acteur désigne celui qui agit. Quand il s'agit d'une seule personne, on parle d'acteur individuel. Quand il s'agit d'un groupe, on parle d'acteur collectif.

3. **Quels sont les mots nouveaux que tu as découverts grâce aux documents? Qu'as-tu appris sur la ville de Bruges?**

Activité B

Je mène l'enquête

À l'aide des indices fournis par les documents, explique comment la ville de Bruges devient l'une des plus grandes villes d'Europe du Nord au Moyen Âge.

Coup de pouce

- → Observe bien où est située Bruges à l'époque.
- → Recherche les activités qui ont permis le développement de la ville.
- → Fais attention au moindre indice: demande-toi par exemple pourquoi on trouve des gantiers ou des poissonniers à Bruges.

Retrouve les parties 1 et 2 du cours en lien avec cette étude, p. 82.

COMPÉTENCE TRAVAILLÉE
Analyser un document

2 La ville de Troyes et le comte de Champagne

Quels sont les liens entre la ville de Troyes et son seigneur ?

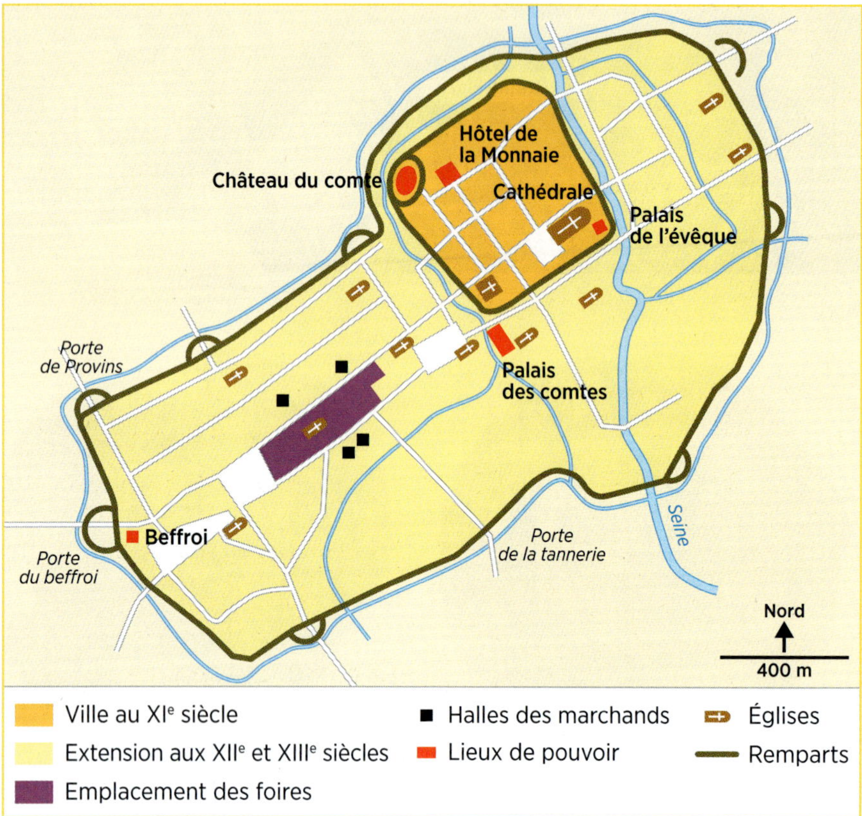

1 La ville de Troyes au XIIIe siècle

2 La charte de franchise de la ville de Troyes

« Moi, Thibaut, comte de Champagne, fais savoir que je cède aux membres de la communauté de Troyes la justice sur les terres et les vignes, en échange de la somme de 300 livres à payer annuellement à Pentecôte. Je conserve le droit de justice pour les viols, les meurtres et les vols. Je choisirai chaque année treize hommes de la communauté qui choisiront l'un d'entre eux comme maire. Ils gouverneront la ville et ses affaires. Si j'ai besoin de mon armée en période de foire, les marchands occupés à la foire peuvent envoyer des remplaçants sans avoir à payer l'amende. »

D'après la Charte de Troyes, 1230.

Le sais-tu ?

La ville de Troyes au Moyen Âge a la forme d'un bouchon de champagne. D'où le nom familier donné par les Troyens aujourd'hui à la partie ancienne de leur ville : le Bouchon de champagne.

Définitions

- Une charte de franchise : un texte précisant les avantages accordés par un seigneur à des habitants.
- Une foire : un marché qui se tient à date fixe et qui attire des marchands venus de loin.

Activité

Je comprends le sens général d'un document

1. **Doc. 1** **Quelle phrase correspond le mieux au sens général du document ? Justifie ta réponse.**
   a. Au XIIIe siècle, Troyes est une ville de foire sous la protection du comte de Champagne.
   b. Au XIIIe siècle, la ville de Troyes est dominée par sa cathédrale.
2. **Doc. 2** **Résume le document en une phrase en utilisant les termes suivants :** charte de franchise • seigneur • droits.

J'extrais des informations des documents

3. **Doc. 1 et 2** **Relève des éléments montrant que la ville se gouverne elle-même.**
4. **Doc. 1 et 2** **Relève des éléments montrant que le comte de Champagne reste puissant.**

Retrouve la partie 2 du cours en lien avec cette étude, p. 82.

COMPÉTENCE TRAVAILLÉE
Analyser un document

ÉTUDE

3 La commune de Sienne

Comment la ville de Sienne se gouverne-t-elle?

À la fin du XIIe siècle, Sienne, en Toscane (Italie), devient une commune. La ville est gouvernée par les consuls et compte de nombreux bourgeois parmi les habitants.

Définitions

- Un bourgeois : un riche habitant d'une ville.
- Une commune : une ville qui a obtenu du seigneur le droit de se gouverner elle-même.
- Un consul : un dirigeant élu par les habitants d'une commune.

A Vieillard représentant la commune de Sienne
B Bourgeois de Sienne
C Deux frères, Ascius et Senius, qui ont fondé Sienne, selon la légende
D Soldats qui protègent la ville
E Personnage symbolisant la prudence

La commune de Sienne vue par le peintre siennois Lorenzetti

Les Effets du bon gouvernement, détail d'une fresque, Palais public de Sienne, 1338.

Cette fresque a été commandée par les consuls pour célébrer l'indépendance et la puissance de Sienne.

SITE internet
flashbelin.fr/hgemc5-77

Activité

J'identifie la nature du document

1. **Choisis parmi les mots suivants ceux qui te permettent d'identifier le document:** reconstitution • source primaire • Sienne • Naples • imaginaire • XIIe siècle • XIVe siècle • fresque.

J'identifie le point de vue de l'auteur

2. **Que sais-tu de l'auteur de la fresque?**
3. **L'artiste a-t-il voulu donner une image positive ou négative de la commune de Sienne? Justifie ta réponse à l'aide des détails de la fresque.**

Les sources en histoire POINT MÉTHODE

Il existe deux types de sources historiques.
→ Une source primaire (ou source de première main) est un document qui a été créé au moment de l'événement que l'on veut étudier ou peu après.
→ Une source secondaire (ou source de seconde main) est un document qui analyse les sources primaires.

Retrouve la partie 2 du cours en lien avec cette étude, p. 82.

ÉTUDE

COMPÉTENCE TRAVAILLÉE
Coopérer et mutualiser

4 Vivre à Paris au Moyen Âge

➡ Comment la vie des habitants de Paris s'organise-t-elle au Moyen Âge ?

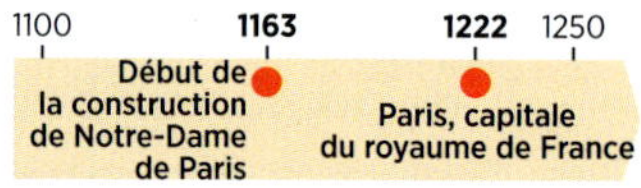

1 L'île de la Cité au Moyen Âge

Dessin de reconstitution de Jean-Claude Golvin.

L'île de la Cité, située sur la Seine, constitue le cœur historique de Paris.

VIDÉO en ligne
flashbelin.fr/hgemc5-78

2 Le règlement de la corporation des couteliers

Les artisans se regroupent en corporations. Chaque corporation, ici celle des fabricants de couteaux, a son propre règlement.

« Le coutelier doit jurer sur les Saints qu'il fera son métier loyalement selon les usages et coutumes du métier qui sont :

1. Un coutelier ne peut avoir ensemble que deux apprentis et il ne peut les prendre pour moins de six ans de service.
2. Un coutelier ne peut ni ne doit ouvrir aux jours de fête, ni la nuit, car la clarté de la nuit ne suffit pas pour exercer le métier.
3. Aucun coutelier ne peut ni ne doit mettre de l'argent sur un manche d'os.
4. Celui qui ne respecte pas un des articles du règlement paiera une amende de cinq sous chaque fois qu'il sera pris. »

D'après le règlement des couteliers de Paris, XIIIe siècle.

3 Les travaux à Paris pendant le règne de Philippe Auguste

Miniature du XIVe siècle. Bibliothèque de Besançon.

C'est sous le règne de Philippe Auguste (1180-1223) que Paris devient la capitale du royaume de France. Le roi (A) fait paver les rues de Paris (B), fait construire une enceinte autour de la ville et fait entourer le bois de Vincennes d'un mur de 12 km (C).

4 Les marchands ambulants dans les rues de Paris

«Je vous dirai comment font ceux qui ont des marchandises à vendre et qui courent Paris, en les criant, jusqu'à la nuit. Ils commencent dès le point du jour. Viennent ceux qui crient les poissons. Et d'autres qui crient les pigeons, et la viande fraîche. Et la sauce à l'ail, et le miel. Et les oignons et les poireaux, et la laitue fraîche. Celui-ci s'écrie: "J'ai du bon merlan frais, du merlan salé!" Un autre: "Je change des aiguilles contre du vieux fer!" ou bien: "Qui veut de l'eau contre du pain?" Et celui-là: "J'ai du bon fromage de Champagne, du fromage de Brie! N'oubliez pas mon beurre frais!"»

D'après Guillaume de La Villeneuve, chevalier français, *Les Crieries de Paris*, XIIIe siècle.

Définitions

- Un **clerc**: un homme qui exerce une fonction dans l'Église.
- Une **corporation**: une association de personnes exerçant le même métier.

5 Un cours à l'université

Enluminure du XIVe siècle. Bibliothèque nationale de France, Paris.

Les universités apparaissent au XIIIe siècle et sont contrôlées par l'Église. Les maîtres sont des **clercs**.

Je travaille en groupe

ÉTAPE 1: Avec ton groupe, travaille sur l'un des trois thèmes ci-dessous en répondant aux questions.

ÉTAPE 2: Avec deux élèves qui ont travaillé sur les autres thèmes, rédigez un texte de quelques lignes sur Paris et la vie de ses habitants aux XIe-XVe siècles.

Groupe 1

La ville de Paris, capitale du royaume de France

1. **Doc. 3** Quel roi fait de Paris sa capitale?
2. **Doc. 3** Quels travaux transforment Paris sous le règne de ce roi?
3. **Doc. 1** Paris est très peuplé. Comment cela se traduit-il dans le paysage de la ville?

Groupe 2

Les habitants de Paris et leurs activités

1. **Doc. 2** Comment les artisans d'un même métier s'organisent-ils?
2. **Doc. 4** Que vendent les marchands aux passants dans la rue?
3. **Doc. 5** À votre avis, qui est représenté à droite? Et à gauche?

Groupe 3

Les clercs et l'Église

1. **Doc. 1** Quel bâtiment religieux est situé sur l'île de la Cité?
2. **Doc. 1** Comment ce bâtiment domine-t-il la ville? Pensez à sa situation et à sa taille.
3. **Doc. 5** Comment l'Église est-elle présente à l'université?

Retrouve la partie 3 du cours en lien avec cette étude, p. 82.

La cathédrale gothique de Chartres

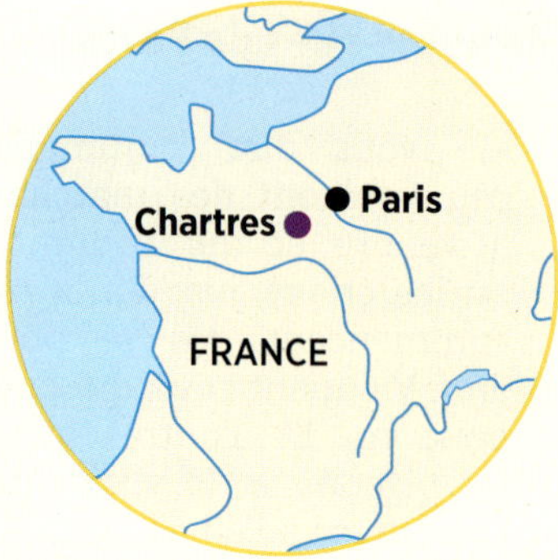

À partir du milieu du XIIe siècle, de vastes cathédrales sont construites dans un style architectural nouveau, l'art gothique. La cathédrale Notre-Dame de Chartres, construite entre 1194 et 1220, témoigne de l'enrichissement des villes de l'époque.

VIDÉO en ligne flashbelin.fr/hgemc5-80

1 Vue aérienne de la cathédrale Notre-Dame de Chartres

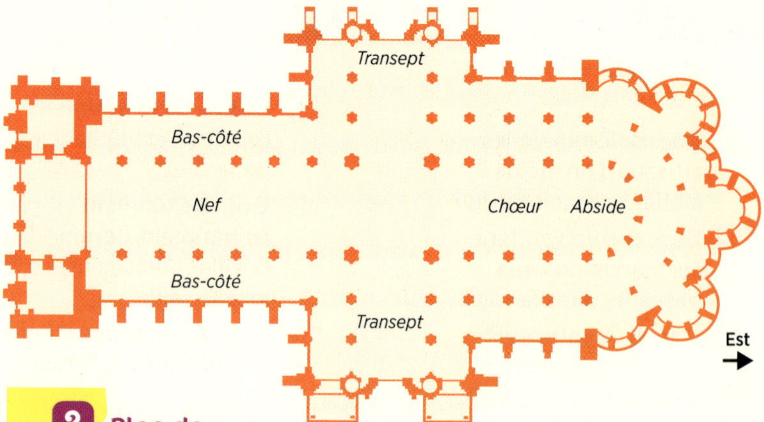

2 Plan de la cathédrale

Définitions

- L'art gothique : un style d'architecture, surtout religieux, qui se diffuse en Occident entre 1150 et 1300.
- La cathédrale : l'église de l'évêque.

3 Vitrail représentant des bouchers

La cathédrale de Chartres a été construite grâce à l'argent donné par de riches habitants mais aussi par les métiers de la ville. Les marchands et artisans, comme ici les bouchers, se sont ainsi représentés sur les vitraux.

4 Une cathédrale envahie par la lumière

Activité A

Je décris une œuvre en utilisant un vocabulaire adapté

1 **Doc. 1, 2 et 3** Recopie les définitions suivantes et retrouve les mots correspondants :
a. Vaste fenêtre de lumière réalisée en assemblant des verres colorés.
b. Extrémité de la cathédrale, en forme de demi-cercle.
c. Salle transversale qui coupe à angle droit la nef.

2 **Doc. 4** Pourquoi la cathédrale de Chartres est-elle baignée de lumière ?

J'associe une œuvre à son époque

3 À quel style d'architecture appartient la cathédrale de Chartres ?

4 Quel lien peut-on faire entre la construction des cathédrales et l'essor des villes ?

Activité B

Je construis un exposé

Oral

À l'aide des documents, construis un exposé de quelques minutes sur la cathédrale de Chartres.

Coup de pouce

Tu peux structurer ton exposé en trois parties.

→ Présente d'abord l'édifice en relevant les éléments utiles (définition de cathédrale, localisation, dates de construction, style architectural...).

→ Décris l'édifice religieux en n'oubliant pas d'utiliser le vocabulaire spécifique.

→ Explique comment et pourquoi on a réalisé une telle construction.

Une nouvelle société urbaine

➡ Comment les villes d'Occident se développent-elles au Moyen Âge ?

COURS audio
flashbelin.fr/hgemc5-82

Étude p. 74-75

1 Les villes s'affirment à partir du XIIe siècle

• **Les villes connaissent un renouveau aux XIIe et XIIIe siècles.** La population urbaine, qui représente 10 % de la population européenne au XIIe siècle, atteint 20 % à la fin du XVe siècle.
La plupart des villes sont **de taille modeste** et ne comptent que **quelques milliers d'habitants. Certaines villes sont particulièrement dynamiques,** notamment **en Flandre** et **en Italie du Nord**.

• Cet essor exceptionnel est lié à **l'enrichissement des campagnes** et à l'afflux de paysans dans les villes. Le **développement du commerce** profite aux ports (Bruges, Venise) et aux villes de foires, comme celles de Champagne. Le commerce enrichit les marchands, qui deviennent des personnes influentes dans les villes d'Europe occidentale.

Études p. 76-77

2 Les villes se gouvernent elles-mêmes

• Jusqu'au XIe siècle, les villes sont placées **sous la dépendance des seigneurs.** Entre la fin du XIe siècle et la fin du XIIIe siècle, les bourgeois, enrichis par l'essor du commerce, négocient avec le seigneur des chartes de franchise. Les villes obtiennent ainsi **le droit de se gouverner elles-mêmes,** et certaines d'entre elles, comme Sienne en Italie, deviennent des communes.

• **Pour montrer leur puissance et leur autonomie,** les villes bâtissent des hôtels de ville, des halles et des beffrois. Dans certaines villes, comme Paris ou Chartres, on construit **des cathédrales de style gothique.**

Étude p. 78-79

3 Les villes constituent un monde nouveau

• Au contraire des campagnes, **la majorité des habitants des villes sont des artisans** qui travaillent dans de petits ateliers et qui s'organisent en corporations. De **nouveaux modes de vie** se développent ainsi : la corporation des boulangers permet la consommation de pain frais alors que la corporation des bouchers introduit la viande de bœuf.

• **L'enseignement se développe** dans les villes avec la multiplication **des écoles** et l'apparition, au XIIIe siècle, **des universités.** Les écoles et les universités sont **contrôlées par l'Église** qui forme ainsi les clercs.

Définitions

• Un bourgeois : un riche habitant d'une ville.

• Une charte de franchise : un texte précisant les avantages accordés par un seigneur à des habitants.

• Une commune : une ville qui a obtenu du seigneur le droit de se gouverner elle-même.

• Une corporation : une association de personnes exerçant le même métier.

• Une foire : un marché qui se tient à date fixe et qui attire des marchands venus de loin.

Je vérifie mes connaissances

→ **Es-tu capable de citer ?**

- La part des urbains dans la population totale
- Deux régions de concentration des villes
- Deux grands ports de commerce
- Deux bâtiments d'une ville marchande
- Deux exemples de corporations
- Une région de foires

Je comprends le cours

→ **Relis chaque partie du cours et réponds aux questions.**

Partie 1

- Qui arrive en masse dans les villes ?
- Que peux-tu dire sur la plupart des villes au Moyen Âge ?

Partie 2

- Quelle proposition correspond le mieux à cette partie du cours ?
  – Le commerce urbain
  – L'attrait des villes
  – Le contrôle des villes par les seigneurs
  – L'autonomie des villes
- Quelle question de cours pourrait te poser ton professeur sur cette partie ?

Partie 3

- Quel autre titre, comprenant le mot « société », pourrait-on donner à cette partie ?
- Donne un titre à chacun des deux paragraphes.

J'apprends autrement

→ **Reproduis le schéma et complète-le avec les propositions suivantes :**
Beffrois et hôtels de ville • Foires et marchés • Artisans regroupés en corporations • Universités • Ports de commerce • Chartes de franchise • Nouveaux modes de consommation • Afflux de paysans dans les villes.

SCHÉMA à télécharger flashbelin.fr/hgemc5-83

Dynamisme des campagnes
- ....

Développement du commerce
- ....
- ....

ESSOR URBAIN

Conquêtes des libertés
- ....
- ....

Une nouvelle société urbaine
- ....
- ....
- ....

RÉVISE en jouant avec Genially ! + EXERCICES interactifs

flashbelin.fr/hgemc5-84

1 Je révise les repères historiques

Associe à chacune des propositions suivantes un repère historique et une image.

Naissance des universités — Âge gothique — Premières foires de Champagne — Paris, capitale du royaume de France

1 Vers 1130 — 2 XIIIe siècle — 3 Règne de Philippe Auguste (1180-1223) — 4 1150-1300

A

B

C

D

2 Je révise les repères géographiques

Associe aux repères suivants les numéros correspondants sur la carte, puis nomme ces repères.

a. Région de foires

b. Ville qui devient capitale du royaume de France sous Philippe Auguste

c. Grande région urbaine d'Occident

d. Ville entourée de canaux et enrichie par le commerce du drap

e. La plus grande ville du nord-ouest de l'Italie

f. Grand port de commerce situé au nord de l'Italie

CARTE à télécharger flashbelin.fr/hgemc5-84

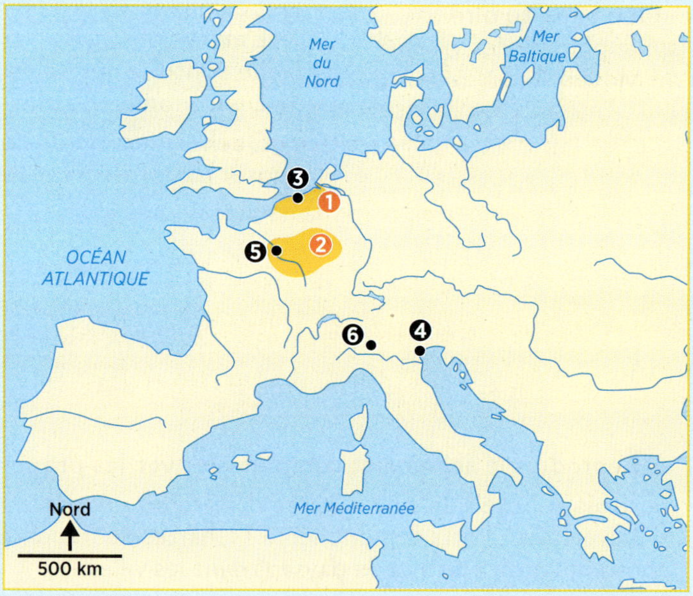

3 Je révise en jouant

Trouve la lettre correspondant à chaque question, et à l'aide de ces huit lettres, retrouve le nom d'une grande ville d'Italie au Moyen Âge.

a. Quelle est la première lettre du mot désignant un marché qui se tient à date fixe au Moyen Âge ?

b. Quelle lettre est doublée dans le bâtiment où se tient le marché ?

c. Quelle lettre est répétée deux fois chez le riche habitant d'une ville ?

d. Quelle lettre faut-il enlever à la ville de Chartres pour obtenir des documents qui accordent des avantages aux habitants des villes ?

e. Quelle voyelle n'est pas répétée dans la principale région de foires de France ?

f. Quelle est la dernière lettre de l'association de personnes exerçant le même métier ?

g. Quelle consonne est la plus proche du début de l'alphabet dans l'église où siège l'évêque ?

h. Quelle voyelle est doublée dans la ville représentée par le peintre Lorenzetti ?

Je réalise un nuage de mots

Le nuage de mots permet de mettre en avant des mots-clés. Il permet ainsi d'identifier les mots importants d'une leçon. Il peut aussi servir de support pour rédiger un court texte ou pour une prise de parole.

1 **Tape « nuage de mots » sur un moteur de recherche.** Il existe plusieurs logiciels gratuits. Tu peux choisir par exemple le site nuagedemots.co.

2 Dans l'espace prévu, **tu peux écrire ou coller un texte,** par exemple celui de la leçon.

3 Le nuage de mots se forme automatiquement : **plus un mot revient dans le texte, plus il apparaît en gros dans le nuage**. La plupart des logiciels te laissent la possibilité de choisir la forme, la police, la couleur… Tu as tout intérêt à enlever les articles (comme « le » ou « la ») ou les mots qui reviennent toujours en histoire (comme « fin » ou « siècle »).

SITE internet
flashbelin.fr/hgemc5-85

➡ **Crée ton nuage de mots sur l'essor des villes au Moyen Âge à partir du texte ci-contre.**

➡ **Choisis trois mots parmi ceux qui apparaissent en gros et donne pour chacun un synonyme ou une définition.**

Les villes se développent fortement au Moyen Âge grâce au commerce et aux activités des artisans. Les marchands de Flandre et d'Italie du Nord échangent leurs produits lors de foires comme en Champagne. Cet essor urbain est à l'origine de l'affirmation de la bourgeoisie. L'essor du commerce enrichit les artisans, les marchands et les banquiers. Les artisans et les marchands s'organisent en métiers.

JE M'ENTRAÎNE

1 Je formule des hypothèses sur l'usage d'un sceau

Raisonner et justifier

❶ Quelle ville figure sur le sceau ? Comment est-elle représentée ?

❷ Quelle peut être la signification de ce sceau ? Choisis l'hypothèse qui te semble la plus pertinente.

a. Ce sceau montre que la ville est puissante et autonome.

b. Ce sceau montre que la ville est une ville marchande.

c. Ce sceau montre que la ville attire grâce à son château.

❸ Le sceau est utilisé pour laisser une empreinte sur un document. À quoi cela sert-il ? Formule une hypothèse et vérifie-la à l'aide du document 5 p. 75.

Sceau de la ville de Toulouse

Sceau du XIIIe siècle. Archives nationales, Sceaux.

2 Je décris et j'interprète un tableau de Van Eyck

Analyser un document

Pour chacune des propositions suivantes, précise s'il s'agit d'une description ou d'une interprétation :

a. La scène se passe dans une pièce avec un lit à droite et un fauteuil au fond.

b. Il s'agit d'une chambre.

c. On voit deux personnes, un homme et une femme.

d. L'artiste peint le mari et sa femme.

e. Les deux personnages aiment la compagnie des chiens.

f. Ils sont pauvres car il n'y a qu'une seule bougie.

g. Il y a des fruits sur un meuble et sur le rebord de la fenêtre.

h. Les personnages se sont faits beaux pour sortir.

i. L'homme lève la main et ne sourit pas.

j. L'homme a un chapeau et la femme un voile.

Décrire et interpréter POINT MÉTHODE

Quand on décrit un document, on répond à la question : que voit-on ? Il y a peu de réponses différentes possibles.
Quand on interprète un document, on répond à la question : qu'en déduit-on ? Il y a souvent plusieurs réponses possibles.

Les Époux Arnolfini

Tableau de Jan Van Eyck, huile sur bois, 1434. National Gallery, Londres.

VIDÉO en ligne flashbelin.fr/hgemc5-86

3 Je classe des repères temporels sur les villes médiévales

Se repérer dans le temps

Les repères temporels se caractérisent par une durée ou par une fréquence.

Classe les repères suivants dans la bonne colonne :
Moyen Âge • Fondation de l'université de Paris • Foires de Champagne • Paris devient la capitale du royaume de France • Essor urbain des XIIe-XIIIe siècles • Lorenzetti peint la fresque *Les Effets du bon gouvernement* • Naissance et essor des universités • Âge gothique.

Événements uniques	Événements répétés	Moments et périodes
....	....	....
....	....	....

4 J'utilise un site internet sur les foires de Champagne pix

S'informer dans le monde du numérique

→ Cite deux moteurs de recherche. Sur l'un d'entre eux, tape « foires de Champagne ».
→ Repère le site officiel des foires de Champagne et clique dessus.

1 De quel type de site s'agit-il ? Choisis la proposition qui correspond le mieux : un site politique • un site touristique • un site commercial.

→ Clique sur l'onglet « La foire ».

2 Dans quelle rubrique pourras-tu trouver des informations sur les foires au Moyen Âge ?

→ Clique sur cette rubrique.

3 Grâce aux informations de la rubrique, complète le schéma ci-contre.

→ Rends-toi sur le site Google Maps.

4 Recherche la localisation des quatre villes de foires citées sur le site et associe à chacune des villes le numéro correspondant sur la carte ci-dessous.

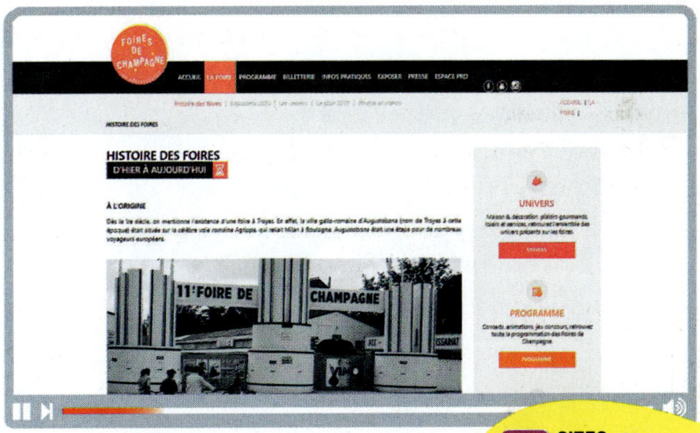

SITES internet
flashbelin.fr/hgemc5-87

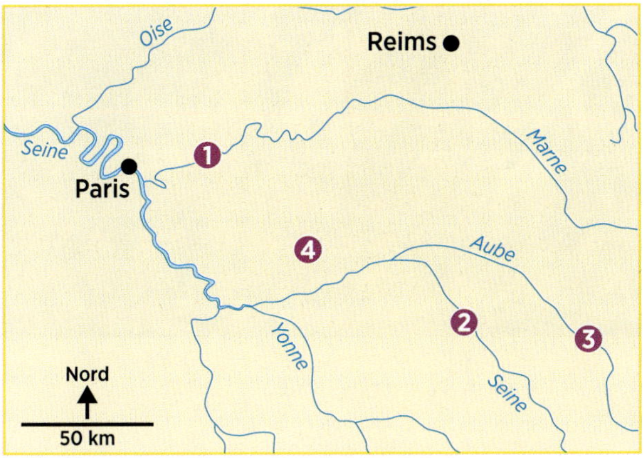

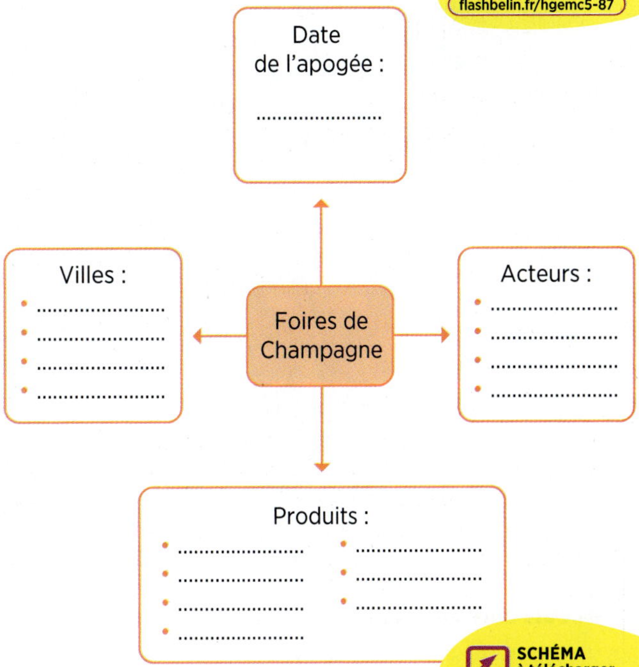

SCHÉMA à télécharger
flashbelin.fr/hgemc5-87

5 L'affirmation de l'État monarchique en France

Comment les rois affirment-ils leur autorité en France du Xe au XVe siècle ?

1 La victoire de Bouvines (27 juillet 1214)

Miniature, XIVe siècle. Bibliothèque nationale de France, Paris.

Le roi Philippe Auguste A, reconnaissable à l'un de ses insignes, la fleur de lys, bat une coalition dirigée par les Anglais B et l'empereur germanique.

Pour bien commencer le chapitre

Fais le point sur ce que tu sais déjà.

Quiz interactif
flashbelin.fr/hgemc5-89

1. Qui est considéré comme le premier roi de France ?
- **a.** Charlemagne.
- **b.** Clovis.
- **c.** Louis IX.

2. Quel est le symbole des rois de France ?
- **a.** La fleur de lys.
- **b.** Le lion.
- **c.** L'abeille.

3. Laquelle de ces séries se déroule à une époque qui ressemble au Moyen Âge ?
- **a.** *Les Simpson*.
- **b.** *One Piece*.
- **c.** *Game of Thrones*.

4. Hugues Capet s'appelle ainsi parce que :
- **a.** Il portait une petite cape.
- **b.** C'était un surnom familier.
- **c.** On ne sait pas.

2 Le sacre du roi

Ordo du sacre, miniature, vers 1260. Bibliothèque nationale de France, Paris.

Le roi de France est sacré lors d'une cérémonie au début de son règne, à Reims. Il est marqué à plusieurs endroits du corps par une huile spéciale. Devant lui, on voit des insignes de son pouvoir.

Questions

1. **Doc. 1** Décris la scène. Quel pouvoir du roi ce document présente-t-il ?
2. **Doc. 2** Nomme les insignes de la royauté indiqués par les lettres A, B et C.

REPÈRES

La France des Capétiens directs et des Valois

Hugues Capet devient roi

Enluminure d'un manuscrit français du XIIIe ou du XIVe siècle. Bibliothèque nationale de France, Paris.

987

Philippe le Bel réunit les états généraux

Miniature des *Grandes Chroniques de France*, XIVe siècle. Bibliothèque nationale de France, Paris.

1314

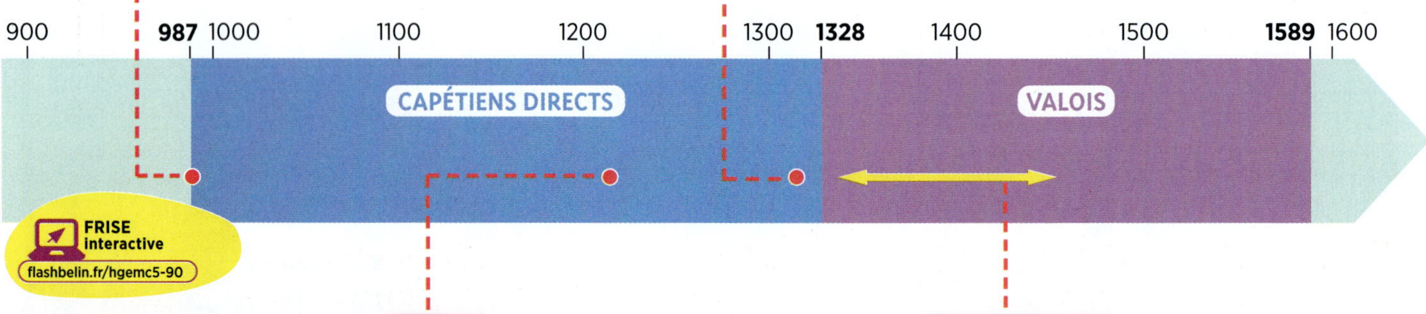

1214

Philippe Auguste remporte une victoire décisive à Bouvines

Miniature, XIVe siècle. Bibliothèque nationale de France, Paris.

1337-1453

Le royaume de France et le royaume d'Angleterre s'affrontent pendant la guerre de Cent Ans

Enluminure de *La Chronique de Charles VII, roi de France* de Jean Chartier, vers 1470-1475. Bibliothèque nationale de France, Paris.

L'accroissement du domaine royal entre le Xᵉ et le XVᵉ siècle

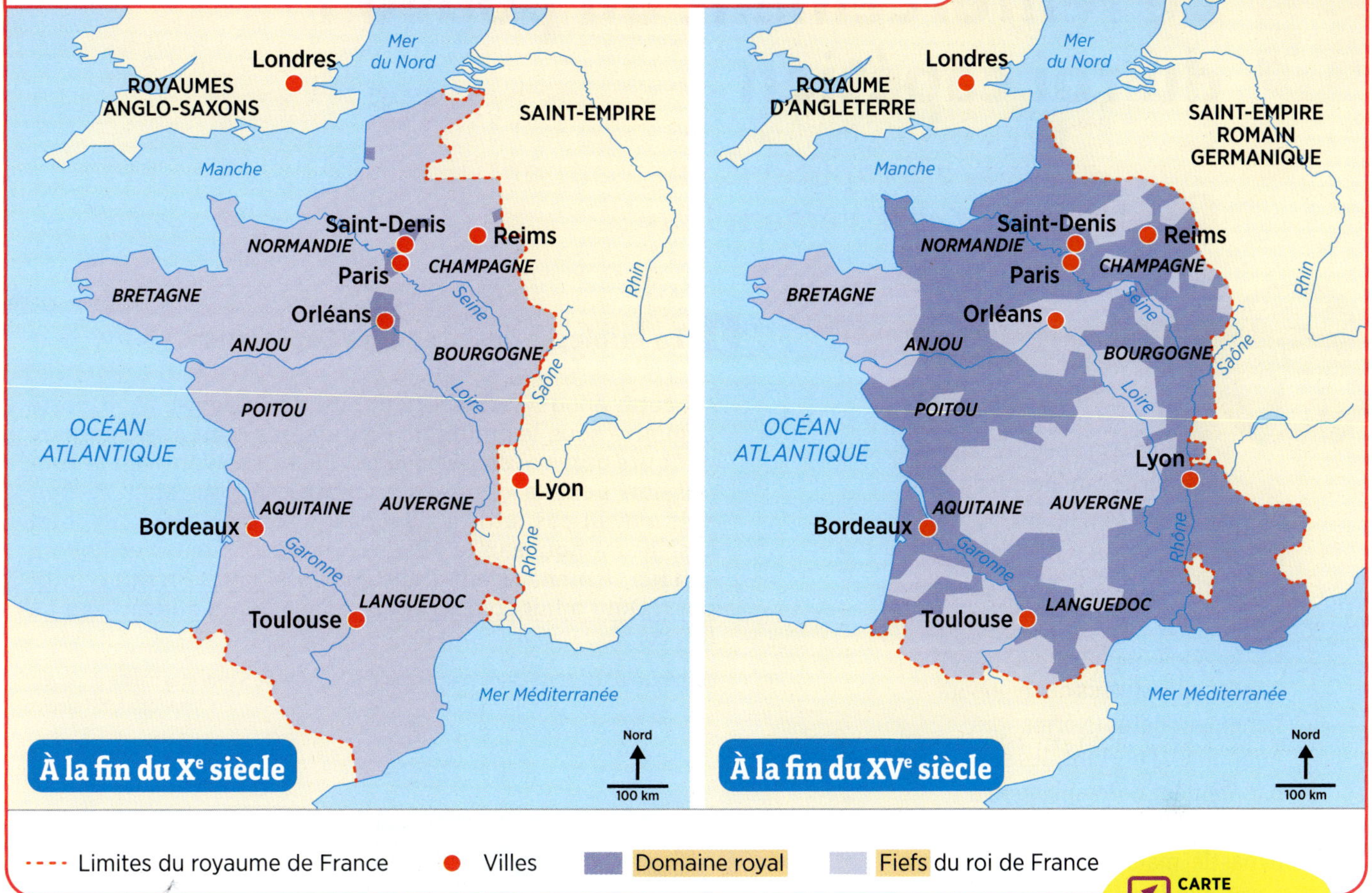

CARTE interactive
flashbelin.fr/hgemc5-91

Les rois capétiens

Capétiens directs
987 > 1328 : 15 rois

Valois
1328 > 1589 : 13 rois

Bourbons
1589 > 1848 : 6 rois

Définitions

- Les **Capétiens** : les rois qui descendent d'Hugues Capet. On distingue trois branches : les Capétiens directs, les Valois et les Bourbons.
- Le **domaine royal** : l'ensemble des terres placées directement sous l'autorité du roi.
- Les **états généraux** : la réunion des représentants de l'ensemble de la société française, convoqués par le roi.
- Un **fief** : un domaine accordé par un seigneur à un vassal en échange de services.

Questions

1. **Frise** Combien de siècles faut-il à la monarchie française pour s'affirmer ?
2. **Carte** Cite deux villes qui font partie du domaine royal dès le Xᵉ siècle et une ville qui y est intégrée entre la fin du Xᵉ siècle et la fin du XVᵉ siècle.
3. **Schéma** Combien de temps chacune des branches des Capétiens a-t-elle régné ?

ÉTUDE

COMPÉTENCE TRAVAILLÉE
Analyser un document

1 Le renforcement du pouvoir du roi capétien

Comment les rois capétiens parviennent-ils à imposer progressivement leur autorité?

HUGUES CAPET (VERS 939-996)

Hugues Capet descend d'une riche famille qui possède de vastes terres en Île-de-France. À la mort du dernier roi descendant de Charlemagne, en 987, il est désigné roi par les grands seigneurs. Mais ses terres sont bien moins vastes que certains autres de seigneurs richement dotés (Normandie, Aquitaine). Pourtant, ses successeurs parviennent non seulement à conserver la couronne dans leur dynastie, mais aussi à agrandir peu à peu leur domaine.

Le sais-tu ?

Au XIIe siècle, le roi d'Angleterre possède de nombreux domaines dans le royaume de France (comme la Normandie ou l'Anjou). Pour cette raison, il doit fidélité au roi de France. Mais cela provoque de nombreuses guerres entre les deux.

Définitions

- Un comte : une personne qui dirige un domaine appelé comté.
- Un duché : un domaine dirigé par un seigneur appelé duc. Celui-ci est plus puissant que le comte.
- Une dynastie : une suite de rois qui appartiennent à la même famille.
- Le sacre : la cérémonie religieuse par laquelle un roi ou un empereur affirme recevoir ses pouvoirs de Dieu.

1 La faiblesse des premiers Capétiens

«À cette époque, Aldebert, comte du Périgord, avait porté la guerre sous les murs de Poitiers. Il s'était aussi emparé de Tours après avoir assiégé la ville et en avait reçu la soumission pour la donner au comte d'Anjou. Mais ce dernier n'avait pas tardé à s'opposer à ses habitants. Aldebert assiégea à nouveau la ville. Alors le roi Hugues et Robert, son fils, le menacèrent d'une guerre. Hugues lui tint ce propos: "Qui t'a fait comte?" Et Aldebert de répondre: "Qui t'a fait roi?"»

D'après Adhémar de Chabannes, moine à l'abbaye de Saint-Martial de Limoges, *Chroniques*, XIe siècle.

2 Le royaume de France en 1180

VIDÉO en ligne
flashbelin.fr/hgemc5-93

3 Le sacre du roi

Miniature des *Grandes Chroniques de France*, XVe siècle. Bibliothèque nationale de France, Paris.

Les rois de France sont sacrés à Reims. Hugues Capet fait couronner son fils aîné cinq mois après son sacre. Jusqu'au XIIIe siècle, ses successeurs font de même : la couronne devient héréditaire.

4 Un grand seigneur refuse d'attaquer son souverain

Le roi Henri II d'Angleterre possède un vaste domaine en France pour lequel il doit fidélité au roi de France. En 1159, il mène la guerre contre le comte de Toulouse Raymond.

« Et bien que le roi Henri ait pris Cahors, et que la majeure partie du duché s'était soumise à lui par force ou par crainte, il refusa pourtant d'assiéger la ville de Toulouse, car le roi Louis[1] y était présent en renfort pour la défendre. En effet, le roi Louis y veillait jour et nuit pour protéger son beau-frère Raymond, qui était en conflit sérieux avec le roi Henri. Celui-ci en même temps comprenait qu'il allait nuire au roi de France, son seigneur, auquel il devait fidélité. [C'est pourquoi il se retira.] »

D'après Robert de Torigni, abbé du Mont-Saint-Michel, *Chronique*, XIIe siècle.

1. Le roi Louis VII, seigneur du roi Henri.

Activité A

J'identifie le point de vue de l'auteur

1 **Doc. 1** Que veut montrer l'auteur dans la phrase soulignée ?

Je comprends le sens général d'un document

2 **Doc. 2** Pourquoi peux-tu dire que le roi de France est moins puissant que les grands seigneurs en 1180 ?

3 **Doc. 2** Quels domaines le roi d'Angleterre possède-t-il dans le royaume de France ?

4 **Doc. 3** Décris la scène. Quelle peut être la fonction des personnages A ? Celle des personnages B ?

Je confronte un document à ce que je sais

5 **Doc. 4** Pourquoi le roi Henri n'attaque-t-il pas le roi Louis ?

Activité B

J'extrais des informations des documents

En utilisant les informations fournies par les documents, réponds à cette question : comment les rois étendent-ils progressivement leur pouvoir sur le royaume ?

Coup de pouce

→ Il faut d'abord montrer qu'ils peinent à s'imposer **(doc. 1 et 2)**.

→ Puis il te faut rappeler que le roi est sacré **(doc. 3)**.

→ Enfin, tu pourras montrer que ce caractère sacré a des conséquences **(doc. 4)**.

Retrouve la partie 1 du cours en lien avec cette étude, p. 100.

COMPÉTENCE TRAVAILLÉE
Se repérer dans l'espace

ÉTUDE

2 L'accroissement du domaine royal sous Philippe Auguste

1100	1180	1223	1300
	Règne de Philippe Auguste		

Comment Philippe Auguste renforce-t-il le pouvoir royal ?

PHILIPPE AUGUSTE (1165-1223)

Fils de Louis VII (roi de 1137 à 1180), Philippe Auguste est couronné à 15 ans. Il doit affronter les rois d'Angleterre, ses vassaux, dont les domaines français sont plus étendus que les siens. Il est plusieurs fois battu par le roi d'Angleterre, Richard Cœur de Lion. Mais après la mort de celui-ci en 1199, il s'empare des territoires français de Jean sans Terre qui a succédé à Richard. Philippe est le premier roi capétien à ne pas faire couronner son fils de son vivant, considérant la dynastie fermement établie.

1 Avant la bataille de Bouvines, la possession des territoires en jeu

Avant la bataille de Bouvines, les ennemis du royaume de France imaginent comment ils vont se répartir les territoires gagnés sur Philippe Auguste. Parmi eux, Otton, l'empereur germanique, est le plus puissant des adversaires du roi de France. Mais ce dernier remporte la victoire.

« L'empereur Otton, le comte Ferrand, le comte Renaud, le comte Guillaume Longue-Epée (qui était le frère du roi d'Angleterre ; en effet le roi Jean avait envoyé son frère à sa place.) Donc ces grands seigneurs se répartissaient entre eux le royaume de France, chacun en prenait son morceau. Le comte Ferrand voulait Paris, le comte Renaud voulait la Normandie, l'empereur voulait Orléans, Chartres et Étampes. »

D'après le récit de la bataille de Bouvines par le Ménestrel de Reims, XIIIe siècle.

Définitions

• Le royaume : l'ensemble des territoires contrôlés par le roi incluant les fiefs et le domaine royal.

• Un vassal : une personne liée à un seigneur par la cérémonie de l'hommage.

2 L'accroissement du domaine royal

Activité

Je nomme et situe des espaces

1. **Doc. 2** Quels domaines du roi d'Angleterre sont conquis par Philippe Auguste au cours de son règne ?
2. **Doc. 2** Où se situe Bouvines par rapport au domaine royal ?
3. Repère sur la carte **(doc. 2)** les lieux dont les ennemis du roi veulent s'emparer avant leur bataille **(doc. 1)**. À quel ensemble appartiennent-ils ?

Retrouve la partie 2 du cours en lien avec cette étude, p. 100.

ÉTUDE

3 Les progrès de l'autorité royale sous Louis IX et Philippe le Bel

Comment le pouvoir royal se renforce-t-il au XIIIe siècle?

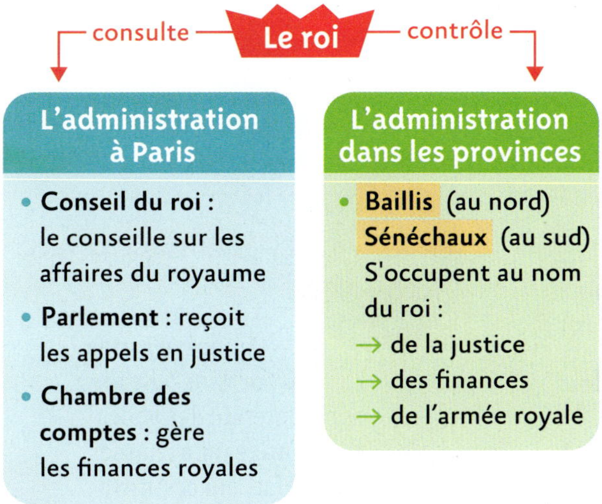

1 L'administration royale en France

2 Le roi Louis IX rend la justice

Miniature de *Vie et miracles de Saint Louis* de Guillaume de Saint-Pathus, vers 1330-1351. Bibliothèque nationale de France, Paris.

Pendant son règne (1226-1270), Louis IX (ou saint Louis) impose la justice royale à tous, y compris les plus puissants. Ici, il punit un important seigneur qui a pendu trois jeunes braconniers sans procès.

3 Les états généraux de 1314

« Le 1er août, Philippe le Bel[1] assembla à Paris de nombreux grands seigneurs et évêques et, surtout, il fit venir de nombreux bourgeois de chaque cité du royaume. Le jour dit, son conseiller, parlant au nom du roi de France, expliqua aux gens assemblés pourquoi le roi les avait fait venir. Il leur parla de la guerre de Flandre, des dépenses qu'elle avait entraînées. Il dit aux bourgeois du royaume que le roi voulait savoir lesquels lui apporteraient une aide financière. Tous les bourgeois qui représentaient les communes répondirent que volontiers ils l'aideraient. Le roi les remercia. »

D'après les *Grandes Chroniques de France*, 1314.

1. Roi de 1285 à 1314.

Définitions

• Les **baillis** et les **sénéchaux** : les représentants du roi dans les provinces appartenant au domaine royal.

• Les **états généraux** : la réunion des représentants de l'ensemble de la société française, convoqués par le roi.

Activité

Je pratique des allers-retours au sein de la chronologie

1. **Doc. 2** Combien de temps sépare Louis IX des premiers Capétiens évoqués dans le doc. 1 p. 92 ?
2. **Doc. 2** Quel changement majeur peut-on observer entre ces deux époques ?
3. **Doc. 1** À quelle phrase ce document correspond-il le mieux ?
   a. Au XIIIe siècle, le roi ne contrôle pas mieux son royaume qu'au XIe siècle.
   b. Au XIIIe siècle, le roi contrôle mieux son royaume grâce à son administration.

J'identifie une rupture historique

4. **Doc. 3** Que se passe-t-il en 1314 ?
5. Pourquoi est-ce une rupture historique ?

Identifier une rupture historique — POINT MÉTHODE

En histoire, une rupture est un moment qui marque un changement important pour une époque.
Pour montrer une rupture, tu dois expliquer ce qui bouleverse la société du moment.

Retrouve la partie 2 du cours en lien avec cette étude, p. 100.

ÉTUDE

COMPÉTENCE TRAVAILLÉE
Raisonner et justifier

4 La monarchie française et la guerre de Cent Ans

Comment le roi sort-il puissant d'une longue et difficile guerre ?

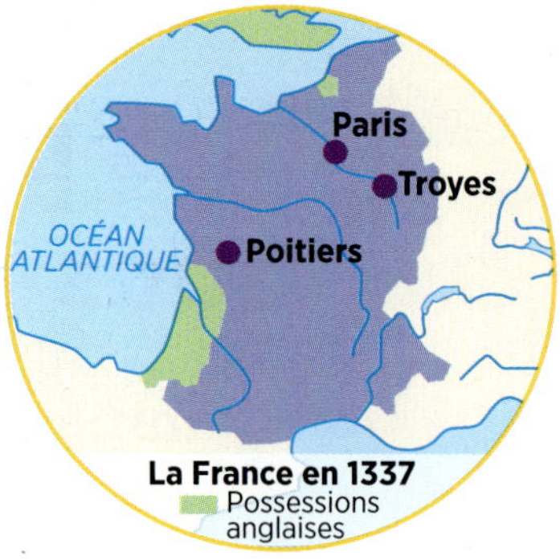

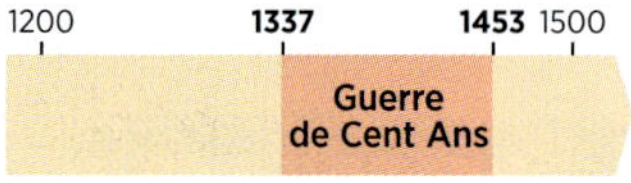

1 Un trône disputé

À la mort du dernier descendant direct d'Hugues Capet, en 1328, les grands seigneurs du royaume désignent Philippe de Valois comme nouveau roi. Il est ainsi le premier roi de la branche capétienne des Valois.

« Le roi Charles[1], fils du roi Philippe, mourut sans héritier mâle. Les hauts barons de France se rassemblèrent à Paris et donnèrent d'un commun accord le royaume à Philippe de Valois[2], fils du précédent comte de Valois. Ils en écartèrent la reine d'Angleterre, sœur du roi Charles récemment décédé, et le roi son fils[3] pour la raison, dirent-ils, que le royaume de France est de si grande noblesse qu'il ne doit pas aller par succession à une femme, ni par conséquent au fils de cette femme. C'est pourquoi une grande guerre et de grands maux eurent lieu dans le royaume de France. »

D'après Jean Froissart, poète et chroniqueur français, *Chroniques*, XIVe siècle.

1. Charles IV, fils de Philippe le Bel et dernier descendant direct d'Hugues Capet.
2. Cousin de Charles IV.
3. Le roi Édouard III d'Angleterre, petit-fils de Philippe le Bel par sa mère.

JEANNE D'ARC (1412-1431)

Jeune paysanne en Lorraine, elle dit avoir entendu des voix l'encourageant à chasser les Anglais qui occupent alors une grande partie du royaume de France. En 1429, elle parvient à rencontrer le dauphin Charles, qui a été déshérité par son père Charles VI au profit du roi d'Angleterre. Elle persuade Charles, qui s'est proclamé roi de France en 1422, de lui fournir une petite troupe. Elle libère Orléans, assiégée par les Anglais, emmène le dauphin à Reims pour le faire sacrer sous le nom de Charles VII, ce qui en fait le roi légitime. Mais Jeanne est capturée par les adversaires du roi qui la livrent aux Anglais. Ceux-ci la jugent et la condamnent à être brûlée vive à Rouen en 1431.

SITE internet
flashbelin.fr/hgemc5-96

2 La bataille de Poitiers en 1356

Miniature des *Chroniques* de Jean Froissart, XVe siècle. Bibliothèque nationale de France, Paris.

Lors de cette bataille, le roi de France Jean II le Bon (B) est capturé par les Anglais (A), qui réclament une forte rançon. Cela provoque de graves troubles dans le royaume de France.

Définition

• Le dauphin : le nom donné à l'héritier du roi de France à partir du milieu du XIVe siècle.

3 Le royaume de France sous Charles VII

4 La victoire de l'armée de Charles VII à Castillon en 1453

Miniature des *Vigiles de Charles VII*, 1484. Bibliothèque nationale de France, Paris.

Après la mort de Jeanne d'Arc, Charles VII enchaîne les succès. Les Anglais sont définitivement vaincus à Castillon en 1453 et quittent la France.

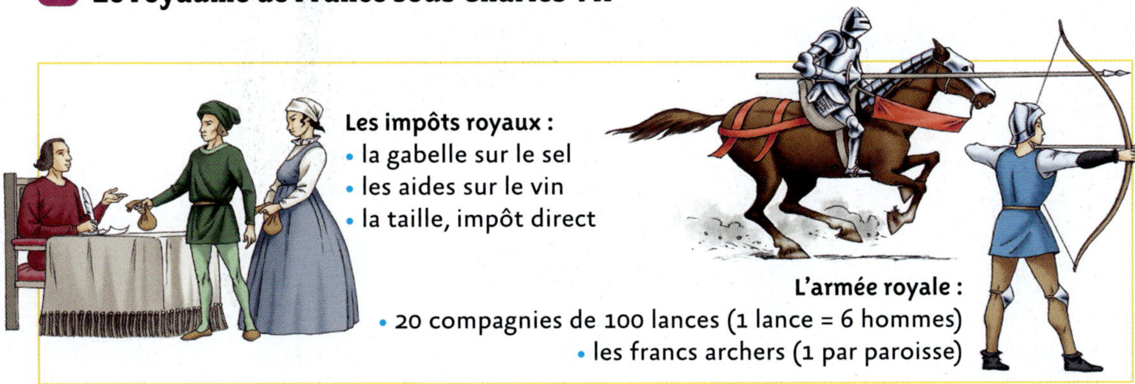

5 Après la guerre de Cent Ans : un roi plus puissant

La guerre nécessite la mise en place d'impôts et d'une armée de professionnels qui sont désormais au service du roi en permanence.

Activité A

J'identifie des acteurs

1. **Doc. 1** Qui sont les candidats au trône de France ? Pourquoi Philippe de Valois est-il finalement désigné roi ?
2. **Biographie et doc. 3** Jeanne d'Arc a un rôle important pour le renforcement du pouvoir royal : lequel ?

Je questionne un événement

3. **Doc. 5** Quels sont les outils qui renforcent le pouvoir du roi à l'issue de la guerre ?
4. Les miniatures nous montrent des batailles : quelles sont les armes utilisées lors de celle de Castillon **(doc. 4)** qui n'apparaissent pas lors de celle de Poitiers **(doc. 2)** ?

Activité B

Je mène l'enquête

Cette longue période de guerre renforce le pouvoir royal. Comment cela est-il possible ? Cherche des indices dans les documents et réponds à la question en listant les moyens qui permettent au roi de s'imposer.

Retrouve la partie 3 du cours en lien avec cette étude, p. 100.

HISTOIRE DES ARTS

Saint-Denis, basilique et nécropole royale

VIDÉO en ligne
flashbelin.fr/hgemc5-98

L'abbaye de Saint-Denis a été fondée au VIIe siècle sur l'emplacement présumé de la tombe de saint Denis, évêque de Paris. Le roi Dagobert est le premier à y être enterré. À partir des Capétiens, les liens entre l'abbaye et les rois se resserrent et font de la basilique la nécropole royale. Celle-ci est considérée comme le premier monument gothique.

1 Façade de la basilique de Saint-Denis

2 Une basilique gothique

Le sais-tu ?

En 1793, les tombeaux des rois enterrés à Saint-Denis sont ouverts et leur contenu jeté. Il n'y subsiste aujourd'hui que des restes qui ont été retrouvés et enterrés après 1815.

Définitions

- Une abbaye : un lieu où les moines vivent ensemble en suivant une règle.
- L'art gothique : un style d'architecture, surtout religieux, qui se diffuse en Occident entre 1150 et 1300.
- Une basilique : un bâtiment religieux de grande dimension dans lequel se réunissent les chrétiens.
- Les insignes des rois de France : les symboles du pouvoir royal (la couronne, l'oriflamme, la fleur de lys).
- La nécropole : le lieu de sépulture des rois d'une même dynastie.

3 La nécropole des rois

Gisants des rois Philippe le Bel, Philippe le Long, Charles IV le Bel et de leurs épouses, XIVe siècle.

La basilique compte soixante-dix gisants, des statues qui représentent les rois et les reines et ornent leurs tombeaux.

4 Suger, abbé de Saint-Denis au XIIe siècle

Suger, abbé de Saint-Denis de 1122 à 1151, mène d'importants travaux de reconstruction de l'abbaye. En outre, il est l'un des principaux conseillers du roi Louis VI (1108-1137).

« Suger appela des divers points du royaume des ouvriers de toute espèce, maçons, menuisiers, peintres, forgerons, fondeurs, orfèvres et lapidaires[1], tous renommés par leur habileté dans leur art, et voulut qu'ils consacrent toutes les matières précieuses à rehausser la gloire de saint Denis, et à rendre son église neuve, vaste et brillante, de vieille, petite et obscure qu'elle était autrefois : en cela son espoir ne fut pas déçu. Au moment où le roi des Français Louis[2] partit pour Jérusalem, il se tint une assemblée générale des évêques et des principaux seigneurs du royaume, pour décider à qui il fallait confier le gouvernement de l'État. Tous s'accordèrent unanimement à porter leur choix sur l'illustre Suger. »

D'après Guillaume, moine de Saint-Denis, *Vie de l'abbé Suger*, XIIe siècle.

1. Les artisans spécialistes des pierres précieuses.
2. Le roi Louis VII (1137-1180).

5 Saint-Denis et les insignes de la royauté

La Bataille de Poitiers, miniature des *Chroniques* de Jean Froissart, XVe siècle. Bibliothèque municipale de Toulouse.

Les insignes des rois de France étaient conservés à Saint-Denis. C'était le cas de la bannière rouge appelée oriflamme (A), qui accompagnait les armées royales.

Activité A

Je décris une œuvre en utilisant un vocabulaire adapté

1. **Doc. 1 et 2** À l'aide de l'étude consacrée à la cathédrale de Chartres (p. 80-81), retrouve les éléments qui montrent que la basilique de Saint-Denis est gothique.

Coup de pouce

→ Repère les éléments les plus visibles de la cathédrale de Chartres et compare-les à ceux de Saint-Denis.

→ Relève dans le document 4 l'ensemble des artistes qui travaillent sur le chantier.

2. **Doc. 1, 2 et 4** Montre que la basilique a une importance artistique au Moyen Âge.

Activité B

J'associe une œuvre à son époque

1. **Doc. 3, 4 et 5** Quels acteurs et fonctions ont fait de la basilique un site fondamental pour la royauté en France ?
2. **Doc. 3, 4 et 5** Montre que la basilique a une importance politique au Moyen Âge.
3. Quel lien peut-on établir entre l'essor du pouvoir royal et la basilique ?

Coup de pouce

→ Cherche dans les documents 3 et 5 ce qui prouve que les rois ont des liens forts avec Saint-Denis.

L'affirmation de l'État monarchique en France

Comment les rois affirment-ils leur autorité en France du Xe au XVe siècle ?

COURS audio
flashbelin.fr/hgemc5-100

Étude p. 92-93

1 Les rois capétiens renforcent leur pouvoir

• **En 987, Hugues Capet est désigné roi** après la mort du dernier descendant direct de Charlemagne. Bien qu'il soit le souverain, **son domaine royal est bien moins étendu que celui des grands seigneurs** du royaume. De plus, certains sont plus puissants que lui.

• Mais **Hugues Capet prend soin d'associer à son pouvoir son fils aîné** de son vivant : ainsi, la couronne demeure dans la même dynastie. En outre, **le roi est sacré** : c'est pourquoi certains grands seigneurs refusent parfois de se battre contre lui.

Études p. 94-95

2 Au XIIIe siècle, le roi s'impose

• **Par des mariages, des alliances et des successions, les rois capétiens agrandissent le domaine roya**l. Les rois s'imposent aussi par les **liens féodaux** : les grands seigneurs sont leurs vassaux et leur doivent fidélité. Parfois même, ils leur font la guerre.

• Ainsi, **Philippe Auguste (roi de 1180 à 1223) remporte en 1214 une grande victoire à Bouvines** contre une coalition de seigneurs rebelles alliés au roi d'Angleterre et à l'empereur germanique. **Ses successeurs imposent leur justice à tous,** comme Louis IX, et **associent une partie de la population à leurs décisions**, comme Philippe le Bel qui convoque les états généraux.

Étude p. 96-97

3 La monarchie sort renforcée de la guerre de Cent Ans

• Après la mort du dernier descendant direct d'Hugues Capet, **un nouveau roi est désigné, Philippe VI**. Il est ainsi le **premier de la branche des Valois**. Cela **provoque la guerre de Cent Ans** qui oppose la France et l'Angleterre de 1337 à 1453. Cette guerre alterne entre trêves et campagnes militaires et débute mal pour les Français, vaincus à plusieurs reprises.

• En 1420, **le roi Charles VI déshérite son propre fils au profit du roi d'Angleterre**. Mais une jeune femme, **Jeanne d'Arc,** emmène le dauphin se faire sacrer à Reims en 1429. Devenu **Charles VII**, celui-ci **met en place une armée et des impôts permanents**, qui lui permettent de remporter la guerre. Ces outils sont conservés en temps de paix : **cela renforce le pouvoir royal**.

Définitions

• Le **dauphin** : le nom que l'on donne à l'héritier du roi de France à partir du milieu du XIVe siècle.

• Le **domaine royal** : l'ensemble des terres placées directement sous l'autorité du roi.

• Une **dynastie** : une suite de rois qui appartiennent à la même famille.

• Un **vassal** : une personne liée à un seigneur par la cérémonie de l'hommage.

Je vérifie mes connaissances

→ **Es-tu capable de citer ?**

- Le premier roi capétien
- Le roi de 1180 à 1223
- Une victoire d'un roi de France
- La ville du sacre
- Deux rois Valois
- Les deux ennemis de la guerre de Cent Ans

Je comprends le cours

→ **Relis chaque partie du cours et réponds aux questions.**

Partie 1

- Quand Hugues Capet devient-il roi ?
- Quel mot désigne à la fois un objet porté sur la tête et le symbole de la royauté ?

Partie 2

- Par quels moyens les trois rois cités imposent-ils leur volonté dans le royaume ?
- Quelle question de cours ton professeur pourrait-il te poser sur cette partie ?

Partie 3

- Comment pourrais-tu résumer cette partie en une seule phrase différente du titre ?
- Quels outils permettent au roi de France de sortir renforcé de la guerre de Cent Ans ?

J'apprends autrement

→ **Reproduis le schéma et complète-le avec les propositions suivantes :**
Grands seigneurs • domaine royal • liens féodaux • impôts • pouvoir • armée • justice • états généraux • Capétiens • Valois • dynastie.

SCHÉMA à télécharger
flashbelin.fr/hgemc5-101

Xe siècle

- **Hugues Capet** : début de la .... des .... (987)
- Domaine royal petit
- .... plus puissants que le roi

XIIIe siècle

- Le roi s'impose :
  → Victoire à Bouvines de **Philippe Auguste**
  → **Louis IX** impose la ....
  → **Philippe le Bel** convoque les ....
- Agrandissement du ....
- Renforcement de la fidélité des seigneurs par les ....

XIVe-XVe siècles

- Début de la dynastie des .... (1328) avec **Philippe VI**
- Renforcement du .... royal après la guerre de Cent Ans (1337-1453)
  → **Charles VII** vainqueur
  → .... et .... permanents

RÉVISE en jouant avec Genially ! + EXERCICES interactifs
flashbelin.fr/hgemc5-102

1 Je révise les repères historiques

Associe à chacune des propositions suivantes un repère historique et une image.

Bataille de Bouvines | Guerre de Cent Ans | Hugues Capet devient roi | Louis IX impose la justice royale

1 1337-1453 | 2 XIIIe siècle | 3 1214 | 4 987

A

B

C

D
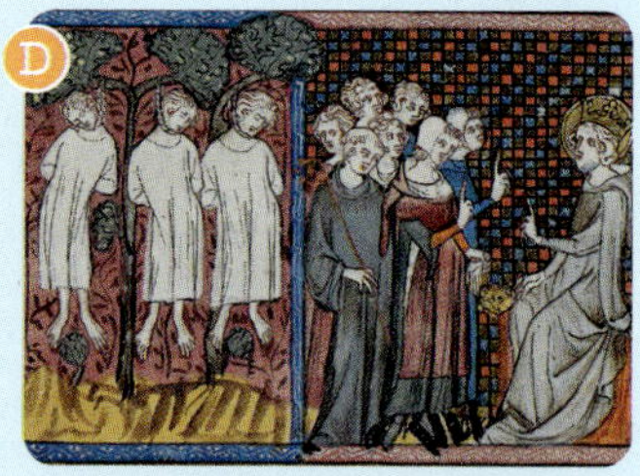

2 Je révise les repères géographiques

Associe aux repères suivants les numéros correspondants sur la carte, puis nomme ces repères.

a. La plus grande ville d'Occident aux XIIe-XIVe siècles et capitale du royaume de France.

b. Les territoires que le roi contrôle directement à la fin de la guerre de Cent Ans.

c. La grande victoire de Philippe Auguste en 1214.

d. Les territoires que le roi contrôle directement au XIe siècle.

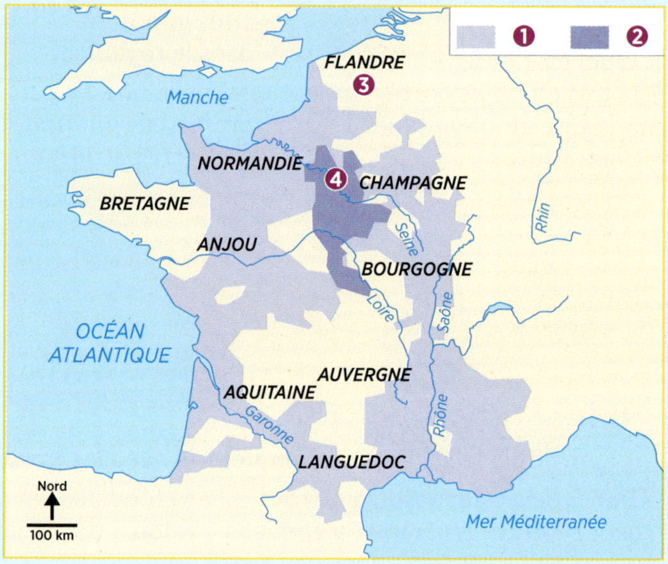

CARTE à télécharger
flashbelin.fr/hgemc5-102

3 Je révise en jouant

Complète la grille de mots croisés à l'aide des définitions suivantes :

1. Domaine dirigé par un seigneur appelé duc.
2. Seigneur qui dirige un domaine appelé comté.
3. Lieu de sépulture des rois d'une même dynastie.
4. Nom donné à l'héritier du roi à partir du XIVe siècle.
5. Réunion des représentants de l'ensemble de la société française, convoqués par le roi.
6. Famille qui se transmet le pouvoir.
7. Cérémonie lors de laquelle le roi est oint d'une huile consacrée et acclamé par les grands seigneurs.
8. Territoires que le roi contrôle directement.

GRILLE à télécharger
flashbelin.fr/hgemc5-102

Je crée une planche de bande dessinée

Créer une planche de bande dessinée est une activité ludique et créative qui permet de mobiliser des notions clés de la leçon et de mieux comprendre et mémoriser le déroulement d'un événement historique.

1 Commence par choisir **le sujet de ta planche** de bande dessinée. Par exemple, pour ce chapitre, tu peux traiter la guerre de Cent Ans en t'appuyant sur l'étude p. 96-97. C'est un travail que tu peux mener seul ou à deux (un scénariste et un dessinateur).

2 Identifie **les éléments que tu veux faire ressortir :** les dates importantes, la cause et les conséquences de l'épisode de l'histoire que tu racontes, l'enchaînement des événements, etc.

3 Au brouillon, réalise le **storyboard** de ta planche sur une feuille au format A4. Il s'agit d'un croquis rapide afin de définir la structure de ta planche, le découpage de ton récit, l'emplacement et la taille des cases, les enchaînements entre les cases, etc. C'est une étape très importante. Pour rester lisible, la planche doit comporter une dizaine de cases, pas davantage.

CASE à télécharger flashbelin.fr/hgemc5-103

4 Rédige ensuite les textes au brouillon. Tu peux varier les types de textes : les dialogues et les pensées dans des bulles, les éléments narratifs et descriptifs dans des cartouches.

5 Dessine ta planche et les dessins de tes cases, au crayon dans un premier temps, puis repasse-les à l'encre quand tu en es satisfait(e). Termine ta planche en rédigeant les textes au propre.

➡ **Continue la planche de bande dessinée sur la guerre de Cent Ans. Pour cela, représente :**

- **les dates importantes :** 1337, 1420, 1429, 1453 ;
- **la cause principale :** une querelle de succession ;
- **les événements :** les Français sont d'abord vaincus lors de plusieurs batailles mais finissent par l'emporter ;
- **les conséquences :** le roi est plus puissant grâce à une armée et à des impôts permanents.

1 Je formule des hypothèses sur une cérémonie

Raisonner et justifier

1 À ton avis, qui sont les personnages représentés sur la miniature ? Que font-ils ?

2 Formule une hypothèse pour identifier la cérémonie.

3 D'autres personnages assistant à cette cérémonie ne sont pas visibles : quelle hypothèse peux-tu avancer sur leur identité ?

4 Parmi les phrases suivantes, choisis celles qui te permettront de vérifier les hypothèses que tu as formulées.

a. Les grands seigneurs couronnent le roi.
b. Les grands seigneurs acclament le roi.
c. Les évêques couronnent le roi.
d. Les évêques acclament le roi.
e. Le roi se couronne lui-même.

Formuler des hypothèses POINT MÉTHODE

Formuler une hypothèse, c'est, face à une question, avancer une explication, une réponse possible.
Pour bien formuler une hypothèse à partir d'un document, il faut identifier les indices qui te permettront de justifier cette hypothèse.
Le plus souvent, il est nécessaire de vérifier que les hypothèses formulées sont justes.

Miniature du XIIIe siècle
Bibliothèque nationale de France, Paris.

2 Je comprends le sens général d'un texte sur la bataille de Bouvines

Analyser un document

1 Repère quatre termes du texte qui montrent que le roi a vaincu ses ennemis.

2 Quelle phrase insiste sur la punition infligée aux villes de Flandre ?

3 Repère la phrase du texte qui montre la puissance du roi.

4 Montre que l'auteur présente la bataille de Bouvines comme une victoire éclatante du roi Philippe Auguste.

La victoire de Bouvines

« Ainsi se termina la bataille, le roi s'en revint dans la joie à Tournai avec tous les prisonniers, tandis que les Flamands repartaient en grande peine. Cette défaite leur fut infligée en l'an 1214, au mois de juillet, le second dimanche. Le lendemain, le roi envoya ses troupes à Lille et il fit incendier la ville ; il fit punir toutes les villes de Flandre dans lesquelles il installa ses garnisons. Puis il s'en revint en France avec ses captifs. Dorénavant le roi Philippe vécut dans la paix, craint et redouté en tous lieux. »

D'après le Ménestrel de Reims, XIIIe siècle.

3 J'utilise des repères chronologiques sur les Capétiens

Se repérer dans le temps

1 Replace les repères suivants dans l'ordre chronologique.

a. Louis IX impose la justice royale.
b. L'armée et l'impôt deviennent permanents.
c. Philippe Auguste règne sur le royaume de France.
d. Hugues Capet devient roi.
e. Philippe le Bel réunit les états généraux.
f. Jeanne d'Arc emmène le dauphin être sacré à Reims.

2 Pour les repères c, d, e et f, précise s'il s'agit d'un événement ou d'une période.

3 Classe tous les repères en fonction de la période à laquelle ils appartiennent : la période des Capétiens directs ou celle des Valois.

4 Recopie la frise ci-dessous et places-y tous les repères en les datant.

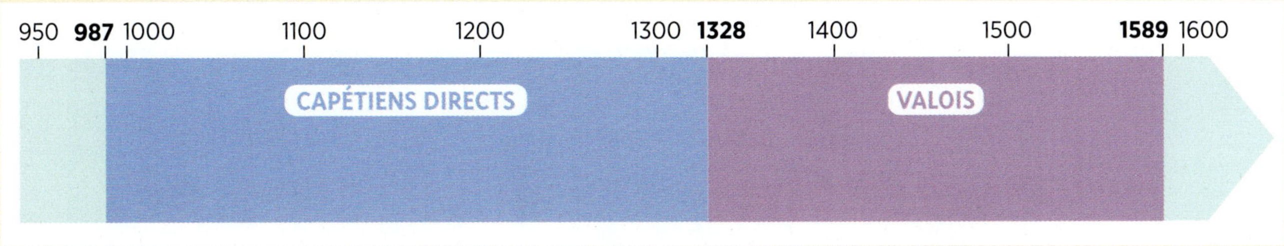

4 J'écris pour raconter la guerre de Cent Ans

Pratiquer différents langages

À l'aide de l'étude consacrée à la guerre de Cent Ans (p. 96-97) et du cours (p. 100), rédige un texte de 5 à 10 phrases dans lequel tu racontes la guerre de Cent Ans.

Coup de pouce

→ Identifie les acteurs.
→ Identifie les causes.
→ Rappelle les étapes.
→ Évoque Jeanne d'Arc et le rôle qu'elle a joué.

Portrait de Jeanne d'Arc, miniature du XVe siècle. Archives nationales, Paris.

5 Je m'informe sur la mémoire de la bataille de Bouvines

S'informer dans le monde du numérique

pix

→ Visionne la vidéo sur la bataille de Bouvines.

1 De quel monument est-il question ?

2 Quand et pourquoi a-t-il été construit ?

3 Quels éléments de ce bâtiment racontent la bataille de Bouvines ?

4 En mémoire de quel épisode de la bataille la chapelle aux arbres a-t-elle été construite ?

VIDÉO en ligne
flashbelin.fr/hgemc5-105

6 Le monde au temps de Charles Quint et Soliman le Magnifique

Comment le monde connu des Européens change-t-il au XVIe siècle ?

1 Un nouveau monde au XVIe siècle

Guillaume Le Testu, *Cosmographie universelle selon les navigateurs tant anciens que modernes*, 1555. Bibliothèque du Service historique de la Défense, Vincennes.

Aux XVe et XVIe siècles, les Européens découvrent de nouvelles terres. Le monde connu de l'époque change.

Pour bien commencer le chapitre

Fais le point sur ce que tu sais déjà.

Quiz interactif
flashbelin.fr/hgemc5-107

1. Quel titre porte le chef de l'Empire arabo-musulman ?

a. Le calife.
b. Le vizir.
c. Le pape.

2. Pour les navigateurs du XVIe siècle, quelle est la forme de la Terre ?

a. Ronde.
b. Plate.
c. Carrée.

3. Quel fruit les explorateurs du Nouveau Monde découvrent-ils ?

a. La tomate.
b. Le citron.
c. La cerise.

4. Quel continent Christophe Colomb découvre-t-il en 1492 ?

a. Les États-Unis.
b. L'Amérique.
c. L'Asie.

2 Christophe Colomb arrive aux Antilles en 1492

Gravure de Théodore de Bry dans *Très Brève Relation de la destruction des Indes*, Bartolomé de las Casas, 1594.

L'arrivée de Christophe Colomb aux Antilles, persuadé d'avoir atteint l'Asie, marque le début des Grandes Découvertes.

A La caravelle, le navire des explorateurs
B La croix, symbole du christianisme
C Les indigènes, les premiers peuples du Nouveau Monde

Questions

1 **Doc. 1** Au XVIe siècle, quels sont les continents connus par les Européens ?

2 **Doc. 2** Décris la scène en te servant des termes de la légende.

REPÈRES

Le monde aux XVe et XVIe siècles

1453

Constantinople est prise par les Turcs

Le Siège de Constantinople en 1453, Jean Le Tavernier, miniature du *Voyage en la terre d'Outremer*, Bertrandon de la Broquière, vers 1458. Bibliothèque nationale de France, Paris.

Charles Quint règne sur le Saint-Empire

Allégorie de l'empereur Charles V en souverain du monde, Pierre Paul Rubens, huile sur toile, 1607. Residenzgalerie, Salzbourg.

1519-1556

FRISE interactive flashbelin.fr/hgemc5-108

1492

Christophe Colomb découvre les Antilles

Gravure de Théodore de Bry dans *Très Brève Relation de la destruction des Indes*, Bartolomé de las Casas, 1594.

1520-1566

Soliman le Magnifique règne sur l'Empire ottoman

Miniature extraite d'un manuscrit turc, 1579. Palais de Topkapi, Istanbul.

La découverte de nouveaux mondes

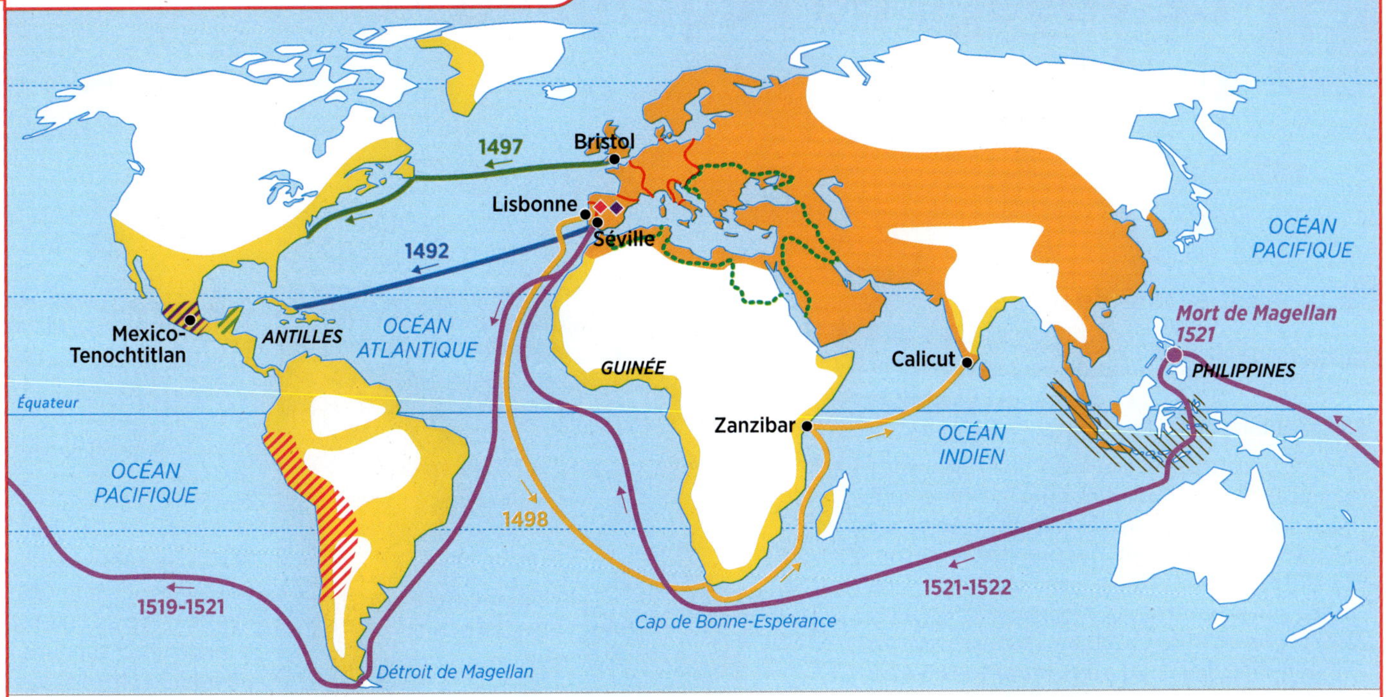

1. Les terres connues des Européens
- Avant les Grandes Découvertes
- Après les Grandes Découvertes
- Empire de Charles Quint
- Empire de Soliman le Magnifique

Traités de partage entre Espagne et Portugal : ◆ Tordesillas 1494 ◆ Saragosse 1529

2. Les voyages d'exploration
- Christophe Colomb (pour l'Espagne)
- Jean Cabot (pour l'Angleterre)
- Vasco de Gama (pour le Portugal)
- Magellan/Del Cano (pour l'Espagne)

3. Les civilisations découvertes
- Empire aztèque
- Empire maya
- Empire inca
- Empire mojopahit

CARTE interactive
flashbelin.fr/hgemc5-109

a. Les avancées techniques

Un portulan pour cartographier

Une caravelle pour naviguer

Un astrolabe pour se repérer

b. La disparition des Amérindiens, indigènes du Nouveau Monde

1519	1580
25 millions d'Amérindiens	2 millions d'Amérindiens

Définitions

• Les **Grandes Découvertes** : les explorations maritimes menées par les Européens aux XVᵉ et XVIᵉ siècles.

• Le **Nouveau Monde** : les terres découvertes aux Amériques. En opposition avec l'Ancien Monde, qui correspond à l'Europe.

Questions

1. **Carte** Montre que la Méditerranée est au cœur des expéditions vers le Nouveau Monde.
2. **Frise** À quelle date les Grandes Découvertes commencent-elles ?
3. **Schéma b** Quelle conséquence la découverte du Nouveau Monde a-t-elle sur les Amérindiens ?

COMPÉTENCE TRAVAILLÉE
Pratiquer différents langages

ÉTUDE

1 Le voyage de l'équipage de Magellan

1519	1520	1521	1522
Voyage de l'équipage de Magellan		Mort de Magellan	

Qu'ont découvert Magellan et son équipage?

1 Le premier tour du monde

Elcano, un des capitaines de Magellan, écrit un rapport à Charles Quint qui finance l'expédition partie d'Espagne.

« Nous sommes revenus dix-huit hommes seulement sur l'un des cinq navires que Votre Majesté a envoyés. Nous trouvâmes un détroit menant par la terre ferme de Votre Majesté[1] à la mer de l'Inde[2]. La mort nous enleva le capitaine Magellan ainsi que d'autres. Nous trouvâmes un moyen d'accoster aux îles Moluques. Votre Majesté saura que ce qu'il faut le plus estimer, c'est que nous avons découvert et parcouru toute la rotondité du monde, et qu'en étant partis vers l'ouest nous sommes revenus par l'est. »

D'après Juan Sebastián Elcano, capitaine de Magellan, *Lettres à Charles Quint*, 6 septembre 1522.

1. L'Amérique espagnole.
2. L'océan Pacifique.

2 Les îles Moluques

Navigation et découvrement de l'Inde supérieure et îles de Malucque, dessin d'Antonio Pigafetta, vers 1525. Bibliothèque Beinecke, Yale.

Les Moluques sont des îles de l'Asie du Sud-Est, en Indonésie, connues pour leur épice : le clou de girofle. L'objectif de l'expédition de Magellan est d'établir une route maritime vers ces îles, en évitant l'océan Indien dominé par les Portugais.

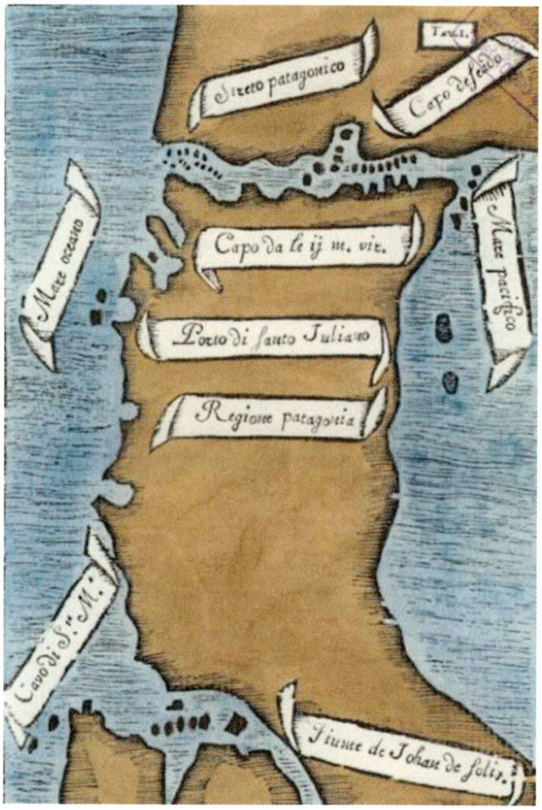

3 Le détroit de Magellan

Navigation et découvrement de l'Inde supérieure et îles de Malucque, dessin d'Antonio Pigafetta, vers 1525. Bibliothèque Beinecke, Yale.

Le détroit de Magellan est un passage maritime au sud du continent américain, franchi le 28 novembre 1520, permettant de relier les océans Atlantique et Pacifique.

La première circumnavigation est possible : un voyage maritime autour des continents.

Activité

Je réalise un croquis

CROQUIS à télécharger flashbelin.fr/hgemc5-110

1. **Télécharge ou recopie le fond de carte et inscris le nom des océans et des continents.**

2. **En t'aidant des documents, dessine un point pour le lieu de départ et d'arrivée. Dessine ensuite un triangle pour chaque étape du voyage. Enfin, trace le trajet effectué en indiquant le sens de navigation par des flèches.**
3. **Donne un titre au croquis.**

Retrouve la partie 1 du cours en lien avec cette étude, p. 118.

COMPÉTENCE TRAVAILLÉE
Se repérer dans le temps

ÉTUDE

2 Hernán Cortés et le Nouveau Monde

Comment Hernán Cortés exploite-t-il le Nouveau Monde ?

HERNÁN CORTÉS (1485-1547)

Conquistador espagnol envoyé par Charles Quint pour s'emparer des territoires du Nouveau Monde, il affronte l'Empire aztèque de 1519 à 1521. Grâce à la supériorité technologique des Espagnols, les Aztèques sont vaincus, convertis au catholicisme et leur empire transformé en colonie.

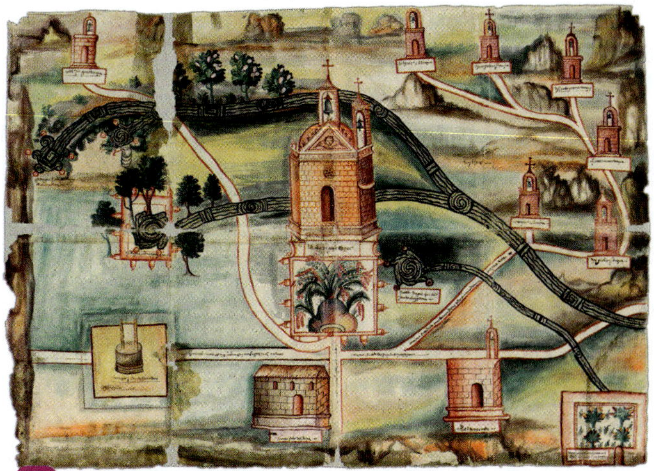

1 *Relation géographique de Oaxtepec*, inconnu, vers 1580.

2 *Histoire des Indes de Nouvelle Espagne*, Diego Durán, dessin, 1579. Bibliothèque nationale d'Espagne, Madrid.

3 *Histoire de Tlaxcala*, Diego Muñoz Camargo, 1585. Bibliothèque nationale de France, Paris.

4 *Histoire des Indes de Nouvelle Espagne*, Diego Durán, dessin, 1579. Bibliothèque nationale d'Espagne, Madrid.

Définition

• Un conquistador : mot espagnol désignant « le conquérant », c'est-à-dire le chef des expéditions d'exploration au Nouveau Monde.

Activité

J'ordonne des faits les uns après les autres

1. Les miniatures représentent la conquête du Nouveau Monde par Cortés. À l'aide de la biographie de Cortès, décris-les en une phrase et replace-les dans l'ordre chronologique.

J'identifie une rupture historique

2. Rédige un paragraphe de deux ou trois phrases expliquant le choc qu'a créé la conquête de Cortés pour les Aztèques.

Retrouve la partie 1 du cours en lien avec cette étude, p. 118.

Une nouvelle forme d'art

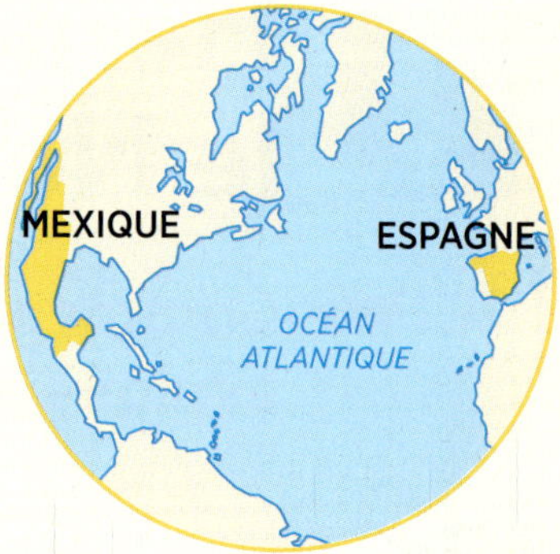

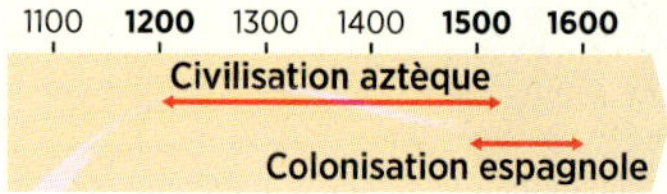

Tâche complexe

Je rédige un rapport

Tu es chargé(e) par le conservateur du musée de ta ville d'étudier des œuvres en réserve. Une de ces œuvres ne semble pas avoir de point commun avec les autres. De quel type d'art peut-il bien s'agir ? Analyse ces œuvres et rends un rapport d'une dizaine de lignes.

1 La pierre du soleil

Monolithe sculpté, 1479. Musée national d'anthropologie, Mexico.

Cet autel de sacrifice est décoré de références à la mythologie aztèque.

2 Deux dieux aztèques

Codex Borbonicus, peinture sur papier, fin XVe-début XVIe siècle. Bibliothèque de l'Assemblée nationale, Paris.

Ce manuscrit représente deux dieux aztèques : Xipe Topec (à gauche) et Quetzalcóatl (à droite). Ces dieux sont dessinés selon les techniques artistiques aztèques : en deux dimensions et en couleurs.

Définitions

- L'art métis : le mélange des formes d'art des Amérindiens et des Espagnols.
- Les Aztèques : le peuple originaire de l'Amérique centrale à la tête d'un puissant empire entre les XIVe et XVIe siècles.

3 La coiffe de plumes de Moctezuma II

Coiffe de plumes du souverain aztèque Moctezuma II (1466-1520), XVIe siècle. Weltmuseum, Vienne.

Cet art d'utiliser les plumes est une technique ancienne appelée *plumería*. Les conquistadors espagnols sont impressionnés par les artisans de plumes aztèques.

4 Le Christ de plumes

Le Christ Bon Pasteur, plumes polychromes sur panneau de bois, XVIe siècle. Musée du Quai Branly, Paris.

Cette œuvre combine des matériaux et des techniques de plusieurs civilisations pour obtenir un art métis.

Le sais-tu ?

Le nahuatl était la langue parlée par les Aztèques. Aujourd'hui, plus d'un million de personnes parlent encore un dérivé de cette langue.

Coup de pouce

- → Décris les symboles, la taille et les matériaux utilisés pour chaque œuvre.
- → Explique avec tes mots ce qu'est l'art aztèque (matériaux et représentations).
- → Repère l'œuvre qui ne correspond pas totalement à ta définition. Justifie ton choix et demande-toi qui aurait pu la réaliser.

COMPÉTENCE TRAVAILLÉE
Pratiquer différents langages

ÉTUDE

3 Charles Quint et son empire

➥ Comment Charles Quint domine-t-il l'Europe ?

Charles de Habsbourg (1500-1558), par des héritages successifs, rassemble sous son pouvoir de nombreux territoires d'Europe et du Nouveau Monde. En 1519, il est élu empereur du Saint-Empire romain germanique et domine les terres impériales sous le nom de Charles V, dit Charles Quint.

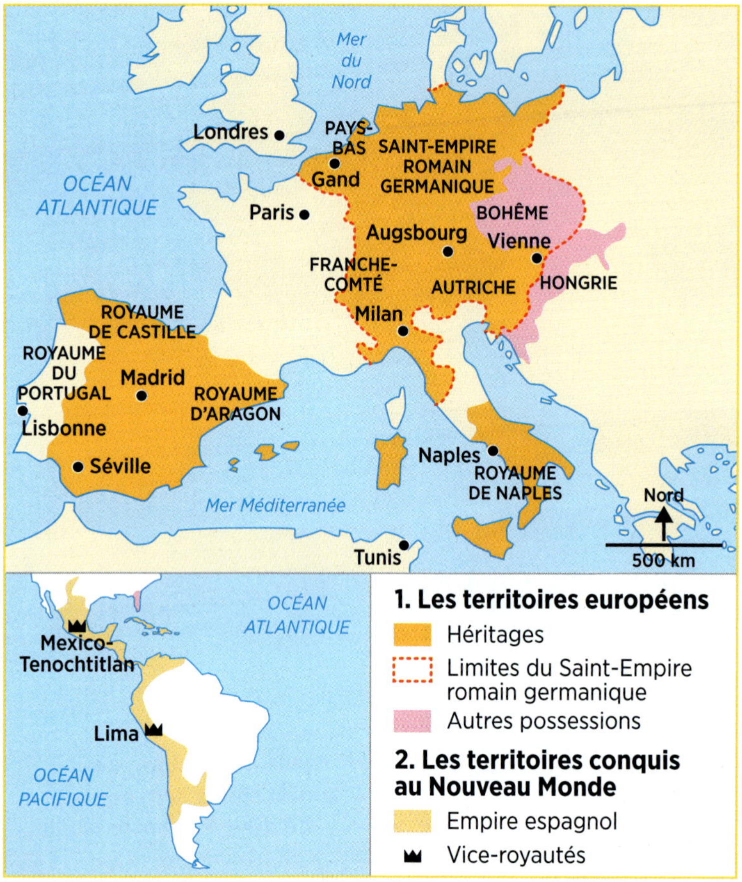

1 Les possessions de Charles Quint

2 Charles Quint et le monde

Allégorie de l'empereur Charles V en souverain du monde, Pierre Paul Rubens, huile sur toile, 1607. Residenzgalerie, Salzbourg.

- A Globe terrestre représentant l'Amérique centrale
- B Sceptre de commandement
- C Couronne
- D Empereur en armure
- E Épée

Activité Oral

Je m'exprime à l'oral

À l'oral, explique que Charles Quint est à la tête d'un immense empire : repère les territoires qu'il domine et montre qu'il se fait représenter en souverain du monde.

S'exprimer à l'oral — POINT MÉTHODE

Pour bien réussir un oral, il faut le préparer. Voici quelques astuces :

➔ Avant l'oral
– Écris les mots que tu ne veux pas oublier sur une feuille, sans rédiger de phrases.
– Entraîne-toi à parler de ton sujet en regardant devant toi.

➔ Pendant l'oral
– Veille à ne pas parler trop vite et à t'exprimer assez fort pour te faire comprendre.
– Ne récite pas, utilise tes mots : ce n'est pas grave si tu as un trou de mémoire.

Retrouve la partie 2 du cours en lien avec cette étude, p. 118.

ÉTUDE

COMPÉTENCE TRAVAILLÉE
Coopérer et mutualiser

4 Soliman le Magnifique et son empire

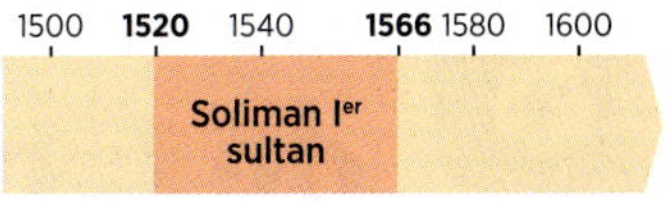

Comment Soliman le Magnifique domine-t-il la Méditerranée?

Soliman Ier (1495-1566), surnommé le Magnifique par les Occidentaux, dirige l'Empire ottoman qu'il hérite de son père à partir de 1520. Sultan, il poursuit la conquête de la Méditerranée orientale, établit de nouvelles lois et développe les arts.

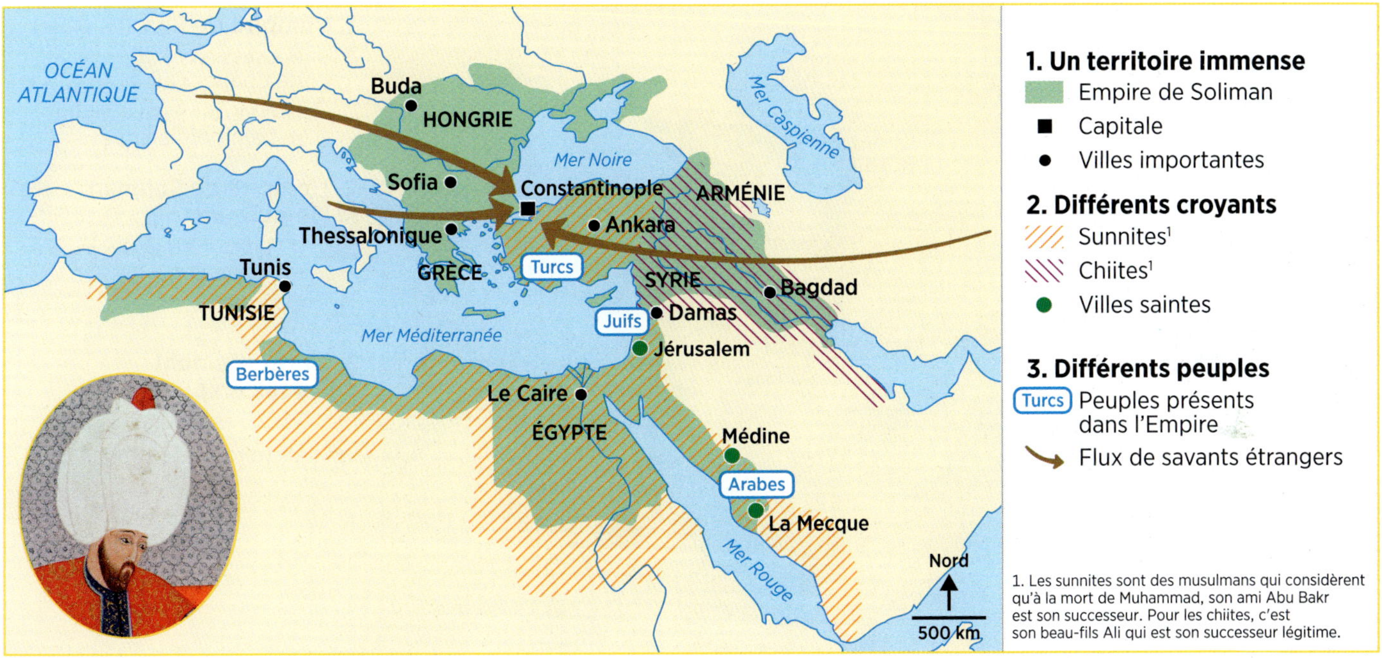

1 La Méditerranée de Soliman Ier

2 Le sultan de nombreux pays

« Moi qui suis le sultan et le padisha[1] de la Méditerranée, de la mer Noire, de la Roumélie[2], de l'Anatolie, des pays de Roum[2], de Karaman, des pays de Dhou'l-Qadr, de Diyarbakir, du Kurdistan et de l'Azerbaïdjan, de Perse, de Damas, d'Alep, de l'Égypte ; de Jérusalem la Sainte, de la glorieuse Mecque et de l'illustre Médine, de tous les pays arabes, du Yémen et de Djeddah, du territoire tatar ainsi que de nombreux autres pays... »

D'après la titulature officielle de Soliman le Magnifique.

1. Dirigeant.
2. Désigne l'ancien Empire romain d'Orient et les territoires qui en dépendent.

Définition

• Le sultan : le chef militaire et politique de l'Empire ottoman.

Le sais-tu ?

Soliman le Magnifique meurt pendant ses conquêtes en Europe. En 2016, une équipe d'archéologues estime avoir mis au jour les vestiges de son tombeau près de Szigetvár, en Hongrie.

Oral

Je travaille en groupe

ÉTAPE 1: Cherche dans un des deux documents un élément permettant de justifier cette phrase : « Soliman le Magnifique domine la Méditerranée. »

ÉTAPE 2: Avec un élève qui a travaillé sur l'autre document, préparez un exposé d'une minute à deux où chacun prendra la parole pour justifier cette phrase.

Retrouve la partie 2 du cours en lien avec cette étude, p. 118.

COMPÉTENCE TRAVAILLÉE
Analyser un document

5 La confrontation de Charles Quint et Soliman le Magnifique

Pourquoi Charles Quint et Soliman le Magnifique s'affrontent-ils ?

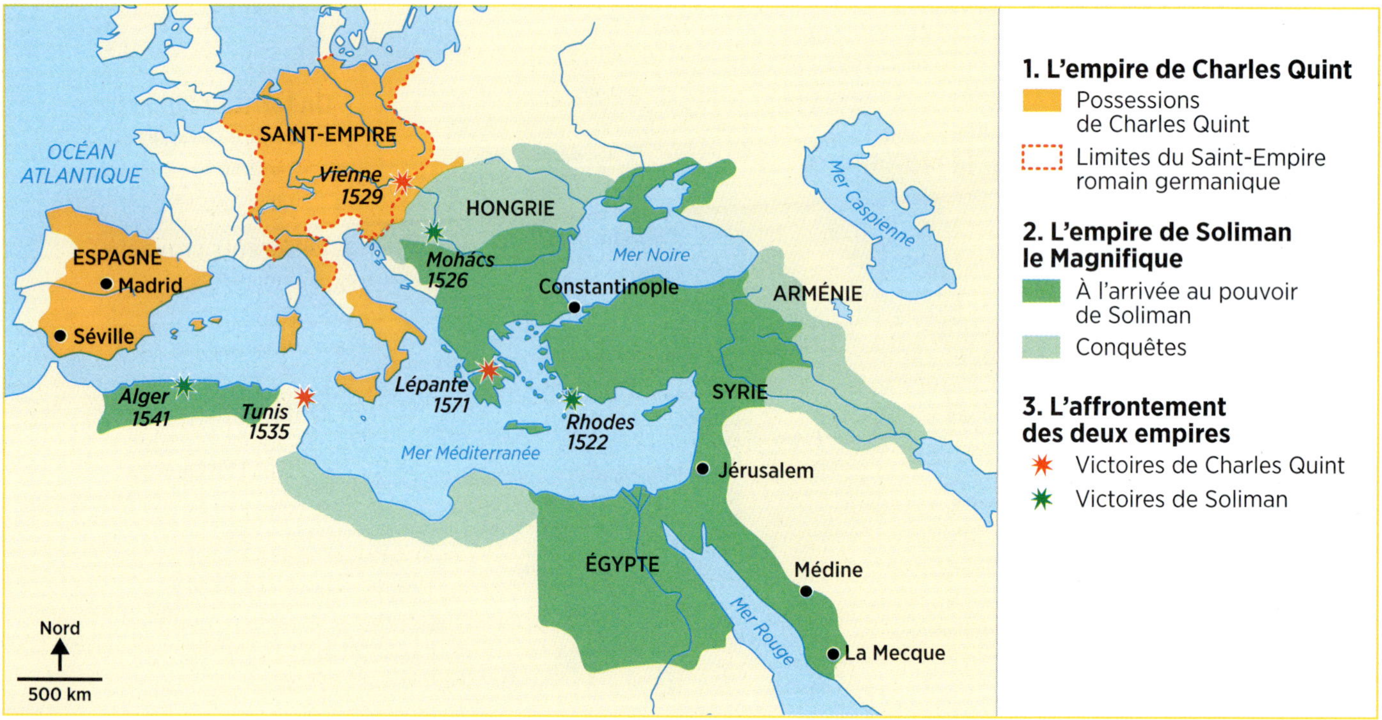

1 Deux empires de l'Ancien Monde

2 Soliman le Magnifique assiège Vienne

Le Siège de Vienne, Pieter Snayers, huile sur toile, XVIIe siècle. Rafael Valls Gallery, Londres.

Les conquêtes de Soliman au détriment de l'empire de Charles Quint s'arrêtent aux portes de Vienne en 1529.

Définition

• Un empire universel : un empire qui a pour but de dominer le monde connu.

3 Charles Quint tente d'unir les princes chrétiens

« Madame ma bonne sœur, au vu des nouvelles de la venue du Turc avec de puissantes armées pour envahir la chrétienté, l'une par mer du côté de Naples ou Sicile et l'autre par terre vers la Hongrie, je mets tout en ordre pour lui résister. Et parce que la chose est si importante et tant urgente, il est très nécessaire en tout devoir de résister à l'ennemi, au risque d'entraîner la perte de la chrétienté. »

D'après Charles Quint, *Lettre à Marie de Hongrie*, 27 mars 1532.

4 Charles Quint et Soliman le Magnifique veulent dominer le monde

« Ces empereurs Charles et Soliman possèdent autant que les Romains. Ces deux hommes se partagent le gouvernement du monde : chacun travaille à devenir le seigneur du monde, mais nous voyons qu'à cause de nos péchés Soliman arrive mieux que Charles à satisfaire ses désirs. Tous deux ont presque le même âge ; tous deux s'adonnent également à la guerre, mais les Turcs parviennent mieux à mettre en œuvre leurs projets que les Espagnols. Ils se plient mieux à l'ordre et à la discipline. »

D'après Francisco López de Gómara, historien espagnol, *Chronique de Barberousse*, 1545.

5 Soliman reçoit la promesse d'alliance du roi de Hongrie

Miniature d'un manuscrit ottoman consacré à la campagne de Hongrie, XVIe siècle. Palais de Topkapi, Istanbul.

Jean Sigismond de Hongrie, vassal de Charles Quint, s'agenouille devant Soliman, « celui qui distribue des couronnes aux monarques de la terre », pour conserver son royaume.

Activité A

Je comprends le sens général d'un document

1. **Associe à chacune des propositions suivantes le document correspondant.**
   a. Soliman le Magnifique menace directement les territoires de Charles Quint.
   b. Soliman le Magnifique et Charles Quint s'affrontent pour créer un empire universel.
   c. Soliman le Magnifique cherche des alliés chez les princes chrétiens.
   d. Charles Quint appelle à défendre la religion chrétienne.

J'extrais des informations des documents

2. **Doc. 1** Cite une victoire de Soliman le Magnifique.
3. **Doc. 1 et 2** Quelle bataille se déroule en plein cœur de l'empire de Charles Quint ?
4. **Doc. 1 et 3** Sur quelles frontières de son empire Charles Quint est-il menacé par Soliman le Magnifique ?
5. **Doc. 1 et 4** À l'aide de la carte, explique la phrase soulignée.

Activité B

Je mets en relation des documents

En quelques lignes, montre que tous les documents ont pour point commun l'affrontement entre Charles Quint et Soliman le Magnifique.

Coup de pouce

→ D'après tes observations, classe les documents dans le tableau ci-dessous :

Sujet	Guerre	Alliances	Religion
Documents	....	....	....

→ Explique que Charles Quint et Soliman le Magnifique s'affrontent de différentes manières.

Retrouve la partie 2 du cours en lien avec cette étude, p. 118.

Le monde au temps de Charles Quint et Soliman le Magnifique

COURS audio
flashbelin.fr/hgemc5-118

Comment le monde connu des Européens change-t-il au XVIe siècle?

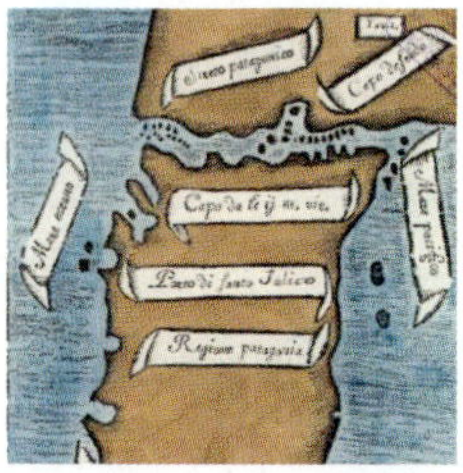

Études p. 110-111

1 Le monde connu s'élargit à partir du XVe siècle

• **Les Européens se lancent dans de grandes explorations maritimes** pour trouver de nouvelles routes vers des métaux précieux et des épices. Ces explorations sont **possibles grâce à des améliorations techniques** comme la caravelle, l'astrolabe et le portulan.

• **En 1492,** avec l'arrivée aux Antilles de Christophe Colomb, c'est le **début des Grandes Découvertes. La première circumnavigation est achevée** en 1522 par l'équipage de Magellan qui découvre le Pacifique.

• **Entre 1519 et 1521,** le conquistador espagnol Hernán Cortés mène **l'invasion de l'Empire aztèque** en Amérique centrale pour obtenir de l'or et des pierres précieuses.

Études p. 114-117

2 Le monde se réorganise au XVIe siècle

• **Charles Quint** hérite des Pays-Bas, de l'Espagne, de l'Autriche et de territoires allemands. Élu empereur du Saint-Empire romain germanique en 1519, il **souhaite réunir toute la chrétienté**.

• **Soliman le Magnifique porte l'Empire ottoman à son apogée.** Sultan en 1520, il étend son empire jusqu'en Hongrie. Il domine la Méditerranée, la mer Rouge et le golfe Persique.

• **Les deux dirigeants s'affrontent en Méditerranée** pour créer un empire universel. Ce sont deux grands souverains du XVIe siècle.

Études p. 110-111

3 Les espaces du monde se connectent aux XVe et XVIe siècles

• **Les Espagnols et les Portugais se partagent le monde** avec deux traités pour contrôler les nouvelles routes maritimes: Tordesillas en 1494 et Saragosse en 1529.

• **Les terres du Nouveau Monde sont exploitées.** Les Européens obligent les Amérindiens à travailler pour eux et à se convertir au christianisme. Des colons européens s'installent dans les empires coloniaux. L'or et l'argent affluent vers l'Ancien Monde.

• **Les échanges commerciaux enrichissent l'Europe:** l'Ancien Monde et le Nouveau Monde sont connectés. Le XVIe siècle connaît une première mondialisation.

Définitions

• La **circumnavigation**: un voyage autour de quelque chose. Pour l'équipage de Magellan, c'est un voyage autour du monde.

• Un **colon**: une personne qui a quitté sa terre d'origine pour occuper et exploiter de nouvelles terres.

• Un **conquistador**: mot espagnol désignant «le conquérant», c'est-à-dire le chef des expéditions d'exploration au Nouveau Monde.

• Un **empire universel**: un empire qui a pour but de dominer le monde connu.

• La **première mondialisation**: une généralisation des échanges entre différents lieux de la planète au XVIe siècle.

Je vérifie mes connaissances

→ **Es-tu capable de citer?**

- Le nom de l'explorateur qui découvre le Pacifique
- Un conquistador qui conquiert l'Empire aztèque
- La date à laquelle débutent les Grandes Découvertes
- Le nom que les Européens donnent aux nouvelles terres
- Un traité entre les Espagnols et les Portugais
- Un souverain qui veut créer un empire universel

Je comprends le cours

→ **Relis chaque partie du cours et réponds aux questions.**

Partie 1

- Cite deux produits que recherchent les explorateurs.
- Quel autre titre comprenant l'expression «Ancien Monde» pourrais-tu donner à cette partie?

Partie 2

- Quelle proposition correspond le mieux à cette partie du cours?
  – Charles Quint et Soliman le Magnifique s'allient.
  – Charles Quint et Soliman le Magnifique s'affrontent.
- Quelle question de cours pourrait te poser ton professeur sur cette partie?

Partie 3

- Quels termes de la leçon peux-tu remplacer par:
  – connexion de l'Ancien et du Nouveau Monde?
  – indigènes?
- Donne un titre au deuxième paragraphe.

J'apprends autrement

→ **Reproduis le schéma et complète-le avec les propositions suivantes:**

Charles Quint et Soliman • Cortés et les Aztèques • Tordesillas et Saragosse • Magellan et la circumnavigation • Empire universel • Colomb et les Antilles • Première mondialisation.

SCHÉMA à télécharger
flashbelin.fr/hgemc5-119

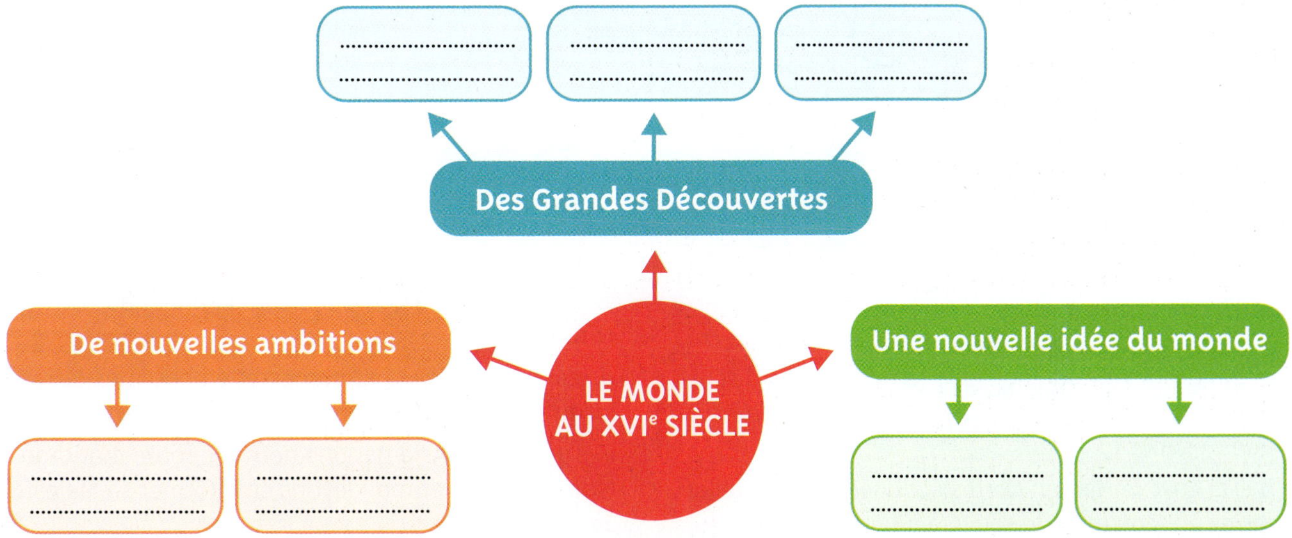

JE RÉVISE

RÉVISE en jouant avec Genially ! + EXERCICES interactifs
flashbelin.fr/hgemc5-120

1 Je révise les repères historiques

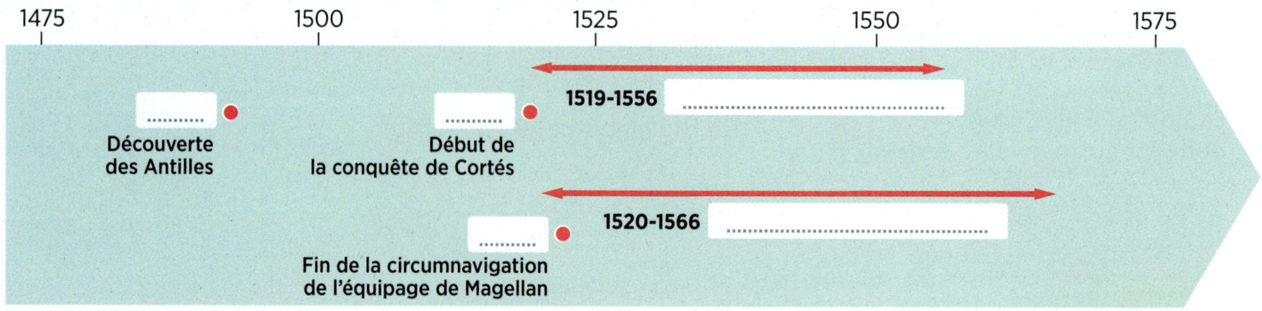

1 Recopie la frise et indique les dates manquantes.

2 Indique à quoi correspondent les périodes.

3 Ajoute sur la frise le traité de Tordesillas.

FRISE à télécharger flashbelin.fr/hgemc5-120

2 Je révise les repères géographiques

1 Reproduis les schémas et complète-les avec les propositions suivantes : XVᵉ • XVIᵉ • Amériques.

2 Sur le schéma de droite, représente les nouvelles routes des échanges. N'oublie pas de compléter la légende.

3 Le titre des schémas correspond à la première connexion des espaces du monde. Quelle est l'expression en histoire ? Complète le titre.

SCHÉMAS à télécharger flashbelin.fr/hgemc5-120

Titre : ....

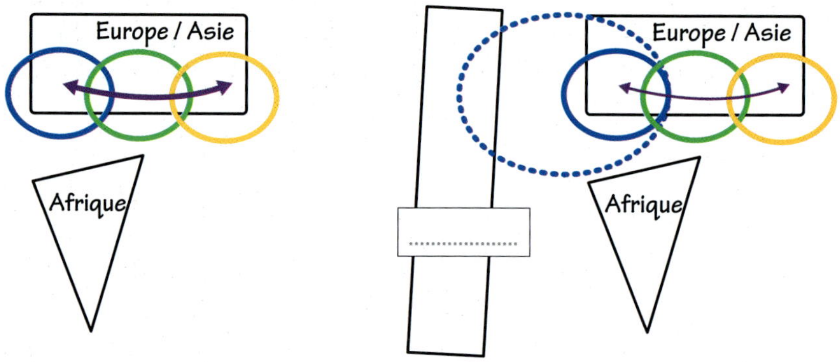

1. Le monde au .... siècle
- L'espace européen
- L'espace du Moyen-Orient
- L'espace de l'Extrême-Orient
- Routes de la soie

2. Le monde au .... siècle
- L'espace européen s'élargit
- L'espace du Moyen-Orient
- L'espace de l'Extrême-Orient
- Anciennes routes des échanges
- ....

3 Je révise en jouant

Mais qui sont-ils ?

a. J'ai découvert une nouvelle terre. Certains disent que c'est un nouveau continent mais je reste persuadé que c'est l'Asie ! Je suis…

b. J'ai envoyé Hernán Cortés conquérir de nouvelles terres en mon nom de souverain universel. Je suis…

c. J'ai rencontré un peuple différent vêtu de plumes. Je l'ai soumis à la couronne d'Espagne et au christianisme. Je suis…

d. J'ai dominé la Méditerranée et étendu mes terres jusqu'aux portes de l'empereur chrétien. Je suis…

e. J'ai atteint l'Asie par une nouvelle route maritime. Mon équipage et moi devons en informer sa Majesté ! Je suis…

Je crée une carte numérique

Une carte est une représentation spatiale de l'information (lieux, phénomènes, événements...). Elle est un excellent moyen pour comprendre et mémoriser. Grâce aux outils numériques, tu peux produire facilement tes propres cartes.

SITE internet
flashbelin.fr/hgemc5-121

1 Choisis le **thème de ta carte** et établis la **liste des éléments** que tu veux représenter. Pour t'inspirer, voici quelques exemples d'informations à représenter.

Thèmes	Informations
Les conquêtes/ la guerre	Territoires conquis, avancée des conquêtes, défaites, victoires...
Le commerce	Lieux de commerce, produits échangés, routes commerciales...
La religion	Capitales religieuses, régions de diffusion de la religion, conflits religieux...

2 Rends-toi sur **un site de création de cartes numériques** comme framacarte.org. Clique sur « Créer une carte ».

3 En zoomant ou dézoomant, choisis **la zone que tu veux étudier.**

4 Clique sur les icônes pour dessiner : – une zone :  – un lieu :  – un mouvement : 

5 Tu peux **modifier la forme et la couleur** des symboles que tu utilises. Tu peux également nommer chacun des éléments que tu fais figurer sur ta carte.

6 Une fois que tu as fini, n'oublie pas d'enregistrer ta carte.

Crée ta carte numérique sur le voyage de Magellan.

Collecte des informations sur ce voyage (lieu de départ, lieu d'arrivée...) en utilisant la carte p. 109 et l'étude 1 p. 110.

Rends-toi sur le site framacarte.org et suis les étapes suivantes :

Pour montrer...	... je clique sur
L'Ancien Monde	
Le Nouveau Monde	
Le lieu de départ du voyage	
Le lieu d'arrivée du voyage	
Un ou deux événement(s) durant le voyage	
Le trajet du voyage	

CORRIGÉ en ligne
flashbelin.fr/hgemc5-121

JE M'ENTRAÎNE

1 J'identifie le point de vue de Christophe Colomb

Analyser un document

1 Qui est l'auteur ? Quels sont les destinataires ?

2 Le récit est-il positif ou négatif ? Justifie en t'appuyant sur des exemples du document.

3 Rappelle qui finance l'expédition.

4 Selon toi, que cherche à faire l'auteur ? Choisis deux propositions parmi les suivantes :

a. Donner des informations sur la conquête à ses seigneurs.

b. Obtenir l'amour de la reine.

c. Satisfaire ses seigneurs pour obtenir de l'argent pour une autre expédition.

d. Faire découvrir Hispaniola aux souverains.

Christophe Colomb aux Antilles

« 16 décembre 1492. Que Vos Altesses[1] veuillent croire que les terres sont bonnes et fertiles, spécialement celles de cette île Hispaniola[2]. Les Indiens n'ont pas d'armes et sont si peureux qu'à mille, ils n'oseraient pas combattre trois des nôtres. Ils sont donc propres à être commandés et à ce qu'on les fasse travailler. Vos Altesses auront la grande joie d'en avoir fait des chrétiens. »

D'après le *Journal de bord de Christophe Colomb*, 1492.

1. Isabelle de Castille et Ferdinand d'Aragon, qui financent l'expédition.
2. Aujourd'hui Haïti.

2 J'écris pour raconter le voyage de Magellan

Pratiquer différents langages

À partir du document et de l'étude p. 110, raconte l'expédition de Magellan et son équipage en détaillant les étapes de ce voyage exceptionnel.

La circumnavigation de l'équipage de Magellan

Battista Agnese, planisphère, 1543-1545. John Carter Brown Library, Providence (États-Unis).

Rédiger un récit historique POINT MÉTHODE

Pour faire un récit en histoire, voici des règles à suivre.

→ Tu dois raconter et non inventer : il faut des connaissances pour réaliser un récit historique.

→ L'histoire s'écrit au présent.

→ Ton récit doit comporter :
- un début et une fin ;
- des personnages historiques mis en scène ;
- des précisions sur les lieux et les dates ;
- des faits dans l'ordre chronologique ;
- des explications sur les causes et les conséquences des faits historiques.

3 J'identifie des points de vue sur la conquête du Nouveau Monde

Raisonner et justifier

Bartolomé de las Casas (1484-1566)

Prêtre espagnol, il critique fortement les violences exercées à l'encontre des peuples indigènes du Nouveau Monde. Pour lui, la conquête espagnole est injuste et sanglante.

Juan de Sepúlveda (1494-1573)

Prêtre espagnol, il défend l'idée que les Espagnols sont des êtres supérieurs. Selon lui, les Espagnols doivent donc dominer et soumettre les peuples inférieurs du Nouveau Monde.

Théodore de Bry (1528-1598)

Graveur allemand, il représente la conquête du Nouveau Monde. Il montre la violence des conquistadors et les richesses que les nouvelles terres peuvent offrir.

Juan López de Palacios Rubios (1450-1524)

Professeur espagnol, il rédige et publie un traité pour les indigènes. Dans celui-ci, il explique que s'ils ne se convertissent pas au christianisme, ils doivent être esclaves.

1 Lis attentivement les présentations des personnages historiques.

2 Recopie le tableau ci-contre et inscris le nom des personnages selon leur point de vue.

3 Il y a différents points de vue sur la conquête du Nouveau Monde. Explique lesquels.

En faveur de l'exploitation des indigènes	En faveur de la protection des indigènes
....	....
....	....

4 Je découvre un atlas du XVIe siècle pix

S'informer dans le monde du numérique

→ Visionne la vidéo sur « L'Atlas Miller (1519) » (CNRS-BnF).

1 À l'aide de la vidéo, recopie et complète la fiche d'identité suivante :

Nom du document : ......
Auteur(s) du document : ......
Date du document : ......
Roi à qui est destiné le document : ......
Découvertes représentées : ......

2 La carte représente les Portugais affrontant l'Empire ottoman. Rappelle quelle est la mer contrôlée par cet empire.

3 D'après la vidéo, à quoi servent les cartes marines ?

VIDÉO en ligne
flashbelin.fr/hgemc5-123

7 Humanisme, réformes et conflits religieux

Quels sont les grands bouleversements culturels et religieux dans l'Europe de la Renaissance?

1 Deux humanistes du XVIe siècle

Les Ambassadeurs, Hans Holbein le Jeune, huile sur bois, 1533. National Gallery, Londres.

Jean de Dinteville (à gauche) et Georges de Selve (à droite) sont accoudés à une étagère remplie d'objets dévoilant leurs centres d'intérêt.

A Un cadran solaire à plusieurs faces.

B Un crâne, caché par une perspective déformée, qui représente la mort.

Pour bien commencer le chapitre

Fais le point sur ce que tu sais déjà.

Quiz interactif
flashbelin.fr/hgemc5-125

1. Quel artiste a peint la Joconde ?

a. Michel-Ange.
b. Léonard de Vinci.
c. Raphaël.

2. Comment se nomme le mouvement de renouveau des arts au XVIe siècle ?

a. La Renaissance.
b. La Reconnaissance.
c. La Résurrection.

3. Par quel moyen se diffusent les idées après le milieu du XVe siècle ?

a. Les manuscrits.
b. L'imprimerie.
c. L'imprimante.

4. Qui sont les protestants ?

a. Des manifestants qui font entendre leur mécontentement.
b. Des personnes qui aiment les tests.
c. Les membres d'une nouvelle Église chrétienne au XVIe siècle.

2 Un atelier d'imprimerie au XVIe siècle

Estampe de Jost Amman, 1586. Bibliothèque municipale de Lyon.

A Des ouvriers composent le texte avec des caractères mobiles.

B Un ouvrier typographe encre la plaque.

C Actionnée par un levier, la presse écrase la feuille qui s'imprègne.

D La feuille imprimée est repliée et remplacée par une feuille blanche.

Questions

1 **Doc. 1** Nomme quelques objets et instruments disposés sur l'étagère.

2 **Doc. 1** Quels peuvent être les centres d'intérêt de ces deux humanistes ?

3 Quel objet présent dans le document 1 est fabriqué dans le document 2 ?

L'Europe de la Renaissance

Gutenberg invente l'imprimerie

Estampe de Jost Amman, 1586. Bibliothèque municipale de Lyon.

Vers 1450

Les protestants et les catholiques français s'opposent dans les guerres de Religion

Le Massacre de la Saint-Barthélemy, François Dubois, huile sur bois, vers 1572-1584. Musée cantonal des Beaux-Arts, Lausanne.

1562-1598

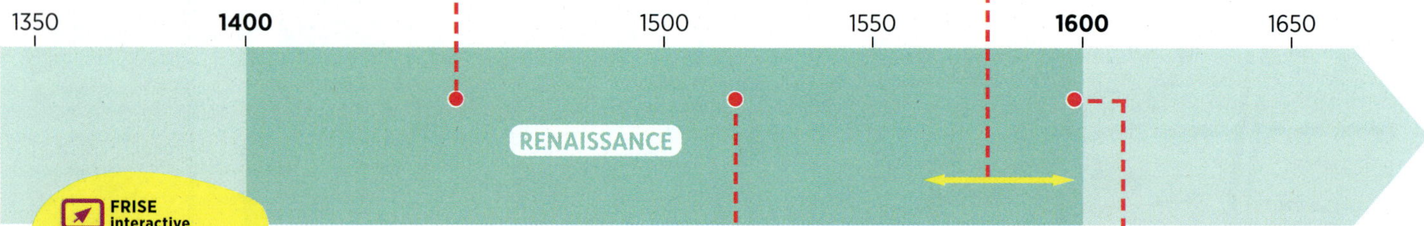

FRISE interactive
flashbelin.fr/hgemc5-126

1517

Luther publie 95 thèses contre les abus de l'Église catholique

Portrait de Martin Luther, Lucas Cranach le Jeune, huile sur bois, 1546. Musée international de la Réforme, Genève.

1598

Henri IV signe l'édit de Nantes qui rétablit la paix religieuse en France

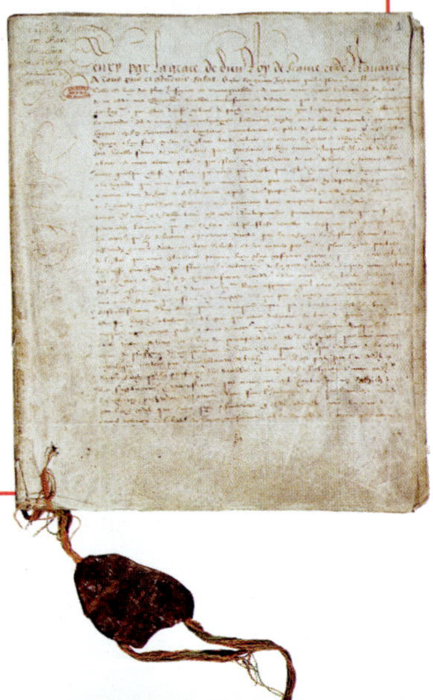

Édit d'Henri IV pour la pacification des troubles religieux, avril 1598. Archives nationales, Paris.

Humanisme, Renaissance et réformes religieuses en Europe au XVIe siècle

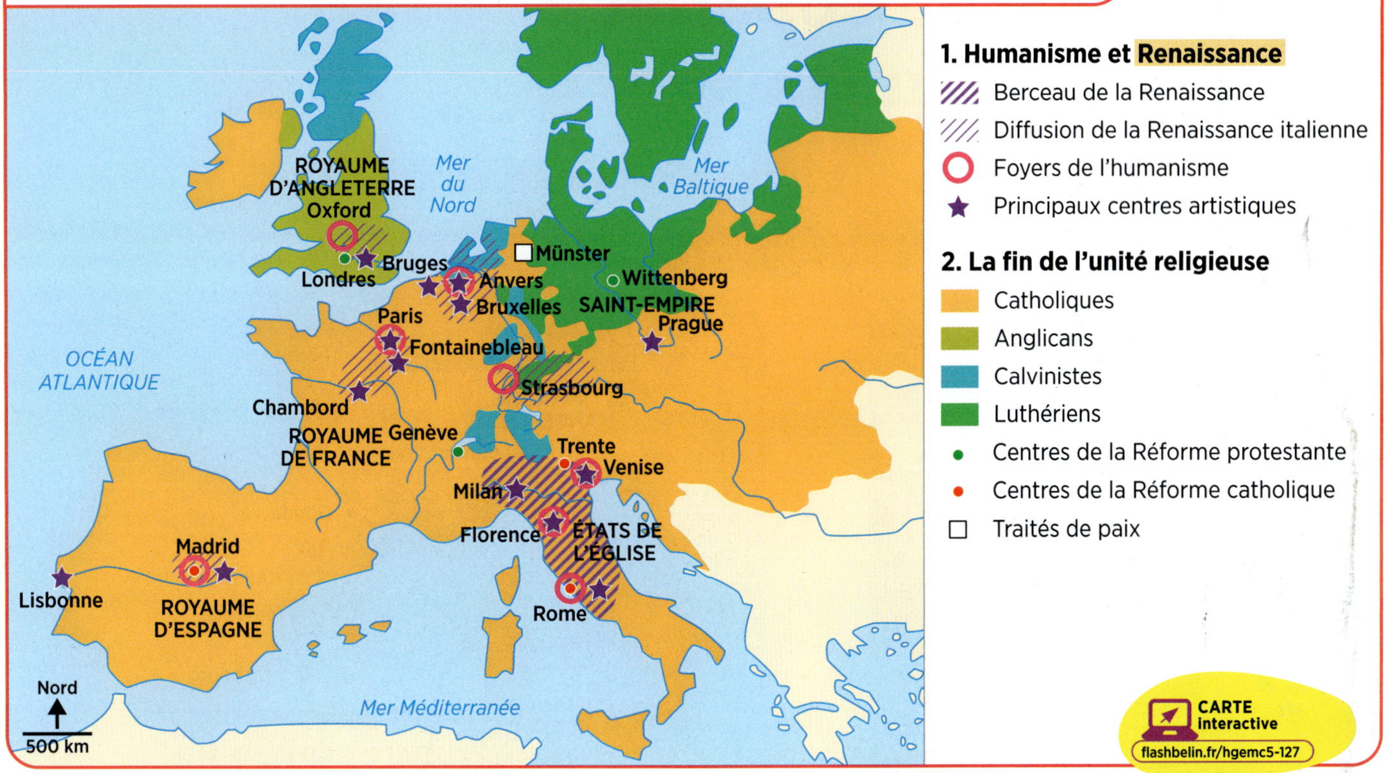

a. La révolution du livre imprimé en Europe

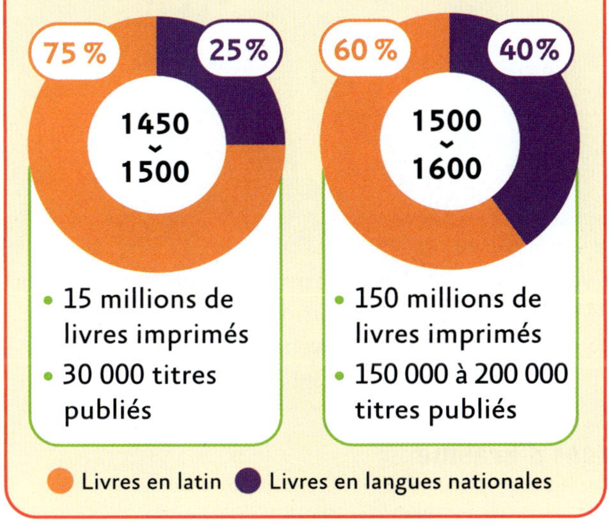

b. Les trois Églises du christianisme

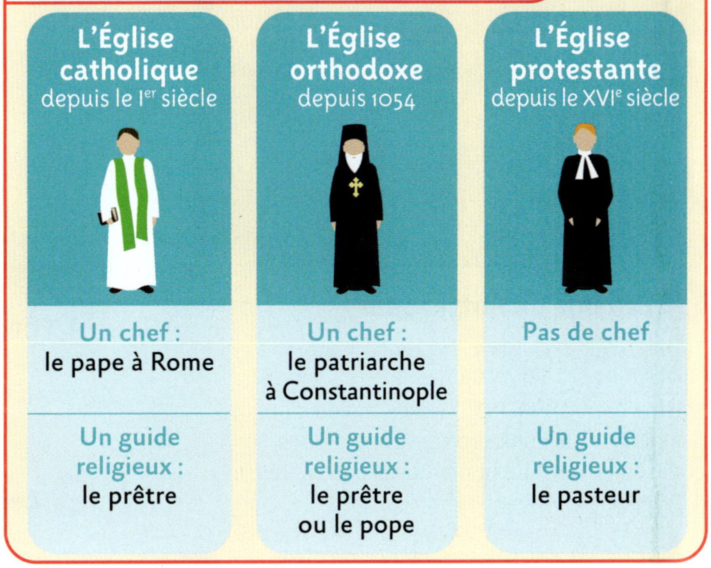

Définitions

• L'**imprimerie** : la technique permettant la reproduction d'un texte par l'impression des caractères.

• Un **protestant** : un chrétien qui soutient les idées de Luther et qui refuse l'autorité du pape.

• La **Renaissance** : la période initiée en Italie vers 1400, marquée par la création d'un art nouveau inspiré de l'Antiquité. Elle se diffuse en Europe au XVIe siècle.

Questions

1. **Carte** Dans quelle région la Renaissance est-elle née ?
2. **Carte** Dans quelles villes la Réforme protestante est-elle apparue ?
3. **Frise et schéma a** Qu'apprend-on sur le livre imprimé ?

ÉTUDE

COMPÉTENCE TRAVAILLÉE
Raisonner et justifier

1 Érasme et Copernic, figures humanistes

Quelles idées nouvelles Érasme et Copernic apportent-ils ?

1 Érasme de Rotterdam

Portrait d'Érasme, Hans Holbein le Jeune, huile sur bois, 1523. National Gallery, Londres.

Érasme (vers 1469-1536) est un moine d'origine hollandaise qui consacre sa vie aux études et enseigne dans de nombreuses universités d'Europe.

2 Les voyages d'Érasme

3 La Bible d'Érasme

Érasme a retraduit le Nouveau Testament en latin à partir du grec et de l'hébreu. Il explique ici dans quel but il l'a fait.

« C'est aux sources mêmes que l'on puise la vérité : aussi avons-nous revu le Nouveau Testament tout entier d'après l'original grec qui, seul, fait foi à l'aide de nombreux manuscrits des deux langues. Je suis tout à fait opposé à l'avis de ceux qui ne veulent pas que les lettres divines soient traduites pour être lues par ceux qui ne connaissent pas la religion. Je voudrais que toutes les plus humbles des femmes lisent les Évangiles.
Puissent ces livres être traduits en toutes les langues, de façon que les Écossais, les Irlandais mais aussi les Turcs et les Sarrasins[1] soient en mesure de les lire et de les connaître. »

D'après Érasme, Lettre à Léon X, Préface à l'édition de la traduction du Nouveau Testament, 1516.

1. Nom donné aux Arabes.

4 La révolution copernicienne

Nicolas Copernic (1473-1543) est un astronome polonais qui fait des études universitaires en Pologne et en Italie. Ce livre n'est publié qu'à la fin de sa vie.

« C'est le propre de l'astronome de recueillir, par une observation attentive et habile, l'histoire du ciel. Après de longues recherches, je me suis enfin convaincu : que le Soleil est une étoile fixe, entourée de planètes qui tournent autour d'elle et dont elle est le centre et le flambeau ; le Soleil demeurant immobile, tout ce qui apparaît être un mouvement du Soleil est en vérité plutôt un mouvement de la Terre. »

D'après Nicolas Copernic, *De la Révolution des orbes célestes*, 1543.

Définitions

- Le géocentrisme : l'idée selon laquelle la Terre est au centre de l'univers.
- L'héliocentrisme : l'idée selon laquelle le Soleil est au centre de l'univers, les planètes tournant tout autour.
- Un humaniste : une personne qui étudie l'Antiquité et qui met l'homme et les progrès de l'humanité au centre de ses préoccupations.

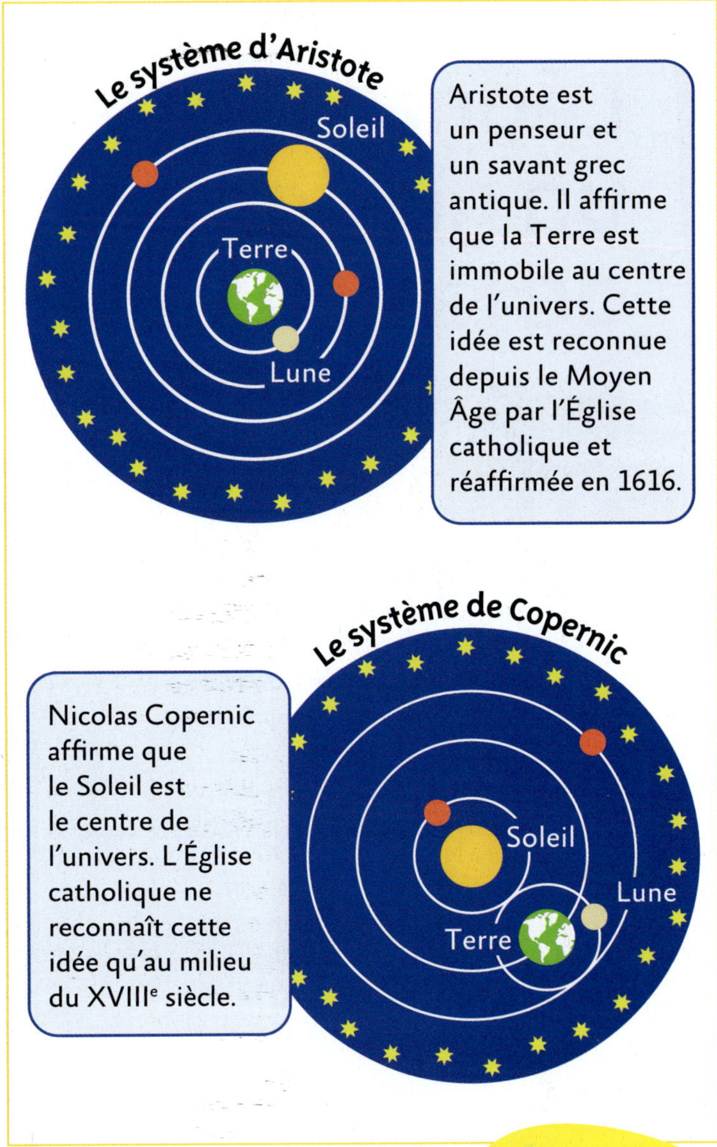

5 Géocentrisme et héliocentrisme

VIDÉO en ligne
flashbelin.fr/hgemc5-129

Activité A

Je justifie des affirmations

1. **Doc. 1, 2 et 3** Justifie les affirmations suivantes : Érasme est un homme de lettres • Érasme s'intéresse à l'Antiquité • Érasme retraduit la Bible • Érasme est un grand voyageur • Érasme entretient des amitiés en Europe.

Je questionne le rôle des acteurs

2. **Doc. 5** Dans le système d'Aristote, quel élément se trouve au centre de l'univers ? Et dans celui de Copernic ?
3. **Doc. 4 et 5** Pourquoi, selon toi, Nicolas Copernic attend-il la fin de sa vie pour rendre ses idées publiques ?
4. **Doc. 1 à 4** Comment Copernic et Érasme diffusent-ils leurs idées nouvelles ?

Activité B

Je classe des informations

Les humanistes donnent une nouvelle vision de l'homme et du monde. Dans les documents, relève les idées d'Érasme et de Copernic dans les domaines culturel, religieux et scientifique, et classe-les dans un tableau.

Domaine culturel	Domaine religieux	Domaine scientifique
....	....	....

Retrouve la partie 1 du cours en lien avec cette étude, p. 138.

Léonard de Vinci, un génie de la Renaissance

LÉONARD DE VINCI (1452-1519)

Peintre, architecte, ingénieur, Léonard de Vinci est l'un des plus célèbres artistes italiens de la Renaissance trouvant son inspiration dans l'Antiquité. Il naît à Florence où il réalise son apprentissage dans l'atelier d'Andrea del Verrocchio. Il s'installe ensuite à Milan pour se mettre au service du duc de Sforza, son principal mécène. À la fin de sa vie, il quitte l'Italie pour la France sur l'invitation du roi François Ier. Il meurt à 67 ans à Amboise.

SITE internet flashbelin.fr/hgemc5-130

Le sais-tu ?

Léonard de Vinci était gaucher. Il avait pris l'habitude d'écrire de droite à gauche, de sorte qu'on ne peut lire ses notes que dans un miroir.

Définitions

- Un mécène : une personne qui protège et soutient les artistes en leur commandant des œuvres et en les finançant.
- La perspective : une technique qui donne l'impression de profondeur sur une surface plane.
- La Renaissance : la période initiée en Italie vers 1400, marquée par la création d'un art nouveau inspiré de l'Antiquité. Elle se diffuse en Europe au XVIe siècle.

1 La Joconde

La Joconde, Léonard de Vinci, huile sur bois, vers 1503-1505. Musée du Louvre, Paris.

Léonard de Vinci invente la technique du *sfumato*, qui estompe les contours (ici du visage).

VIDÉOS en ligne flashbelin.fr/hgemc5-130

2 La Cène

La Cène, Léonard de Vinci, huile sur plâtre, vers 1495-1498. Réfectoire du monastère de Santa Maria delle Grazie, Milan.

Pour représenter la Cène, le dernier repas du Christ selon les Évangiles, Léonard de Vinci utilise la perspective. Le regard du spectateur est orienté vers Jésus situé au centre de la peinture.

3 Un spécialiste de l'anatomie

« J'ai voulu passionnément connaître et comprendre la nature humaine, savoir ce qu'il y avait à l'intérieur de nos corps. Pour cela, des nuits entières, j'ai disséqué des cadavres, défiant ainsi l'interdiction du pape. Rien ne me rebutait. Tout, pour moi, était sujet d'étude. La lumière, par exemple, pour le peintre que j'étais. »

D'après Léonard de Vinci, *Carnets*, XVIe siècle.

4 Le projet de la « cité idéale » de Romorantin

Reconstitution tirée du documentaire *Le Rêve inachevé de Léonard de Vinci*, Patrick Foch, 2015.

François Ier commande un palais à Léonard de Vinci dans le but de faire de Romorantin (dans l'actuelle région Centre-Val de Loire) la nouvelle capitale du royaume. Mais à la mort de Léonard de Vinci, François Ier préfère se concentrer sur son futur château à Chambord.

Activité A

J'associe une œuvre à son époque

1. **Biographie et doc. 4** Cite le nom des deux principaux mécènes de Léonard de Vinci.
2. **Biographie et doc. 2** Quelles sont les sources d'inspiration de Léonard de Vinci ?
3. **Biographie et doc. 1 à 4** Relève ce qui permet d'affirmer que Léonard de Vinci est un artiste polyvalent.

Je décris une œuvre en utilisant un vocabulaire adapté

4. **Doc. 1** Cette œuvre est-elle un portrait ou un autoportrait ? Justifie ta réponse.
5. **Doc. 1, 2 et 3** Quelles sont les techniques et pratiques nouvelles utilisées par Léonard de Vinci ?

Activité B

Oral

Je construis un exposé

À l'aide des documents, prépare un exposé de quelques minutes dans lequel tu expliques pourquoi Léonard de Vinci est un génie de la Renaissance.

Coup de pouce

→ Présente ses origines, sa formation d'artiste, les disciplines qu'il pratique ainsi que les villes où il travaille.

→ Identifie ses sources d'inspiration, les sujets de ses œuvres, les techniques qu'il emploie ainsi que ses mécènes.

→ Cite au moins l'une de ses œuvres et décris-la.

ÉTUDE

2 Le château de Fontainebleau

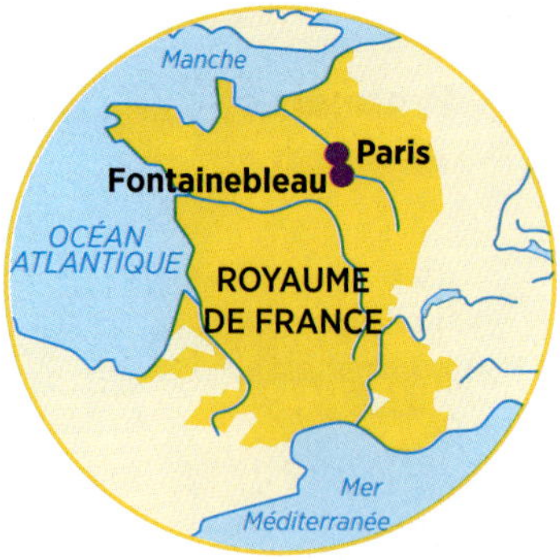

Tâche complexe

Je rédige un article pour un événement culturel

Le festival de l'histoire de l'art se déroulera au mois de juin au château de Fontainebleau. Tu travailles pour l'événement. Tu es chargé(e) de rédiger, pour le site Internet du festival, un article de 5 à 10 lignes intitulé « Fontainebleau, le berceau de la Renaissance française ».

VISITE virtuelle flashbelin.fr/hgemc5-132

1 Le château de Fontainebleau aujourd'hui

VIDÉO en ligne flashbelin.fr/hgemc5-132

2 Le château de Fontainebleau au XVIe siècle

Gravure de Jacques Androuet Du Cerceau, XVIe siècle.

A Cour du Cheval Blanc
B Cour de la Fontaine
C Cour Ovale

3 François Ier agrandit et embellit son château

En 1527, le roi de France François Ier décide de rénover, agrandir et embellir son château médiéval situé dans la forêt de Fontainebleau près de Paris. Le seigneur de Brantôme, chroniqueur à la cour, témoigne des transformations du château.

« Quelle belle construction que Fontainebleau : du désert que c'était, François Ier a fait la plus belle maison de la chrétienté ! Ces déserts donc, ce grand roi les a transformés en la plus belle et plus plaisante demeure que l'on puisse trouver dans toute la chrétienté : un bâtiment si beau et si riche, si grand et si spacieux, qu'il peut loger tout un petit monde, avec quantité de beaux jardins, de bosquets, de belles fontaines et de toutes autres choses propices au plaisir et à la récréation. »

D'après Pierre de Bourdeille, seigneur de Brantôme, *Mémoires*, fin XVIe siècle.

4 La galerie François Ier

La galerie François Ier se situe au premier étage à côté des appartements royaux. C'est un grand couloir de 64 m de long sur 6 m de large. Le roi y expose des tableaux précieux de la Renaissance italienne comme *La Joconde* ou *La Vierge au Rocher* de Léonard de Vinci.

5 Le décor de la galerie François Ier

L'Éléphant fleurdelisé, fresque de Rosso Fiorentino dans la galerie François Ier, XVIe siècle.

François Ier fait appel à des artistes italiens comme Rosso Fiorentino (1495-1540) et le Primatice (1504-1570) pour décorer sa galerie. Ces artistes forment ce qu'on appelle « l'École de Fontainebleau ».

Le sais-tu ?

François Ier avait coutume de dire en parlant de Fontainebleau « Je vais chez moi », ce qui montre l'attachement du roi bâtisseur à ce château.

Coup de pouce

- Note au brouillon toutes les informations sur les travaux et l'embellissement du château de Fontainebleau sous François Ier.
- Identifie les acteurs : le mécène, les artistes.
- Relève les différentes formes d'art visibles à Fontainebleau : architecture, sculpture, peinture, décoration.

Retrouve la partie 1 du cours en lien avec cette étude, p. 138.

COMPÉTENCE TRAVAILLÉE
Coopérer et mutualiser

ÉTUDE 3

Luther et Calvin, figures de la Réforme protestante

Quel est le rôle de Luther et de Calvin dans la Réforme protestante ?

1 La vente des indulgences

La Vraie et la Fausse Église, Lucas Cranach le Jeune, gravure, 1545.

À la fin du Moyen Âge, les Européens redoutent la mort et la fin du monde, ce qui conduit à cette pratique des indulgences. Ici, un moine A achète au pape C une indulgence B, sur laquelle est écrit « Sitôt que le sou résonne, l'âme va au ciel ».

2 Luther rompt avec l'Église catholique

En 1517, Martin Luther, un moine allemand, rend publiques à Wittenberg 95 thèses contre les indulgences.

« Thèse 6. Le pape ne peut pardonner les péchés au nom de Dieu.
Thèse 32. Ils seront éternellement damnés [...] ceux qui pensent que des lettres d'indulgences leur assurent le salut[1].
Thèse 62. Le véritable trésor de l'Église c'est le Très Saint Évangile[2]. »

D'après Luther, *95 thèses*, 1517.

1. Le fait d'être sauvé de l'enfer et d'espérer aller au paradis pour un chrétien.
2. Le Nouveau Testament.

VIDÉO en ligne flashbelin.fr/hgemc5-134

La Réforme protestante

3 piliers

- ***Sola fide*** : « la foi seule » permet le salut
- ***Sola gratia*** : « la grâce seule », on ne prie ni la Vierge Marie ni les saints
- ***Sola scriptura*** : « la Bible seule » lue en langue nationale

2 sacrements

- **Le baptême** marque l'entrée dans la communauté chrétienne

- **La communion** fait référence au dernier repas de Jésus

Pas de chef religieux

- L'autorité du pape et des évêques n'est pas reconnue

3 La Réforme protestante

En 1520, Luther est exclu par le pape. C'est le début de la Réforme protestante.

Le sais-tu ?

La vente des indulgences mises en place par le pape Léon X a servi à financer la construction de la basilique Saint-Pierre de Rome.

Définitions

- Les **indulgences** : le pardon des péchés accordé à un chrétien par l'Église en échange de bonnes actions ou d'un don d'argent.
- Un **protestant** : un chrétien qui soutient la Réforme de Luther et qui refuse l'autorité du pape.
- La **Réforme protestante** : un mouvement religieux du XVIe siècle qui critique le catholicisme et rompt avec le pape.

4 Jean Calvin prolonge la Réforme protestante

Jean Calvin est un juriste et protestant français qui crée à Genève une Église protestante plus sévère.

a. « Dieu ne crée pas tous les hommes en pareille condition [...], mais ordonne les uns à la vie éternelle, les autres à l'éternelle damnation. Si on demande pourquoi Dieu a pitié d'une partie et pourquoi il laisse l'autre, il n'y a pas d'autre réponse, sinon qu'il lui plaît ainsi. »

D'après Jean Calvin, *Institution de la religion chrétienne*, 1536.

b. « Nous croyons que la Parole contenue dans les Écritures saintes contient tout ce qui est nécessaire pour le service de Dieu et notre salut. [...] Nous rejetons aussi tous les autres moyens par lesquels les hommes croient pouvoir se racheter envers Dieu comme les pèlerinages, la confession, les indulgences. »

D'après *La Confession de La Rochelle*, adoptée par les Églises calvinistes de France en 1559.

5 Le temple protestant de Lyon

Le Temple de Paradis, Jean-Jacques Perrissin, huile sur bois, vers 1565. Bibliothèque de Genève.

Le temple est le lieu de culte des protestants.

6 L'importance de la Bible

Gravure de la Bible de Luther, imprimée à Wittenberg, 1541. Musée international de la Réforme, Genève.

En 1534, Luther traduit la Bible en allemand. « Dans ma traduction de la Bible, je me suis efforcé de parler en allemand pur et compréhensible par tous. »

Je travaille en groupe

ÉTAPE 1: Dans un groupe de trois, chaque élève choisit un thème parmi les trois suivants : Luther, Calvin ou les pratiques religieuses des protestants.

ÉTAPE 2: Avec les élèves des autres groupes qui ont le même thème que toi, partage les informations que tu as retenues et note tout ce que tu apprends des autres.

ÉTAPE 3: Reformez le groupe de départ pour la mise en commun. Expose oralement ton travail à ton équipe. Puis créez ensemble un texte collaboratif d'une dizaine de lignes dans lequel vous présentez Luther, Calvin et les pratiques religieuses des protestants.

Écrire un texte collaboratif avec les outils numériques

POINT MÉTHODE

Pour créer un texte collaboratif numérique, on utilise un « pad » : une sorte de bloc-notes avec un document texte partagé et un outil de discussion. Chacun a une couleur qui l'identifie quand il écrit et peut commenter les textes des autres. Toutes les participations sont visibles, même celles qui n'ont pas été retenues par le groupe grâce à la modalité « historique ». Quand le groupe s'est mis d'accord sur sa production, le document peut être téléchargé au format texte.

Retrouve la partie 2 du cours en lien avec cette étude, p. 138.

COMPÉTENCE TRAVAILLÉE
Pratiquer différents langages

ÉTUDE 4

L'Église catholique se réforme

Comment l'Église catholique réagit-elle face à la Réforme protestante?

1500 — 1540 Création de l'ordre jésuite — 1545-1563 Concile de Trente

1 Le pape Paul III reconnaît l'ordre des Jésuites en 1540

Peinture anonyme du XVIe siècle. Église du Gesù, Rome.

L'ordre religieux des Jésuites est un ordre religieux catholique, créé au XVIe siècle par Ignace de Loyola (à droite). Il est chargé de combattre le protestantisme et de diffuser le catholicisme par l'enseignement.

Le sais-tu ?

Lors du concile de Trente, on dresse une liste de livres, appelée « l'index », dont la lecture est interdite. C'est pourquoi on utilise aujourd'hui l'expression « mettre à l'index » qui signifie « condamner et repousser quelqu'un ».

2 Le concile de Trente rappelle les principes catholiques

En 1545, le pape réunit un concile qui dure près de vingt ans et qui organise la Réforme catholique en opposition avec la Réforme protestante.

« Que personne n'ait l'audace d'interpréter l'Écriture[1] contrairement au sens qu'a donné la Sainte Mère l'Église[2].
Les œuvres (dons, pèlerinages...) contribuent à aider le chrétien à atteindre le paradis. On doit avoir et conserver dans les églises les images de Jésus-Christ, de la Vierge mère de Dieu, et des autres saints. Par le moyen des images devant lesquelles nous nous prosternons, nous adorons Jésus-Christ et vénérons les saints.
L'Église a introduit des cérémonies, des ornements pour rendre les esprits des fidèles sensibles à la contemplation des choses divines cachées dans la messe.
Les évêques doivent être irréprochables. »

D'après les décrets du concile de Trente, 1545-1563.

1. La Bible.
2. L'Église catholique.

VIDÉO en ligne flashbelin.fr/hgemc5-136

Définitions

- Un concile : une assemblée des évêques réunis par le pape pour discuter des questions religieuses.
- Un ordre religieux : un groupe de personnes liées par des vœux et obéissant à une même règle de vie.
- La Réforme catholique : l'ensemble des mesures prises au XVIe siècle par l'Église pour contrer le protestantisme.

Activité

J'écris pour expliquer

1. **Doc. 1 et 2** Lis la définition de Réforme catholique puis cherche dans les documents les exemples de mesures prises pour la mettre en œuvre.
2. **Doc. 1 et 2** Relève les acteurs de cette Réforme catholique.
3. **Doc. 1 et 2** Relève les actions menées par l'Église catholique.
4. Rédige, à partir des informations trouvées, un texte de quelques phrases dans lequel tu expliques la Réforme catholique engagée par le pape au concile de Trente.

Retrouve la partie 2 du cours en lien avec cette étude, p. 138.

COMPÉTENCE TRAVAILLÉE
Analyser un document

ÉTUDE

5 Le massacre de la Saint-Barthélemy

Comment le massacre de la Saint-Barthélemy illustre-t-il les conflits religieux en France?

1 Une représentation de la Saint-Barthélemy

Le Massacre de la Saint-Barthélemy, François Dubois, huile sur bois, vers 1572-1584. Musée cantonal des Beaux-Arts, Lausanne.

L'artiste, protestant réfugié dans la ville protestante (calviniste) de Genève entre 1572 et 1584, a peut-être été témoin du massacre.

- A La Seine
- B Le château du Louvre
- C La reine-mère Catherine de Médicis, responsable du massacre selon l'artiste, contemple des cadavres
- D L'assassinat de l'amiral de Coligny, chef militaire des huguenots

2 Le récit du massacre par un historien

«Le 24 août, vers 4-5 heures du matin, des commandos se répandent en ville, tuant les capitaines réformés dont l'amiral de Coligny. Vers 11 heures, le roi Charles IX tente d'arrêter le massacre. Dans la soirée et le lendemain, Charles IX et sa mère font partir des lettres ordonnant que les vies des huguenots soient préservées. Puis, le mardi 26 août, le roi se rend au Parlement et change son argumentation: c'est lui qui a commandé l'exécution de huguenots et de leurs chefs parce qu'ils complotaient contre lui, sa famille et l'État.
Il ordonne la fin des violences qui ne cesseront que vers le 29 août. Entre 2 500 et 3 500 calvinistes sont assassinés.»

D'après Denis Crouzet, «Les mystères de la Saint-Barthélemy», dans «Humanisme, réformes et conflits religieux», *Documentation photographique*, 2020.

Définition

- Un huguenot: le nom donné à un protestant français.

Activité

J'extrais des informations des documents

1. **Doc. 1** Décris les violences commises contre les protestants.
2. **Doc. 2** Qui reconnaît avoir ordonné le massacre de la Saint-Barthélemy?

J'identifie le point de vue de l'auteur

3. **Doc. 1** L'auteur du tableau peut-il avoir vécu l'événement peint?
4. **Doc. 1** Quel est le point de vue du peintre?

Identifier le point de vue d'un auteur — POINT MÉTHODE

C'est repérer ses intentions.
On s'interroge donc sur l'auteur, ce qu'on a appris de lui. On peut s'aider des indications dans le titre ou autour du document. On repère ce qu'il met en évidence dans son œuvre, sa manière de représenter et les mots qu'il emploie.

Retrouve la partie 3 du cours en lien avec cette étude, p. 138.

COURS

Humanisme, réformes et conflits religieux

COURS audio
flashbelin.fr/hgemc5-138

Quels sont les grands bouleversements culturels et religieux dans l'Europe de la Renaissance?

Études p. 128-133

1 L'humanisme bouleverse la vision de l'homme et du monde

• Aux XVe et XVIe siècles, l'humanisme est **une nouvelle façon de penser qui met l'homme au centre du monde**. Les **humanistes comme Érasme** redécouvrent les textes de l'**Antiquité**. Ils retraduisent la Bible. Ils pensent que l'**éducation** améliore l'homme.

• **Cette redécouverte accompagne la transformation des arts** (c'est la Renaissance), **des sciences et des techniques**. Nicolas Copernic démontre que la Terre tourne autour du Soleil. Léonard de Vinci utilise la perspective.

• L'imprimerie inventée par Gutenberg vers 1450 permet **la diffusion des idées grâce aux livres**. Artistes, penseurs et scientifiques voyagent dans toute l'Europe.

Études p. 134-136

2 Les réformes mettent fin à l'unité chrétienne

• En 1517, **Martin Luther** rend publiques **95 thèses** dans lesquelles il démontre que **le salut ne s'achète pas** et il affirme que **seule la foi en Dieu sauve**. Les thèses imprimées circulent, tout comme sa **traduction de la Bible en allemand**.

• En 1521, Luther est exclu de l'Église catholique par le pape. Ses fidèles se réunissent alors en une **nouvelle Église protestante** avec des pratiques religieuses et lieux de culte différents. **D'autres Églises protestantes se constituent** à Genève et en France autour de Jean Calvin, et en Angleterre avec Henri VIII.

• **Le pape réagit en réunissant le concile de Trente** (1545-1563). Il réaffirme les croyances des catholiques. Malgré cette Réforme catholique, la division chrétienne est durable.

Étude p. 137

3 Les conflits religieux deviennent des guerres de religion

• Dès la seconde moitié du XVIe siècle, **des conflits religieux surviennent entre catholiques et protestants**, comme lors du massacre de la Saint-Barthélemy en 1572. **Huit guerres de Religion** se succèdent en France de 1562 à 1598. L'édit de Nantes y met fin en 1598 et autorise la religion protestante.

• En 1618, débute dans le Saint-Empire **la guerre de Trente Ans**, une guerre civile religieuse. Elle se transforme en guerre européenne entre catholiques et protestants. En 1648, les traités de Westphalie, signés à Münster, y mettent un terme.

Définitions

• **L'humanisme** : le mouvement intellectuel des XVe et XVIe siècles qui s'appuie sur l'étude des textes antiques et qui affirme la valeur de la personne humaine.

• **L'imprimerie** : la technique permettant la reproduction d'un texte par l'impression des caractères.

• **Les réformes** : les mouvements religieux du XVIe siècle qui aboutissent à la division des chrétiens entre catholiques et protestants.

• **La Renaissance** : la période initiée en Italie vers 1400, marquée par la création d'un art nouveau inspiré de l'Antiquité. Elle se diffuse en Europe au XVIe siècle.

Je vérifie mes connaissances

→ Es-tu capable de citer ?

- Les noms de deux humanistes
- Le nom de l'inventeur de l'imprimerie
- Le pays où est née la Renaissance
- Les dates des guerres de Religion en France
- Les noms de deux figures de la Réforme protestante
- Le nom d'une nouvelle Église

Je comprends le cours

→ Relis chaque partie du cours et réponds aux questions.

Partie 1

- Quelles propositions correspondent le mieux à la pensée humaniste ?
  – L'homme s'améliore par l'éducation.
  – L'homme doit être mis au centre du monde.
  – L'homme doit racheter ses fautes.
- Pourquoi est-il question de l'Antiquité dans cette partie ?

Partie 2

- Qu'affirme Luther dans ses 95 thèses ?
- Comment l'Église catholique réagit-elle à la Réforme protestante ?

Partie 3

- Quelle expression de la leçon peux-tu remplacer par « guerres de religion » ?
- Donne un titre au dernier paragraphe de cette partie.

J'apprends autrement

→ Reproduis le schéma et complète-le avec les propositions suivantes :

La guerre de Trente Ans • L'Antiquité • Les livres imprimés • Luther • Le pape • L'homme au centre du monde • Huit guerres de Religion • Le concile de Trente • La publication des 95 thèses.

SCHÉMA à télécharger flashbelin.fr/hgemc5-139

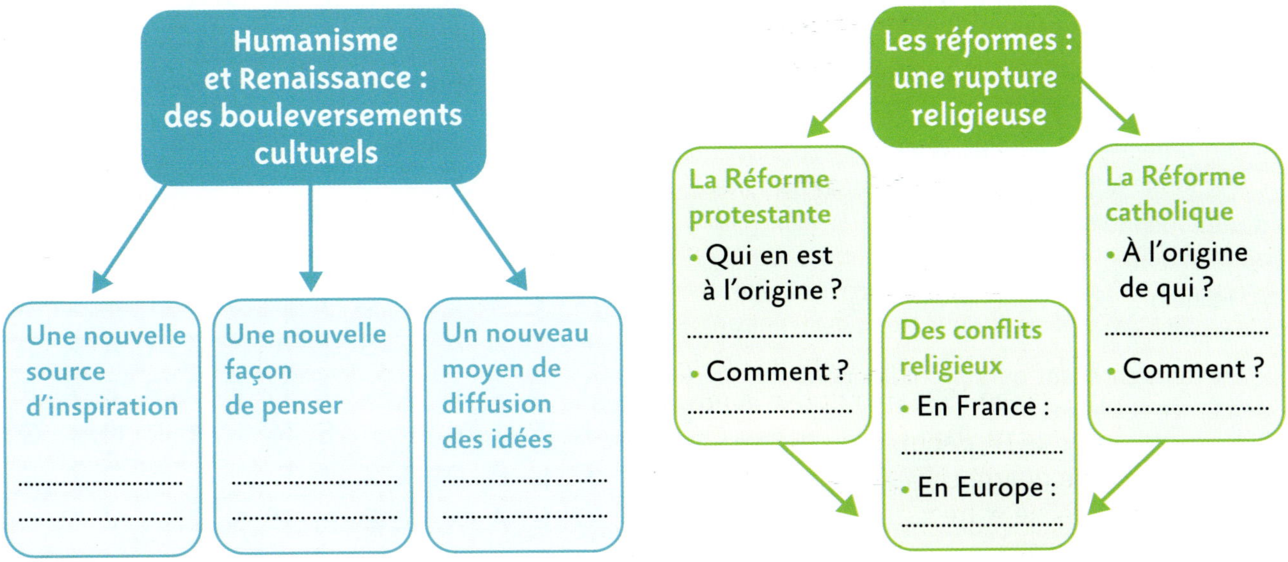

JE RÉVISE

RÉVISE en jouant avec Genially ! + EXERCICES interactifs
flashbelin.fr/hgemc5-140

1 Je révise les repères historiques

❶ **Remets dans l'ordre chronologique les événements suivants en les numérotant de 1 à 4 :**
La Saint-Barthélemy • L'invention de l'imprimerie • Luther publie ses 95 thèses • L'édit de Nantes.

❷ **Indique la date de chaque événement.**

2 Je révise les repères géographiques

❶ **Dans quel pays le berceau de la Renaissance se trouve-t-il ?**

❷ **Quels sont les noms des villes des réformes et des conflits religieux correspondant aux chiffres 1 à 4 ?**

❸ **Indique pour chacune des villes 1 à 3 dans quel État elle se trouve.**

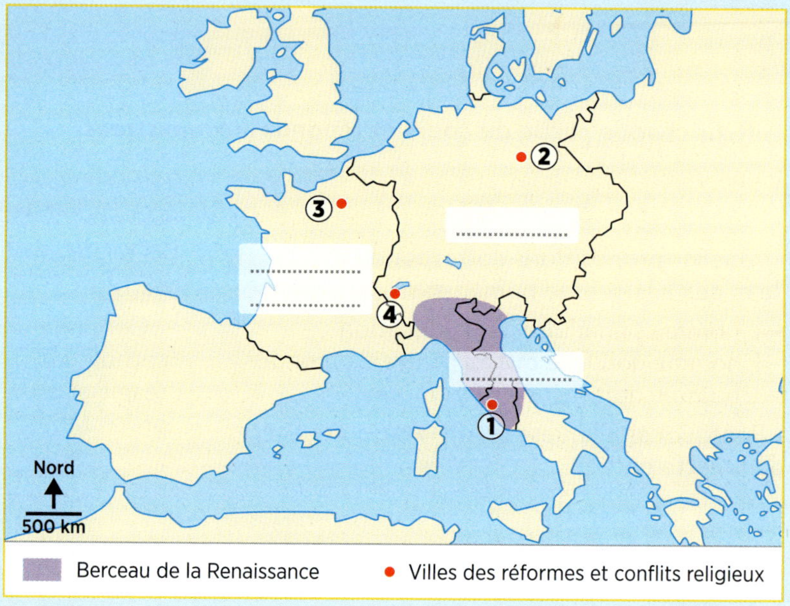

CARTE à télécharger
flashbelin.fr/hgemc5-140

3 Je révise en jouant

Trouve les mots correspondant aux définitions suivantes, puis barre-les dans la grille.

Attention, ils ont été cachés par Léonard de Vinci qui était gaucher et écrivait d'une drôle de manière !

a. Théorie selon laquelle le Soleil est au centre de l'univers.

b. Croyants fidèles à Rome et au pape.

c. Personne qui protège et finance un artiste.

d. Période artistique née en Italie et qui s'inspire de l'Antiquité.

e. Technique pour fabriquer des livres en grand nombre.

f. Croyants chrétiens qui suivent les idées de Luther et Calvin.

g. Personne qui étudie l'Antiquité et se consacre aussi à l'étude de l'homme.

h. Mouvements religieux qui créent la division des chrétiens au XVIe siècle.

GRILLE à télécharger
flashbelin.fr/hgemc5-140

S	E	M	R	O	F	E	R	M	X	L	M	K	P
B	L	X	H	T	R	A	Z	O	I	M	U	L	I
S	E	T	S	I	N	A	M	U	H	N	O	B	I
R	E	H	S	T	N	A	T	S	E	T	O	R	P
X	D	I	O	N	T	P	G	S	R	U	E	B	X
E	M	S	I	R	T	N	E	C	O	I	L	E	H
L	J	I	U	D	C	M	J	D	P	E	S	K	A
X	Y	S	E	U	Q	I	L	O	H	T	A	C	R
E	C	N	A	S	S	I	A	N	E	R	A	R	T
V	U	E	N	E	C	E	M	F	Q	R	E	A	F
K	S	I	E	I	R	E	M	I	R	P	M	I	G
F	L	P	D	O	J	I	E	O	L	S	Q	A	E
O	E	A	X	T	R	M	R	S	E	A	V	U	Q

Je m'informe sur l'histoire des arts avec Internet

Le site Panorama de l'art propose des analyses d'œuvres d'art allant de la Préhistoire jusqu'à nos jours, dans des domaines très variés : architecture, sculpture, peinture, etc. Tu peux y chercher des informations pour mieux comprendre une période artistique ou une œuvre en particulier.

1 Rends-toi sur le site **panoramadelart.com.**

2 **Pour retrouver une œuvre,** tu peux soit taper directement son nom dans l'onglet de recherche en haut à droite, soit cliquer sur la période (onglets noirs) ou le thème (onglets de couleur) concernés.

Tu peux faire une recherche par thème.

Tu peux chercher des œuvres par période.

Choisis parmi différentes prises de vue.

Clique ici pour agrandir l'œuvre.

Parcours la notice qui te donne des explications sur l'œuvre, l'artiste, son courant artistique, mais aussi des ressources Internet et un glossaire.

SITE internet flashbelin.fr/hgemc5-141

➡ **Utilise le site Panorama de l'art pour t'informer sur *La Joconde* de Léonard de Vinci et répondre aux questions suivantes :**
– Quels sont les deux noms de cette œuvre ?
– Comment *La Joconde* s'est-elle retrouvée en France ?
– Quelle nouvelle technique Léonard de Vinci met-il au point avec cette œuvre ? Recopie la définition à l'aide du glossaire.
– Cite le nom de deux artistes qui se sont inspirés de cette œuvre.

➡ **Utilise cet outil numérique pour découvrir d'autres œuvres d'art de la Renaissance comme le *David* de Donatello.**

JE M'ENTRAÎNE

1 J'identifie des continuités et des ruptures historiques

Se repérer dans le temps

Aux XVe et XVIe siècles, l'Europe de la Renaissance connaît de profonds bouleversements avec l'invention de l'imprimerie et les réformes religieuses.

Reproduis ce tableau et complète-le en répondant aux questions qui permettent de comparer le Moyen Âge et la Renaissance.

1 Pour compléter la colonne « Moyen Âge », choisis parmi les propositions suivantes :
Les manuscrits • La Bible et l'histoire • Les moines copistes • Le christianisme • À la main • Les papes et les rois • L'Église et les rois.

2 Complète la colonne « Renaissance » en répondant aux questions.

	Moyen Âge	Renaissance
Dans le domaine artistique	• Quels sont les thèmes représentés ? • De qui fait-on le portrait ? • Qui finance les œuvres d'art ?	• Quelle est la principale source d'inspiration ? • Qui finance les œuvres d'art ?
Dans le domaine littéraire	• Comment appelle-t-on les livres ? • Qui écrit alors les livres ? • Comment ?	• Comment sont produits les livres ? • Qui a inventé l'imprimerie ? • Quelles sont les conséquences de cette invention ?
Dans le domaine religieux	• Quelle est la seule religion en Europe ?	• Quelles sont les religions pratiquées à partir du XVIe siècle ?

2 Je me pose des questions sur deux sculptures de la Renaissance italienne

Raisonner et justifier

1 Pour chacune de ces œuvres, reproduis et complète cette fiche d'identité.

Nom : ....
Artiste : ....
Date de réalisation : ....
Matériaux : ....
Dimensions : ....
Lieu de conservation : ....

2 Quels sont leurs points communs et leurs différences ?

3 À l'aide de tes réponses, montre comment ces œuvres sont caractéristiques de la Renaissance.

1 *David* de Donatello

David, sculpture de Donatello, bronze, 1,58 m, vers 1435-1440. Musée national du Bargello, Florence.

La statue a vraisemblablement été commandée vers 1440 par Cosme de Médicis, alors un des dirigeants de la cité de Florence, et se trouvait dans la cour du palais Médicis.

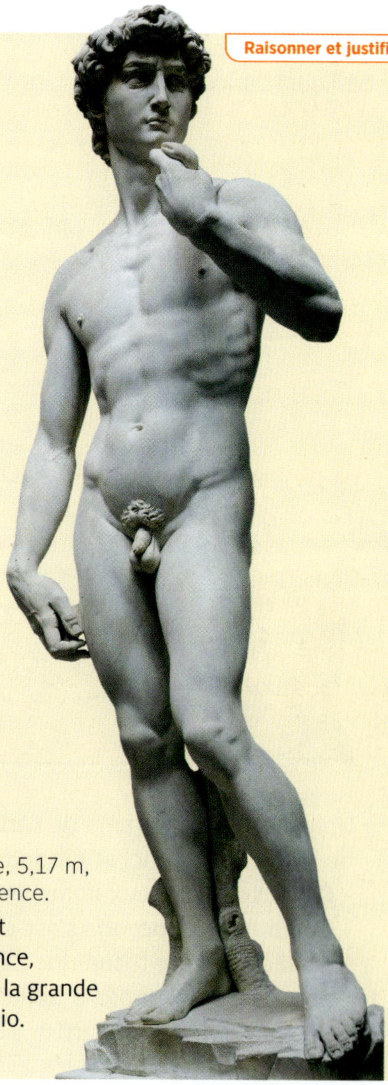

2 *David* de Michel-Ange

David, sculpture de Michel-Ange, marbre, 5,17 m, 1501-1504. Galleria dell'Accademia, Florence.

Réalisée dans un seul bloc de marbre et commandée par la cathédrale de Florence, la sculpture fut longtemps installée sur la grande place de la cité devant le Palazzo Vecchio.

3 Je réalise un croquis d'un tableau de Lucas Cranach

Pratiquer différents langages

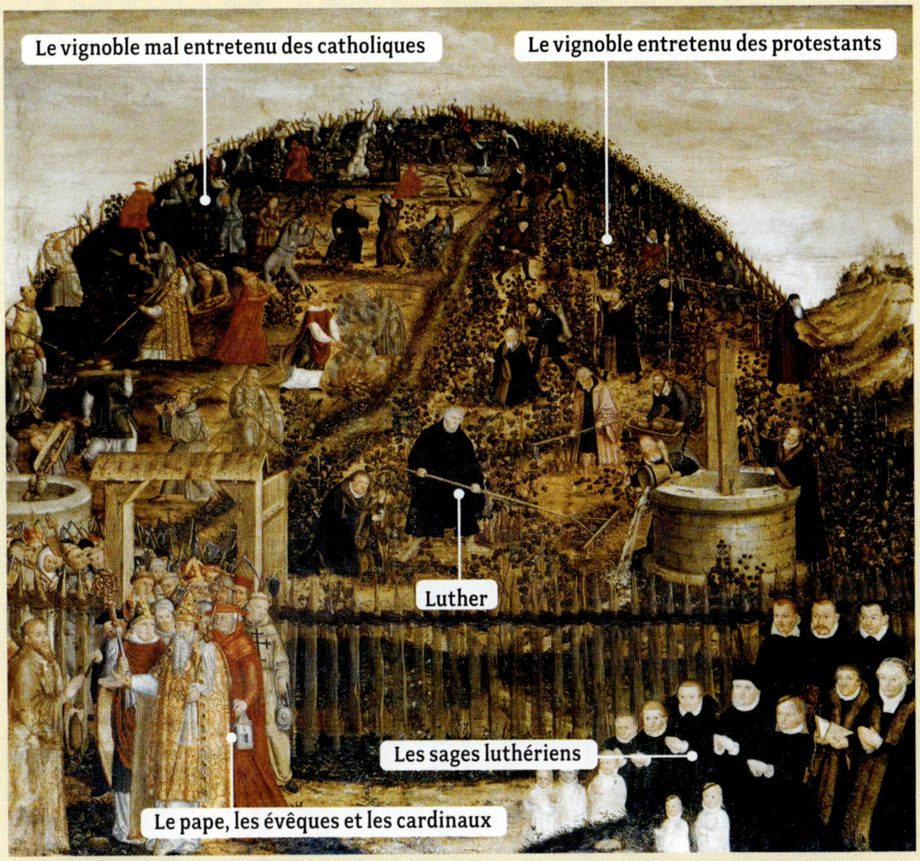

Luther dans les vignes du Seigneur

Lucas Cranach le Jeune, huile sur panneau, 1569. Église de Wittenberg (Allemagne).

1 **Observe attentivement le tableau, les différents plans, les parties droite et gauche du tableau, les personnages principaux et les groupes de personnes. Trouve les éléments de séparation.**

2 **Sur une feuille blanche, trace les grandes zones du tableau.**

3 **Colorie les zones identifiées : choisis des couleurs adaptées et colorie proprement aux crayons de couleur.**

4 **Prépare la légende : tous les éléments présents sur le croquis doivent figurer dans la légende.**

5 **Donne un titre : il doit être le plus précis possible.**

CROQUIS à télécharger
flashbelin.fr/hgemc5-143

4 Je m'informe sur la Renaissance pix

S'informer dans le monde du numérique

→ Recherche sur Internet la vidéo du Grand Palais « La Renaissance – Un peu d'histoire ».

→ Visionne la vidéo et lis le texte de présentation qui l'accompagne pour répondre aux questions.

1 **Cite le nom de deux auteurs antiques redécouverts à la Renaissance.**

2 **Explique pour quelle raison l'imprimerie de Gutenberg est considérée comme une révolution.**

3 **Cite deux mécènes de la Renaissance.**

4 **Relève à la fin de la vidéo trois œuvres citées (titre et artiste).**

VIDÉO en ligne
flashbelin.fr/hgemc5-143

8 Du prince de la Renaissance au roi absolu

Comment les rois de France renforcent-ils leur pouvoir aux XVIe et XVIIe siècles ?

1 Portrait équestre de François Ier (1515-1547)

Enluminure attribuée à Jean Clouet. Bibliothèque nationale de France, Paris.

Pour bien commencer le chapitre

Fais le point sur ce que tu sais déjà.

Quiz interactif
flashbelin.fr/hgemc5-145

1. Un État c'est :

a. Un territoire et un gouvernement.
b. Un roi et ses sujets.
c. Un seigneur et ses vassaux.

2. Les guerres de Religion opposent :

a. Les protestants et les catholiques.
b. Les chrétiens et les musulmans.
c. Les catholiques et les orthodoxes.

3. Le symbole de Louis XIV est :

a. Le Soleil.
b. La rose.
c. Le coq.

4. Les résidences des rois de France sont :

a. Le Louvre.
b. Le château de Versailles.
c. La Cité interdite.

2 Portrait de Louis XIV en costume de sacre

Tableau de Hyacinthe Rigaud, huile sur toile, 1701. Musée du Louvre, Paris.

Ce portrait de Louis XIV est un portrait officiel dans lequel le roi est représenté avec les insignes du pouvoir. Ces objets lui sont remis lors de la cérémonie du sacre. Le roi ne les porte pas au quotidien.

VIDÉO en ligne
flashbelin.fr/hgemc5-145

Questions

1. **Doc. 1** Quels éléments montrent que François Ier est représenté en chevalier ?
2. **Doc. 2** Quels symboles du pouvoir royal reconnais-tu sur ce portrait de Louis XIV ?
3. **Doc. 1 et 2** Quels éléments montrent l'autorité royale sur les deux portraits ?

REPÈRES

Les rois et le royaume de France aux XVIe et XVIIe siècles

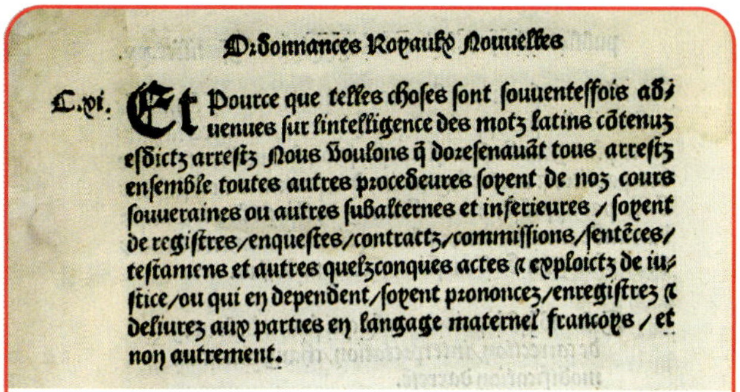

Ordonnances Royaulx Nouvelles

C.xi. Et pource que telles choses sont souventeffois advenues sur lintelligence des motz latins côtenuz esdictz arrestz Nous voulons q doresenauât tous arrestz ensemble toutes autres procedeures soyent de noz cours souveraines ou autres subalternes et inferieures / soyent de registres/enquestes/contractz/commissions/sentêces/testamens et autres quelzconques actes & exploictz de iustice/ou qui en dependent/soyent prononcez/enregistrez & deliurez aux parties en langage maternel francoys / et non autrement.

L'ordonnance de Villers-Cotterêts fait du français la langue officielle du royaume

Ordonnance de Villers-Cotterêts, 1539. Archives nationales de France, Paris.

1539

La cour s'installe à Versailles

Château de Versailles, façade côté jardins.

1682

1500 – 1515 – 1547 – 1589 – 1610 – 1661 – 1700 – 1715

RÈGNE DE FRANÇOIS Ier (1515-1547)

RÈGNE D'HENRI IV (1589-1610)

RÈGNE PERSONNEL DE LOUIS XIV (1661-1715)

FRISE interactive flashbelin.fr/hgemc5-146

1598

L'édit de Nantes rétablit la paix religieuse

Première page du manuscrit de l'édit de Nantes, 1598. Archives nationales de France, Paris.

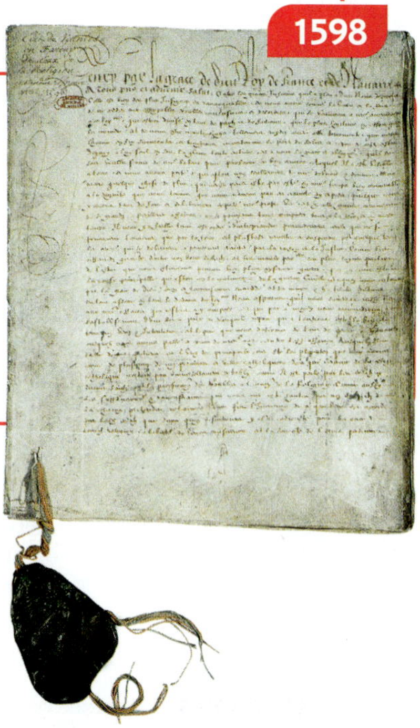

1685

Louis XIV révoque l'édit de Nantes, le protestantisme est interdit

Gravure, anonyme, XVIIe siècle. Musée de l'Armée, Paris.

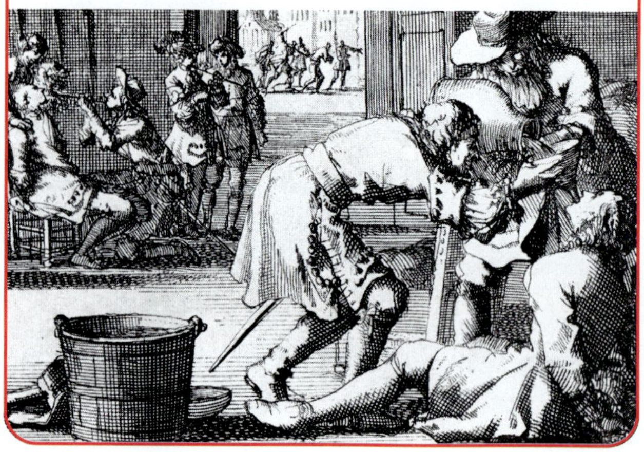

L'agrandissement du royaume de France de 1515 à 1715

Domaine royal en 1515 (avènement de François Ier)

Territoires acquis

- sous François Ier et Henri II (1515-1559)
- sous Henri IV (1589-1610)
- sous Louis XIV (1643-1715)

Frontières du royaume de France en 1715

Frontières actuelles de la France

CARTE interactive flashbelin.fr/hgemc5-147

a. La France, État le plus peuplé au XVIIe siècle

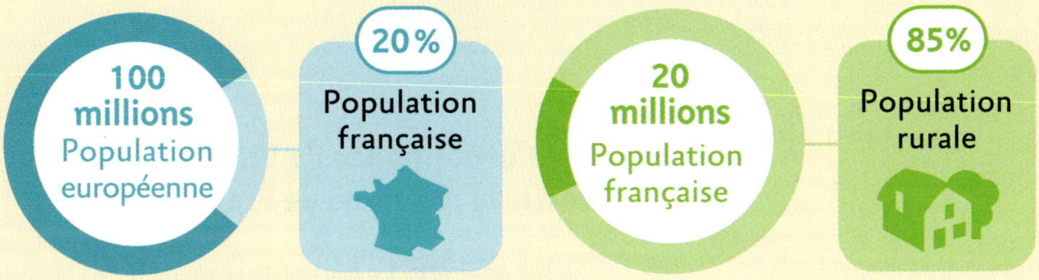

b. La guerre, un outil pour gouverner

Questions

1. **Frise** Relève et date les règnes des rois qui apparaissent sur la frise.
2. **Carte** Comment le territoire du royaume de France évolue-t-il entre 1515 et 1715 ?
3. **Carte et schéma b** Qu'est-ce qui peut expliquer cette évolution du territoire ?

ÉTUDE

COMPÉTENCE TRAVAILLÉE
Coopérer et mutualiser

1 François Ier renforce le pouvoir du roi

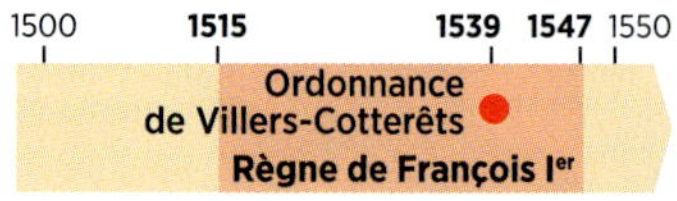

Comment François Ier affirme-t-il l'autorité royale ?

1 François Ier, un roi combattant

François Ier chevauchant sur le champ de bataille de Marignan, dessin de Godefroy le Batave, 1516. Bibliothèque nationale de France, Paris.

Sur trente-deux années de règne, François Ier en consacre dix-sept à la guerre, en Italie et aux frontières du royaume. De 1515 à 1525, il combat personnellement à la tête de son armée.

Définitions

- Une **administration** : un ensemble de personnes qui ont pour fonction de gérer l'État (faire appliquer les lois, lever les impôts, par exemple).
- Un **officier royal** : un agent du roi propriétaire de sa charge (office). Il est chargé de diffuser et d'appliquer les décisions royales.
- Une **ordonnance** : une décision générale qui s'applique à tout le royaume.
- Les **parlements** : les tribunaux qui rendent la justice au nom du roi et enregistrent les décisions royales. Le Parlement de Paris est le plus important du royaume.

2 François Ier affirme l'autorité du roi

« Le roi était sur son trône au Parlement de Paris tenant son lit de justice[1]. Le président du Parlement s'adresse au roi : "Nous ne voulons discuter de votre autorité, nous savons bien que vous êtes par-dessus les lois, et que les lois ne peuvent vous contraindre, mais nous entendons dire que vous ne devez pas faire ce que vous pouvez mais seulement ce qui est en raison bon et équitable, qui n'est autre chose que justice." François Ier répondit : "Le roi vous défend que vous vous mêliez de quelque façon d'autre chose que la justice. Le roi défend au Parlement d'user de limitation, modification ou restriction sur ses ordonnances et édits[2]." Après cette lecture, le roi s'est levé et s'est retiré accompagné des membres de son conseil[3]. »

D'après le procès-verbal du lit de justice tenu par le roi le 24 juillet 1527.

1. Séance du Parlement que le roi préside.
2. Une décision royale sur un sujet précis ou pour un groupe de personnes précis.
3. Petit groupe de personnes qui conseillent le roi.

3 L'ordonnance de Villers-Cotterêts unifie le royaume de France

« Article 50 : Les sépultures doivent être enregistrées par les prêtres qui doivent mentionner la date du décès.
Article 51 : Sera fait registre des baptêmes, qui contiendront le temps et l'heure de la nativité.
Article 110 : Afin que l'on ne puisse pas se tromper sur le sens des arrêts[1], nous voulons et ordonnons qu'ils soient faits et écrits si clairement qu'il n'y ait ou puisse avoir ambigüité ou incertitude.
Article 111 : Nous voulons que désormais tous les arrêts soient prononcés, enregistrés et délivrés en langage maternel français et non autrement. »

D'après l'ordonnance de Villers-Cotterêts, 1539.

1. Décisions de justice.

4 La création d'une administration royale

Enluminure, XVIe siècle. Bibliothèque nationale de France, Paris.

Les officiers royaux (notaires et secrétaires du roi) A enregistrent par écrit les instructions royales. Les lettres sont ensuite signées et cachetées avec de la cire par le sceau du roi B sous l'autorité du chancelier C. Elles sont ensuite expédiées dans tout le royaume.

Le sais-tu ?

L'ordonnance de Villers-Cotterêts est l'un des textes de loi les plus anciens toujours en vigueur en France.

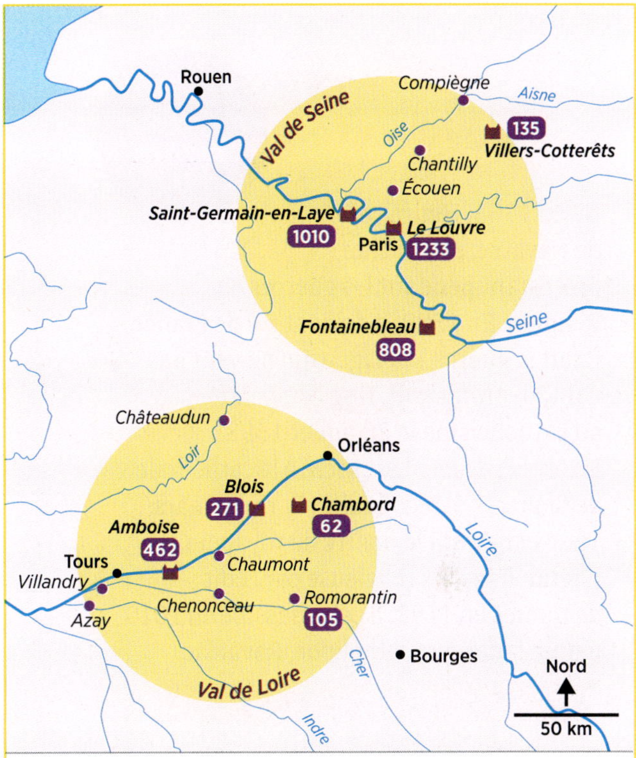

- Châteaux construits ou aménagés par François Ier
- Autres châteaux remarquables de la Renaissance
- 105 Nombre de nuits passées par François Ier dans le château

5 Un roi bâtisseur et mécène

VIDÉO en ligne flashbelin.fr/hgemc5-149

Je travaille en groupe

ÉTAPE 1: Travaille avec ton groupe sur l'un des trois thèmes ci-dessous en répondant aux questions.

ÉTAPE 2: Avec deux élèves qui ont travaillé sur les autres thèmes, rédigez un texte de quelques lignes pour montrer comment François Ier renforce le pouvoir du roi.

Groupe 1 — Un pouvoir royal de plus en plus personnel

1. **Doc. 2** Comment François Ier affirme-t-il l'autorité royale ?
2. **Doc. 2** Qui sont les personnes qui aident le roi à prendre des décisions ?
3. **Doc. 2** Qui cherche à limiter le pouvoir du roi ?

Groupe 2 — Un État royal renforcé

1. **Doc. 4** Qui sont les personnes qui forment l'administration royale ?
2. **Doc. 3** Quels sont les trois objectifs de l'ordonnance de Villers-Cotterêts ?

Groupe 3 — Une image de roi puissant

1. **Doc. 5** Quelles sont les constructions qui montrent que François Ier est un roi bâtisseur ?
2. **Doc. 1** Comment le roi cherche-t-il la gloire ?

Retrouve la partie 1 du cours en lien avec cette étude, p. 156.

COMPÉTENCE TRAVAILLÉE
Se repérer dans le temps

ÉTUDE

2 Henri IV s'impose comme roi de France

Comment Henri IV parvient-il à imposer son autorité ?

HENRI IV (1553-1610)

Né en 1553, Henri, roi de Navarre, est un chef protestant pendant les guerres de Religion. En 1589, il devient roi de France. Il fait la guerre à la Ligue qui ne veut pas d'un roi protestant. Il se convertit au catholicisme le 25 juillet 1593. En février 1594, il est sacré à la cathédrale de Chartres. Il reconquiert Paris en mars 1594 et devient le maître du royaume. Il rétablit la paix religieuse par l'édit de Nantes en 1598. Il est assassiné en 1610 par un fanatique catholique, Ravaillac.

Définitions

- La Ligue : le mouvement catholique fondé par le duc de Guise en 1576 pour combattre les protestants et défendre la foi catholique.
- Se convertir : adopter une autre religion.

1. Un royaume divisé au début du règne
- Frontières du royaume de France au XVIe siècle
- Zones contrôlées par la Ligue en 1589
- Zone à forte minorité protestante
- Principales villes ligueuses

2. La reconquête militaire
- Déplacements de l'armée royale
- Déplacements de l'armée de la Ligue
- Principales victoires d'Henri IV

La reconquête du royaume par Henri IV

Activité

Je construis une frise chronologique

1. **Trace ta frise à l'aide du Point méthode.**
2. **À l'aide des deux documents ci-dessus, complète la frise avec les événements suivants :** Henri de Navarre devient roi de France • Victoire d'Ivry sur la Ligue • Conversion d'Henri IV • Sacre d'Henri IV • Conquête et entrée dans Paris • Assassinat d'Henri IV.
3. **Situe la période de la conquête du royaume (1589-1594) en la coloriant et la nommant sur la frise.**
4. **À l'aide de ta frise, montre que l'arrivée au pouvoir d'Henri IV a été longue et difficile. Précise et date les étapes qui ont été nécessaires.**

Construire une frise chronologique POINT MÉTHODE

Une frise chronologique permet d'ordonner des événements.
→ Choisis une échelle en fonction de la largeur de ta page et du nombre d'années à représenter.
→ Trace l'axe du temps, un trait ou une bande, à la règle.
→ Nomme et date chaque élément au-dessus, en dessous ou à l'intérieur de la frise.

Retrouve la partie 2 du cours en lien avec cette étude, p. 156.

ÉTUDE 3

Henri IV restaure l'autorité monarchique

Comment Henri IV rétablit-il la paix et la stabilité politique en France?

1 L'édit de Nantes

«Préambule: Henri, par la grâce de Dieu, roi de France, nous avons jugé nécessaire de donner maintenant à tous nos sujets une loi qui règle tous les désaccords survenus entre eux, afin qu'il se puisse établir une bonne et durable paix.
Article 1: Nous défendons à tous nos sujets de s'attaquer, de s'injurier, de se provoquer en se reprochant ce qui s'est passé.
Article 3: Nous ordonnons que la religion catholique soit rétablie en tous lieux de notre royaume pour y être librement exercée.
Article 6: Nous permettons à ceux de la religion prétendue réformée de vivre en tous lieux de notre royaume sans être brutalisés ni obligés à agir contre leur conscience.»

Extraits de l'édit de Nantes, 13 avril 1598.

2 Henri IV s'adresse au Parlement de Paris

«Vous me voyez devant vous, non point en habit royal, mais vêtu comme un père de famille, pour parler franchement à ses enfants. Je vous prie d'enregistrer l'édit que j'ai accordé aux protestants. Ce que j'ai fait est pour le bien de la paix. Vous devez m'obéir compte tenu de ma qualité de roi et au nom de l'obligation qu'ont mes sujets de m'obéir. Si l'obéissance était due à mes prédécesseurs, elle m'est due plus encore car j'ai rétabli l'État, Dieu m'ayant choisi pour me mettre au royaume qui est mien par héritage. Ne m'opposez point la religion catholique. Je l'aime plus que vous, je suis plus catholique que vous. Je suis roi maintenant, et parle en roi, et veux être obéi.»

D'après le discours d'Henri IV prononcé au Parlement de Paris le 7 janvier 1599.

3 Henri IV, un roi pacificateur

Henri IV s'appuyant sur la religion pour donner la paix à la France, huile sur bois, anonyme, vers 1590. Musée national du château de Pau, Pau.

Henri IV tend un rameau d'olivier, symbole de paix. Il s'appuie sur l'épaule de la Religion qui tient une Bible chrétienne (à la fois catholique et protestante).

Définitions

• Un **édit**: une décision royale sur un sujet ou pour un groupe de personnes précis.

• Les **parlements**: les tribunaux qui rendent la justice au nom du roi et enregistrent les décisions royales. Le Parlement de Paris est le plus important du royaume.

Activité

Je contextualise le document

1 **Doc. 1** À quel contexte historique le passage souligné fait-il référence?

J'extrais des informations des documents

2 **Doc. 1 et 3** Montre que Henri IV rétablit la paix en instaurant une tolérance religieuse.

3 **Doc. 2** Relève le passage du texte où Henri IV s'affirme comme le maître du royaume.

4 **Doc. 2** D'après Henri IV, quelles sont les raisons pour lesquelles le Parlement de Paris doit lui obéir?

Retrouve la partie 2 du cours en lien avec cette étude, p. 156.

COMPÉTENCE TRAVAILLÉE
Analyser un document

ÉTUDE 4

Louis XIV et le pouvoir absolu

➥ Qu'est-ce que la monarchie absolue selon Louis XIV ?

LOUIS XIV (1638-1715)

En 1643, Louis XIV devient roi à la mort de son père Louis XIII. Il a 5 ans. Sa mère Anne d'Autriche et le cardinal Mazarin, Premier ministre, exercent le pouvoir à sa place : c'est la Régence. À la mort de Mazarin, en 1661, Louis XIV décide de gouverner seul. C'est le début de son règne personnel. Louis XIV meurt à Versailles en 1715 après 72 ans de règne, le plus long règne qu'un roi de France n'ait jamais connu.

Le roi

À Versailles

Les conseils
- Conseil d'En-Haut
- Conseil des Parties
- Conseil des Finances
- Conseil des Dépêches

Les ministres
- 1 Chancelier
- 1 Contrôleur général des Finances
- 4 Secrétaires d'État

Dans les provinces
- Les intendants de police, justice et finances représentent le roi

2 L'organisation du gouvernement de Louis XIV

Définitions

• Le droit divin : l'idée politique selon laquelle le roi détient son pouvoir de Dieu.

• La monarchie absolue : le régime dans lequel le roi détient tous les pouvoirs (législatif, exécutif, judiciaire).

1 Louis XIV définit le pouvoir du roi

En 1700, le petit-fils de Louis XIV devient roi d'Espagne. Louis XIV écrit à son intention trente-trois instructions sur le métier de roi.

1. Ne manquez à aucun de vos devoirs, surtout envers Dieu.
8. Faites le bonheur de vos sujets ; et, dans cette vue n'ayez de guerre que lorsque vous y serez forcé et que vous en aurez bien considéré et bien pesé les raisons dans votre Conseil[1].
14. Donnez une grande attention aux affaires ; quand on vous en parle, écoutez beaucoup dans le commencement et sans rien décider.
15. Quand vous aurez plus de connaissance, souvenez-vous que c'est à vous de décider ; mais quelque expérience que vous ayez, écoutez toujours tous les avis et tous les raisonnements de votre Conseil, avant que de faire cette décision.
33. Je finis par un des plus importants avis que je puisse vous donner : ne vous laissez pas gouverner ; soyez le maître ; n'ayez jamais de favoris ni de Premier ministre ; écoutez, consultez votre Conseil, mais décidez : Dieu, qui vous a fait roi, vous donnera les lumières qui vous sont nécessaires tant que vous aurez de bonnes intentions.

Extraits des *Instructions au duc d'Anjou*, 1700.

1. Petit groupe de personnes qui conseillent le roi.

Activité

Je comprends le sens général d'un document

❶ **Doc. 1 et 2** Trouve la définition qui correspond le mieux à la conception du pouvoir absolu selon Louis XIV. Justifie ton choix en utilisant le document 2.
a. Un roi absolu fait tout ce qui lui plaît sans écouter personne.
b. Un roi absolu exerce seul le pouvoir après avoir pris l'avis de ses conseillers.
c. Un roi absolu exerce le pouvoir en le partageant avec ses conseillers.

❷ **Doc. 1** Relève la phrase qui montre que le pouvoir du roi est de droit divin.

❸ **Doc. 1** Relève la phrase où Louis XIV précise quelle doit être la préoccupation principale d'un roi.

Retrouve la partie 3 du cours en lien avec cette étude, p. 156.

COMPÉTENCE TRAVAILLÉE
Raisonner et justifier

ÉTUDE

5 La politique de grandeur de Louis XIV

Comment Louis XIV gouverne-t-il le royaume ?

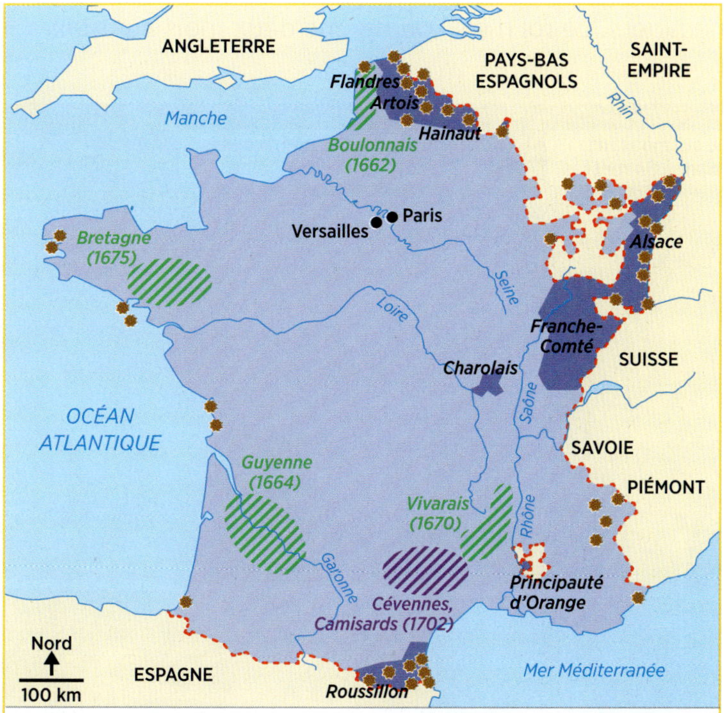

1 **Le royaume de France sous Louis XIV**

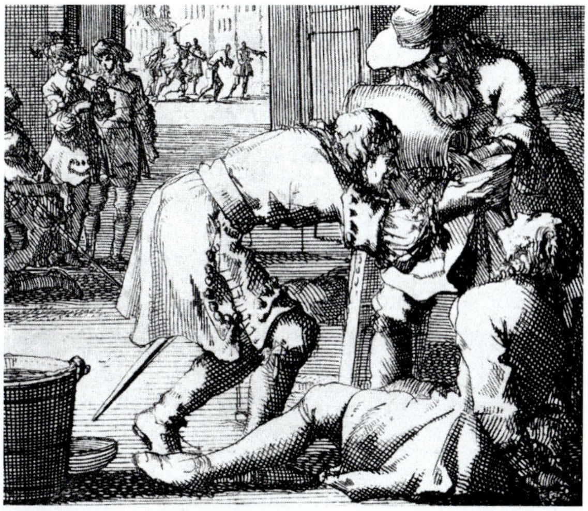

2 **La révocation de l'édit de Nantes**

Détail d'une gravure, anonyme, XVIIe siècle. Musée de l'Armée, Paris.

Louis XIV recherche l'unité religieuse de son royaume. Durant tout son règne, les protestants sont persécutés afin qu'ils se convertissent. En 1685, Louis XIV révoque l'édit de Nantes : le culte protestant est désormais interdit. Cette gravure représente une scène de torture infligée à des protestants par les soldats du roi.

3 **Une critique de la politique de Louis XIV**

« Cependant vos peuples, que vous devriez aimer comme vos enfants, et qui ont été jusqu'ici si passionnés pour vous, meurent de faim. La culture des terres est presque abandonnée ; les villes et la campagne se dépeuplent ; les métiers ne nourrissent plus les ouvriers. Tout commerce est anéanti. Vous avez détruit la moitié des forces réelles du dedans de votre État, pour faire et pour défendre de vaines conquêtes au dehors. La sédition[1] s'allume peu à peu de toutes parts. Mais, pendant qu'ils manquent de pain, vous manquez vous-même d'argent. Vous n'aimez que votre gloire. Vous rapportez tout à vous comme si vous étiez le Dieu de la terre. »

Extraits de la lettre de Fénelon, archevêque, adressée au roi Louis XIV, 1694.

1. Révolte.

Définition

• Une **révocation** : l'annulation par un roi d'une décision prise par l'un de ses prédécesseurs.

Activité

Je mène l'enquête

Louis XIV, qui se nomme lui-même « le Roi-Soleil », aurait mené une politique de grandeur. Mène l'enquête pour découvrir si cette image correspond à la réalité de son règne. Rédige un texte court pour présenter le résultat de ton enquête.

Coup de pouce

→ Recherche les indices de la grandeur et de la puissance du royaume de France sous Louis XIV.

→ Pour connaître la réalité du règne, intéresse-toi à la situation des sujets du roi et à leurs réactions.

Retrouve la partie 3 du cours en lien avec ces études, p. 156.

Chambord : l'art de la Renaissance française

François Ier, qui veut un « bel et somptueux édifice », fait construire le château de Chambord de 1519 à 1537. C'est le plus vaste des châteaux de la Loire avec 440 pièces, 77 escaliers, 365 cheminées. Il nécessite le travail de 1 800 ouvriers. Le roi n'y séjourne que deux mois au total.

VIDÉO en ligne flashbelin.fr/hgemc5-154

1 Vue aérienne du château de Chambord

2 L'escalier monumental

L'escalier de Chambord porte la marque de l'influence de Léonard de Vinci que François Ier fait venir en France en 1516. Les plafonds du château sont décorés de caissons ornés des symboles de François Ier : la salamandre et son initiale F.

Activité

J'associe une œuvre à son époque

1. **Doc. 1** Identifie les éléments qui évoquent l'architecture médiévale d'un château fort.
2. **Doc. 1 et 2** Identifie les éléments architecturaux qui appartiennent à l'art de la Renaissance.

J'interprète une œuvre

3. Montre qu'avec la construction du château de Chambord, François Ier veut souligner la puissance du roi.

Le château de Versailles : entre art baroque et art classique

À Versailles, Louis XIV fait édifier le plus grand palais de son temps pour symboliser la puissance de la monarchie française. Le palais du « Roi-Soleil » devient la résidence et le centre du pouvoir en 1682. Le thème du Soleil est omniprésent à Versailles et fait référence à l'emblème de Louis XIV.

Détail de la façade

1 La façade du château de Versailles côté jardins

A Colonnes à chapiteaux

B Trophées antiques

VIDÉO en ligne flashbelin.fr/hgemc5-155

2 Sculpture du bassin d'Apollon à Versailles

Le Char d'Apollon est réalisé en 1670 par Jean-Baptiste Tuby. En plomb et à l'origine recouvert d'or, il représente le dieu du Soleil qui se lance dans sa course quotidienne au-dessus de la Terre.

Définitions

- L'art baroque : le courant artistique des XVIIe et XVIIIe siècles qui cherche à émouvoir par le mouvement, les couleurs, l'asymétrie.
- L'art classique : le courant artistique des XVIIe et XVIIIe siècles qui cherche à exprimer l'idéal d'ordre et d'harmonie par la symétrie, l'équilibre, les lignes droites.

Activité

J'identifie les caractéristiques d'un courant artistique

1 Doc. 1 et 2 Reproduis et complète le tableau à l'aide de cette liste et des définitions : symétrie • lignes courbes • lignes droites • mouvement • fixité • art baroque • art classique • référence à l'Antiquité • théâtralité • simplicité • asymétrie • émotions • absence d'émotions.

	Doc. 1	Doc. 2
Caractéristiques	....	....
Courant artistique	....	....

J'interprète une œuvre

2 Introduction et doc. 2 Selon toi, pourquoi Louis XIV fait-il représenter le char d'Apollon dans les jardins de son palais ?

Du prince de la Renaissance au roi absolu

Comment les rois de France renforcent-ils leur pouvoir aux XVIe et XVIIe siècles ?

COURS audio
flashbelin.fr/hgemc5-156

Étude p. 148-149

1 François Ier (1515-1547) renforce le pouvoir royal

• **François Ier** exerce un **pouvoir de plus en plus personnel : il prend les décisions seul** après avoir consulté son Conseil.

• Il **améliore l'administration** par la création d'officiers royaux. **L'ordonnance de Villers-Cotterêts (1539) contribue à l'unité du royaume** : le français devient la langue officielle de l'État. Le roi agrandit le royaume.

• Les **victoires** comme **Marignan (1515)** permettent de **glorifier le roi**. La célébration du pouvoir passe également par le **mécénat et la construction de châteaux**, comme Chambord, qui s'inspirent de la **Renaissance italienne**.

Études p. 150-151

2 Henri IV (1589-1610) restaure l'autorité du roi

• **Henri de Navarre, prince protestant**, devient **Henri IV en 1589**. Les **guerres de Religion** menacent alors l'autorité royale.

• Les **victoires militaires du roi contre la Ligue** ne suffisent pas à le rendre maître du royaume. Pour se faire accepter par ses sujets catholiques, **Henri IV se convertit au catholicisme en 1593. En 1594, il se fait sacrer à Chartres** et entre triomphalement à Paris après avoir vaincu la Ligue.

• Henri IV restaure l'autorité royale et **rétablit la paix religieuse par l'édit de Nantes en 1598 : le catholicisme** est la **religion officielle** mais le **protestantisme est autorisé**.

Études p. 152-153

3 Louis XIV (1661-1715) exerce un pouvoir absolu

• **Louis XIV porte la monarchie absolue de droit divin à son apogée**. Aidé par les ministres et les conseils spécialisés, **il décide seul dans tous les domaines** : armée, finances, police, justice. **Il renforce l'administration royale** en nommant des intendants dans les provinces.

• **Exigeant l'unité religieuse du royaume, il persécute les protestants et révoque l'édit de Nantes en 1685**. Il recherche la gloire par les armes et agrandit le territoire par de nombreuses guerres.

• Dans son palais de Versailles, **il utilise les arts pour mettre en scène le pouvoir du « Roi-Soleil »** et tente de **contrôler la noblesse**.

Définitions

• Une **administration** : un ensemble de personnes qui ont pour fonction de gérer l'État (faire appliquer les lois, lever les impôts, par exemple).

• Le **droit divin** : l'idée politique selon laquelle le roi détient son pouvoir de Dieu.

• Les **guerres de Religion** : la période de huit guerres civiles qui opposent les protestants et les catholiques français de 1562 à 1598.

• La **monarchie absolue** : le régime dans lequel le roi détient tous les pouvoirs (législatif, exécutif, judiciaire).

• Un **officier royal** : un agent du roi propriétaire de sa charge (office). Il est chargé de diffuser et d'appliquer les décisions royales.

Je vérifie mes connaissances

→ Es-tu capable de citer ?

- Trois grands rois des XVIe et XVIIe siècles
- Le texte qui instaure le français comme langue officielle de l'État
- Une victoire de François Ier
- Le texte qui rétablit la paix religieuse en France
- Les résidences royales construites par François Ier et Louis XIV
- L'emblème de Louis XIV

Je comprends le cours

→ Relis chaque partie du cours et réponds aux questions.

Partie 1

- Choisis l'expression qui correspond le mieux au pouvoir de François Ier : pouvoir personnel, pouvoir autoritaire, pouvoir absolu.
- Pourquoi l'ordonnance de Villers-Cotterêts contribue-t-elle à l'unité du royaume ?

Partie 2

- Quelles sont les trois étapes de la conquête du pouvoir par Henri IV ?
- Dans la liste suivante, choisis les deux termes qui caractérisent l'action politique d'Henri IV : pacifier, pouvoir autoritaire, rétablir l'autorité royale, pouvoir absolu, division du royaume.

Partie 3

- Relève dans le premier paragraphe le passage qui permet d'expliquer la monarchie absolue.
- Par quelles actions Louis XIV cherche-t-il à être un « roi de gloire » ?

J'apprends autrement

→ Reproduis et complète le tableau ci-dessous avec les propositions suivantes :

Pouvoir absolu • officiers royaux • 1539 • Victoire de Marignan • Pouvoir autoritaire • Chambord, Fontainebleau • l'édit de Nantes • Contestation par la Ligue • Versailles • Misère et révoltes de la population • Victoire sur la Ligue.

SCHÉMA à télécharger
flashbelin.fr/hgemc5-157

	Exercer le pouvoir	Renforcer l'État	Construire la figure de roi Roi guerrier	 Roi mécène et bâtisseur	Les limites du pouvoir royal
François Ier (1515-1547)	Pouvoir de plus en plus personnel	• Création des .... • Ordonnance de Villers-Cotterêts en	.... en 1515	....	
Henri IV (1589-1610)	....	• Pacification par .... en 1598 • Restauration de la monarchie	....		....
Louis XIV (1661-1715)	....	Création des intendants	Première armée d'Europe	....	....

JE RÉVISE

RÉVISE en jouant avec Genially ! + EXERCICES interactifs
flashbelin.fr/hgemc5-158

1 Je révise les repères historiques

Reproduis et complète le tableau ci-dessous :

Dates	Nom de l'événement	Roi	Signification de l'événement
1515	Bataille de Marignan	François Ier	• Image de roi victorieux • Glorification du roi de guerre
....	Ordonnance de Villers-Cotterêts	....	• Unification du royaume par une langue officielle
1593	....	....	• Événement par lequel le roi cherche à se faire accepter par ses sujets catholiques
....	....	....	• Texte de tolérance religieuse qui met fin aux guerres de Religion en autorisant les protestants à pratiquer leur religion
1685	....	....	• ....

2 Je révise les repères géographiques

1 Pour chaque carte, retrouve son titre dans la liste suivante.

- La France d'aujourd'hui
- Le royaume de France en 1515
- Le royaume de France à la mort de Louis XIV (1715)
- Le royaume de France à la mort d'Henri IV (1610)

2 Sur la carte C, retrouve à quels châteaux correspondent les lettres a, b, c, d.

CARTES à télécharger
flashbelin.fr/hgemc5-158

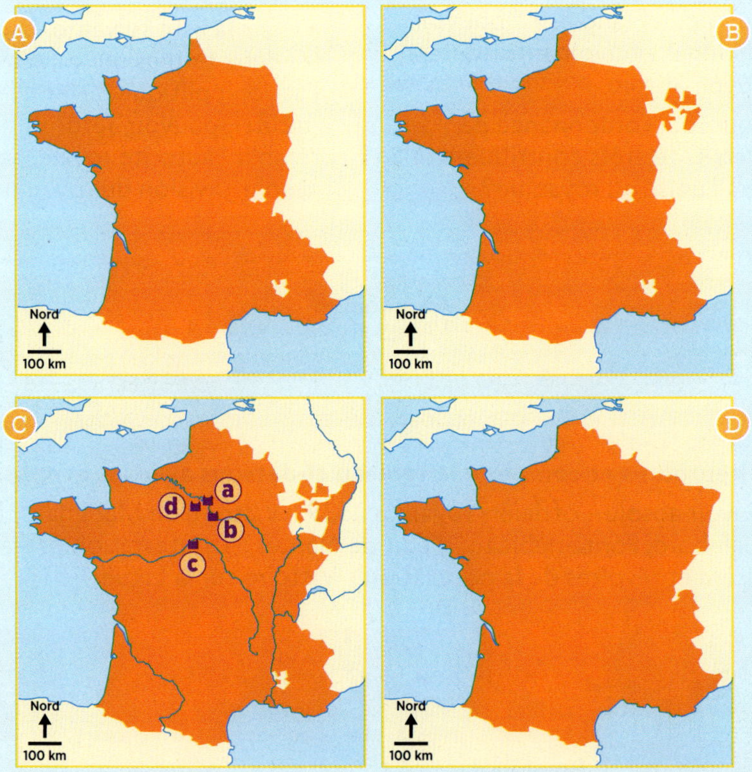

3 Je révise en jouant

Résous ces énigmes.

a. Je suis un texte, je suis en français, j'unifie le royaume.

b. Je suis protestant, devenu catholique, et bien que sacré, je suis assassiné.

c. Je brille de mille feux, pendant 54 ans.

d. Composé de personnages puissants, on m'entend mais on ne m'écoute pas toujours.

e. Inspiré par l'Italie, je suis hérissé de cheminées et de lanternes, je montre la puissance de François Ier.

Je réalise un jeu de *Timeline*

Le *Timeline* (« frise chronologique » en anglais) est un jeu où il faut mettre dans le bon ordre chronologique des cartes qui représentent un événement historique. Il permet d'apprendre tout en s'amusant.

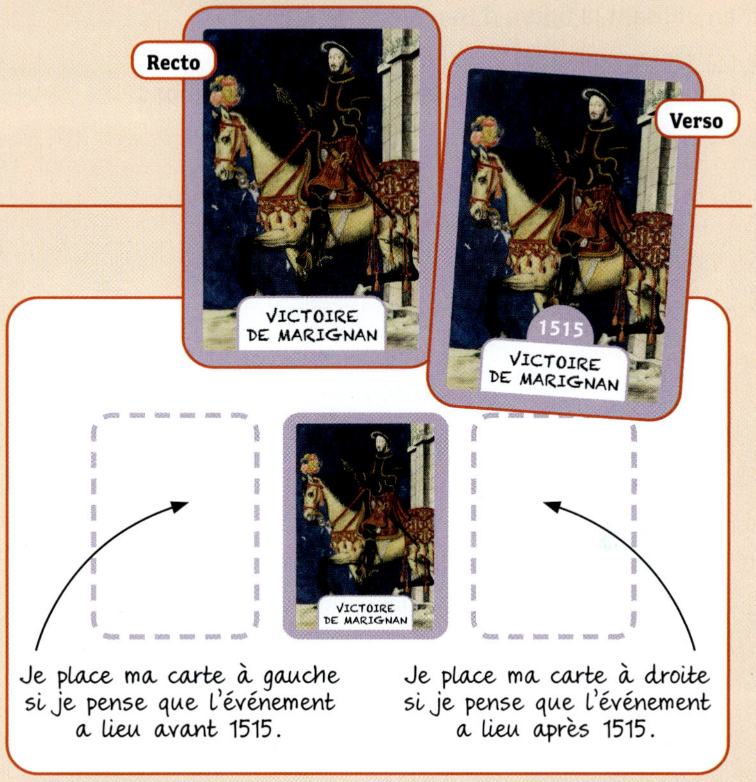

1 Chaque carte comporte au recto **une illustration avec le nom de l'événement**, et au verso **la date**.

2 Chaque joueur (à partir de deux joueurs) reçoit **4 cartes** qu'il place devant lui, sans regarder la date (le verso). Le reste des cartes forment un paquet placé sur la table, dates cachées. On place au centre de la table **la première carte du paquet avec la date visible**. C'est à partir de cette carte que la frise chronologique est constituée.

3 Les joueurs posent **chacun leur tour une carte à la fois à côté de la carte initiale** : à gauche de la carte si le joueur pense que cet événement a lieu avant, à droite s'il pense qu'il a lieu après.

4 Une fois la carte posée, **le joueur retourne sa carte, date visible** : si c'est bon, il laisse sa carte ; s'il a tort, il replace sa carte sous le paquet et en reprend une autre. C'est au joueur suivant de jouer en plaçant une de ses cartes, et ainsi de suite. **Le premier qui n'a plus de cartes a gagné.**

MODÈLES à télécharger flashbelin.fr/hgemc5-159

➥ **Réalise ton jeu de *Timeline* en fabriquant les cartes. Découpe des cartes dans des feuilles blanches A4 (8 cartes par feuille) : inscris au recto le nom de l'événement, au verso le nom de l'événement et la date. L'illustration n'est pas obligatoire.**

➥ **Voici des propositions de cartes à réaliser sur ce chapitre. Pour compléter ton jeu, cherche d'autres dates dans ce chapitre ou sur le programme de l'année :**

- Ordonnance de Villers-Cotterêts : 1539
- Mort de François Ier : 1547
- Début des guerres de Religion : 1562
- Henri de Navarre devient roi de France : 1589
- Entrée d'Henri IV dans Paris : 22 mars 1594
- Édit de Nantes : 1598
- Début du règne personnel de Louis XIV : 1661
- Révocation de l'édit de Nantes : 1685
- Mort de Louis XIV : 1715

JE M'ENTRAÎNE

1 J'analyse une image de propagande royale

Analyser un document

1 À l'aide de tes connaissances, identifie l'ennemi que Henri IV a vaincu et qui est symbolisé ici par l'Hydre de Lerne.

2 Quelles qualités Henri IV veut-il mettre en avant en utilisant la figure d'Hercule ?

3 Quels messages politiques cherche à faire passer cette image de propagande (plusieurs propositions sont possibles) ?

a. Henri IV est le pacificateur du royaume.
b. Henri IV a imposé son autorité politique.
c. Henri IV a accompli douze travaux.
d. Henri IV est héroïsé sous les traits d'Hercule.

Analyser une image de propagande POINT MÉTHODE

Le but d'une image de propagande est de faire admettre une idée. Pour cela, elle exagère ou transforme la réalité. Pour la comprendre, il faut se poser ces questions :
→ Qui a fait réaliser l'image ? À qui est destinée l'image ?
→ Qui sont les personnages ? Que font-ils ?
→ Quel message cherche à faire passer le commanditaire (critique, éloge, glorification, etc.) ?
→ L'image correspond-elle à la réalité historique ?

Henri IV en Hercule terrassant l'Hydre de Lerne

Huile sur toile anonyme, vers 1600. Musée du Louvre, Paris.

Hercule, héros de la mythologie, accomplit douze travaux insurmontables grâce à sa force et son courage. Il réussit à vaincre l'Hydre de Lerne, un monstre à plusieurs têtes.

2 J'extrais des informations sur la révocation de l'édit de Nantes pour les classer

Analyser un document

Vauban dresse le bilan de la révocation de l'édit de Nantes

« Ce projet a causé et peut encore causer une infinité de maux très dommageables à l'État :
– la désertion[1] de 80 ou 100 000 personnes qui ont emporté avec elles plus de 30 millions de livres ;
– la ruine de la plus considérable partie du commerce ;
– il a grossi les flottes ennemies de 8 à 9 000 matelots des meilleurs du royaume ; grossi leurs armées de 5 à 600 officiers et de 40 à 42 000 soldats beaucoup plus aguerris.
À l'égard des [protestants] restés dans le royaume, on ne saurait dire s'il y en a un seul de véritablement converti, et de tous ceux qui l'ont été par les contraintes, on en voit fort peu qui avouent de l'être, ni qui ne soient contents de leur conversion. Ce n'est pas là tout le mal qu'ils ont fait, puisque la quantité de bonnes plumes[2] qui ont déserté le royaume se sont cruellement déchaînées contre la France et la personne du roi même, contre laquelle elles ont eu l'impudence de faire une infinité de libelles[3]. »

D'après Vauban, *Mémoire pour le rappel des Huguenots*, 1689.

1. Départ.
2. Des écrivains.
3. Textes écrits contre quelqu'un.

1 Selon l'auteur, la révocation de l'édit de Nantes a-t-elle été positive ou négative pour le pays ? Justifie ta réponse par une citation.

2 Relève et classe les conséquences énoncées par l'auteur dans le tableau ci-dessous. Cite le texte entre guillemets.

Population	Économie	Politique	Armée	Religion
....	....	....	....	....

Pratiquer différents langages

3 J'utilise un vocabulaire adapté sur le royaume de France des XVIe et XVIIe siècles

Dans chaque phrase suivante, le terme souligné n'est pas exact. Corrige la phrase en utilisant le bon mot.

a. François Ier renforce le pouvoir du roi : il prend ses décisions seul après avoir consulté <u>ses amis</u>.

b. L'ordonnance de Villers-Cotterêts impose le français comme la langue <u>unique</u> du royaume.

c. François Ier protège et soutient les artistes en leur passant des commandes : c'est un <u>chancelier</u>.

d. Le <u>Sénat</u> de Paris cherche à limiter le pouvoir du roi François Ier.

e. Lorsque Henri IV monte sur le trône de France, il doit affronter <u>l'Alliance</u>, un mouvement catholique qui refuse de le reconnaître comme roi.

f. Pour se faire accepter comme roi de France, Henri IV doit se <u>réformer</u> en catholique.

g. Avec Louis XIV, la monarchie <u>totale</u> atteint son apogée.

h. Louis XIV renforce l'administration royale en nommant des intendants dans les <u>départements</u>.

i. En 1685, Louis XIV <u>efface</u> l'édit de Nantes, le protestantisme est interdit.

S'informer dans le monde du numérique

4 Je découvre les fortifications de Vauban pix

→ Rends-toi à cette adresse : whc.unesco.org/fr/list/1283/

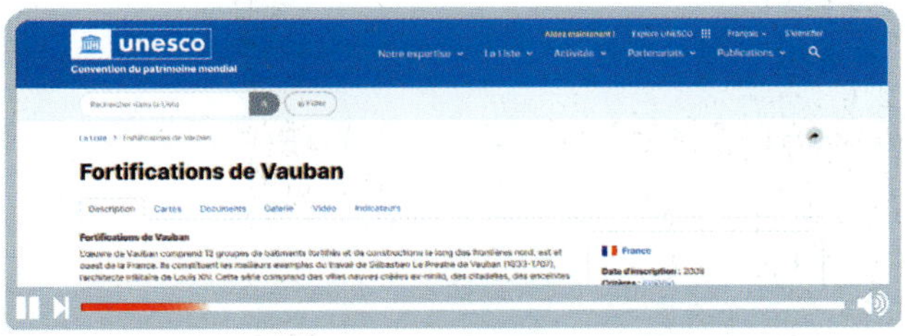

1 Ce site appartient à l'UNESCO : que signifie ce sigle ? Ce site est-il fiable ?

2 Les fortifications de Vauban sont classées au patrimoine mondial universel. Rends-toi dans l'onglet « Notre expertise », rubrique « Notre patrimoine mondial ». Recopie la définition de patrimoine.

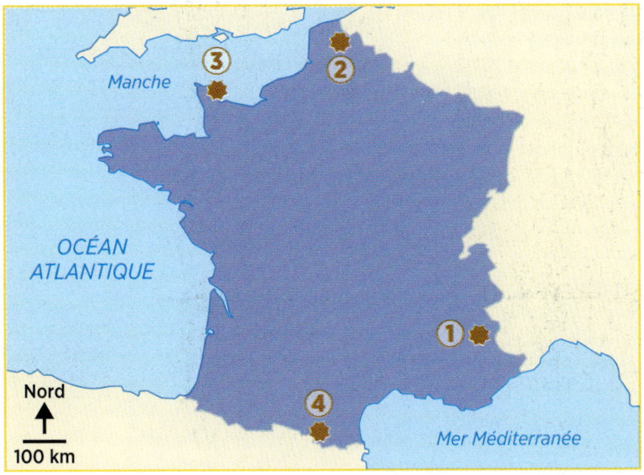

→ Consulte ensuite le site du réseau des fortifications de Vauban en te rendant à cette adresse : www.sites-vauban.org

3 Pour chaque fortification numérotée ci-contre, relève les informations suivantes.

- Nom de la fortification
- Situation (à l'aide des points cardinaux, par rapport à telle montagne, cours d'eau...)
- Intérêt stratégique (cette fortification permet de défendre ... contre ...)

4 À l'aide des informations recueillies, explique l'expression « ceinture de fer » qui désigne le réseau de fortifications aux frontières du royaume construites par Vauban sous Louis XIV.

SITES internet
flashbelin.fr/hgemc5-161

Géographie

Le lac Ziway est un lac d'altitude situé au centre de l'Éthiopie. Au moins deux millions d'habitants dépendent de l'eau douce du lac. Peu profond, le lac est aujourd'hui menacé par les pompages excessifs de grandes entreprises et des agriculteurs locaux.

OBJECTIFS DE DÉVELOPPEMENT DURABLE

Tout au long de la 5e, tu vas étudier des thématiques de géographie liées au développement durable. Les Objectifs de développement durable (ODD) de l'ONU te serviront de fil conducteur : dans chaque chapitre de géographie, deux Objectifs te seront présentés. Découvre ici ce que sont les ODD.

6 questions pour tout savoir sur les ODD

Le développement durable, qu'est-ce que c'est?
Le développement durable, c'est un développement qui répond aux besoins du présent sans compromettre les capacités des générations futures à répondre aux leurs.

Qui en est à l'origine?
Les 17 ODD ont été décidés par 193 pays, soit la quasi-totalité des pays de la planète. C'est l'Organisation des Nations unies (ONU) qui pilote ce programme de développement durable.

Combien sont-ils?
Les ODD sont au nombre de 17. Chaque ODD est identifié par un logo coloré.

Les ODD, c'est quoi ?
Les ODD constituent un programme de développement durable à mettre en place d'ici 2030. Il s'agit de relever les défis majeurs qui se posent dans le monde entier et dans tous les domaines : éducation, pauvreté, santé, environnement...

Depuis quand existent-ils ?
Les ODD ont été adoptés le 25 septembre 2015 à New York (États-Unis).

Qui est concerné ?
Les ODD concernent tous les types de pays, développés, émergents ou en développement. Ils nécessitent la mobilisation de tous : les États, les collectivités territoriales (régions, départements, communes), les entreprises, les associations et tous les citoyens.

Les ODD dans le manuel

9 La croissance démographique et ses effets

➡ **Quelles sont les caractéristiques et les conséquences de la croissance démographique dans le monde ?**

1 Une rue bondée de la ville de Mumbai (Inde)

L'Inde sera le pays le plus peuplé du monde vers 2025.

Pour bien commencer le chapitre

Fais le point sur ce que tu sais déjà.

Quiz interactif
flashbelin.fr/hgemc5-167

1. Combien la Terre compte-t-elle d'habitants aujourd'hui ?

a. Moins de 7 milliards.
b. Plus de 7 milliards.
c. Environ 7 millions.

2. Qu'appelle-t-on un foyer de peuplement ?

a. Un endroit où très peu d'hommes s'installent.
b. Un endroit où de nombreux incendies ont lieu.
c. Un endroit où les hommes se concentrent pour vivre.

3. La démographie est une science qui étudie :

a. Les relations entre les hommes et leur environnement.
b. Les régimes politiques.
c. Les populations humaines.

4. Quels sont les deux pays les plus peuplés ?

a. La France et la Russie.
b. La Chine et l'Inde.
c. La Chine et les États-Unis.

2 Des seniors sur la promenade d'Alicante (Espagne)

Les seniors sont de plus en plus nombreux. Les plus de 65 ans devraient représenter 16 % de la population mondiale en 2050.

Questions

1. **Doc. 1** Comment la population indienne évolue-t-elle ?
2. **Doc. 2** Quelle est la conséquence de l'allongement de la durée de vie ?

REPÈRES

OBJECTIFS DE DÉVELOPPEMENT DURABLE

3 BONNE SANTÉ ET BIEN-ÊTRE

La croissance démographique est inégale dans le monde : la population de certaines régions augmente très fortement et rapidement tandis que d'autres régions connaissent un vieillissement et un ralentissement démographiques. Cet Objectif de développement durable (ODD) doit permettre à tous, quel que soit l'âge, de vivre en bonne santé.

1 Un accès inégal aux soins

L'OMS est l'Organisation mondiale de la santé (dessin de Christophe Fey).

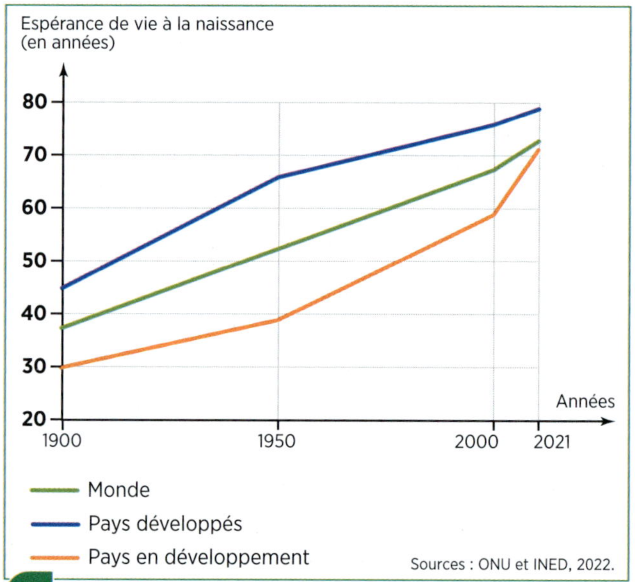

2 L'espérance de vie dans le monde depuis 1900

3 Des inégalités dès la naissance

Chaque année, dans le monde, plus de 7 millions d'enfants de moins de cinq ans décèdent de maladies qui auraient pu être évitées.

Le sais-tu ?

Le nombre de femmes qui meurent pendant leur grossesse ou leur accouchement est 14 fois plus élevé dans les pays en développement que dans les pays développés.

4 ÉDUCATION DE QUALITÉ

Plus la population est nombreuse et jeune, plus les moyens financiers des pays doivent être importants pour offrir une éducation de qualité. C'est un véritable défi pour les pays plus pauvres. Cet Objectif de développement durable cherche des solutions pour que chaque élève puisse aller à l'école, dans de bonnes conditions, quel que soit le pays dans lequel il grandit.

1 Une école du Guatemala en Amérique centrale

2 Le téléenseignement en France pendant la crise du Covid-19

L'enseignement à distance accentue les inégalités liées aux équipements informatiques et à l'accès à une connexion Internet.

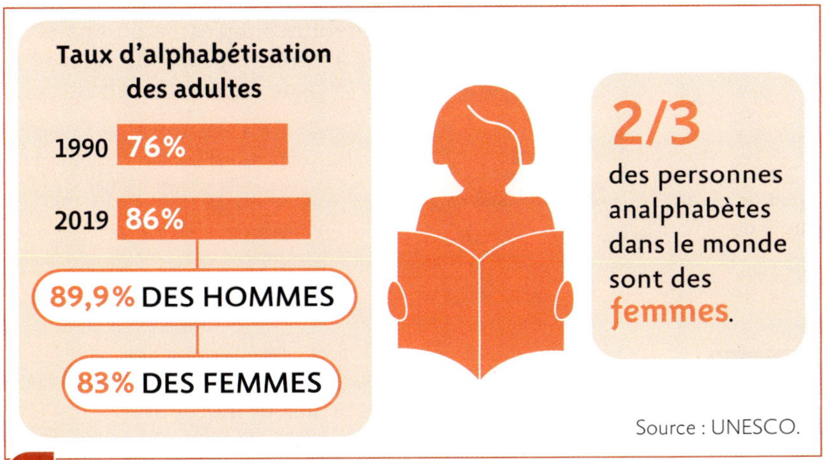

3 L'alphabétisation dans le monde

Le sais-tu ?

En 2020, pendant la pandémie de Covid-19, plus de 91 % des élèves ont été concernés par la fermeture temporaire des écoles dans le monde.

Définitions

- La croissance démographique : l'augmentation de la population.
- Le développement durable : un développement qui répond aux besoins du présent sans compromettre les capacités des générations futures à répondre aux leurs.
- L'espérance de vie : la durée de vie moyenne d'un individu.

Questions

1. Présente chacun des Objectifs de développement durable en une seule phrase.
2. Relève dans les documents trois inégalités liées à l'accès à l'éducation.
3. À l'aide des documents, explique pourquoi ces deux Objectifs de développement durable te semblent importants.

COMPÉTENCE TRAVAILLÉE
Analyser un document

1 La Chine, un géant démographique

Comment la Chine fait-elle face à sa croissance démographique ?

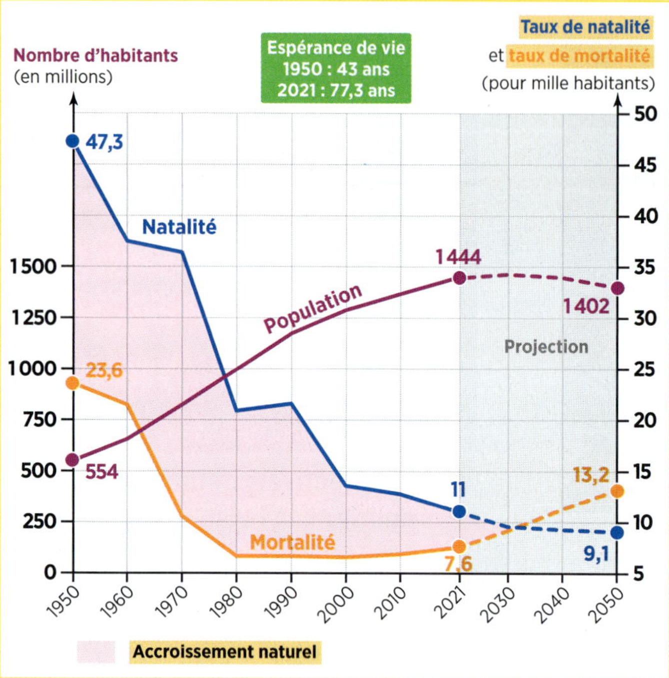

1 Le ralentissement de la croissance démographique chinoise

Avec plus de 1,4 milliard d'habitants, soit environ un cinquième de la population mondiale, la Chine est le pays le plus peuplé du monde.

2 La fin de la politique de l'enfant unique

« Après les résultats de son dernier recensement, qui a révélé un fort ralentissement de la croissance de sa population, la Chine a décidé de libéraliser sa politique familiale, mais tout en maintenant une limite : pas plus de trois enfants par couple. Après plus de trois décennies de "politique de l'enfant unique", la Chine a assoupli ses règles en 2015, autorisant tous les Chinois à avoir un deuxième enfant. Mais sans parvenir à faire repartir la natalité. Les raisons de la baisse des naissances sont multiples : recul du nombre des mariages, hausse du coût des logements et de l'éducation, fertilité plus tardive pour les femmes qui privilégient davantage leur carrière, excès du nombre d'hommes par rapport aux femmes du fait de la préférence traditionnelle pour les enfants mâles... La Chine comptait en 2020 plus de 264 millions de personnes âgées de 60 ans et plus. Le Parlement a voté un projet de relèvement progressif de l'âge de départ à la retraite. »

D'après « Les Chinois autorisés à avoir trois enfants par famille », reportage d'*Euronews*, 31 mai 2021.

VIDÉO en ligne
flashbelin.fr/hgemc5-170

3 Une famille chinoise aujourd'hui

Définitions

- L'**accroissement naturel** : la différence entre le taux de natalité et le taux de mortalité.
- L'**IDH** (Indice de développement humain) : le chiffre qui permet de mesurer le niveau de développement d'un pays. Il prend en compte l'espérance de vie, le niveau d'éducation et le pouvoir d'achat. Chaque pays a un score compris entre 0 (pays en développement) et 1 (pays développé).
- La **politique de l'enfant unique** : la politique menée par l'État chinois entre 1979 et 2015 pour limiter l'augmentation de la population (un seul enfant autorisé par couple).
- Le **taux de mortalité** : le nombre de décès pour 1 000 habitants.
- Le **taux de natalité** : le nombre de naissances pour 1 000 habitants.

4 Des inégalités entre provinces

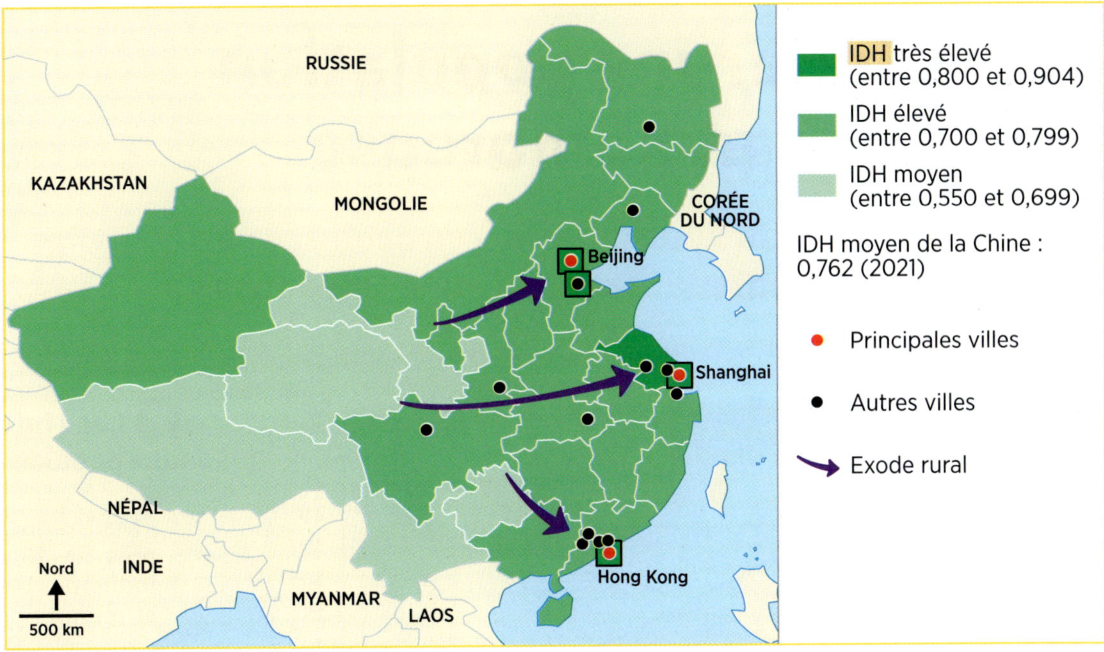

5 Des problèmes liés à l'accroissement des villes

« Beijing et Shanghai, les deux plus grandes villes du pays, sont poussées par des directives gouvernementales à contenir les maux des grandes villes : la pollution, le surpeuplement et la compétition pour les ressources (les appartements, les écoles, les soins médicaux, et même, dans le cas de Beijing, l'eau) qui minent les agglomérations au développement rapide. Le développement urbain est surtout limité grâce au système chinois de "permis de résidence", connu sous le nom de *hukou*. Beaucoup de ruraux immigrant dans les plus grandes villes de Chine restent enregistrés dans leurs provinces d'origine, qui restent les seuls endroits où ils ont accès au système de santé et à la scolarisation. Ils mènent donc dans les villes comme Beijing une existence précaire. »

D'après Henry Grabar, traduit par Pierre Marti « La Chine et les limites de la croissance », Slate.fr, 18 août 2018.

La pollution à Shanghai.

Activité A

J'extrais des informations des documents

1. **Doc. 1** Comment la croissance démographique chinoise évolue-t-elle ?
2. **Doc. 2** Comment expliquer le vieillissement de la population chinoise ?
3. **Doc. 4 et 5** Quelles sont les inégalités qui existent en Chine ?
4. **Doc. 5** Quels sont les « maux des grandes villes chinoises » ?

Je mets en relation des documents

5. **Doc. 2 et 3** Explique pourquoi le document 3 ne peut pas dater d'avant 2015.
6. **Doc. 4 et 5** Quel phénomène représenté sur le document 4 accentue les inégalités décrites dans le document 5 ?

Activité B

J'extrais des informations pour les classer

Recopie et complète le tableau ci-dessous à l'aide des informations fournies par les documents.

Le pays le plus peuplé du monde à la croissance démographique ralentie (**doc. 1, 2 et 5**)	....
Des inégalités accentuées par la surpopulation des villes (**doc. 4 et 5**)	....
Des mesures prises pour relancer la croissance démographique (**doc. 2, 3 et 5**)	....

Retrouve le cours en lien avec cette étude de cas, p. 186.

COMPÉTENCE TRAVAILLÉE
Pratiquer différents langages

2 L'Inde, une population jeune et nombreuse

À quelles difficultés liées à sa croissance démographique l'Inde doit-elle faire face ?

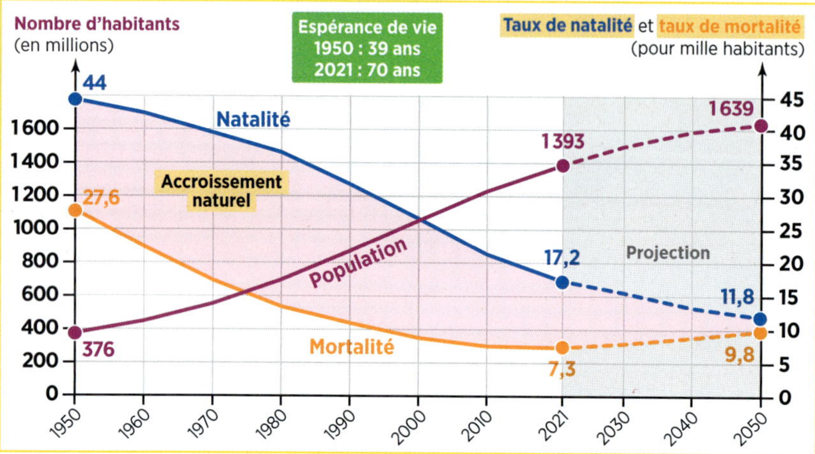

1 Bientôt la première population mondiale

En 2025, l'Inde sera le pays le plus peuplé du monde devant la Chine.

2 Les « Intouchables », une population persécutée

« Les "Intouchables" représentent près de 15 % de la population indienne. Des hommes, femmes et enfants persécutés en permanence et cantonnés aux métiers sales et dégradants. Une mentalité profondément ancrée, même chez les premiers concernés : "C'est ma faute, je suis née dans une famille intouchable", estime une jeune femme. Son village est divisé en deux : les "Intouchables" vivent dans un quartier à part. Quotidiennes, les discriminations touchent tous les niveaux. Par exemple, une petite fille de huit ans ne va plus à l'école, alors que c'est obligatoire. En cause, ses professeurs, qui lui ont dit de ne plus venir. Ces discriminations sont interdites ; il existe des dizaines de lois supposées protéger les "Intouchables", mais elles sont peu appliquées. »

D'après un reportage de N. Bertrand, S. Yaday, R. Pateriya, A. Jacquel, Journal du 13 heures, *France 2*, 20 novembre 2020.

VIDÉO en ligne
flashbelin.fr/hgemc5-172

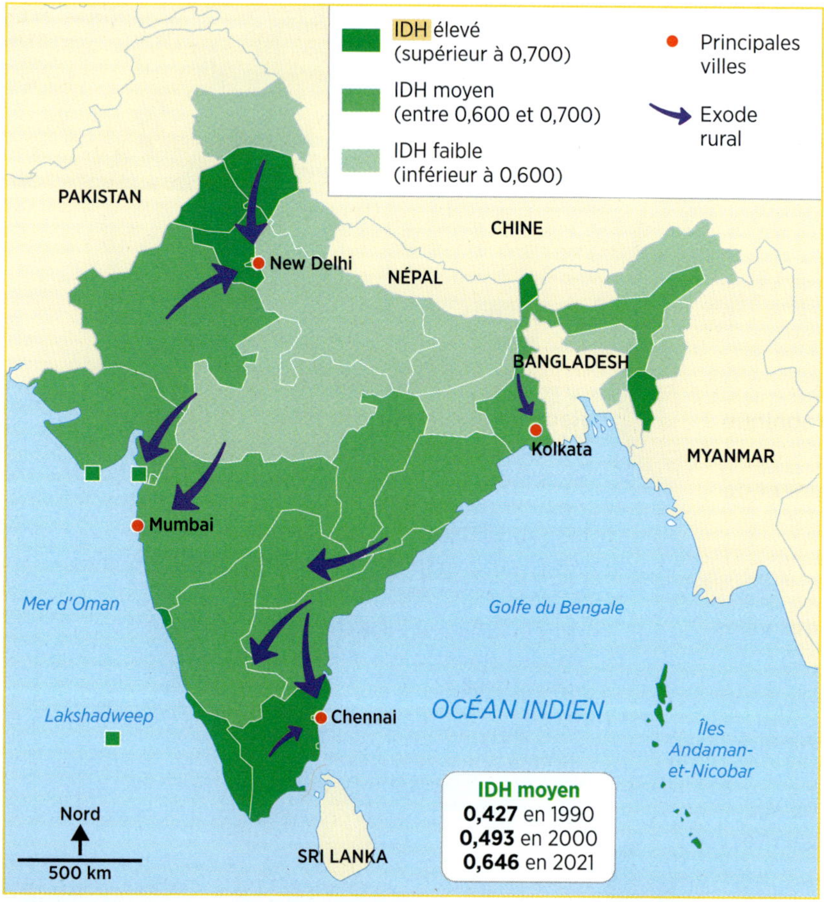

3 Des inégalités de développement à l'échelle nationale

Définitions

• L'accroissement naturel : la différence entre le taux de natalité et le taux de mortalité.

• L'IDH (Indice de développement humain) : le chiffre qui permet de mesurer le niveau de développement d'un pays. Il prend en compte l'espérance de vie, le niveau d'éducation et le pouvoir d'achat. Chaque pays a un score compris entre 0 (pays en développement) et 1 (pays développé).

• Le taux d'alphabétisation : le pourcentage de la population qui sait lire et écrire.

• Le taux de mortalité : le nombre de décès pour 1 000 habitants.

• Le taux de natalité : le nombre de naissances pour 1 000 habitants.

4 Une école sous un pont à New Delhi

Les inégalités d'accès à l'éducation sont importantes en Inde. Les équipements sont limités et les filles sont encore trop peu concernées.

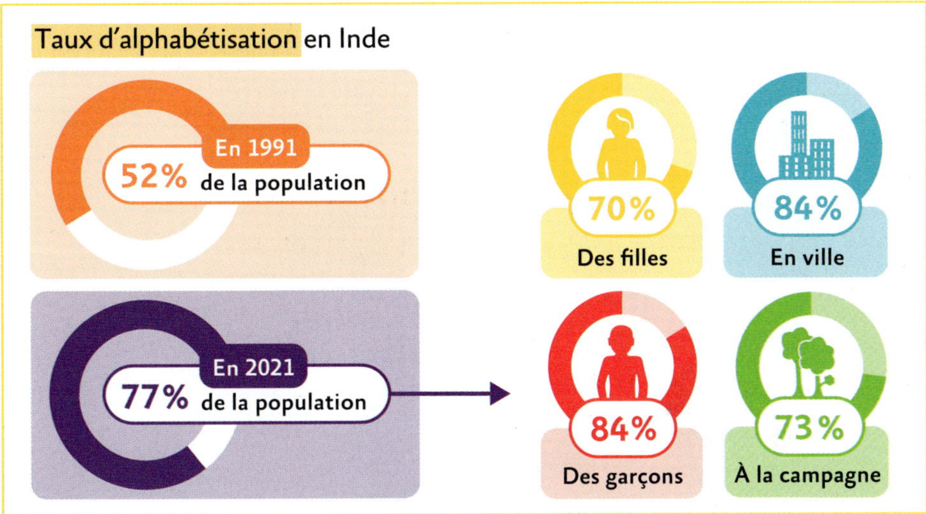

5 Une alphabétisation inégale

Activité A

J'utilise un brouillon

1. **Sur ton cahier ou une feuille de brouillon, note les informations importantes fournies par chaque document (mots clés, chiffres...).**
2. **Classe ces éléments dans ces trois thèmes :**
   a. L'Inde est un pays jeune et très peuplé.
   b. L'Inde est un pays marqué par les inégalités.
   c. L'Inde ne permet pas l'accès à l'éducation pour tous.

J'écris pour organiser ma pensée

3. **Rédige une phrase qui résume chaque thème.**

Activité B

Oral

Je m'exprime à l'oral

Jeune Indien(ne) de 12 ans, tu envoies à ton correspondant français, un collégien de 5e, un message audio expliquant la vie quotidienne dans ton pays. À l'aide des documents, prépare au brouillon ce que tu lui diras puis enregistre-toi.

Coup de pouce

→ Au brouillon, précise pour chaque document ce qu'il t'apprend sur la vie en Inde.

→ Classe ces informations dans un tableau autour de trois grands thèmes : la croissance démographique, les inégalités, l'accès à l'éducation.

Retrouve le cours en lien avec cette étude de cas, p. 186.

Bilan

La Chine et l'Inde face à leur croissance démographique

EXERCICE interactif
flashbelin.fr/hgemc5-174

A Je retiens les informations essentielles

Réponds aux propositions par vrai ou faux. Justifie à l'aide de ce que tu as appris.

	Vrai	Faux
a. La Chine est le pays le plus peuplé du monde.	❑	❑
b. L'Inde deviendra le pays le plus peuplé du monde vers 2025.	❑	❑
c. En Chine comme en Inde, il existe des inégalités de développement entre les régions.	❑	❑
d. L'espérance de vie en Inde est plus élevée qu'en Chine.	❑	❑
e. La politique de l'enfant unique est toujours appliquée en Chine.	❑	❑
f. Les "Intouchables" sont des Indiens pauvres et persécutés.	❑	❑
g. La croissance démographique n'a pas de conséquences sur l'environnement en Chine.	❑	❑
h. Les filles savent moins lire, écrire et compter que les garçons en Inde.	❑	❑
i. La croissance démographique accentue les inégalités d'accès à l'éducation en Inde.	❑	❑

B Je complète un croquis

① 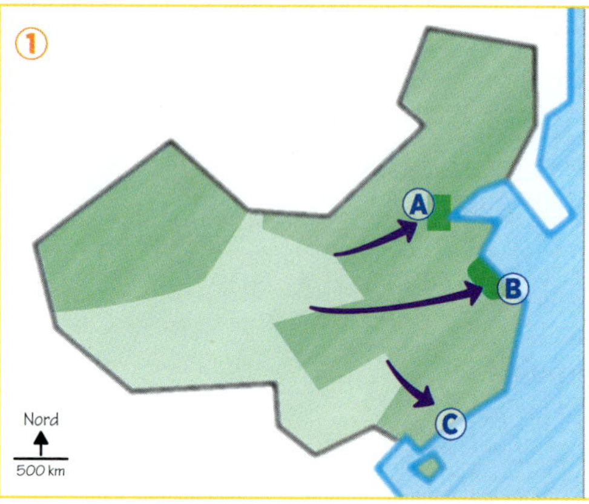

Titre : ....

■ ....

■ IDH moyen

■ IDH faible

→ ....

Ⓐ ....

Ⓑ ....

Ⓒ ....

② 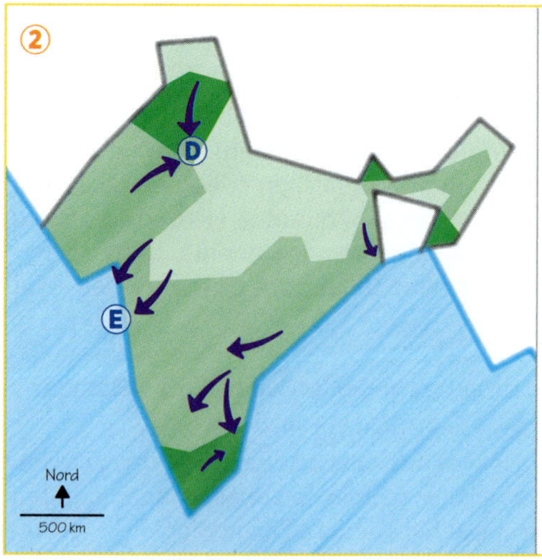

Titre : ....

■ ....

■ IDH moyen

■ IDH faible

→ ....

Ⓓ ....

Ⓔ ....

1. **Quels pays sont représentés sur ces croquis ?**
2. **À quelles villes correspondent les lettres A, B, C, D et E ?**
3. **Recopie et complète les légendes des croquis.**
4. **Donne un titre à chacun des croquis.**

CROQUIS à télécharger
flashbelin.fr/hgemc5-174

Ailleurs dans le monde

D'autres pays connaissent-ils les mêmes défis démographiques que l'Inde et la Chine ?

1 La pollution de l'air à Mexico

Située dans une large vallée entourée de montagnes, la capitale du Mexique, peuplée de 22 millions d'habitants, est recouverte d'un épais nuage de pollution.

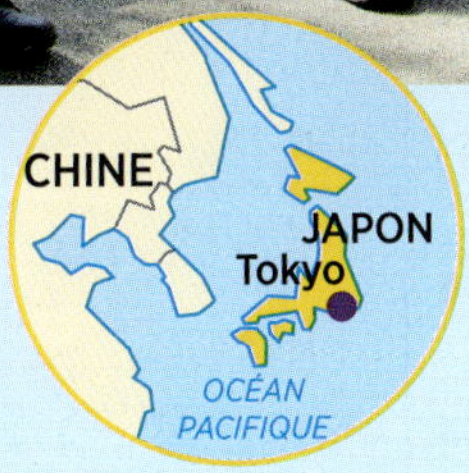

2 Le vieillissement de la population au Japon

En 2050, les plus de 65 ans représenteront près de 40 % de la population japonaise.

3 En France, les conséquences de la baisse de la natalité sur l'éducation

« Les parents d'élèves de l'école maternelle de Cozes sont inquiets. En raison de la baisse des effectifs, une classe de l'école maternelle serait susceptible de fermer. Ce qui aurait pour conséquence de réduire à deux le nombre de classes avec des effectifs importants. Les parents d'élèves évoquent les conséquences que cette décision aurait pour les enfants, à savoir : la réduction du temps individualisé, notamment pour les enfants en difficulté, une augmentation des effectifs ne permettant plus aux enseignants d'apporter le soutien nécessaire aux enfants qui commencent leur scolarité... Ils ont également souligné l'impact négatif pour le développement de la commune (services, commerces, etc.) dont la population évolue, et qui souhaite accueillir les jeunes parents dans de bonnes conditions pour la scolarité de leurs enfants. »

D'après Denise Roz, « Une classe serait menacée de fermeture », *Sud-Ouest*, 9 mai 2019.

Questions

1 Doc. 1 à 3 Relie chaque pays à l'information qui le concerne.

France •	• Pollution de l'air dans les grandes villes peuplées
Mexique •	• Vieillissement de la population
Japon •	• Baisse de la natalité

2 Recopie et complète les affirmations suivantes à l'aide de tes connaissances et des documents.

a. Tout comme au Japon, la population chinoise ....

b. Au Mexique et en Chine, la croissance urbaine entraîne des problèmes de ....

c. En France, la baisse démographique provoque des .... de classes.

d. En Inde, les .... n'ont pas assez accès à l'éducation.

ÉTUDE DE CAS

3 Le Nigeria, bientôt le troisième pays le plus peuplé du monde

Tâche complexe

Je rédige un courrier

Médecin humanitaire, tu te rends en mission dans un dispensaire qui soigne les nombreux cas de paludisme au Nigeria. Tu adresses un courrier au siège de ton ONG dans lequel tu expliques à tes collègues ce que tu as découvert sur la population et les conditions de vie des habitants de ce pays.

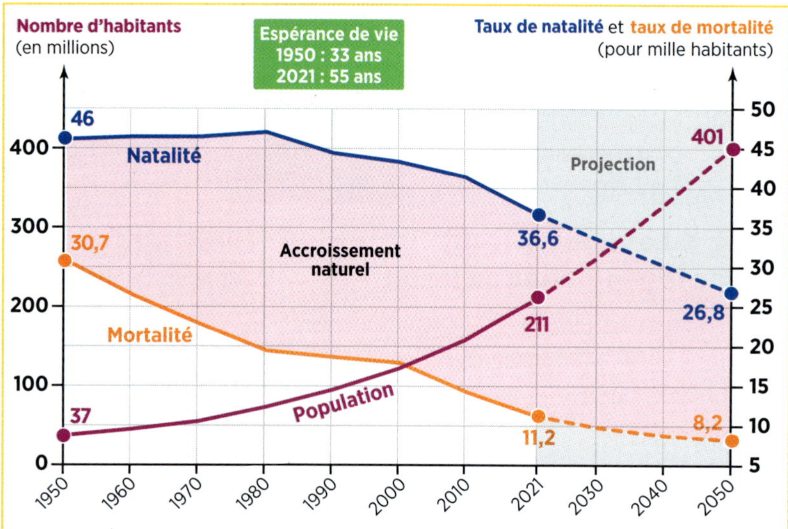

1 Une **explosion démographique**

2 **Le désastre du paludisme**

« Le Nigeria enregistre l'un des taux de mortalité lié au paludisme les plus importants au monde. La transmission de la maladie est habituellement limitée à la saison des pluies, lorsque les moustiques se reproduisent. En 2020, cependant, les équipes médicales de Médecins sans frontières, présentes dans le nord-est du pays, ont été témoins d'une flambée des cas de paludisme également lors de la saison sèche. "Nous sommes une famille de huit personnes et nous n'avons que deux moustiquaires. Ce n'est pas suffisant", raconte Bintu, un habitant du camp de Banki, dont le fils Ali est mort du paludisme il y a quelques années, à l'âge de deux ans. »

D'après Médecins sans frontières, décembre 2020.

3 **Le difficile contrôle des naissances**

« "Je pense qu'il y a de la pauvreté au Nigeria parce qu'il n'y a aucun effort sérieux pour essayer de contrôler la population de quelque manière que ce soit", dit cette militante des droits de la personne, qui habite le pays depuis huit ans. Selon elle, la régulation des naissances est encore taboue au Nigeria. Les normes culturelles jouent aussi contre les femmes, qui ne sont souvent pas consultées dans la décision d'avoir un autre enfant. "Même à Lagos, l'un des endroits les plus progressistes du pays, plusieurs pharmacies ne vendent aucun type de contraception. L'avortement est illégal, même en cas de viol. Les personnes en situation de pauvreté sont souvent fières d'avoir beaucoup d'enfants." Pour Ejike Oji, docteur spécialisé en planification familiale établi à Abuja, la croissance démographique élevée révèle aussi de l'ignorance et un manque d'éducation. »

D'après Jasmin Lavoie, « La bombe démographique à retardement », Lapresse.ca, 23 février 2019.

Taux de fécondité au Nigeria

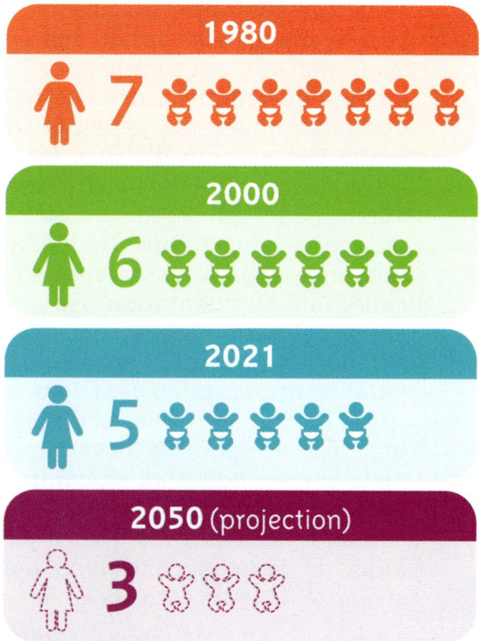

4 **Une fécondité encore très élevée**

5 La pauvreté s'aggrave dans les bidonvilles de Lagos

Dans le bidonville d'Ago Egun Bariga à Lagos, il n'y a pas de route, pas d'électricité, pas d'eau courante, pas de ramassage des ordures. Il n'y a plus de travail non plus depuis que les hautes herbes ont envahi l'accès à la mer, empêchant le passage des pêcheurs.

VIDÉO en ligne
flashbelin.fr/hgemc5-177

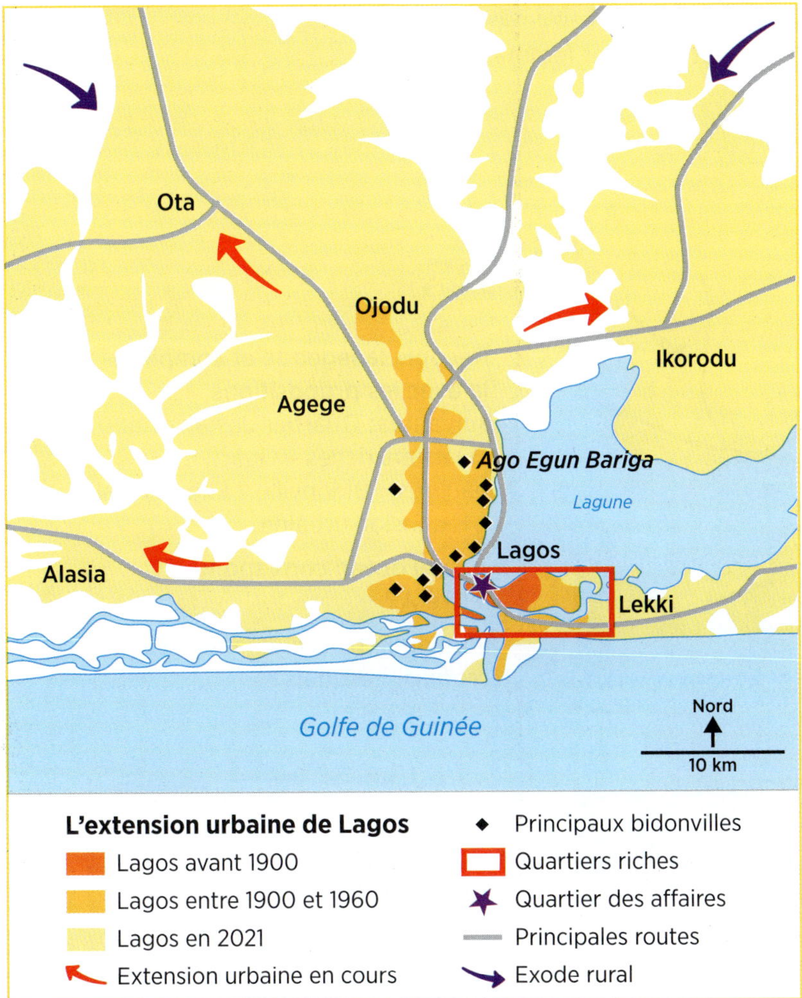

6 L'expansion de la métropole de Lagos

Lagos compte la population urbaine la plus importante d'Afrique (22 millions d'habitants).

Définitions

- Un bidonville : un quartier pauvre fait de tôle et de matériaux de récupération.
- L'explosion démographique : la très forte augmentation d'une population sur une période courte.
- Une ONG (organisation non gouvernementale) : un organisme financé essentiellement par des dons privés, qui se consacre à l'action humanitaire.
- Le paludisme : une maladie pouvant être mortelle, surtout répandue dans les zones tropicales d'Afrique.
- Le taux de fécondité : le nombre moyen d'enfants par femme en âge d'en avoir.

Coup de pouce

→ Identifie dans chaque document les informations concernant les conditions de vie au Nigeria.

→ Au brouillon, classe tes idées par thème afin qu'elles s'enchaînent de manière logique.

→ Pense à être précis dans les informations transmises, comme si tu t'adressais à des personnes qui ne connaissent pas le Nigeria.

Retrouve le cours en lien avec cette étude de cas, p. 186.

Le sais-tu ?

En 2050, plus de la moitié de la population africaine aura moins de 25 ans.

Bilan

▶ Le Nigeria, bientôt le troisième pays le plus peuplé du monde

A Je retiens les informations essentielles

EXERCICE interactif flashbelin.fr/hgemc5-178

Relie chaque début de phrase avec la fin correspondante pour retrouver cinq affirmations sur la situation démographique du Nigeria.

Le taux de fécondité est de •	• peu accès à la contraception.
Ago Egun Bariga est •	• progressé entre 1950 et aujourd'hui.
Les femmes ont •	• 211 millions d'habitants en 2021.
La métropole de Lagos •	• s'étend de façon spectaculaire.
Le Nigeria compte •	• la population est très pauvre.
Dans les bidonvilles de Lagos •	• un bidonville de Lagos.
L'espérance de vie a beaucoup •	• 5 enfants par femme.

B Je complète un croquis

CROQUIS à télécharger flashbelin.fr/hgemc5-178

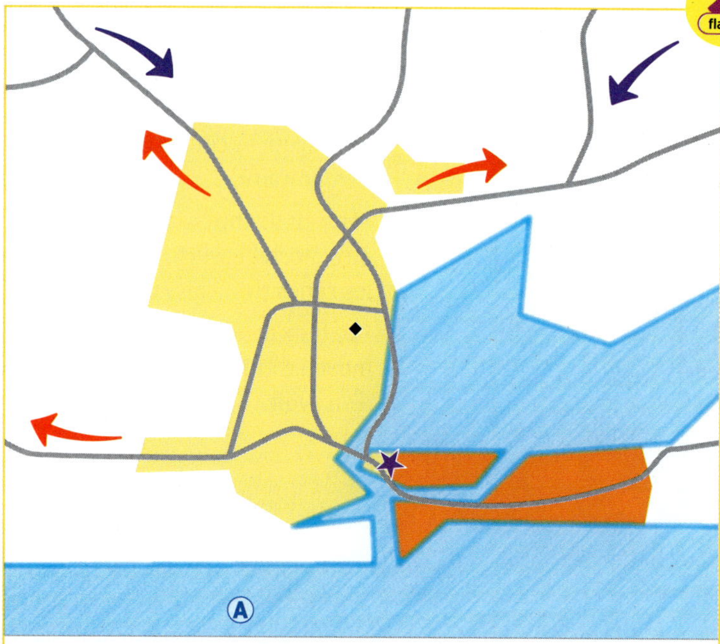

1. Lagos, une métropole qui s'étend de façon spectaculaire

→ .... → ....

— Principales routes

2. Lagos, une métropole marquée par les inégalités

■ .... ★ ....

■ .... ◆ .... d'Ago Egun Bariga

1. **Recopie la légende et complète-la avec les propositions suivantes:** Quartier des affaires • Quartiers riches • Quartiers pauvres • Bidonville • Exode rural • Extension urbaine.
2. **À quel océan correspond la lettre A ?**
3. **Il manque trois éléments à ce croquis. Lesquels ?**

Le croquis cartographique — POINT MÉTHODE

Un croquis est une production cartographique réalisée à partir d'un fond de carte. L'échelle et l'orientation sont précisées.
Le croquis permet de visualiser rapidement les principales caractéristiques d'un espace.
Pour réaliser un croquis, il faut d'abord construire sa légende qui peut être organisée en différentes parties.
Il ne faut pas oublier de donner un titre à son croquis.

Ailleurs dans le monde

Quelle est la situation de la natalité dans d'autres pays du monde ?

1 Vers la fin du boom démographique de l'Amérique latine

Selon les projections, la population de l'Amérique latine et des Caraïbes augmenterait encore jusqu'en 2058 pour atteindre 767,5 millions d'habitants. Puis elle diminuerait à cause de la baisse de la fécondité (photographie prise à Mexico).

2 Les Français veulent-ils moins d'enfants ?

« En France, malgré une légère baisse des naissances, le désir de fonder une famille reste très fort : seulement 6,3 % des hommes et 4,3 % des femmes ne veulent pas avoir d'enfant. Les femmes qui ne veulent pas d'enfant sont plus nombreuses chez les diplômées, tandis que les hommes très diplômés sont moins nombreux que les autres à déclarer vouloir se passer d'enfant. Parmi les raisons justifiant le choix de rester sans enfant sont évoquées l'existence d'autres priorités, les raisons financières ou de santé (très minoritaires), l'âge trop élevé (surtout pour les femmes de plus de 40 ans), mais avant tout, et à toutes générations, le fait de "vouloir rester libre". La notion d'épanouissement personnel est ainsi celle qui transparaît le plus dans le choix de la non-parentalité. »

D'après Cécile Bonneau et Fiorenza Gracci, « Les Français ont-ils moins envie de faire des enfants ? », *Sciences et Vie*, 30 janvier 2021.

3 La crise démographique en Russie

« La crise démographique que traverse la Russie est une menace pour l'avenir du pays et un défi "historique", a déclaré Vladimir Poutine le 15 janvier 2020. "Nous sommes aujourd'hui 147 millions mais nous sommes entrés dans une mauvaise période démographique", a-t-il déclaré. La Russie a perdu plus de cinq millions d'habitants depuis 1991. Après une période de reprise, la population russe baisse de nouveau depuis 2018 alors que la génération née après 1991, marquée par une baisse de la natalité, arrive en âge d'avoir des enfants. Selon le président russe, le taux de fécondité s'établissait en 2019 à 1,5 enfant par femme. "Cela doit être 1,7 enfant par femme en 2024", a-t-il fixé pour objectif. Annonçant des mesures natalistes, il a notamment promis l'extension d'un programme d'aide financière aux parents, jusqu'alors ouvert à la naissance du second enfant, dès le premier enfant. »

D'après « La crise démographique, défi "historique" pour la Russie, selon Poutine », *Le Figaro*, 15 janvier 2020.

Questions

1. **Doc. 1 à 3** Compare la natalité dans chacune des régions étudiées à celle du Nigeria.
2. **Doc. 2** Quels sont les obstacles à la natalité en France ?
3. **Doc. 3** Choisis parmi ces propositions la solution choisie par la Russie pour surmonter la crise démographique :
   a. Augmenter le nombre de crèches.
   b. Favoriser les études courtes pour les femmes.
   c. Verser une indemnité financière dès le premier enfant.

ÉTUDE DE CAS

COMPÉTENCE TRAVAILLÉE
Coopérer et mutualiser

4 Le vieillissement de la population en Europe et aux États-Unis

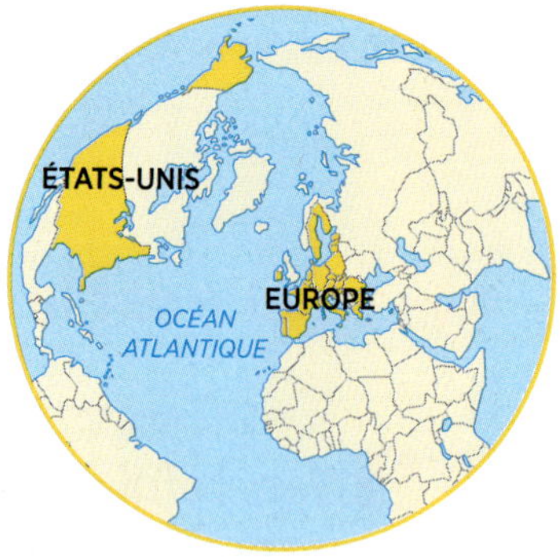

Quelles sont les conséquences du vieillissement de la population en Europe et aux États-Unis ?

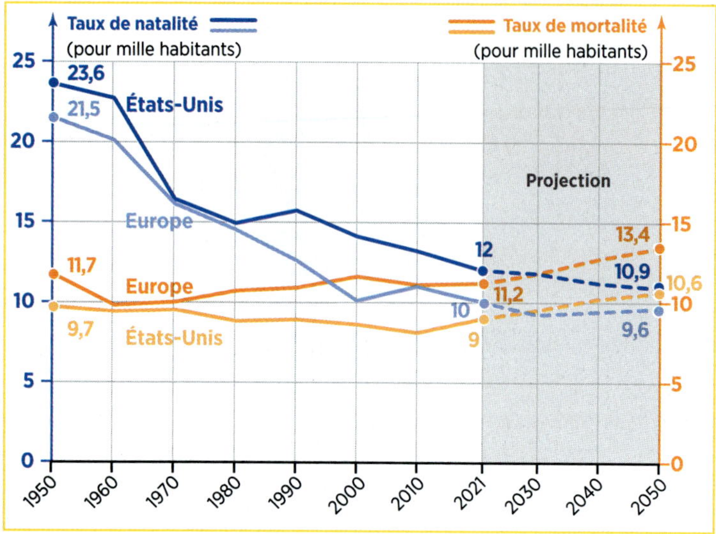

1 Une population vieillissante

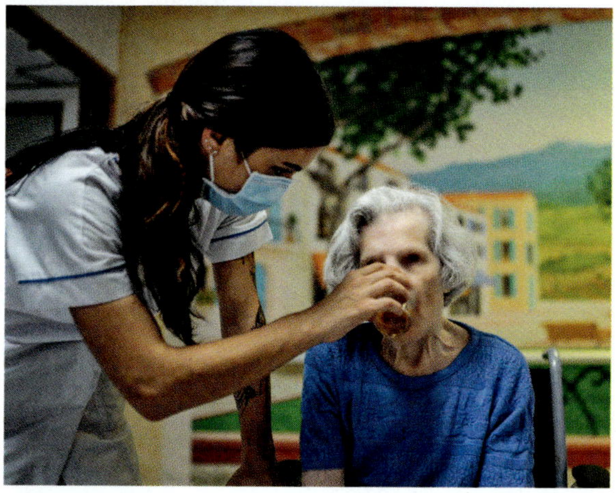

2 La prise en charge des personnes âgées

L'Europe vieillit : en 2040, la part des plus de 65 ans sera de 26 %. En 2050, 11,6 millions de Français auront plus de 75 ans, contre 6,4 millions en 2021.

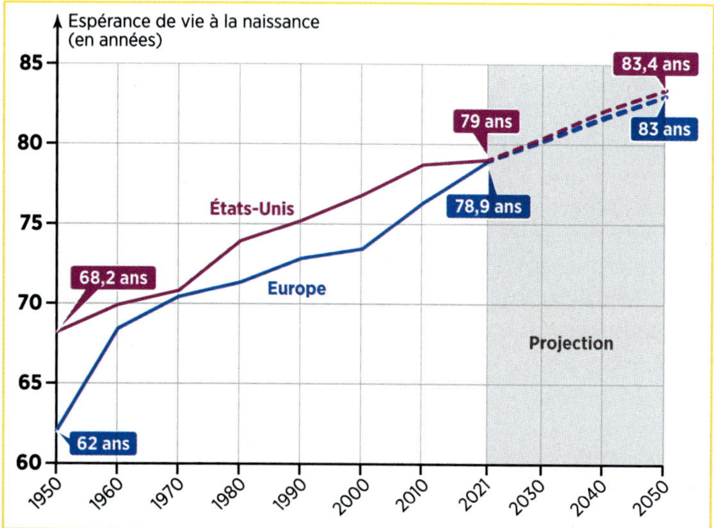

3 Une espérance de vie de plus en plus longue

4 Vers une crise démographique aux États-Unis ?

« Ces dernières années encore, l'Amérique apparaissait plus dynamique que ses rivaux, l'Europe, le Japon ou la Chine. Mais cette ère semble finie. Deux phénomènes majeurs sont sur le point de se retourner : la natalité, longtemps supérieure à celle des autres pays occidentaux, ralentit, et l'immigration se tasse, en particulier l'immigration qualifiée. La baisse de la natalité est attribuée au changement de comportement des nouvelles générations. Enfin, une nouvelle carte des États-Unis commence à se dessiner. De nombreux États, parmi les plus riches, comme New York ou la Californie, perdent des habitants depuis plusieurs années. D'autres ont vu leur population grimper fortement. C'est le cas des États des Rocheuses, comme le Colorado, l'Utah ou l'Idaho, ou les États du Sud (Arizona, Texas). »

D'après Nicolas Rauline, « La crise démographique qui guette les États-Unis », *Les Échos*, 24 janvier 2020.

Le sais-tu ?

Une génération de femmes doit mettre au monde au moins 2,1 enfants pour que la population reste stable sans tenir compte de l'immigration. C'est ce que l'on appelle le « renouvellement des générations ».

5 L'immigration au secours de la croissance démographique américaine

Les immigrés représentent 15 % de la population américaine. Chaque année, en moyenne, 1 million de nouveaux immigrés arrivent aux États-Unis.

VIDÉO en ligne
flashbelin.fr/hgemc5-181

6 Le taux de fécondité en Europe en 2019

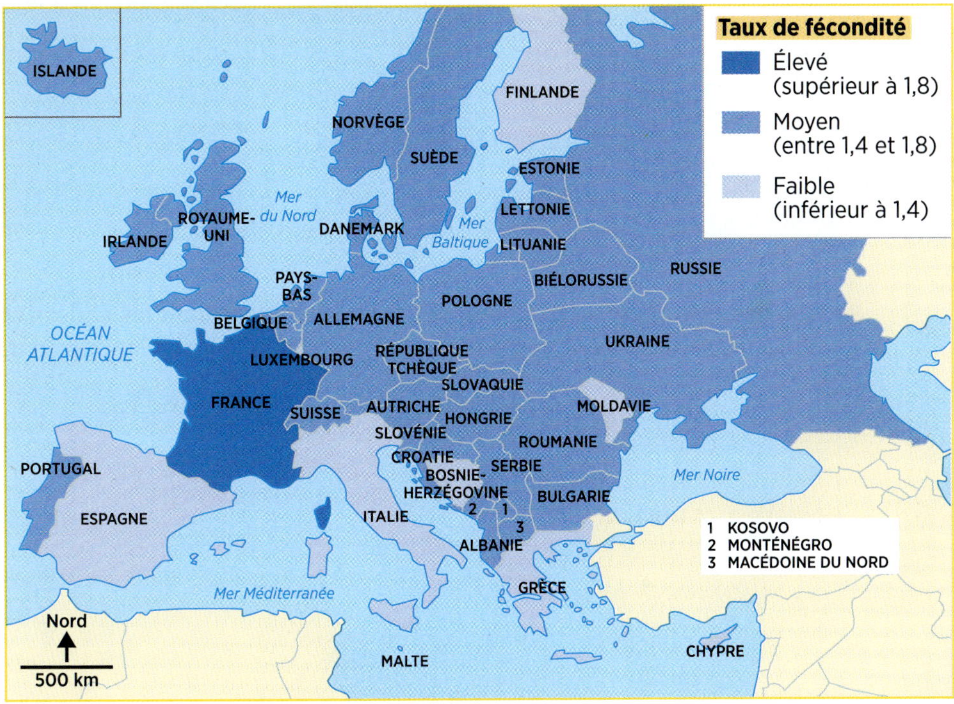

Définitions

- L'**immigration** : le fait de s'installer dans un pays autre que celui dans lequel on est né.
- Le **taux de fécondité** : le nombre moyen d'enfants par femme en âge d'en avoir.
- Le **vieillissement de la population** : l'augmentation de la part des personnes âgées dans la population totale.

Je travaille en groupe

ÉTAPE 1: Avec ton groupe, travaille sur l'un des deux thèmes ci-dessous en répondant aux questions.

ÉTAPE 2: Avec un élève qui a travaillé sur l'autre thème, rédigez un texte sur les points communs et les différences entre l'évolution de la population en Europe et l'évolution de la population aux États-Unis.

Groupe 1 La population en Europe

1. **Doc. 1 et 3** Comment le taux de natalité, le taux de mortalité et l'espérance de vie évoluent-ils en Europe depuis 1950 ?
2. **Doc. 2** Qu'apprend-on sur la population européenne ?
3. **Doc. 6** Quels sont les pays d'Europe qui présentent le plus faible et le plus fort taux de fécondité ?

Groupe 2 La population aux États-Unis

1. **Doc. 1 et 3** Comment le taux de natalité, le taux de mortalité et l'espérance de vie évoluent-ils aux États-Unis depuis 1950 ?
2. **Doc. 4 et 5** Quels sont les deux phénomènes qui permettaient aux États-Unis d'être plus dynamiques que d'autres pays ?
3. **Doc. 4** Pourquoi les États-Unis pourraient-ils se retrouver dans une situation de crise démographique ?

Retrouve le cours en lien avec cette étude de cas, p. 186.

Bilan

Le vieillissement de la population en Europe et aux États-Unis

A Je retiens les informations essentielles

EXERCICE interactif
flashbelin.fr/hgemc5-182

1 Pour chaque proposition, indique la bonne réponse.

a. Les populations européenne et américaine :
- ❑ Vieillissent.
- ❑ Rajeunissent.

b. L'immigration permet le renouvellement de la population aux États-Unis.
- ❑ Vrai.
- ❑ Faux.

c. La part des plus de 65 ans en Europe et aux États-Unis a tendance à :
- ❑ Diminuer.
- ❑ Augmenter.

d. L'espérance de vie en Europe et aux États-Unis est :
- ❑ Inférieure à 75 ans.
- ❑ Supérieure à 75 ans.
- ❑ Supérieure à 80 ans.

e. Le taux de fécondité en Europe est plutôt :
- ❑ Élevé.
- ❑ Faible.

2 Recopie et complète le schéma ci-dessous en identifiant les causes et conséquence du vieillissement de la population : Baisse de la natalité • Espérance de vie en hausse • Crise démographique.

CAUSES		VIEILLISSEMENT DE LA POPULATION		CONSÉQUENCE
....	→		→	....

B Je complète un croquis

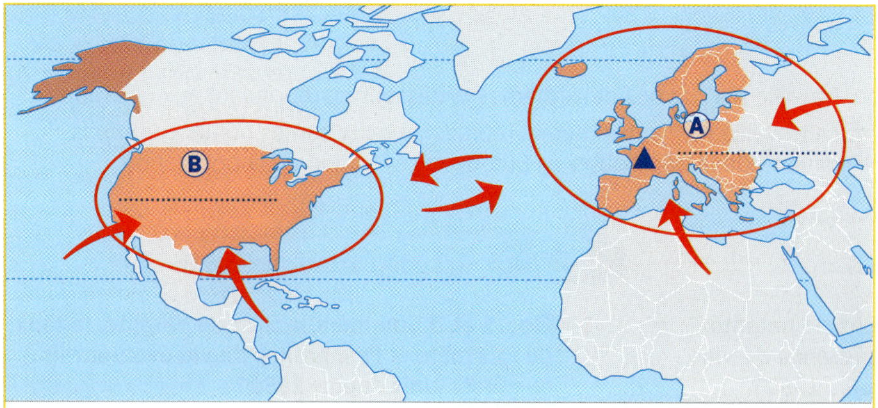

Titre : ....

→ ....

▲ État dont .... est le plus élevé d'Europe

Croissance démographique ....

1 Nomme les régions représentées en A et B.

2 Recopie et complète la légende à l'aide de tes connaissances.

3 Donne un titre à ce croquis.

4 En plus du titre, il manque deux éléments à ce croquis. Lesquels ?

CROQUIS à télécharger
flashbelin.fr/hgemc5-182

Ailleurs dans le monde

L'Europe et les États-Unis sont-ils les seuls concernés par le vieillissement de la population ?

1 Le Brésil, un « pays jeune aux cheveux blancs »

« Le Brésil connaît un processus de vieillissement très récent – commencé à la fin des années 1980 – et surtout extrêmement rapide. Les progrès de la science, de meilleures conditions sociales et économiques, mais aussi une limitation du nombre de naissances ont propulsé le pays au rang des plus "vieux" en 50 ans à peine : d'ici 2025, le Brésil sera le 6e pays à compter le plus de personnes âgées, ils seront alors 32 millions à avoir plus de 60 ans. Du coup, le pays a dû s'adapter… rapidement. En 2003, le statut de "personne âgée" a été créé pour donner aux vieux Brésiliens un certain nombre de droits. Mais aussi, chose inédite, des "conseils des aînés" ont été mis en place pour permettre aux vieux de faire des propositions de loi, et surtout de montrer qu'ils existent. Dans les faits pourtant, les mentalités évoluent lentement et leurs droits naissants ne sont pas toujours respectés. »

D'après « Brésil : devenir vieux dans un pays jeune », Oldyssey.org, 18 mai 2018.

2 Le vieillissement de la population chinoise

Alors que la natalité s'effondre en Chine et que l'espérance de vie progresse, les personnes âgées devraient représenter près de 30 % de la population totale d'ici à 2050.

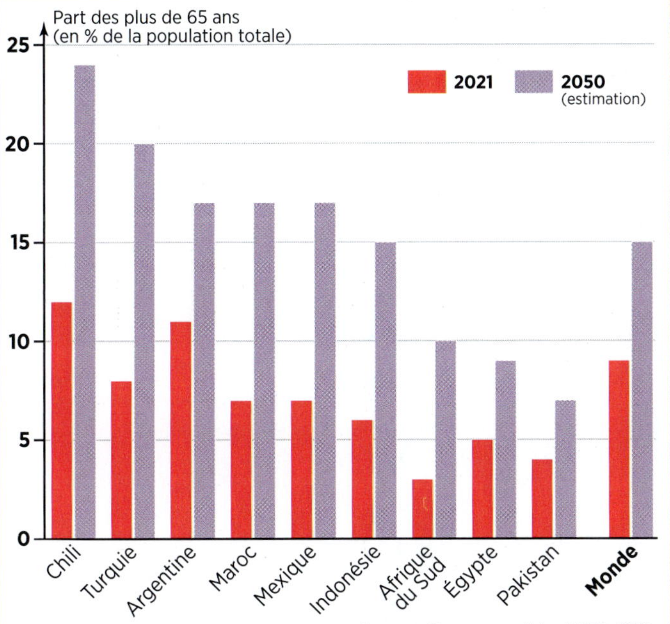

Sources : Banque mondiale et INED, 2022.

3 Le vieillissement de la population partout dans le monde ?

Questions

1. **Doc. 1 à 3** Montre que d'autres pays connaissent la même évolution démographique que l'Europe et les États-Unis.
2. À l'aide des documents, justifie les affirmations suivantes :
   a. Le Brésil est « un pays jeune aux cheveux blancs ».
   b. Le vieillissement de la population au Brésil se traduit par la demande de plus de droits.
   c. Le vieillissement de la population est moins important dans certains pays du monde.
   d. Dans certains pays du monde, la part des plus de 65 ans dans la population va au moins doubler d'ici 2050.
   e. La population chinoise vieillit.

PLANISPHÈRE

La croissance démographique dans le monde

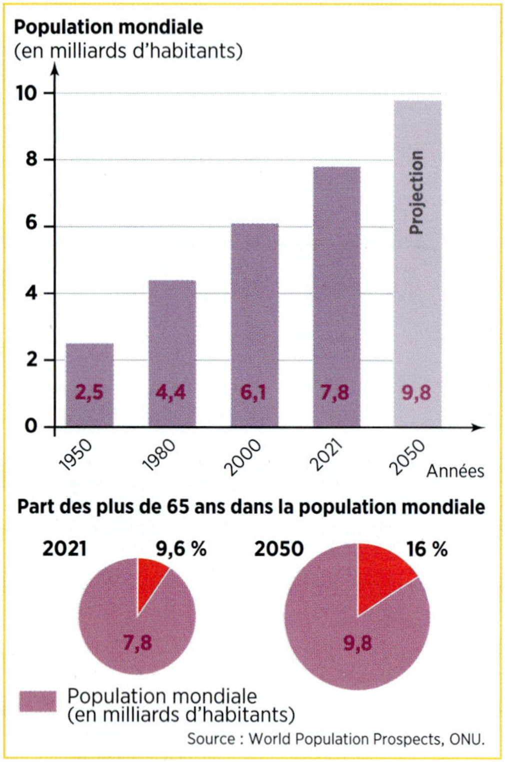

L'évolution de la population mondiale

Définition

• La croissance démographique : l'augmentation de la population. Exprimée en ‰, il s'agit du nombre d'habitants en plus par an pour 1 000 habitants.

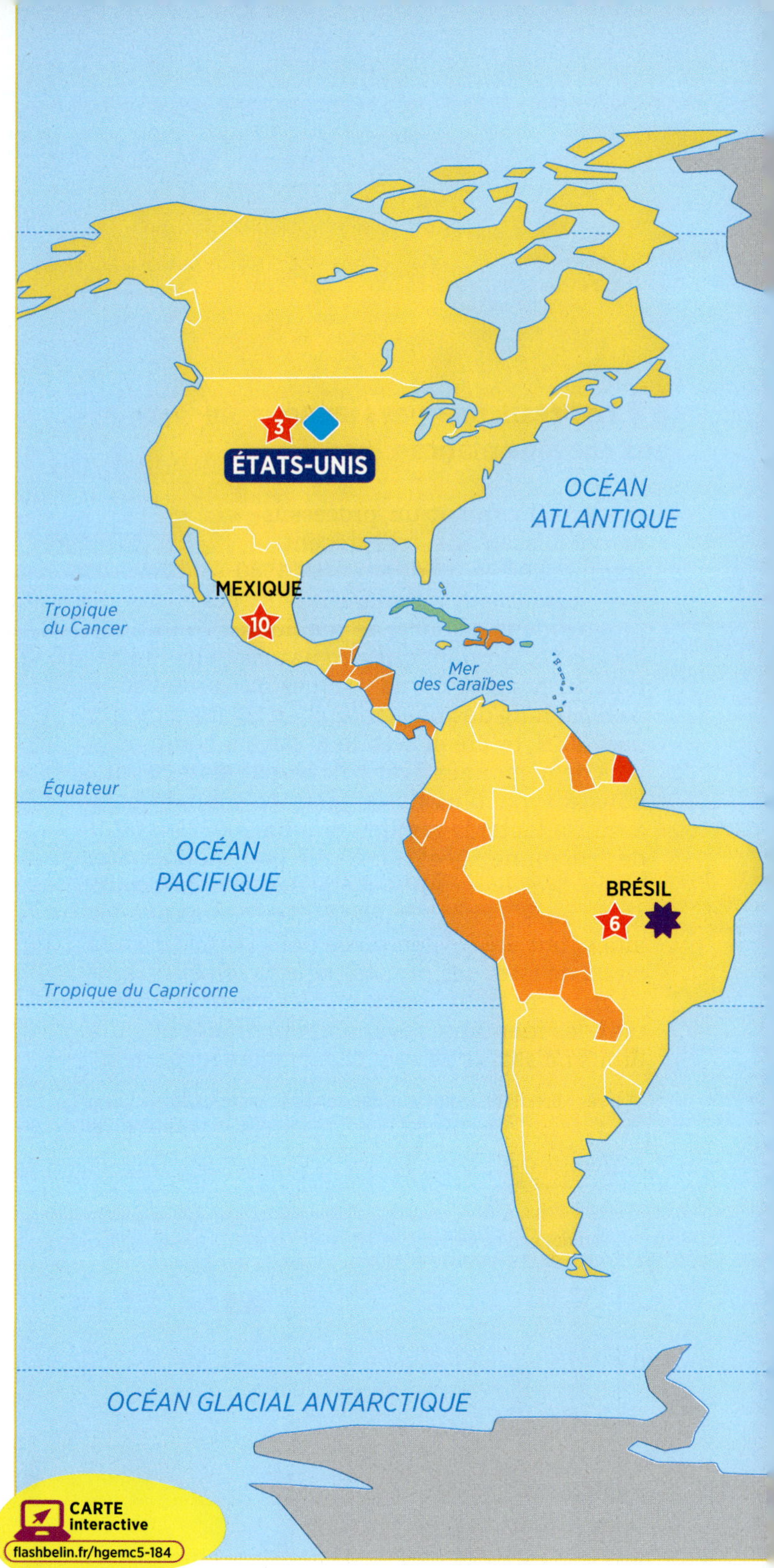

CARTE interactive
flashbelin.fr/hgemc5-184

Je me repère dans l'espace

1. **Graphique** Comment la population mondiale évolue-t-elle depuis 1950 ?
2. **Carte** Quels sont les dix pays les plus peuplés du monde ?
3. **Carte** Dans quelles régions du monde la croissance démographique est-elle la plus forte ?
4. **Carte** Dans quelles régions du monde la croissance démographique est-elle faible ou négative ?
5. **Graphique** Pourquoi peut-on dire que la population mondiale vieillit ?

1. Des pays inégalement peuplés et développés

- Les 10 pays les plus peuplés et leur classement
- Pays émergents
- Principaux pays développés

2. Des pays à la croissance démographique différente

- Croissance démographique très forte (> 20 ‰)
- Croissance démographique assez forte (entre 10 et 20 ‰)
- Croissance démographique faible (< 10 ‰)
- Croissance démographique négative (baisse de la population)
- Aucune donnée disponible

NIGERIA Études de cas du chapitre

COURS

La croissance démographique et ses effets

COURS audio
flashbelin.fr/hgemc5-186

Quelles sont les caractéristiques et les conséquences de la croissance démographique dans le monde ?

Inde, p. 172-173

1 L'humanité est en pleine croissance démographique

• **Depuis 1950, la population mondiale augmente fortement.** La Terre compte 7,8 milliards d'habitants en 2021 et selon les projections, elle devrait en accueillir 9,8 milliards en 2050.

• **Cette croissance démographique s'explique par une natalité et une fécondité élevées et une mortalité en baisse.** En effet, l'accroissement naturel est positif et l'espérance de vie en progrès.

États-Unis, p. 180-181

2 La croissance démographique est inégale selon les régions du monde

• **Les pays en développement, nombreux en Afrique et en Asie, connaissent une véritable explosion démographique** : le taux de fécondité y est très élevé tandis que le taux de mortalité commence à diminuer. La population y est très jeune et représente un réservoir de main-d'œuvre.

• **Dans les pays émergents comme la Chine, la fécondité est en baisse.** La population est jeune mais son vieillissement à venir risque de menacer le développement de ces pays.

• Enfin, **les pays développés connaissent une croissance démographique ralentie voire négative.** L'espérance de vie y est élevée tandis que les taux de natalité et de mortalité sont faibles, ce qui provoque un vieillissement de la population. Le nombre d'enfants par femme ne dépasse plus 2. **L'immigration permet encore le renouvellement des générations.**

Nigeria, p. 176-177

3 La croissance démographique est source de défis pour l'humanité

• **Il faut nourrir, loger, éduquer, donner du travail aux jeunes populations.** Selon le niveau de développement, satisfaire ces besoins **tout en prenant en charge les personnes âgées et le financement des retraites** peut être difficile.

• La croissance démographique s'accompagne également d'une **explosion urbaine**, offrant des **conditions de vie parfois difficiles** (pollution).

• Les **Objectifs de développement durable 3 et 4** de l'ONU proposent la marche à suivre pour répondre aux besoins croissants en matière de bien-être, de santé et d'éducation de qualité.

Définitions

• **L'accroissement naturel** : la différence entre le taux de natalité et le taux de mortalité.

• **La croissance démographique** : l'augmentation de la population. Exprimée en ‰, il s'agit du nombre d'habitants en plus par an pour 1000 habitants.

• **L'immigration** : le fait de s'installer dans un pays autre que celui dans lequel on est né.

• **Le taux de fécondité** : le nombre moyen d'enfants par femme en âge d'en avoir.

• **Le taux de mortalité** : le nombre de décès pour 1 000 habitants.

• **Le taux de natalité** : le nombre de naissances pour 1 000 habitants.

• **Le vieillissement de la population** : l'augmentation de la part des personnes âgées dans la population totale.

Je vérifie mes connaissances

→ Es-tu capable de citer ?

- Deux explications de la croissance démographique
- Deux causes du ralentissement démographique
- Deux conséquences du vieillissement de la population
- Deux moyens de faire augmenter la population d'un pays
- Deux défis à relever en lien avec l'évolution de la population
- Deux ODD en lien avec la croissance démographique

Je comprends le cours

→ Relis chaque partie du cours et réponds aux questions.

Partie 1

- Cite le chiffre de la population totale sur Terre en 2021 et en 2050.
- Quel mot peux-tu remplacer par « qui concerne la population » ?

Partie 2

- Quelles erreurs se sont glissées dans ces phrases ?
  – Dans les pays émergents, le taux de fécondité est très bas.
  – Dans les pays développés, la croissance démographique est forte.

Partie 3

- Quelle expression désigne l'augmentation forte de la population dans les villes ?
- Quels sont les défis posés par la croissance démographique ?

J'apprends autrement

→ Reproduis le schéma et complète-le avec les mots ou expressions proposés : Contrôle des naissances • Ralentie • Forte • Population jeune • Population vieillissante.

→ Choisis pour chaque couleur du schéma un pays parmi ces quatre noms : Chine • Nigeria • États-Unis • Inde.

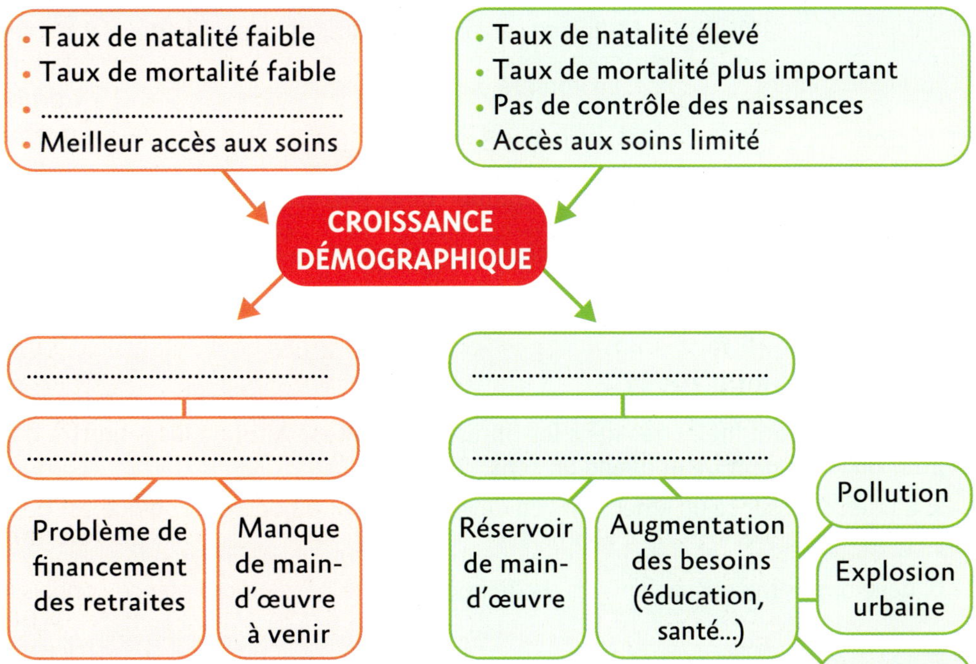

SCHÉMA à télécharger
flashbelin.fr/hgemc5-187

RÉVISE en jouant avec Genially ! + EXERCICES interactifs

flashbelin.fr/hgemc5-188

1 Je révise les repères géographiques

1 Nomme les continents indiqués par les lettres A à E.

2 Nomme les dix États les plus peuplés en 2022 numérotés de 1 à 10.

3 Nomme le pays qui sera le plus peuplé en 2025 selon les projections, et le continent auquel il appartient.

4 Nomme le continent qui connaît le plus fort ralentissement de sa croissance démographique.

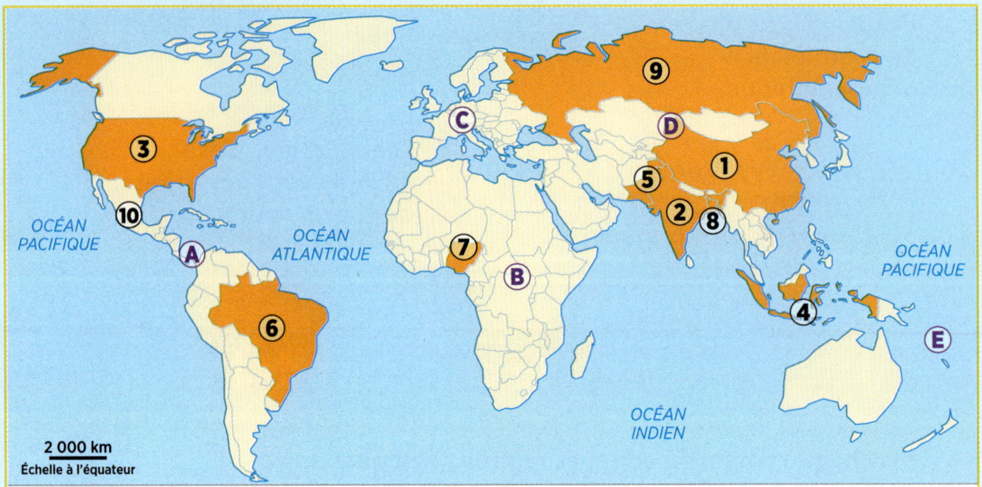

Ⓐ .... ① .... ⑥ ....

Ⓑ .... ② .... ⑦ ....

Ⓒ .... ③ .... ⑧ ....

Ⓓ .... ④ .... ⑨ ....

Ⓔ .... ⑤ .... ⑩ ....

CARTE à télécharger flashbelin.fr/hgemc5-188

2 Je révise le vocabulaire

Trouve les mots correspondants aux propositions ci-dessous dans la liste suivante :

- la natalité
- l'alphabétisation
- démographique
- l'IDH
- le vieillissement
- la croissance
- la mortalité
- l'espérance de vie

a. Augmentation : ....

b. En rapport avec la population : ....

c. La durée de vie moyenne d'un individu : ....

d. L'indice servant à mesurer le niveau de développement : ....

e. Le nombre de naissances : ....

f. Le nombre de décès : ....

g. L'augmentation de la part des personnes âgées dans la population totale : ....

h. L'apprentissage de la lecture et de l'écriture : ....

3 Je révise en jouant

Les mots se sont mélangés dans les phrases suivantes ! À toi de les remettre dans l'ordre pour qu'elles aient de nouveau un sens.

a. La défi croissance un émergents en développement ou démographique est pays pour forte les.

▸ ....

b. développés ralentissement Les de démographique pays un croissance connaissent leur.

▸ ....

c. baisse La s'explique natalité une démographique mortalité et une croissance en par élevée par.

▸ ....

Je révise en chantant

N'as-tu jamais remarqué comme il est plus facile de retenir les paroles d'une chanson ou d'un slogan de publicité qu'une leçon de géographie ? Mettre sa leçon en chanson peut être un excellent moyen de la retenir.

1 **Choisis une chanson que tu aimes écouter** et dont la mélodie te reste facilement en tête. Cela peut être un morceau de n'importe quel style musical (rap, pop, rock, classique...).

2 Relève dans la leçon **les informations qui te semblent les plus importantes à mémoriser** : elles deviendront ton refrain. Tu peux, par exemple, te baser sur les mots et phrases qui figurent en gras dans le cours. Essaie de leur associer des images. **Les autres informations du cours deviendront tes couplets.** Tu peux insister sur les définitions, les chiffres, les lieux. Plus ils reviendront dans tes paroles, plus tu les mémoriseras facilement.

3 **Une fois ta chanson écrite, répète** devant le miroir, devant tes parents, un(e) camarade, à voix haute, à voix basse jusqu'à ce que tu n'aies plus la moindre hésitation.

4 **Enregistre-toi et réécoute-toi** à volonté, en particulier avant de t'endormir car c'est un moment clé pour mémoriser.

Un début de chanson possible sur ce chapitre :

Refrain

L'humanité est en pleine croissance démographique
La croissance démographique
C'est l'augmentation de la population
Ou le nombre d'habitants
En plus par an
En pour mille ou en pour cent
Selon les régions, il y a des inégalités
La croissance démographique n'est pas sans effets
Pour l'humanité

Couplet

L'espérance de vie est en progrès
La natalité et la fécondité sont élevées
Mais c'est une baisse pour la mortalité
De 7,8 à 9,8
C'est en milliards
Le nombre d'habitants sur Terre
Entre 2021 et 2050

CHANSON à écouter
flashbelin.fr/hgemc5-189

Invente ta chanson sur la croissance démographique et ses effets. Pour t'aider, tu peux t'appuyer sur le cours p. 186, recopier et compléter ce tableau :

	Refrain	Couplets
Titre du chapitre		
Partie 1 du cours		
Partie 2 du cours		
Partie 3 du cours		
Définitions		
Lieux et chiffres importants		

1 Je questionne le rôle d'un organisme mondial

Raisonner et justifier

Campagne de sensibilisation à la contraception à Madagascar par l'OMS

L'Organisation mondiale de la santé (OMS) est une institution spécialisée de l'Organisation des Nations unies (ONU) pour la santé publique créée en 1948.

1. Quel est l'objectif de cette campagne de sensibilisation de l'OMS à Madagascar ?
2. À qui cette campagne s'adresse-t-elle ?
3. Quelles conséquences l'action de l'OMS pourrait-elle avoir sur la croissance démographique à Madagascar ?

2 Je confronte un document à ce que je sais sur les inégalités dans le monde

Analyser un document

Les inégalités face à l'accès au vaccin contre le Covid-19

« L'Afrique ne semble pas en mesure d'atteindre l'objectif fixé par l'Organisation mondiale de la santé (OMS) d'avoir vacciné 40 % de sa population à la fin de l'année 2021, car il manque près de 500 millions de doses pour cela, selon le bureau régional de l'OMS. Ce fossé considérable (plus de 45 % de la population mondiale mais seulement 4 % des Africains) est choquant au plan moral – seuls les plus riches seraient protégés –, n'a aucun sens au plan épidémiologique – les virus ne connaissent pas les frontières et leur circulation favorise l'apparition de variants – et interroge au plan politique – que valent donc les discours sur la solidarité des dirigeants les plus puissants de la planète s'ils ne se traduisent pas sur le terrain ? »

D'après « Covid-19 : "C'est une erreur d'opposer la répartition mondiale des vaccins et les recommandations d'une dose de rappel" », tribune de médecins et scientifiques publiée dans *Le Monde*, 17 octobre 2021.

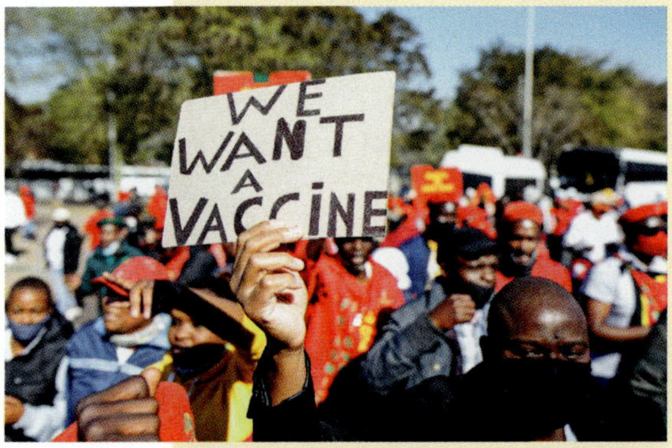

Manifestation en Afrique du Sud en juin 2021 pour réclamer un meilleur accès au vaccin contre le Covid-19 (voir p. 196).

1. Présente le contexte dans lequel cet article a été rédigé.
2. Compare l'accès au vaccin en Afrique avec ce que tu sais de la population africaine.
3. Pourquoi peut-on dire que la vaccination contre le Covid-19 révèle des inégalités dans le monde ?

3 J'analyse un graphique sur la population éthiopienne

Analyser un document

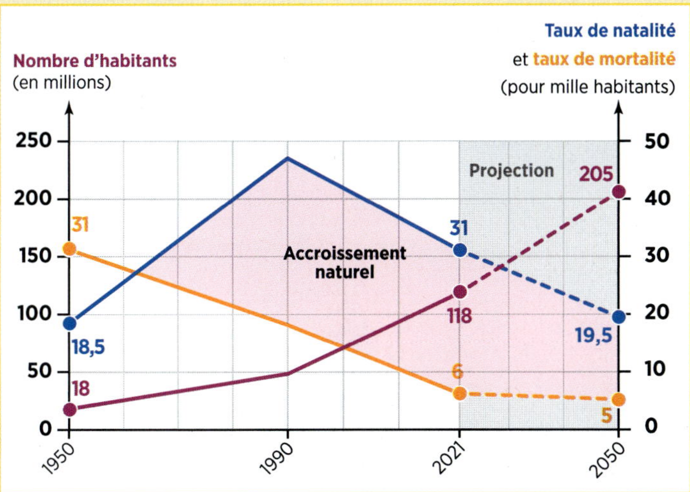

Lire un graphique — POINT MÉTHODE

→ **Présente le graphique**
Indique sa nature, son thème, les données (souvent en ordonnée, l'axe vertical), la période concernée (souvent en abscisse, l'axe horizontal), la source.

→ **Décris le graphique**
Précise comment le phénomène représenté évolue sur la période indiquée. N'oublie pas de caractériser l'évolution : elle peut être une augmentation (↗), une stagnation (→) ou une diminution (↘). Elle peut être forte ou faible, régulière (→) ou irrégulière (⟿).

→ **Analyse les informations**
Cherche à expliquer l'évolution constatée en te demandant comment et pourquoi.

1. **Présente ce graphique sur la population éthiopienne et propose-lui un titre.**
2. **Comment la population éthiopienne évolue-t-elle entre 1950 et 2021 ?**
3. **Comment la natalité évolue-t-elle entre 1950 et 2021 ? Et la mortalité ?**
4. **Ces évolutions vont-elles se prolonger jusqu'en 2050 ? Justifie ta réponse.**

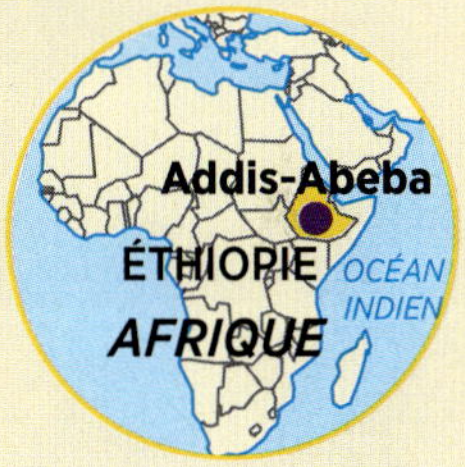

4 Je m'informe sur la démographie pix

S'informer dans le monde du numérique

→ Rends-toi sur le site de l'INED : www.ined.fr. Il s'agit d'un site qui propose toutes les informations utiles sur la démographie mondiale.

1. **En haut de la page, identifie le décompte de la population mondiale. À l'aide de ta montre ou du chronomètre de ton smartphone, compte le nombre d'habitants supplémentaires sur Terre en 1 minute.**

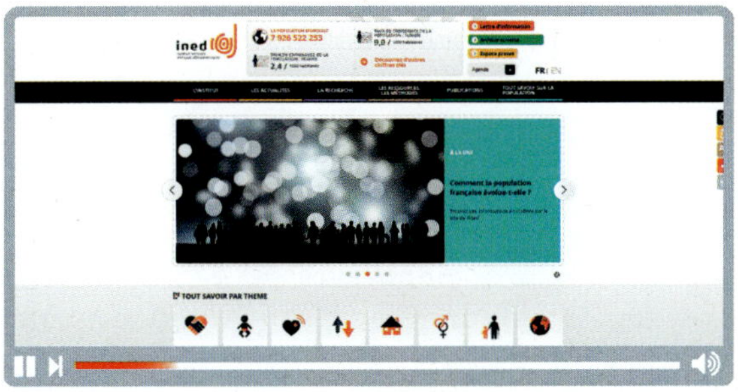

SITE internet
flashbelin.fr/hgemc5-191

→ Clique sur « Tout savoir sur la population » puis sur « Les graphiques/les cartes », puis « La population en graphiques » et « C'est parti ! ».

→ Sélectionne dans les pays la France (métropolitaine).

2. **Combien y a-t-il d'habitants en France ?**

→ Clique sur « Courbes d'évolution ».

3. **Comment évolue la natalité en France depuis 1950 ?**
4. **Comment évoluera la mortalité en France entre aujourd'hui et la fin des années 2050 ?**
5. **Trouve l'indicateur qui permet de voir le vieillissement de la population française.**

→ Sélectionne un des pays étudiés au cours du chapitre dans « Comparez avec une autre zone géographique ».

6. **Compare les indicateurs de ce pays aux chiffres que tu as relevés pour la France.**

10 Richesse et pauvreté dans le monde

Quelles inégalités de richesse existent dans le monde ?

1 L'hôtel de luxe le plus haut du monde à Shanghai (Chine)

Inauguré en juin 2021, le J Hotel se situe au 120ᵉ étage de la plus haute tour de Shanghai. Une nuit dans la plus belle suite coûte 8 600 euros.

Pour bien commencer le chapitre

Fais le point sur ce que tu sais déjà.

Quiz interactif
flashbelin.fr/hgemc5-193

1. Quels héros de fiction viennent en aide aux plus pauvres ?

a. Robin des Bois.
b. Harry Potter.
c. Zorro.

2. D'après toi, tu vis dans un pays :

a. Plutôt riche.
b. Moyennement riche.
c. Plutôt pauvre.

3. Depuis le début du XXIe siècle, la pauvreté a tendance à :

a. Augmenter.
b. Stagner.
c. Diminuer.

4. Dans quel continent y a-t-il le plus de pauvres ?

a. L'Amérique.
b. L'Europe.
c. L'Afrique.

2 Le bidonville de Kibera à Nairobi (Kenya)

Le bidonville de Kibera est le plus grand bidonville urbain d'Afrique avec près d'un million d'habitants.

Questions

1. **Doc. 1** Relève dans cette photographie deux signes de richesse.
2. **Doc. 2** Décris brièvement le quartier observé par ces deux enfants.
3. **Doc. 1 et 2** Pourquoi peut-on dire que ces deux documents s'opposent ?

REPÈRES

OBJECTIFS DE DÉVELOPPEMENT DURABLE

En 2022, plus de 700 millions de personnes sont dans l'extrême pauvreté. Elles ont très difficilement accès à la santé, à l'éducation ou encore à l'eau potable. Si ces personnes vivent essentiellement dans les pays en développement, la pauvreté existe aussi dans les pays développés où 30 millions d'enfants grandissent encore dans des conditions de vie difficiles.

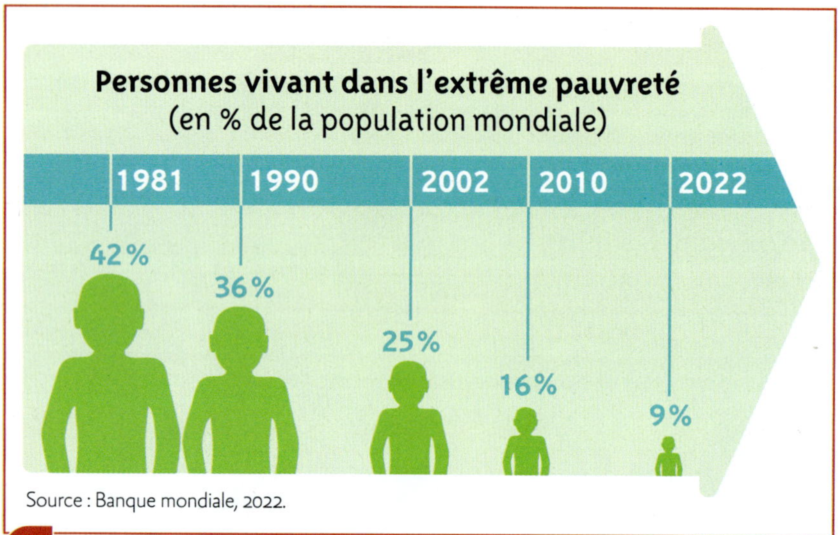

Source : Banque mondiale, 2022.

1 L'extrême pauvreté en baisse dans le monde

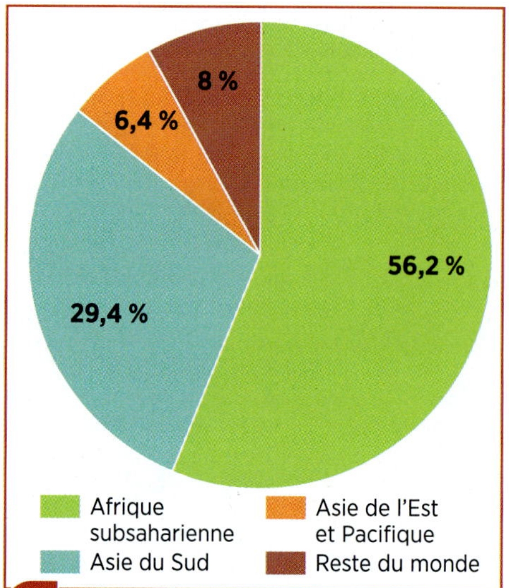

2 La répartition de l'extrême pauvreté dans le monde

3 La crise sanitaire ralentit la baisse de la pauvreté

Tweet publié sur le compte Twitter de l'ONU, 28 juillet 2021.

Le sais-tu ?

La moitié des personnes vivant dans l'extrême pauvreté sont des enfants, alors que ces derniers ne représentent qu'un tiers de la population mondiale.

10 INÉGALITÉS RÉDUITES

Les inégalités restent importantes entre les pays du monde et à l'intérieur des États. L'amélioration actuelle des conditions de vie ne doit exclure personne. Investir davantage dans la santé, l'éducation et la protection sociale est une solution pour aider les personnes les plus fragiles (les femmes, les enfants ou les migrants) et réduire les inégalités.

1 Des migrants climatiques de plus en plus nombreux

Au Pérou, 300 000 personnes ont été déplacées en 2017 dans des campements précaires sans électricité ni eau potable, suite à de très fortes inondations liées au changement climatique. En 2022, un quart des personnes vivant dans des camps n'ont pas encore pu retourner chez elles.

2 Les femmes, plus touchées par la pauvreté

« La participation des femmes dans tous les domaines de la société est essentielle pour créer un changement majeur et durable, dans leur intérêt et celui de tous. Les femmes et les filles représentent une part disproportionnée des personnes en situation de pauvreté[1] et sont plus vulnérables à la faim, aux violences et aux effets des catastrophes et du changement climatique. Elles sont également plus susceptibles de se voir refuser l'accès aux droits. »

D'après le Programme des Nations unies pour le développement, 2021.

1. Selon OXFAM, une organisation qui lutte contre la pauvreté, les hommes détiennent 50 % de richesses de plus que les femmes.

Le sais-tu ?

1 % de la population mondiale seulement possède plus de la moitié des richesses de la planète.

Définition

• L'extrême pauvreté : la situation d'une personne vivant avec moins d'1,7 euro par jour.

Questions

1. Présente chacun des Objectifs de développement durable en une phrase.
2. À l'aide de deux informations de ton choix, justifie la phrase suivante : « La pauvreté est en baisse, mais le problème n'est pas encore réglé. »
3. Quelles catégories de population restent particulièrement touchées par la pauvreté ?

COMPÉTENCE TRAVAILLÉE
Pratiquer différents langages

Être pauvre aujourd'hui

Comment définir la pauvreté ?

1 La pauvreté expliquée à un enfant

Aria Ribieras, une des responsables d'ATD Quart Monde, une association qui lutte contre la pauvreté, donne une définition de la pauvreté à un jeune garçon.

« Être pauvre, c'est faire face à des manques. C'est ne pas avoir l'argent nécessaire pour se nourrir, se loger, se soigner... Pour les adultes, c'est ne pas avoir de travail ou devoir en accepter un mal payé, non déclaré, parfois dangereux. Pour les enfants, c'est avoir du mal à faire ses leçons ou ne pas aller à l'école du tout, ne pas partir en vacances... Être pauvre, c'est souvent dépendre des autres, avoir honte et perdre ses amis. Mais c'est aussi être drôlement débrouillard. »

D'après « Question d'enfant : Ça veut dire quoi "être pauvre ?" », *La Voix du Nord*, 16 mars 2021.

2 Le mal-logement, un signe de pauvreté

Cette retraitée russe vit dans un logement de 12 m² dans un ancien complexe industriel à Tver, au nord de Moscou. Les conditions de vie sont difficiles : bâtiments délabrés, toilettes communes et accès difficile à l'eau.

VIDÉO en ligne flashbelin.fr/hgemc5-196

3 Un accès inégal aux soins

En juin 2021, en Afrique du Sud, des manifestants réclament l'accès pour tous aux vaccins, notamment celui contre le Covid-19.

4 Le quotidien difficile des plus pauvres en France

« Vivre avec moins de neuf euros par jour, tel est le quotidien vécu par la moitié des 55 400 ménages français accueillis par le Secours catholique en 2019, avant même la crise liée au Covid-19. Publié ce jeudi, le rapport sur l'état de la pauvreté en France en 2019 pointe notamment du doigt la forte dégradation du niveau de vie des ménages et les choix impossibles auxquels ces derniers sont contraints pour survivre. Lorsqu'on doit nourrir sa famille, on donne la priorité à la nourriture des enfants et on n'arrive plus à payer son loyer. D'autres essayent de mettre de l'argent de côté, craignant l'arrivée d'imprévus, mais il ne leur reste ensuite plus rien pour manger. »

D'après Aurore Savarit-Lebrère, « Huit millions de Français ont besoin de l'aide alimentaire pour vivre », *Libération*, 12 novembre 2020.

5 **Un enfant dans une décharge de Jakarta (Indonésie)**

Cet enfant ramasse des déchets pour les revendre et se nourrir. En Indonésie, 5 % des enfants ne sont pas scolarisés en primaire.

Le sais-tu ?

En 2021, le travail des enfants est en hausse pour la première fois depuis 20 ans. 160 millions d'enfants travaillent dans le monde.

Activité A

Je complète un schéma

SCHÉMA à télécharger
flashbelin.fr/hgemc5-197

1 **Doc. 1** Complète le schéma suivant à l'aide du document.

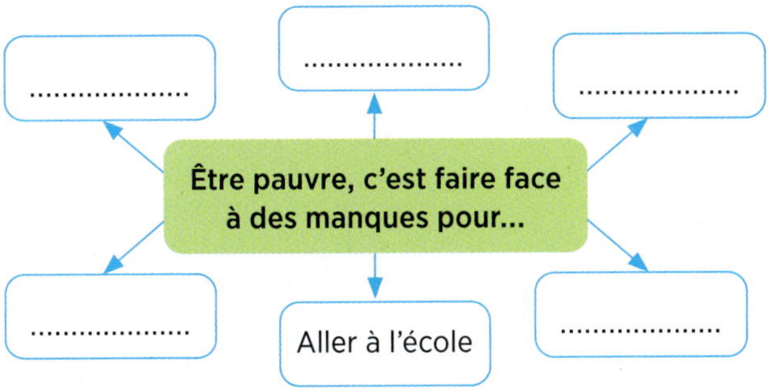

J'écris pour argumenter

2 **Doc. 2 à 5** La pauvreté persiste en France et dans le monde. Présente quelques arguments en t'appuyant sur des chiffres et des exemples.

Activité B

Oral

Je m'exprime à l'oral

En deux minutes, explique à tes camarades ce qu'est la pauvreté. Tu peux t'appuyer sur des images qui les feront réagir en proposant un court diaporama.

Coup de pouce

- → Pour préparer ta présentation orale, sers-toi des documents en regardant attentivement les titres.
- → Choisis deux ou trois grands thèmes qui vont te permettre d'expliquer ce qu'est la pauvreté.
- → Choisis des exemples précis pour les illustrer.

Argumenter POINT MÉTHODE

Argumenter consiste à donner des preuves pour répondre à une question ou donner une opinion. Tu dois convaincre le lecteur ou l'auditeur. Il faut donc t'appuyer sur des exemples précis pris dans les documents ou dans tes connaissances personnelles.

Retrouve le cours en lien avec cette étude, p. 208.

ÉTUDE DE CAS

COMPÉTENCE TRAVAILLÉE
Raisonner et justifier

1 Richesse et pauvreté en Côte d'Ivoire

La Côte d'Ivoire, en progrès économique, est-elle devenue un pays riche ?

SITE internet
flashbelin.fr/hgemc5-198

1 Abidjan, symbole du développement de la Côte d'Ivoire

La Côte d'Ivoire est devenue le pays le plus riche d'Afrique de l'Ouest. Abidjan, capitale économique, est le symbole de ce développement avec la construction de buildings ou encore de grands axes routiers.

2 Des inégalités sociales fortes à Abidjan

À Abidjan, les bidonvilles, situés près d'un pont en construction, s'opposent aux quartiers modernes.

Chiffres clés
POPULATION 26,4 millions d'habitants
PIB 61 milliards de dollars
IDH 0,54
PIB/HABITANT 311 dollars/habitant/an

3 Habiter le quartier de Doukouré

Le quartier de Doukouré se situe à l'ouest d'Abidjan, près de quartiers riches.

« Ce quartier manque de tout. Pas d'éclairage public, de routes bitumées ou de centre de santé. À défaut d'aires de jeux, les enfants jouent dans des allées insalubres[1]. Pour lutter contre la pauvreté dans ce quartier, chacun tente d'exercer une petite activité. Une habitante du quartier raconte : "On vit à huit à la maison. Je suis commerçante. Je prends 2 000 francs CFA par jour[2] dans l'argent de mon commerce pour faire le marché. Souvent, je ne gagne pas les 2 000 francs. Pour manger, c'est un parcours du combattant. Ici, on vit très mal. Lorsqu'il pleut, par exemple, on n'est pas du tout à l'aise. Les routes deviennent impraticables. On est parfois obligé de laisser l'eau s'infiltrer dans le sol avant de pouvoir sortir. Il n'y a pas de route et on ne peut pas continuer à vivre dans ces conditions." »

D'après Julien Adayé, « La pauvreté persiste en Côte d'Ivoire », Dw.com, 20 octobre 2020.

1. Nuisibles à la santé.
2. L'équivalent de 3 euros.

4 Plus de pauvres en milieu rural

« En milieu rural, les ménages sont affectés par la pauvreté dans une large proportion d'entre eux (51,2 % contre 23,5 % en milieu urbain en 2019) et font face ainsi à plusieurs privations comme celle de l'accès à l'éducation pour tous. Dans ces zones, les taux de scolarisation au primaire sont parmi les plus faibles. Ces taux sont encore plus faibles lorsqu'il s'agit des filles. Les enfants sont confrontés également à des privations liées à la santé et à la nutrition. La qualité de l'eau y est par exemple très mauvaise. »

D'après le Rapport des Nations unies sur la Côte d'Ivoire, septembre 2020.

Définition

• L'IDH (Indice de développement humain) : le chiffre qui permet de mesurer le niveau de développement d'un pays. Il prend en compte l'espérance de vie, le niveau d'éducation et le pouvoir d'achat. Chaque pays a un score compris entre 0 (pays en développement) et 1 (pays développé).

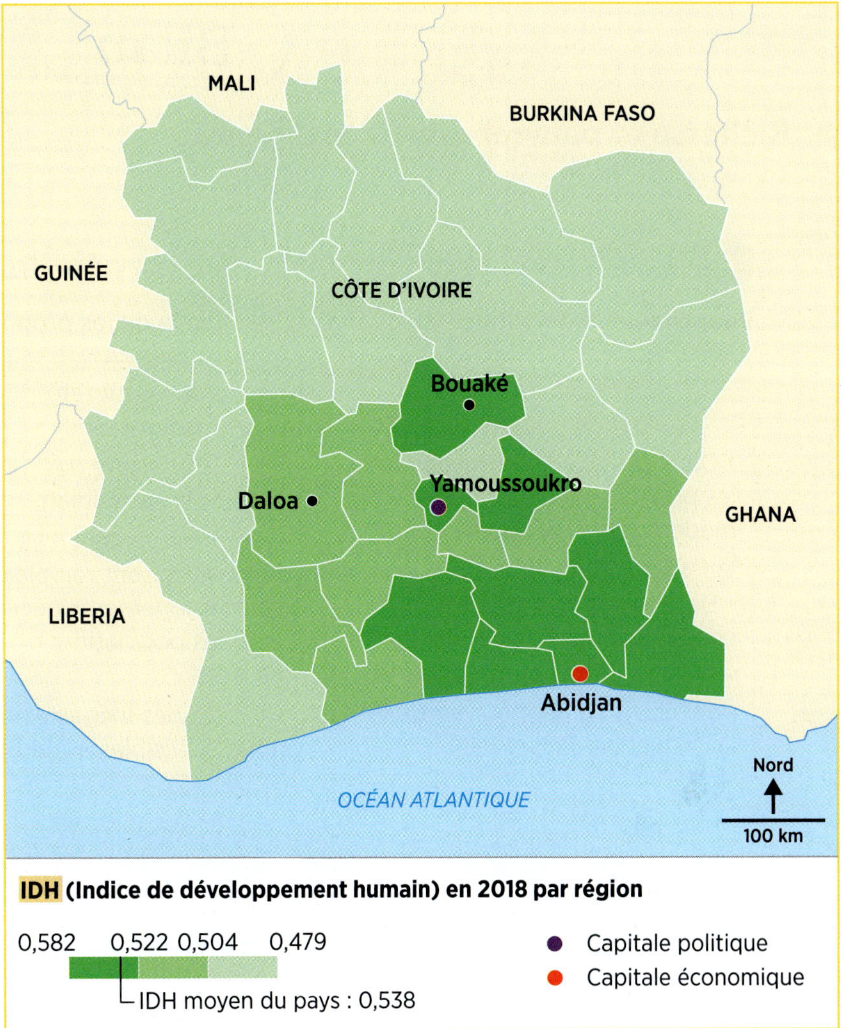

5 Un développement inégal dans le pays

L'IDH révèle les inégalités dans le pays.

Activité A

Je compare des situations

1. **Doc. 1 et 2** Quels éléments du paysage urbain d'Abidjan te laissent penser qu'il s'agit d'une ville riche ?
2. **Doc. 3** La vie quotidienne de cette habitante d'Abidjan donne-t-elle la même impression ? Justifie ta réponse.
3. **Doc. 2** Comment cette photographie représente-t-elle les inégalités de richesses à Abidjan ?

Je corrige des affirmations

4. **Doc. 4 et 5** Réécris ces phrases en corrigeant les erreurs.
   a. La richesse du pays est plutôt concentrée au Nord du pays et le Sud est plus pauvre.
   b. La pauvreté est concentrée uniquement autour des centres urbains.
   c. Les taux de scolarisation sont plus élevés pour les filles.

Activité B

Je questionne une affirmation

La Côte d'Ivoire est désormais un pays riche. Cette affirmation te semble-t-elle correcte ? Justifie ta réponse en te servant des documents proposés.

Coup de pouce

→ Repère d'abord les éléments qui montrent le développement de ce pays et de sa capitale économique, Abidjan.

→ Montre ensuite qu'il existe encore de nombreux signes de pauvreté dans le pays, ainsi que des inégalités entre les régions et à l'intérieur des espaces urbains.

Retrouve le cours en lien avec cette étude de cas, p. 208.

Bilan

▶ Richesse et pauvreté en Côte d'Ivoire

A Je retiens les informations essentielles

Pour chaque thématique, sélectionne et recopie la ou les proposition(s) correcte(s).

Abidjan, symbole du développement du pays

- Dans cette capitale économique, les projets sont nombreux afin de moderniser la métropole et de la rendre dynamique.
- Des logements neufs sont construits pour tous les habitants.
- En plus de buildings, plusieurs ponts sont édifiés pour améliorer la circulation dans la ville.

Une pauvreté encore réelle

- Il existe encore des bidonvilles à Abidjan.
- Progressivement, ces bidonvilles sont remplacés par des logements décents pour les populations pauvres.
- Il reste des inégalités de richesse visibles à Abidjan.

Des inégalités qui subsistent

- La croissance économique de la Côte d'Ivoire profite à toute la population.
- Le pays est divisé en deux espaces : le Sud est plus riche que le Nord.
- Les espaces urbains sont plus riches que les espaces ruraux.

B Je complète un croquis de paysage

1. **Observe la photographie ainsi que le fond de croquis.**
2. **Recopie et complète la légende en identifiant les grandes parties de cette photographie.**
3. **Donne un titre au croquis.**

Réaliser un croquis de paysage

Un croquis de paysage est un dessin rapide et simplifié d'une photographie.
Il permet de mettre en valeur les différents plans pour mieux comprendre son sens.

CROQUIS à télécharger
flashbelin.fr/hgemc5-200

Titre : ....

☐ ....

☐ ....

☐ Autre zone d'habitation

☐ Route

☐ Zone de construction du pont

☐ Espaces verts

☐ Lagune

Ailleurs dans le monde

Quelles inégalités restent visibles dans les pays en développement ?

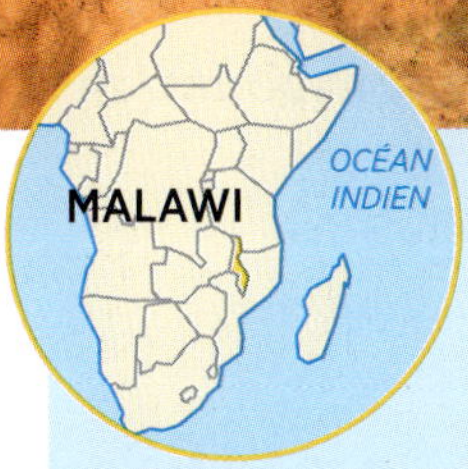

1 Un village au Malawi

La pauvreté rurale est majoritaire en Afrique, avec des espaces isolés des métropoles et éloignés du développement économique.

2 Les inégalités à Mumbai (Inde)

Le Dhobi Ghat est une laverie en plein air située en contrebas des immeubles modernes. Les populations plus pauvres s'occupent du linge des hôtels et des populations riches des buildings.

3 La baie de Rio de Janeiro (Brésil) et ses contrastes

Derrière les immeubles de luxe de la baie de Rio, se dresse la favela de Rocinha, le bidonville le plus grand de cette métropole.

Questions

1. **Doc. 1** Comme l'a montré l'exemple de la Côte d'Ivoire, quel type d'espace est plus marqué par la pauvreté et pourquoi ?
2. **Doc. 2 à 3** Pourquoi ces deux photographies nous rappellent les inégalités vues à Abidjan (Côte d'Ivoire) ?
3. **Doc. 1 à 3** La Côte d'Ivoire est-elle le seul pays qui connaît à la fois des progrès économiques et d'évidents signes de pauvreté ? Justifie ta réponse.

ÉTUDE DE CAS

COMPÉTENCE TRAVAILLÉE
Analyser un document

2 Vivre au Royaume-Uni, un des pays les plus riches au monde

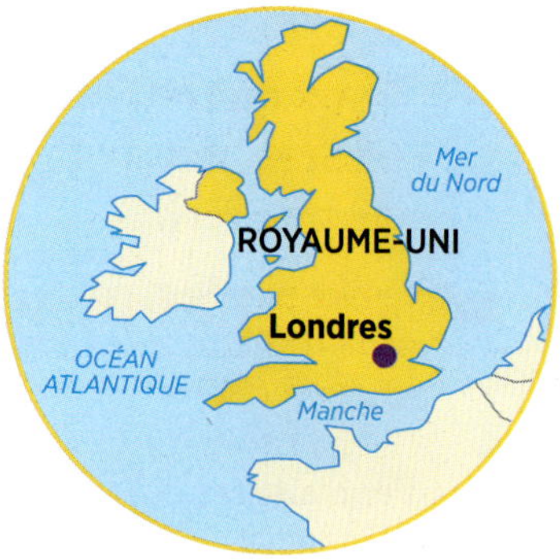

La richesse de la sixième puissance économique mondiale est-elle partagée par tous les habitants ?

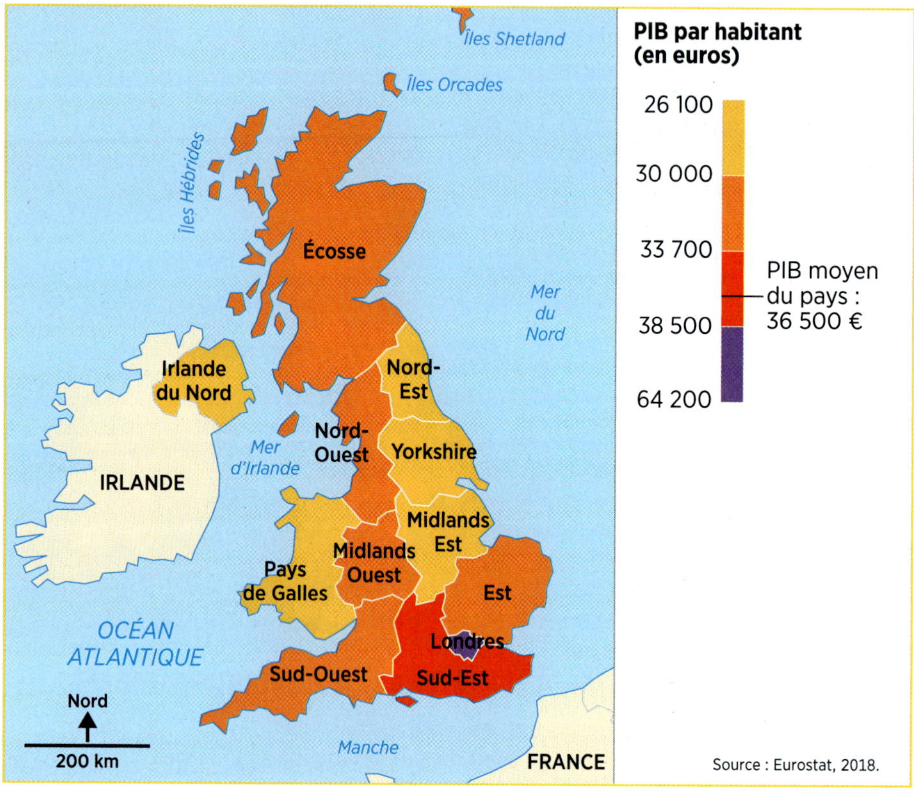

Chiffres clés

POPULATION	67,2 millions
PIB	2 882 milliards de dollars
IDH	0,93
PIB/HABITANT	41 060 dollars/habitant/an

1 Des inégalités régionales importantes

Le PIB par habitant permet de connaître le niveau de richesse des habitants d'un pays.

2 La pauvreté augmente au Royaume-Uni

Au Royaume-Uni, une personne est considérée comme pauvre quand ses revenus sont inférieurs à 1 620 euros par mois : c'est le seuil de pauvreté. En France, cette limite est fixée à 1 041 euros.

« La pauvreté touche 14 millions de personnes au Royaume-Uni et augmente chez les travailleurs, les enfants et les retraités, relève une étude récente. Le rapport montre que beaucoup de travailleurs s'appauvrissent parce que leur rémunération et le nombre d'heures travaillées ne sont pas suffisants pour subsister.
Au total, la moitié des individus touchés par la pauvreté vivent dans une famille de travailleurs, contre 39 % il y a 20 ans. Quelque 4 millions d'enfants et 2 millions de retraités vivent dans le dénuement, soit une hausse respective de 400 000 et 300 000 personnes au cours des cinq dernières années. »

D'après « Royaume-Uni. Les travailleurs pauvres toujours plus nombreux », *Ouest-France*, 7 février 2020.

3 Pays riche, enfants pauvres

VIDÉO en ligne
flashbelin.fr/hgemc5-202

L'accès aux besoins fondamentaux (alimentation, santé) devient de plus en plus difficile pour certains enfants pauvres de ce pays riche.

4 Deux quartiers de Londres, deux niveaux de richesse

Au premier plan, le quartier populaire de Petticoat Lane contraste avec la modernité de la City à l'arrière-plan, quartier d'affaires de niveau mondial.

Définition

• Le PIB (Produit intérieur brut) : la somme des richesses créées par un pays chaque année.

5 Londres, la ville des inégalités

« Les millionnaires du monde entier se rassemblent désormais à Londres : une personne sur dix vivant à Londres est millionnaire. La capitale anglaise concentre également 2,5 millions de pauvres, soit 28 % de sa population. C'est le pourcentage le plus élevé du Royaume-Uni, puisque la moyenne nationale se situe à 22 %. Et le taux augmente pour les personnes habitant dans le centre de Londres : 32 % disposent de revenus trop faibles. Les conséquences sur les enfants sont palpables : 39 % des jeunes Londoniens vivent dans la pauvreté, soit près de 800 000 enfants. À Londres, donc, existent les inégalités les plus importantes et les plus significatives du pays. »

D'après Margot Davier, « Londres brexitée et covidée, nouvelle adresse des super-riches », *Libération*, 25 février 2021.

Activité A

Je comprends le sens général d'un document

1. **Doc. 2** Cite deux chiffres du texte qui justifient le titre du document.
2. **Doc. 2** Pour quelle raison la pauvreté augmente-t-elle actuellement au Royaume-Uni ?
3. **Doc. 3** Explique le titre de ce document : « Pays riches, enfants pauvres. »

Je mets en relation des documents

4. **Doc. 1 et 5** Donne un élément qui prouve que les inégalités existent à la fois dans le pays et à l'intérieur des villes.
5. **Doc. 4** Décris la photographie et explique pourquoi elle illustre le document 5.

Activité B

J'extrais des informations pour les classer

Reproduis et complète le tableau suivant en trouvant dans les documents au moins deux éléments par ligne.

Le Royaume-Uni, un espace riche	• .... • ....
La pauvreté augmente actuellement au Royaume-Uni	• .... • ....
Des inégalités fortes à différentes échelles	• .... • ....

Retrouve le cours en lien avec cette étude de cas, p. 208.

Bilan

▶ Vivre au Royaume-Uni, un des pays les plus riches au monde

EXERCICE interactif
flashbelin.fr/hgemc5-204

A Je retiens les informations essentielles

Réponds par vrai ou faux à chaque affirmation suivante.

	Vrai	Faux
a. Le Royaume-Uni est une des plus grandes puissances mondiales.	❑	❑
b. La pauvreté baisse au Royaume-Uni.	❑	❑
c. Certaines personnes pauvres au Royaume-Uni ont pourtant un emploi.	❑	❑
d. La pauvreté ne touche pas les enfants au Royaume-Uni.	❑	❑
e. Au Royaume-Uni, les inégalités sont fortes.	❑	❑
f. La pauvreté peut être mesurée par le PIB/habitant.	❑	❑
g. Londres est uniquement une ville de riches.	❑	❑
h. La City est un quartier d'affaires très moderne et de niveau mondial.	❑	❑

B Je complète un croquis

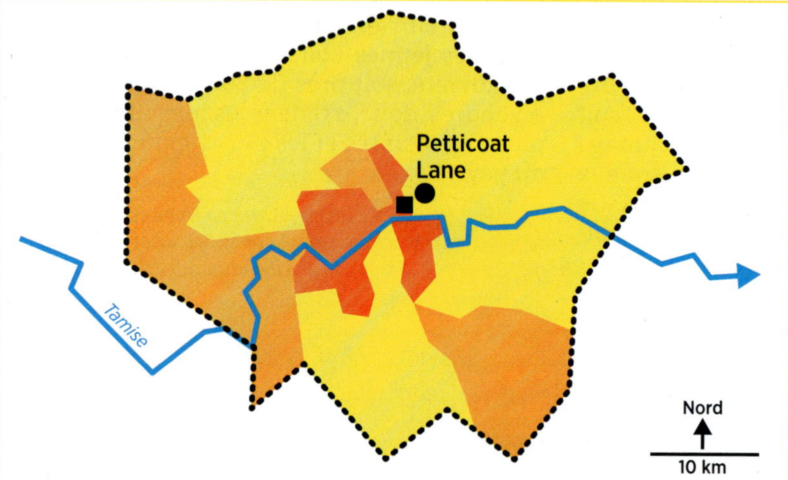

Titre : ……………………………………

- Limites de l'agglomération de Londres
- ■ ……………………………………
- ……………………………………
- Quartiers au niveau de richesse intermédiaire
- ……………………………………

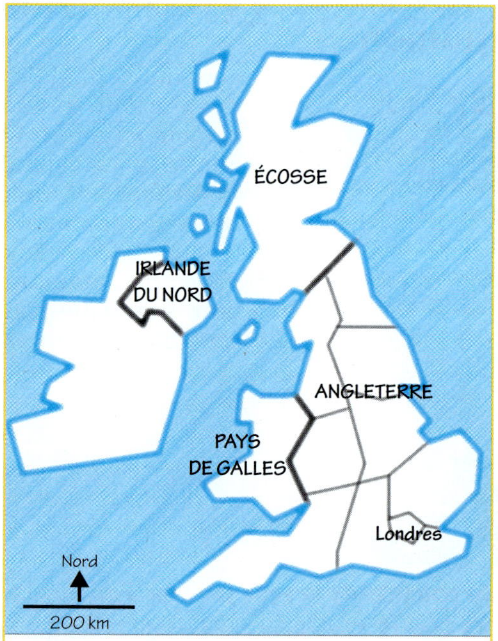

Titre : ……………………………………

- ☐ Cœur économique du Royaume-Uni
- ☐ Autres espaces riches
- ☐ Niveaux de richesse plus inégaux

1. **Recopie et complète la légende du croquis de Londres avec les textes suivants :** Quartiers les plus riches • Quartiers les plus pauvres • Quartier d'affaires.
2. **Choisis une couleur pour chaque élément de la légende du croquis du Royaume-Uni, puis recopie et complète le croquis avec.**
3. **Donne un titre à ces deux croquis.**

CROQUIS à télécharger
flashbelin.fr/hgemc5-204

Ailleurs dans le monde

Dans les pays développés, la richesse est-elle partagée par tous ?

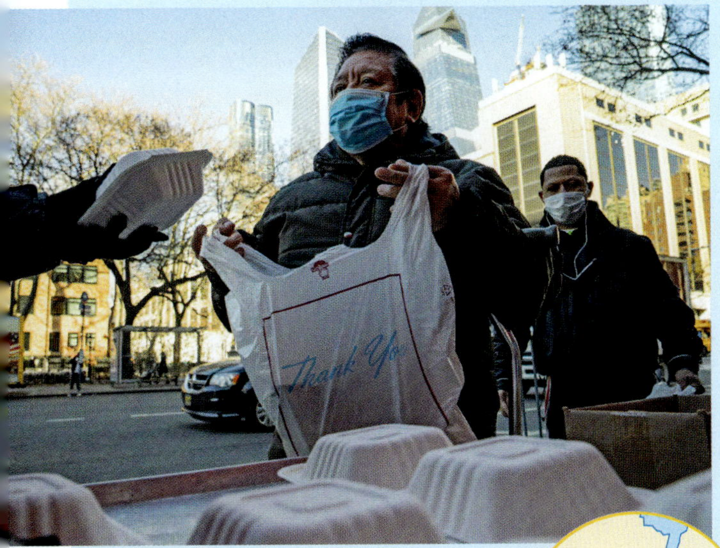

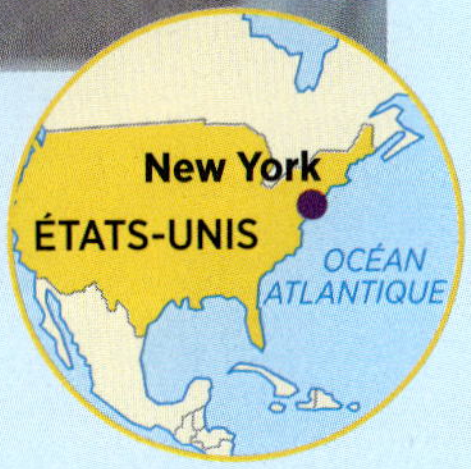

1 Être pauvre à New York (États-Unis)

À New York, le programme d'alimentation d'urgence est surtout destiné aux minorités ethniques dans un pays où les inégalités sont très fortes.

PODCAST flashbelin.fr/hgemc5-205

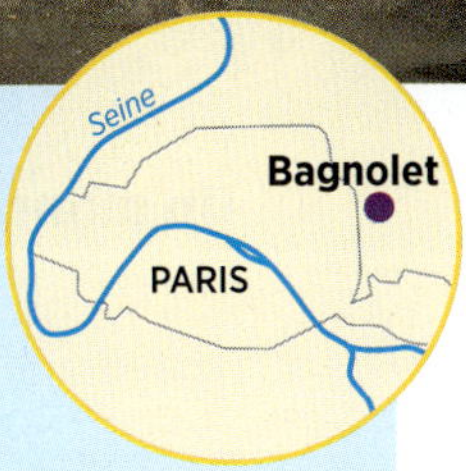

2 Des bidonvilles en France ?

Près des immeubles modernes parisiens se développent des campements (comme ici à Bagnolet) où vivent surtout des populations pauvres et étrangères. En 2021 en France, 22 189 personnes occupent des terrains ou des bâtis sans droits.

3 Le dernier bidonville de Séoul (Corée du Sud)

Près du luxueux quartier de Gangnam à Séoul, il reste encore un bidonville. Ses habitants ramassent et vendent des cartons et des bouteilles pour quelques euros.

Définition

• Un bidonville : un quartier pauvre fait de tôle et de matériaux de récupération.

Questions

1. **Doc. 1 à 3** Cite trois signes de pauvreté visibles dans ces espaces développés.
2. **Doc. 1 à 3** Quels sont les points communs avec le Royaume-Uni ?
3. **Doc. 2** Comme pour Londres, peut-on dire que Paris est une ville d'inégalités ? Justifie ta réponse.
4. **Doc. 1 et 3** En deux phrases, justifie l'affirmation suivante : « Comme au Royaume-Uni, la richesse n'est pas partagée par tous dans les pays développés. »

PLANISPHÈRE

Un monde inégalement développé

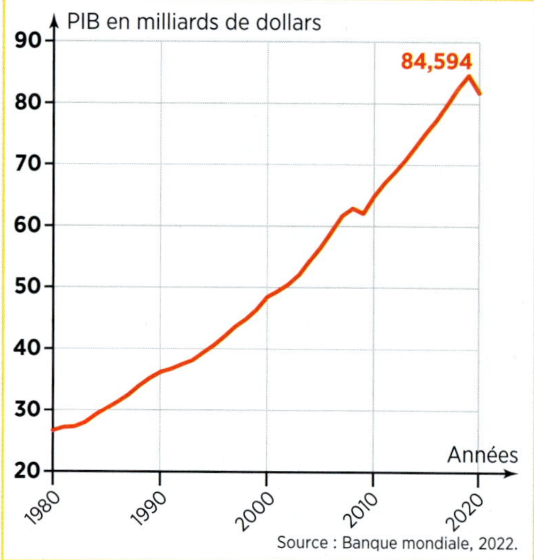

Un monde de plus en plus riche

Définitions

- L'IPM (Indice de pauvreté multidimensionnelle) : l'indice mesurant la pauvreté à partir de dix indicateurs de privation dans la santé, l'éducation et le niveau de vie. Plus l'indice est élevé, plus la pauvreté est importante.
- Les pays émergents : les États dont le PIB est inférieur aux pays riches mais qui connaissent une croissance économique forte et rapide.

Je me repère dans l'espace

1. **Graphique** Comment la richesse mondiale évolue-t-elle depuis 1980 ? Justifie ta réponse avec des chiffres.
2. **Carte** Quels sont les deux continents les plus pauvres au monde ?
3. **Carte** Relève cinq pays au développement élevé et cinq pays au développement faible.
4. **Carte** Comment appelle-t-on les pays qui connaissent actuellement une forte croissance économique et qui semblent sortir de la pauvreté ? Cite un de ces pays.

OCÉAN GLACIAL ARCTIQUE
Cercle polaire arctique
ROYAUME-UNI
RUSSIE
ALLEMAGNE
BELGIQUE
FRANCE
SUISSE
ESPAGNE
ITALIE
Mer Méditerranée
CHINE
OCÉAN PACIFIQUE
INDE
NIGER
SOUDAN
BURKINA FASO
TCHAD
BÉNIN
ÉTHIOPIE
RÉP. CENTRAFRICAINE
CÔTE D'IVOIRE
SOMALIE
Maldives
BURUNDI
Seychelles
Comores
Îles Salomon
OCÉAN INDIEN
Vanuatu
Maurice
MOZAMBIQUE
AUSTRALIE
OCÉAN ATLANTIQUE
AFRIQUE DU SUD
Cercle polaire antarctique
2 000 km
Échelle à l'équateur
1. L'IDH dans le monde
IDH très élevé (> 0,850)
IDH élevé (de 0,750 à 0,850)
IDH moyen (de 0,550 à 0,750)
IDH faible (< 0,550)
Aucune donnée disponible
2. Des pays inégaux face à la richesse
Les 10 pays les plus riches au monde
Les 10 pays à l'IPM le plus élevé (en %)
Les pays émergents
CÔTE D'IVOIRE Études de cas du chapitre
CARTE interactive
flashbelin.fr/hgemc5-207

Richesse et pauvreté dans le monde

➥ Quelles inégalités de richesse existent dans le monde?

COURS audio
flashbelin.fr/hgemc5-208

Jakarta, p. 197

1 La disparition de la pauvreté est un objectif majeur

• **Mettre fin à la pauvreté** est le premier Objectif de développement durable fixé par les Nations unies. L'Objectif 10 vise à **réduire les inégalités** afin de garantir un développement plus juste.

• **Une personne est considérée comme pauvre** quand elle a peu d'argent et qu'**elle peine à satisfaire ses besoins fondamentaux** (accès à l'alimentation, au logement, aux soins...). Par opposition, une personne riche dispose de biens suffisants et en quantité.

• **Pour mesurer la richesse et la pauvreté**, il existe **différents indicateurs.** Le PIB est un indicateur de la richesse d'un pays mais l'IDH est plus complet car il évalue le développement réel des États du monde.

Côte d'Ivoire, p. 198-199

2 Le monde actuel s'enrichit

• En 2022, 9 % de la population mondiale vit encore avec moins de 1,7 euro par jour contre 42 % en 1980. **L'extrême pauvreté est donc en baisse**.

• Les **conditions de vie se sont nettement améliorées.** La richesse mondiale a triplé depuis le début des années 1980.

• Malgré tout, **les richesses sont inégalement réparties.** 1 % des plus riches possède la moitié de la richesse mondiale. **L'écart continue même de se creuser** entre les riches et les pauvres.

Royaume-Uni, p. 202-203

3 Les inégalités existent à toutes les échelles

• À l'échelle mondiale, **les régions les plus riches se situent en Amérique du Nord, en Europe, en Asie de l'Est et en Océanie.** Le niveau de richesse des pays émergents (Brésil, Afrique du Sud...) progresse également. Plus de 90 % de l'extrême pauvreté reste concentrée en Afrique subsaharienne et en Asie du Sud et de l'Est.

• **La répartition des richesses est également inégale à l'intérieur d'un même pays.** Ces différences opposent souvent les villes, plus riches, aux campagnes. Les femmes sont en général plus pauvres que les hommes.

• **Les inégalités sont aussi très nettes dans les grandes métropoles.** Des quartiers modernes côtoient des quartiers plus précaires. Par exemple, dans les pays en développement, les buildings se multiplient et contrastent avec les bidonvilles encore nombreux.

Définitions

• Un **bidonville** : un quartier pauvre fait de tôle et de matériaux de récupération.

• L'**extrême pauvreté** : la situation d'une personne vivant avec moins d'1,7 euro par jour.

• L'**IDH** (Indice de développement humain) : le chiffre qui permet de mesurer le niveau de développement d'un pays. Il prend en compte l'espérance de vie, le niveau d'éducation et le pouvoir d'achat. Chaque pays a un score compris entre 0 (pays en développement) et 1 (pays développé).

• Les **pays émergents** : les États dont le PIB est inférieur aux pays riches mais qui connaissent une croissance économique forte et rapide.

• Le **PIB** (Produit intérieur brut) : la somme des richesses créées par un pays chaque année.

Je vérifie mes connaissances

→ **Es-tu capable de citer ?**

- Deux objectifs de l'ONU relatifs à la pauvreté
- Le pourcentage de personnes vivant dans l'extrême pauvreté
- Deux indicateurs pour mesurer la richesse et la pauvreté
- Les deux continents les plus pauvres
- Deux continents riches
- Deux preuves des inégalités dans un même pays

Je comprends le cours

→ **Relis chaque partie du cours et réponds aux questions.**

Partie 1

- Relève dans ton cours la définition de la pauvreté.
- Quel indicateur permet de mesurer au mieux le niveau de développement d'un pays ?
  – Le seuil de pauvreté.
  – Le Produit intérieur brut.
  – L'Indice de développement humain.

Partie 2

- Quelles propositions correspondent le mieux à cette partie du cours ?
  – La pauvreté tend à disparaître.
  – Le développement progresse lentement.
  – L'humanité s'enrichit.
- Pourquoi peut-on dire que l'écart continue de grandir entre les riches et les pauvres ?

Partie 3

- Explique le titre de la dernière partie de ce cours.
- Sous quelles formes les inégalités sont-elles visibles dans les métropoles ?

J'apprends autrement

→ **Reproduis le schéma et complète-le avec les propositions suivantes :** Des inégalités géographiques à toutes les échelles • Réduire les inégalités • L'extrême pauvreté diminue • Mettre fin à l'extrême pauvreté • Des inégalités sociales • La planète s'enrichit • Un écart croissant entre riches et pauvres.

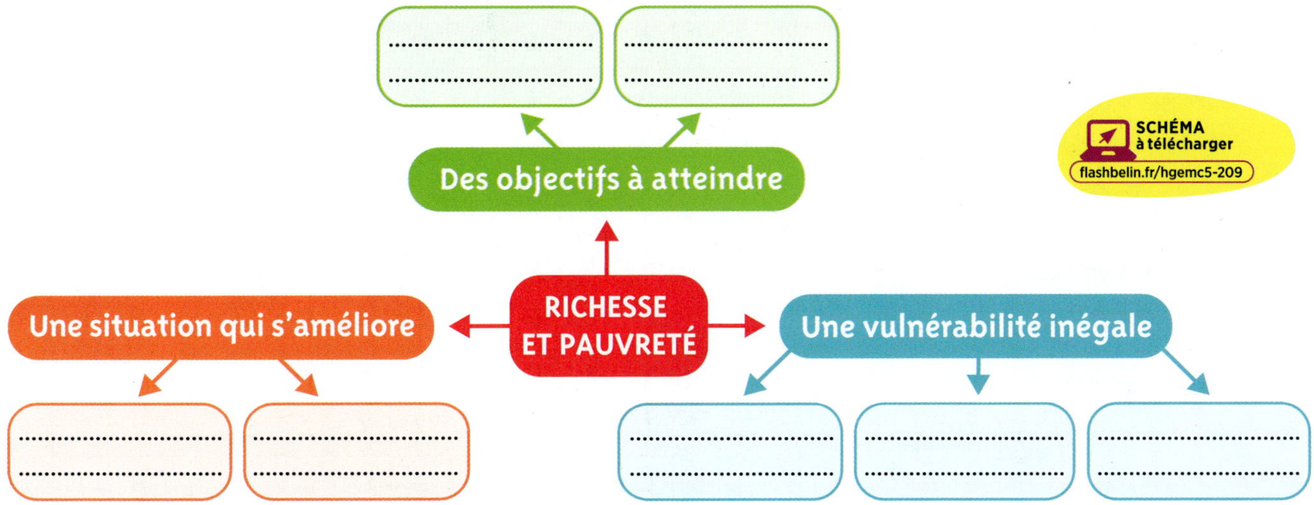

SCHÉMA à télécharger
flashbelin.fr/hgemc5-209

RÉVISE en jouant avec Genially ! + EXERCICES interactifs
flashbelin.fr/hgemc5-210

1 Je révise les repères géographiques

❶ Sur quels continents se trouvent les régions A et B, les plus pauvres au monde ?

❷ Cite les trois pays riches désignés par les lettres C, D, E, et précise leur continent.

❸ Nomme les deux pays émergents représentés par les lettres F et G.

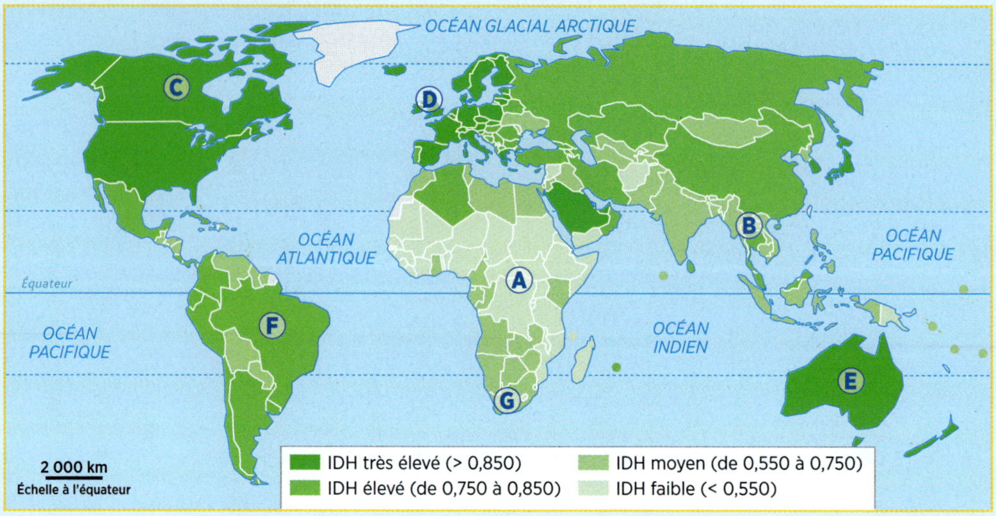

2 Je vérifie mes connaissances

Pour chaque affirmation, indique si elle est vraie ou fausse.

	Vrai	Faux
a. Il y a de plus en plus de pauvres sur Terre.	❑	❑
b. La pauvreté est sur le point de disparaître.	❑	❑
c. Les riches sont de plus en plus riches.	❑	❑
d. L'écart entre riches et pauvres tend à se réduire.	❑	❑
e. La pauvreté existe aussi dans les pays riches.	❑	❑

3 Je révise en jouant

❶ **Retrouve dans cette grille dix mots associés à la pauvreté ou à la richesse. Ils peuvent être en position horizontale, verticale ou en diagonale.**

ANALPHABÈTE	BIDONVILLE
BUILDING	CANADA
FORTUNE	LUXE
MALAWI	PÉNURIE
PRÉCARITÉ	ROYAUME-UNI

❷ **Classe-les en deux groupes : les mots en lien avec la richesse et ceux en lien avec la pauvreté.**

M	R	O	Y	A	U	M	E	U	N	I	G
A	N	A	L	P	H	A	B	E	T	E	O
T	X	B	L	F	J	P	I	P	W	B	E
F	L	W	P	O	C	E	D	R	I	U	L
G	D	J	T	R	A	N	O	E	Z	I	T
M	J	Z	U	T	N	U	N	C	A	L	E
R	A	Z	N	U	A	R	V	A	E	D	S
C	L	L	E	N	D	I	I	R	N	I	W
M	U	M	A	E	A	E	L	I	N	N	R
V	X	C	B	W	N	R	L	T	J	G	N
D	E	E	W	Z	I	Z	E	E	V	S	P
C	O	L	M	D	O	J	Z	N	H	I	U

GRILLE à télécharger
flashbelin.fr/hgemc5-210

Je mémorise les définitions en créant des *flashcards*

Connaître le vocabulaire géographique permet de mieux comprendre les documents étudiés ou encore d'utiliser des mots précis dans une réponse rédigée. Afin de mémoriser ce vocabulaire, tu peux créer des *flashcards* numériques.

1 Dans un moteur de recherche, recherche Quizlet et inscris-toi gratuitement à ce logiciel en ligne.

2 Clique ensuite sur « Créer » puis « Liste ». Donne un titre à cette liste (par exemple « Richesse et pauvreté » pour ce chapitre).

3 Juste en dessous, **écris les mots choisis** (« Terme ») **à côté des définitions correspondantes** (« Définition »). Tu dois aussi choisir le français comme langue. **Tu peux ajouter une image** en recherchant dans les images proposées par le site.

4 **N'oublie pas de créer ta liste pour valider ton travail.** Il faut au moins deux cartes pour créer une liste. Tu peux ensuite retrouver tes *flashcards* et différents exercices te seront proposés pour les mémoriser.

SITE internet flashbelin.fr/hgemc5-211

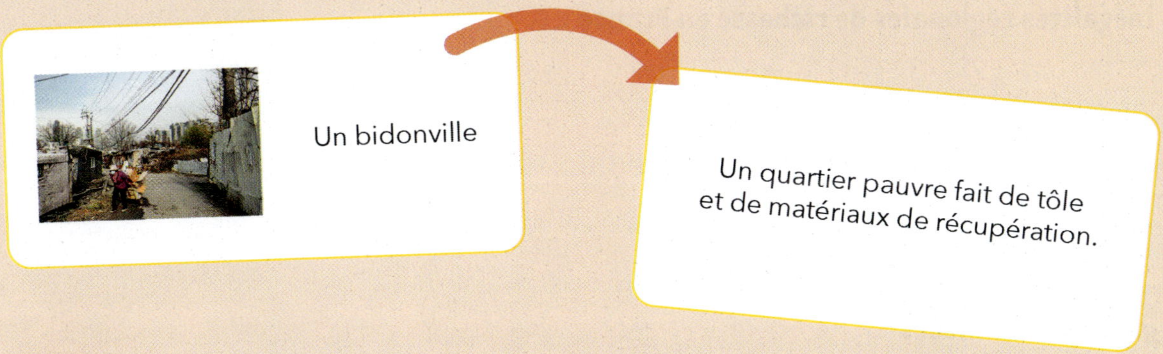

Parcours le chapitre et le cours pour retrouver toutes les notions relatives à la richesse et la pauvreté dans le monde. Dresse une liste de mots et leurs définitions qui te semblent indispensables sur le sujet : PIB, IDH, pays émergents, etc. Crée ensuite tes *flashcards* à partir de cette liste.

1 Je construis la légende d'une carte sur les inégalités de richesse

Pratiquer différents langages

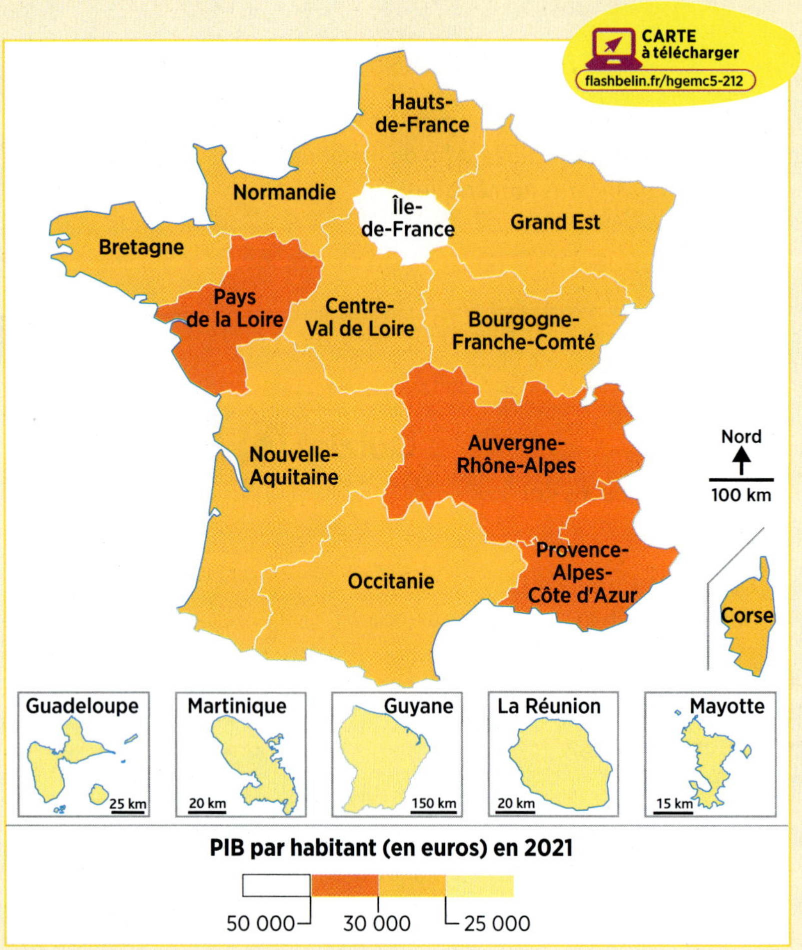

Les inégalités régionales de richesse en France

❶ **Quel figuré est utilisé pour représenter les inégalités de richesse entre les régions françaises ?**

Les figurés — POINT MÉTHODE

Un figuré est un élément graphique représentant une information sur une carte.
Il existe trois catégories de figurés :

- les aplats de couleurs
- les figurés géométriques ■ ● ▲
- les figurés linéaires (lignes, flèches...)

❷ **Comment voit-on que les départements et régions d'outre-mer ont le PIB par habitant le plus faible de France ?**

❸ **L'Île-de-France est la région la plus riche de France. Quel figuré choisirais-tu pour compléter la carte et la légende restées en blanc ?**

❹ **Cite deux autres régions qui ont un PIB élevé.**

2 Je me pose des questions sur les *gated communities*

Raisonner et justifier

Les *gated communities*

« Ces quartiers privés, d'abord populaires dans des mégapoles très inégalitaires (Los Angeles, Rio de Janeiro, Johannesbourg, etc.), se propagent peu à peu sur les cinq continents. Ils sont la plupart du temps facilement repérables puisque entourés de clôtures ou de murs et ne sont accessibles que via des points d'entrée plus ou moins surveillés selon l'environnement socio-économique (porte à digicode, caméras, vigiles, herses anti-intrusion). Toute une série de services ne sont disponibles qu'aux habitants, encourageant ces derniers à minimiser tout contact avec la vie extérieure. »

D'après Renaud Duterme, « *Gated communities*, le paradis entre quatre murs », *Libération*, 21 octobre 2020.

❶ **Justifie l'affirmation suivante : « Les *gated communities* sont des quartiers très protégés. »**

❷ **Formule des hypothèses pour expliquer le développement actuel de ce type de quartiers.**

❸ **À l'aide des deux premières questions, définis en une phrase ce que sont les *gated communities*.**

3 J'analyse une photographie de paysage urbain

Analyser un document

Un paysage urbain de Hô Chi Minh-Ville (Vietnam)

1. Situe le plus précisément possible le lieu où a été prise cette photographie.
2. Décris ce paysage en identifiant les trois plans désignés par les lettres A, B et C.
3. Quelle(s) conclusion(s) peux-tu tirer de cette photographie ?

4 Je m'informe sur le Malawi

pix

S'informer dans le monde du numérique

→ Dans un moteur de recherche, retrouve la vidéo sur « Malawi : des souris dans l'assiette » (TV5Monde-AFP).

→ Visionne-la.

1. Dans quel pays ce reportage a-t-il été réalisé ?
2. En regardant le planisphère p. 206-207, que peux-tu dire sur le niveau de vie du pays ?
3. Cite au moins deux informations données dans ce reportage qui justifient ta réponse précédente.

VIDÉO en ligne flashbelin.fr/hgemc5-213

MISSION OBJECTIFS DE DÉVELOPPEMENT DURABLE

1 PAS DE PAUVRETÉ

Comment participer à la lutte contre la pauvreté ?

1 Une collecte de jouets pour les plus défavorisés

Affiche pour une collecte de jeux et jouets organisée par la ville de L'Haÿ-les-Roses (Île-de-France).

2 S'engager en faisant du bénévolat

Témoignage

Raphaël est un jeune bénévole de la Croix-Rouge en région parisienne.

« La Croix-Rouge, c'est une histoire de famille ! Mes grands-parents, mes parents et mon oncle ont été ou sont encore bénévoles. Alors, dès que j'ai eu 16 ans, l'âge minimum pour devenir volontaire, j'ai foncé. En décembre, nous avons lancé une opération "Boîtes de Noël". Cela consistait à récupérer des cadeaux contenant un produit d'hygiène, un vêtement chaud, un petit mot auprès de donateurs particuliers, pour les redistribuer ensuite à ceux qui sont dans le besoin. Ainsi, même les plus démunis avaient un présent pour les fêtes. Et voir leurs visages quand on leur offrait, c'était magique : leurs visages s'éclairaient d'un immense sourire. »

D'après Essonne.croix-rouge.fr, site consulté en 2022.

3 Des collégiens agissent contre la pauvreté

En 2020, ces collégiens parisiens organisent une collecte de produits alimentaires pour quarante-deux familles en situation précaire.

Questions

1. **Doc. 1** Pourquoi cette collecte de jouets peut-elle être considérée comme un geste de solidarité envers les plus pauvres ?
2. **Doc. 2** Quelles raisons ont pu amener Raphaël à s'engager en tant que bénévole à la Croix-Rouge ?
3. **Doc. 2 et 3** Explique la démarche entreprise par ces collégiens parisiens.

À toi d'agir !

Dans le document 3, ces collégiens organisent une collecte de produits alimentaires. À leur niveau, ils contribuent à lutter contre la pauvreté dans un esprit solidaire. Et toi, quelle(s) proposition(s) ou quelle(s) action(s) serais-tu prêt(e) à imaginer avec ta classe pour lutter contre la pauvreté en France et dans le monde ?

10 INÉGALITÉS RÉDUITES

Le commerce équitable, une démarche responsable pour réduire les inégalités ?

A BIO ÉQUITABLE EN FRANCE

B Producteurs Paysans www.SPP.coop®

C FAIRTRADE MAX HAVELAAR FRANCE

1 Les produits du commerce équitable

Ces labels visibles sur certains produits en France, comme le café ou le chocolat, garantissent un revenu plus important et plus juste aux producteurs. Ils s'appliquent aussi bien à des produits français (A) qu'à des produits dont les ingrédients sont issus d'autres pays, dont des pays en voie de développement (B et C).

SITE internet flashbelin.fr/hgemc5-215

2 Un levier pour plus de justice économique

« Des études récentes ont estimé que les producteurs membres d'une coopérative labellisée commerce équitable voyaient leur revenu agricole augmenter de 15 à 50 % par rapport au revenu des producteurs non-membres des coopératives. Cela s'explique largement par les prix plus élevés proposés aux agriculteurs, ainsi que par de meilleurs rendements. De plus, on a mis en évidence les conséquences positives du commerce équitable sur la scolarisation des enfants. Les effets du commerce équitable sont par ailleurs visibles concernant l'autonomie des femmes. »

D'après Delphine Pouchain, « Le commerce équitable, un levier vers plus de justice économique », Ledrenche.ouest-france.fr, 18 octobre 2021.

3 Le commerce équitable, ça change tout ?

Questions

1. **Doc. 1 et 2** À l'aide des documents, explique ce qu'est le commerce équitable.
2. **Doc. 2** Relève trois conséquences positives du commerce équitable.
3. **Doc. 3** Explique avec tes mots cette phrase de l'affiche : « Cette rencontre a changé ma vie. »

À toi d'agir !
Si le commerce équitable contribue à réduire les inégalités, les produits sont aussi plus chers pour le consommateur. Et toi, es-tu prêt(e) à acheter ces produits ou à consommer de façon différente si tu sais que cela contribue à réduire les inégalités ? Justifie ta réponse.

11 L'énergie et l'eau, des ressources à ménager et à mieux utiliser

➡ **Comment répondre aux besoins en énergie et en eau de manière durable ?**

1 Un vendeur d'eau au Nicaragua

Quand l'eau n'est pas fournie par les services publics, les habitants doivent l'acheter, souvent cher, à des vendeurs ambulants.

Pour bien commencer le chapitre

Quiz interactif
flashbelin.fr/hgemc5-217

Fais le point sur ce que tu sais déjà.

1. Laquelle de ces énergies n'est pas renouvelable ?

a. L'énergie éolienne.
b. L'énergie nucléaire.
c. L'énergie solaire.

2. Comment les besoins en énergie et en eau évoluent-ils ?

a. On a de moins en moins besoin d'eau et d'énergie.
b. Les besoins en eau et en énergie stagnent.
c. Il y a de plus en plus de besoins en eau et en énergie.

3. Sur Terre, l'eau douce est une ressource :

a. Abondante et facile d'accès pour tous.
b. Rare et difficile d'accès.
c. Inégalement répartie et accessible.

4. Lequel de ces pays est le plus grand consommateur de pétrole par habitant ?

a. Les États-Unis.
b. L'Inde.
c. Le Mexique.

2 Des éoliennes offshore au Royaume-Uni

L'énergie éolienne offshore, c'est-à-dire en mer, connaît une croissance mondiale de 24 % par an depuis 2013.

Questions

1. **Doc. 1** Quelles sont les conditions d'accès à l'eau dans cette ville du Nicaragua ?
2. **Doc. 2** Quelle énergie est représentée ici ?
3. **Doc. 2** Comment expliquer la croissance importante de cette énergie ?

REPÈRES
OBJECTIFS DE DÉVELOPPEMENT DURABLE

6 EAU PROPRE ET ASSAINISSEMENT

L'accès à l'eau et à l'assainissement, c'est-à-dire à des installations sanitaires et au traitement des eaux usées, s'est amélioré. Mais il reste 800 millions de personnes sans accès à l'eau potable et 2 milliards de personnes manquent d'installations de base. Cet Objectif de développement durable doit permettre de réduire encore le nombre de personnes dans ces situations.

1 Des enfants recueillent l'eau d'un fleuve au Nigeria

Sur 206 millions d'habitants au Nigeria, on estime que plus de 80 % n'ont pas accès à une eau potable, sans bactéries et traitée.

Le sais-tu ?

2 personnes sur 5 dans le monde ne disposent pas d'une installation de base pour se laver les mains dans leur foyer.

2 L'accès à l'eau dans le monde

Une source d'eau améliorée est une source d'eau potable. On y a accès par différents moyens : un réseau d'eau, un réservoir public, un puits, une source ou les eaux de pluie collectées.

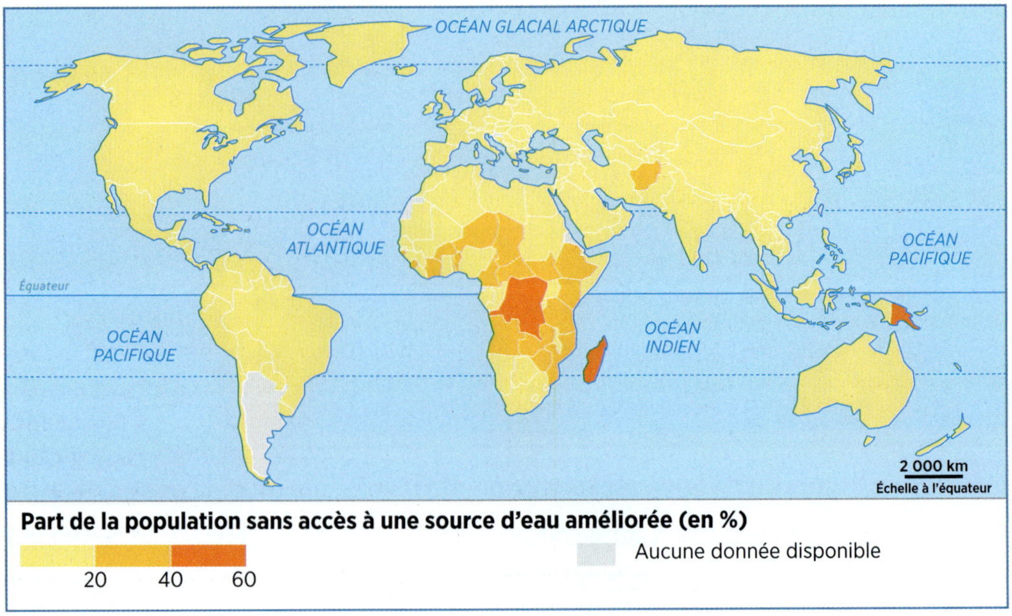

7 ÉNERGIE PROPRE ET D'UN COÛT ABORDABLE

L'accès à l'énergie est nécessaire dans nos vies quotidiennes. Il s'est amélioré partout, mais une partie de l'humanité en est encore privée. L'énergie est aussi le principal facteur contribuant au changement climatique. Permettre à tous d'avoir accès à une énergie respectueuse de l'environnement est donc un objectif aussi bien social qu'écologique.

1 Une centrale solaire au Chili

Cette centrale solaire est un projet énergétique visant à produire une énergie renouvelable et propre.

VIDÉO en ligne flashbelin.fr/hgemc5-219

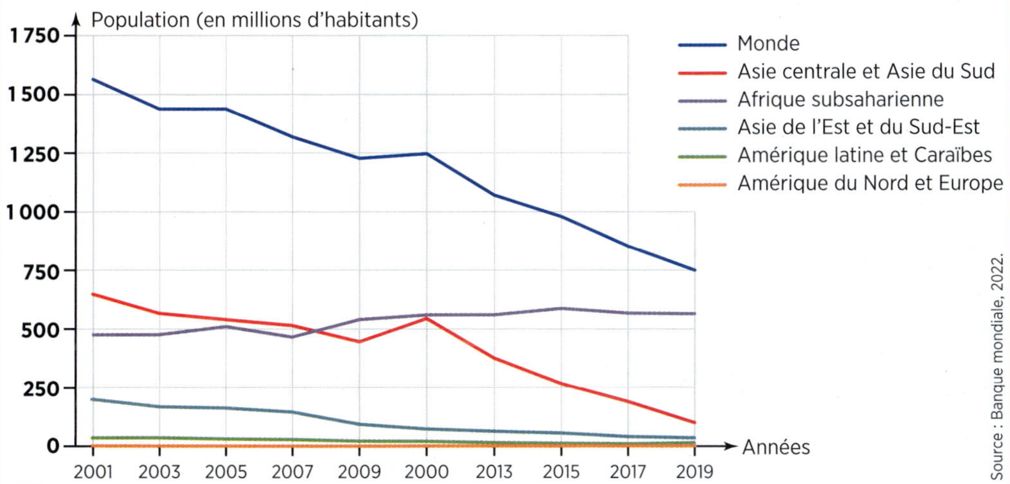

2 Population n'ayant pas accès à l'électricité

Même si la part de la population concernée diminue, il reste toujours plus de 700 millions de personnes sans accès à l'électricité.

Le sais-tu ?

L'énergie est le principal facteur contribuant au changement climatique : 60 % des gaz à effet de serre en sont issus.

Questions

1. **Présente chacun des deux Objectifs de développement durable en une seule phrase.**
2. **Parmi tous les documents de la double page, présente celui qui te semble le plus intéressant ou surprenant et explique ton choix.**
3. **Trouve trois bonnes raisons de se fixer les deux ODD présentés ici.**

ÉTUDE DE CAS

COMPÉTENCE TRAVAILLÉE
Raisonner et justifier

1 Les États-Unis, un géant énergétique en quête de durabilité

Comment répondre aux importants besoins énergétiques des États-Unis de manière durable?

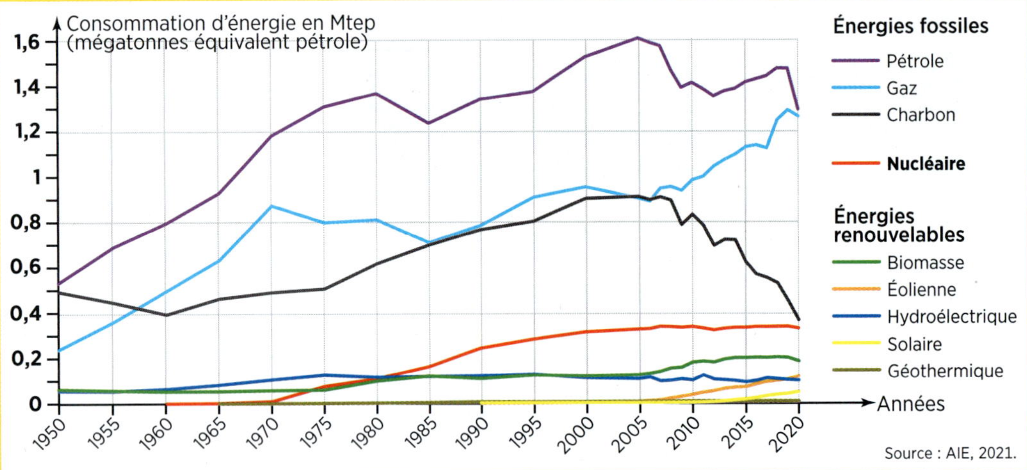

Source : AIE, 2021.

1 Le mix énergétique des États-Unis

Les États-Unis sont le deuxième pays consommateur d'énergie au monde en 2021, derrière la Chine.

2 Un parking solaire à San Diego en Californie

La Californie est un États des États-Unis avec un ensoleillement très important. Cet État vise 50 % d'énergies renouvelables pour 2025 en développant l'énergie solaire.

Définitions

- Les **gaz à effet de serre** (GES) : les gaz comme le CO_2, le méthane ou l'ozone qui se concentrent dans l'atmosphère et sont responsables de l'augmentation de la température de la planète.
- Le **mix énergétique** : la répartition des sources d'énergie utilisées pour produire l'énergie nécessaire à un territoire donné.
- Une **ressource non renouvelable** : une ressource qui permet de produire de l'énergie mais dont le stock peut s'épuiser.
- Une **ressource renouvelable** : une ressource qui permet de produire de l'énergie sans pouvoir être épuisée, de manière durable.
- La **transition énergétique** : le passage d'une production énergétique fondée principalement sur des sources d'énergie non renouvelables vers une production constituée de ressources renouvelables.

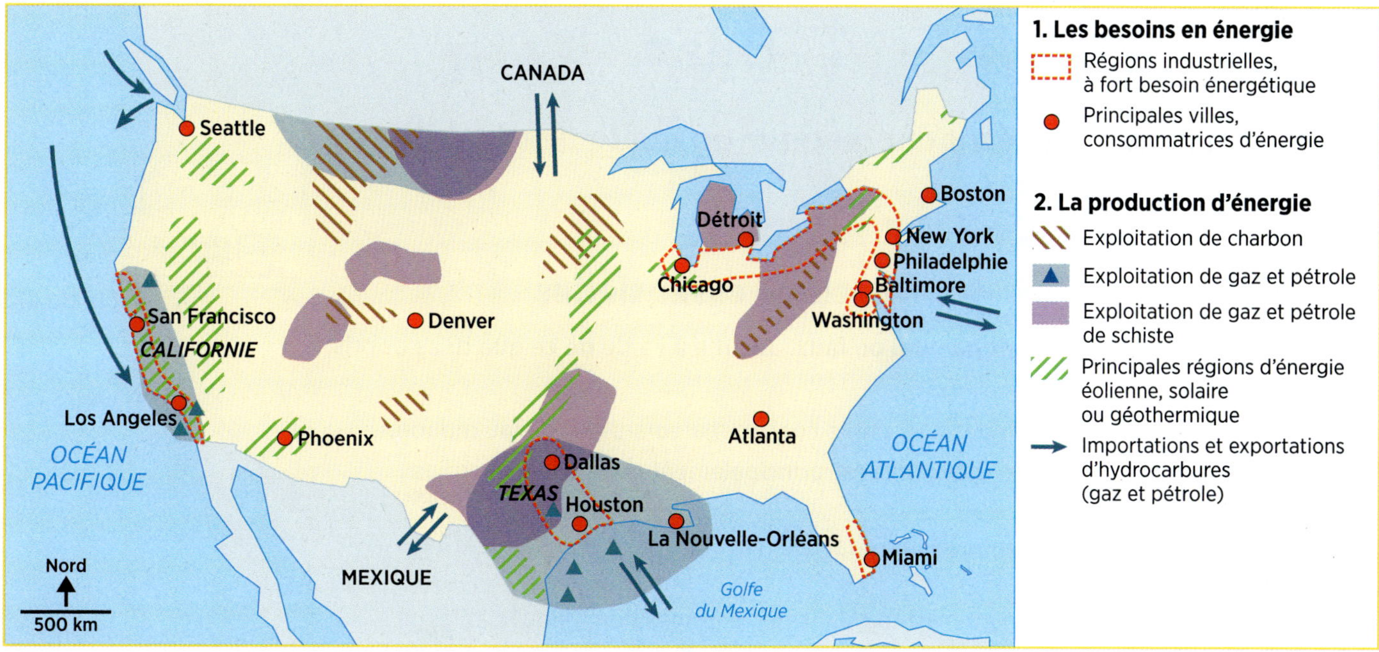

3 Besoins en énergie et ressources aux États-Unis

Aux États-Unis, l'exploitation du gaz et pétrole de schiste, des ressources souterraines difficiles d'accès, augmente. Cela s'explique par la technique de la fracturation hydraulique, qui consiste à injecter beaucoup d'eau dans les sols. Les méthodes utilisées sont nocives pour l'environnement et ces ressources produisent des gaz à effet de serre.

4 La transition énergétique aux États-Unis

« En mai 2019, les États-Unis ont produit plus d'électricité à partir d'énergies renouvelables qu'à partir de charbon, et ce pour la toute première fois. Cet événement devrait se reproduire et même se poursuivre sur la durée, selon l'Agence internationale de l'énergie (AIE). C'est une excellente nouvelle pour les États-Unis, qui puisent massivement (à hauteur de 80 %) dans les énergies fossiles[1] pour répondre à leur consommation d'énergie. Le solaire et l'éolien progressent plus vite que jamais, et l'année 2018 était la plus grande cuvée jamais connue en matière de fermetures de centrales thermiques à charbon. Le mix énergétique des États-Unis s'ouvre de plus en plus aux ressources renouvelables, notamment les énergies éoliennes et solaires. »

D'après « Énergie : le grand projet américain », article publié sur Courrierinternational.com, consulté le 10 février 2022.

1. Énergies issues de ressources non renouvelables qui se sont créées dans le sol en plusieurs millions d'années, comme le pétrole ou le charbon.

Activité A

Je questionne un fait géographique

1 **Doc. 1** Comment la consommation d'énergie des États-Unis évolue-t-elle depuis 1950 ?

Je classe des informations

2 **Doc. 1 à 4** Recopie et complète le tableau suivant pour classer les ressources énergétiques utilisées par les États-Unis.

Ressources non renouvelables	Ressources renouvelables
....	....

3 **Doc. 1** Quel type de ressource est principalement à l'origine de la production d'énergie aux États-Unis ?

4 **Doc. 2, 3 et 4** En quoi est-il paradoxal que les États-Unis développent à la fois l'éolien, le solaire et l'exploitation du gaz de schiste ?

Activité B

Je justifie une affirmation

À l'aide des documents, justifie l'affirmation suivante : « Les États-Unis mènent leur transition énergétique mais son avancée est limitée. »

Coup de pouce

→ Montre d'abord que les États-Unis essayent de développer leur usage des ressources énergétiques renouvelables.

→ Explique ensuite que malgré cela, leurs principales sources d'énergie restent non renouvelables.

Retrouve le cours en lien avec cette étude de cas, p. 230.

Bilan

Les États-Unis, un géant énergétique en quête de durabilité

EXERCICE interactif flashbelin.fr/hgemc5-222

A Je retiens les informations essentielles

Réponds aux propositions par vrai ou faux. Justifie à l'aide de ce que tu as appris.

	Vrai	Faux
a. Les États-Unis sont l'un des plus petits consommateurs d'énergie au monde.	❑	❑
b. Le mix énergétique des États-Unis est principalement composé d'énergies non renouvelables.	❑	❑
c. La part des énergies renouvelables dans le mix énergétique des États-Unis est en croissance.	❑	❑
d. Plus aucun investissement n'est fait dans des énergies non renouvelables aux États-Unis.	❑	❑
e. Certains États des États-Unis mènent une politique très volontariste et ambitieuse pour accomplir leur transition énergétique.	❑	❑

B Je complète un croquis

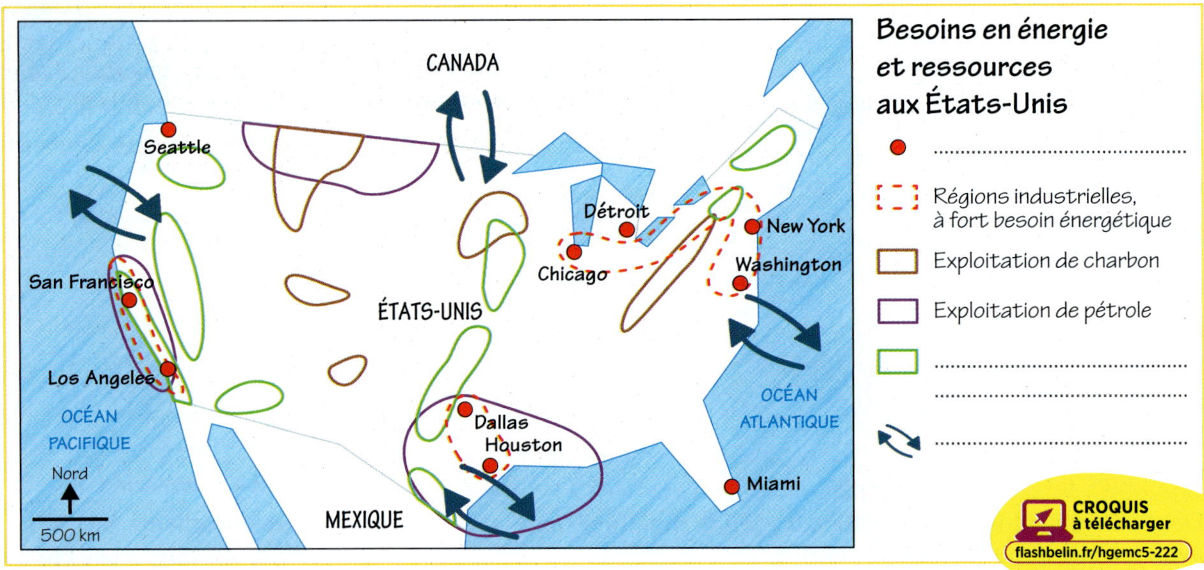

CROQUIS à télécharger flashbelin.fr/hgemc5-222

1 Recopie la légende et complète-la avec les propositions suivantes : Principales villes, consommatrices d'énergie • Principales régions d'énergie éolienne, solaire ou géothermique • Importations et exportations d'hydrocarbures (gaz et pétrole).

2 Justifie tes choix en reliant chaque type de figuré à l'explication correspondante :

Principales villes, consommatrices d'énergie •	• Figuré flèche, évoquant des échanges
Principales régions d'énergie éolienne, solaire ou géothermique •	• Figuré ponctuel, pour un élément très précisément localisable
Importations et exportations •	• Figuré de surface, pour une étendue, un élément vaste

Ailleurs dans le monde

Comment le monde répond-il à ses besoins en énergie ?

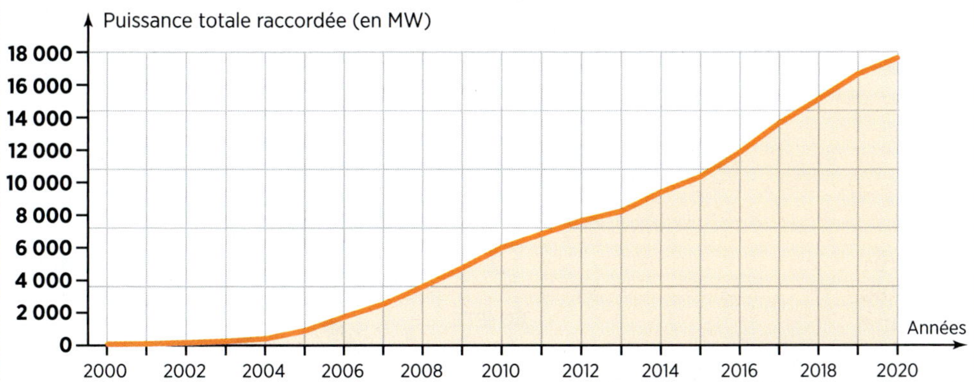

Source : Ministère de la Transition écologique, 2022.

1 L'énergie éolienne en France

2 Un parc solaire dans la province du Jiangsu en Chine ▶

La Chine, l'un des plus gros consommateurs d'énergie au monde, s'est équipée de fermes solaires immenses. Mais la production d'énergie du pays reste dominée par le charbon et rien n'est prévu pour recycler les panneaux solaires en fin de vie, très polluants.

3 Des forages gaziers offshore au Royaume-Uni ▼

Les forages gaziers offshore (en mer) se développent pour trouver des gisements de gaz jusque-là inexploités. Ils permettent aux États de répondre à leurs besoins en énergie mais aussi d'exporter leurs ressources.

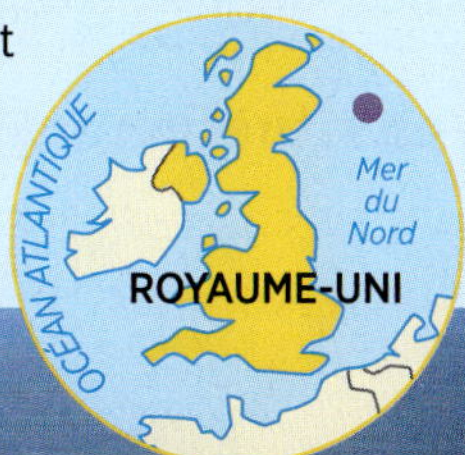

Questions

1. **Doc. 1 et 2** Quelle évolution les énergies renouvelables connaissent-elles ?
2. Compare tes réponses à ce que tu as appris sur la place des énergies renouvelables aux États-Unis.
3. **Doc. 1 à 3** Rédige 2 ou 3 phrases montrant que malgré des efforts pour développer des énergies renouvelables, il reste tout de même des défis importants à relever partout dans le monde.

COMPÉTENCE TRAVAILLÉE
Coopérer et mutualiser

2 Gérer l'eau en Égypte

Comment gérer l'eau dans un pays où la ressource est rare ?

1 L'Égypte, un pays avec d'importants besoins en eau

« Avec une population croissante (94 millions d'habitants en 2017 et plus de 150 millions d'ici 2050) et une consommation totale qui avoisine actuellement les 80 milliards de m³ par an, la ressource en eau est l'un des défis de l'économie égyptienne, qui dépend à 70 % du Nil pour son approvisionnement. Le pays devrait atteindre le seuil du stress hydrique absolu (moins de 500 m³/habitant/an) d'ici 2030. Le Nil est partagé avec onze pays. L'accord sur le partage des eaux du Nil, signé en 1959 entre l'Égypte et le Soudan (mais non reconnu par les pays en amont) attribue à l'Égypte 75 % du débit annuel[1]. Ce quota est dépassé dans les usages depuis de nombreuses années. »

D'après le ministère de l'Économie, des Finances et de la Relance, 18 octobre 2018.

1. Volume d'eau qui coule par an.

VIDÉO en ligne flashbelin.fr/hgemc5-224

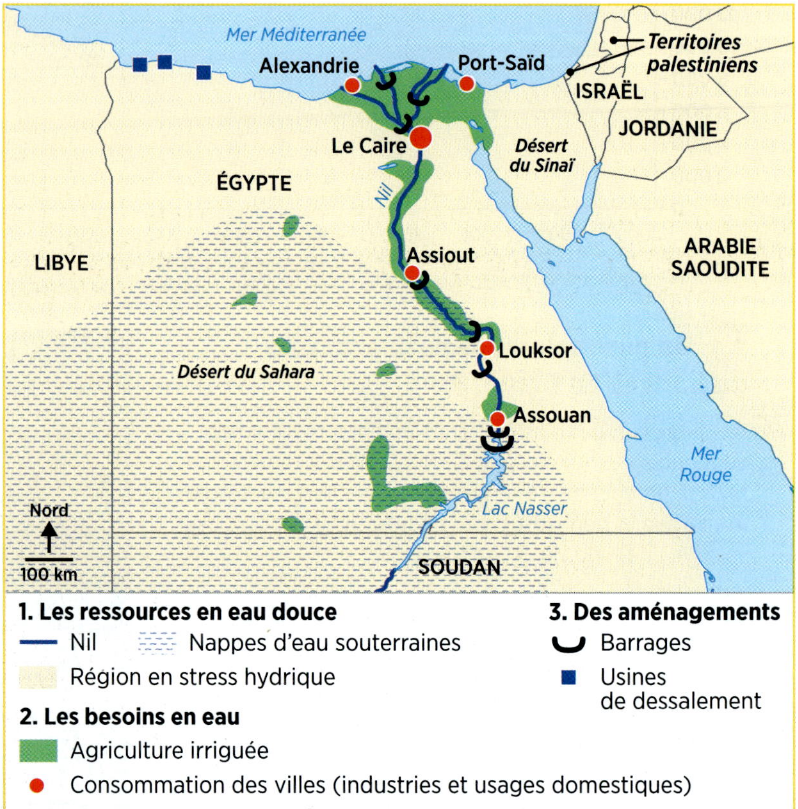

2 Un pays en situation aride

3 Le Nil, une source d'eau menacée

« Ces trois dernières années, 37 tonnes de canettes, de bouteilles en plastique, de sacs jetables et autres déchets ont été repêchées des eaux et sur les rives du Nil en Égypte. À ces chiffres, s'ajoutent environ 150 millions de tonnes de déchets industriels déversés chaque année. Le changement climatique et un barrage en construction en Éthiopie[1] risquent aussi de diminuer considérablement le débit du Nil. L'Égypte, déjà en proie à la sécheresse, craint que le mur de 145 m de haut du barrage ne piège ses réserves d'eau essentielles. Afin d'éviter le pire, plusieurs propositions ont été faites. L'Égypte devrait entre autres investir dans des sources d'eau autres que celles du Nil, comme des usines de dessalement sur les côtes, et assurer une distribution équitable de l'eau au cours des prochaines décennies. »

D'après Inès Magoum, « Égypte : le pays pourrait connaître une pénurie d'eau douce d'ici à 2025 », Afrik21.africa, 31 mars 2020.

1. Pays en amont du Nil.

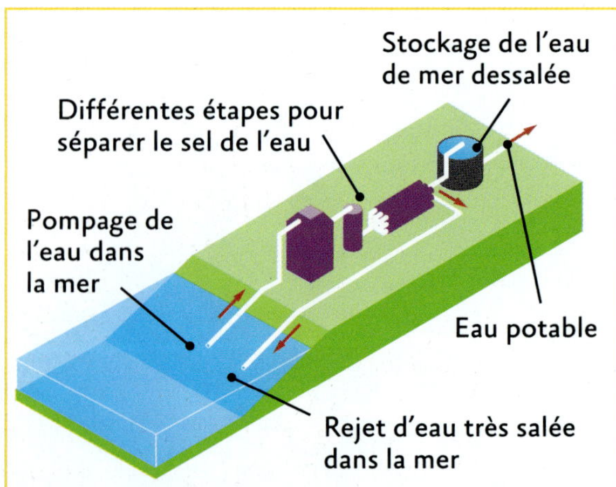

4 Le dessalement de l'eau, une solution ?

L'Égypte investit massivement dans le dessalement de l'eau de mer. Cette technique présente cependant de nombreux inconvénients : elle est coûteuse en énergie, polluante, et elle produit une eau douce chère.

5 Les importants besoins en eau de l'agriculture

L'Égypte est très peu arrosée par les pluies. L'irrigation est indispensable et représente 80 % de la consommation d'eau du pays.

Définitions

• L'irrigation : le fait d'arroser artificiellement les terres.

• Le stress hydrique : la situation dans laquelle se trouve un pays dont la ressource en eau douce par habitant et par an ne répond pas aux besoins moyens d'un individu.

6 Une station d'épuration près du Caire

L'approvisionnement en eau n'est pas le seul défi du pays. Celui-ci doit aussi améliorer l'assainissement et le traitement des eaux usées, pour parvenir à une gestion durable de la ressource. La station d'épuration sert à traiter les eaux usées d'une partie de la population du Caire avant leur retour à la nature.

Je travaille en groupe

ÉTAPE 1: Avec ton groupe, travaille sur l'un des deux thèmes ci-dessous en répondant aux questions.

ÉTAPE 2: Avec un élève qui a travaillé sur l'autre thème, rédigez un texte qui présente en quelques lignes les besoins en eau et les solutions pour y répondre.

Groupe 1

Des besoins en eau importants dans un milieu faiblement doté

1. **Doc. 2** Situez l'Égypte et présentez son milieu naturel.
2. **Doc. 1, 2 et 5** Quels sont les besoins en eau de l'Égypte ?
3. **Doc. 1 et 3** L'Égypte peut-elle répondre à ses besoins en eau de manière durable ? Justifiez.

Groupe 2

Les solutions pour répondre aux besoins en eau

1. **Doc 3, 4 et 6** Quelles solutions l'Égypte peut-elle trouver pour avoir suffisamment d'eau douce ?
2. **Doc. 4** Ces solutions sont-elles durables ?

Répartir les tâches au sein du groupe — POINT MÉTHODE

Il faut d'abord s'interroger sur la manière dont chacun travaillera dans le groupe : on peut travailler tous ensemble ou se répartir les lectures. On cherche à organiser le brouillon, la recherche d'informations, l'utilisation du matériel disponible.
Il faut faire attention à être juste : personne ne doit avoir plus de travail que les autres, mais on peut répartir les tâches en fonction des talents et des envies de chacun.

Retrouve le cours en lien avec cette étude de cas, p. 230.

Bilan

▶ Gérer l'eau en Égypte

EXERCICE interactif
flashbelin.fr/hgemc5-226

A Je retiens les informations essentielles

Relie les points des deux colonnes pour construire des affirmations correctes. Attention, il y a des points en trop qui ne sont pas à relier.

- Les besoins en eau de l'Égypte sont importants •
- La ressource en eau douce •
- Les solutions pour répondre aux besoins en eau de manière durable pourraient être •
- Des facteurs accentuent les difficultés d'approvisionnement de l'Égypte en eau •

- • comme la construction d'un barrage en amont du Nil ou le changement climatique.
- • est abondante en Égypte, grâce à des pluies régulières et à des nappes phréatiques.
- • notamment pour approvisionner les populations et pour l'agriculture irriguée.
- • le dessalement, la limitation de la pollution et l'amélioration de l'assainissement.
- • le détournement d'un fleuve du pays voisin.
- • est rare en Égypte, dans un milieu désertique : elle provient à 70 % de l'unique fleuve, le Nil.

B Je complète un croquis

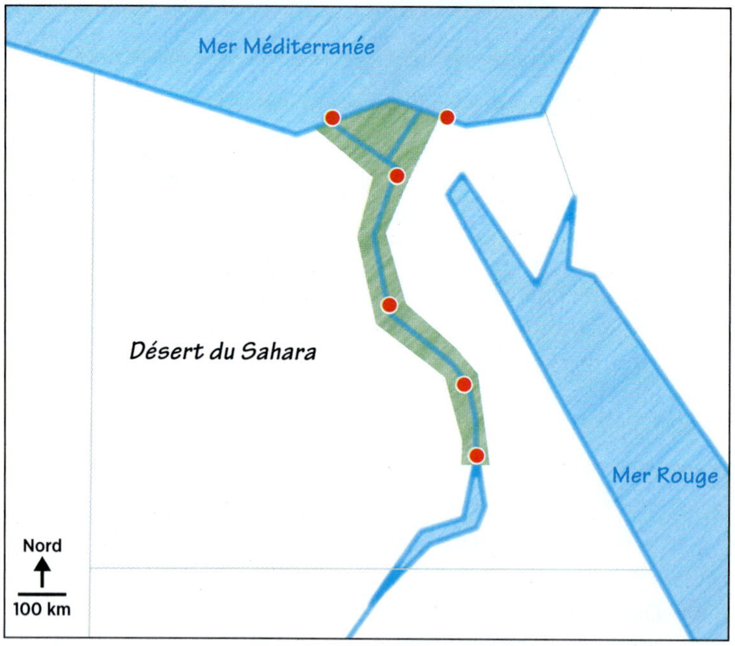

Titre : ....

- (trait bleu) ....
- (aplat vert) ....
- Principales villes qui concentrent la population consommatrice d'eau
- Des stations de dessalement le long des côtes

1. **Recopie le croquis et sa légende.**
2. **Dans la légende, place en face des bons figurés les propositions suivantes :**
   Le Nil, principale source d'eau •
   La vallée agricole irriguée.
3. **Choisis des figurés pour les éléments qui n'en ont pas dans la légende et place-les sur le croquis.**
4. **Trouve un titre au croquis.**

CROQUIS à télécharger
flashbelin.fr/hgemc5-226

Ailleurs dans le monde

Comment le défi d'une gestion durable de l'eau se pose-t-il dans le monde?

1 En Afrique du Sud

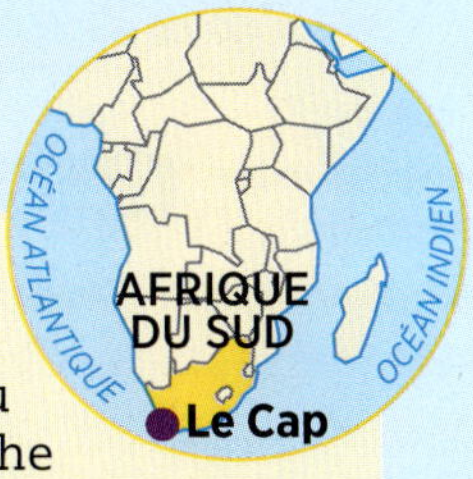

«Au Cap, le "jour zéro", celui où plus une seule goutte d'eau ne coulera du robinet, est à la fois proche et inéluctable. Pour retarder au maximum l'échéance du "jour zéro", un conseil de la ville s'est tenu le 19 janvier 2018 et a acté une limitation de la consommation à 50 litres par personne et par jour, soit 6 000 litres par mois pour une famille de quatre personnes. Cette limitation s'accompagne d'une importante hausse des tarifs. L'irrigation avec l'eau municipale est interdite, tout comme les jets d'eau, le remplissage des piscines ou le lavage des voitures, que ce soit de manière privée ou chez des professionnels. Les habitants sont ainsi incités à tirer leur chasse d'eau à l'aide d'un seau contenant des eaux usées ou de l'eau de pluie, plutôt que de l'eau du robinet.»

D'après Nelly Fualdes, «Afrique du Sud: Le Cap se prépare à une pénurie d'eau, appelée le "jour zéro"», *Jeune Afrique*, 30 janvier 2018.

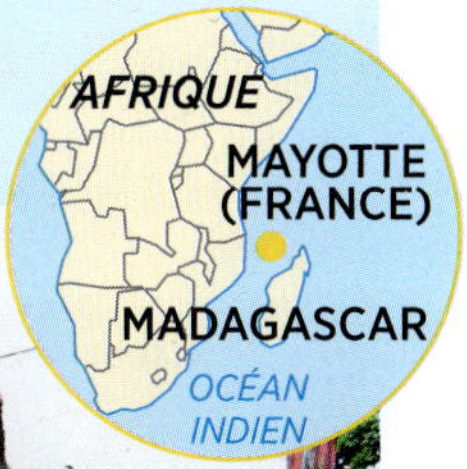

2 À Mayotte, département français d'outre-mer

À Mayotte, les pluies sont moins fréquentes depuis quelques années, et la ressource en eau moins abondante. De plus, le réseau d'approvisionnement est défectueux et les coupures sont très régulières: en mars 2021, la population de l'île a été privée d'eau durant plusieurs jours.

3 Au Myanmar

Le Myanmar est de plus en plus victime de la sécheresse, ce qui compromet l'approvisionnement de la population mais aussi l'agriculture. Ici, on transporte de l'eau potable sur une embarcation traditionnelle.

Questions

1. **Doc. 1 à 3** À quel problème commun ces territoires doivent-ils faire face?
2. **Doc. 1 à 3** Quelles sont les conséquences du manque d'eau pour les hommes et leurs activités?
3. D'après ces documents et ce que tu as appris, peut-on dire que l'Égypte est le seul pays à devoir faire face au défi de la gestion durable de la ressource en eau?

L'énergie et l'eau dans le monde

Capacités de production (en % du total mondial)

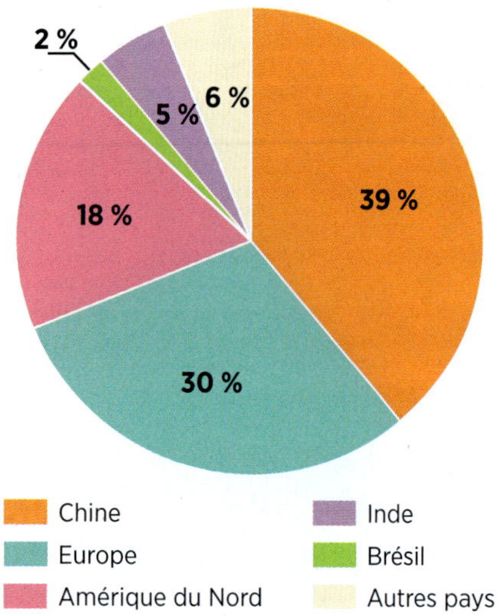

Source : Renewables Global Status Report, 2021.

Les pays producteurs d'énergie éolienne

CARTES interactives
flashbelin.fr/hgemc5-228

1 L'EAU

1. Les ressources en eau

Ressources en eau douce en m³/hab./an

1 700 – 10 000

Pays risquant un fort stress hydrique d'ici 2040

2. L'accès à l'eau

Pays où 99 % de la population a accès à l'eau potable

Pays où entre 22 et 75 % de la population n'a pas accès à l'eau potable

3. Les aménagements

Pays avec le plus d'usines de dessalement

ÉGYPTE Études de cas du chapitre

Je me repère dans l'espace

1. **Carte 1** Quelles sont les régions du monde les mieux dotées en eau douce par habitant ?
2. **Carte 1** Quel est le continent ayant le plus mauvais taux d'accès à l'eau potable ?
3. **Carte 2** Quelles sont les régions du monde qui consomment le plus d'énergie ?
4. **Carte 2 et graphique** Les régions qui produisent le plus d'énergie renouvelable sont-elles celles qui génèrent le moins de gaz à effet de serre ? Justifie ta réponse.

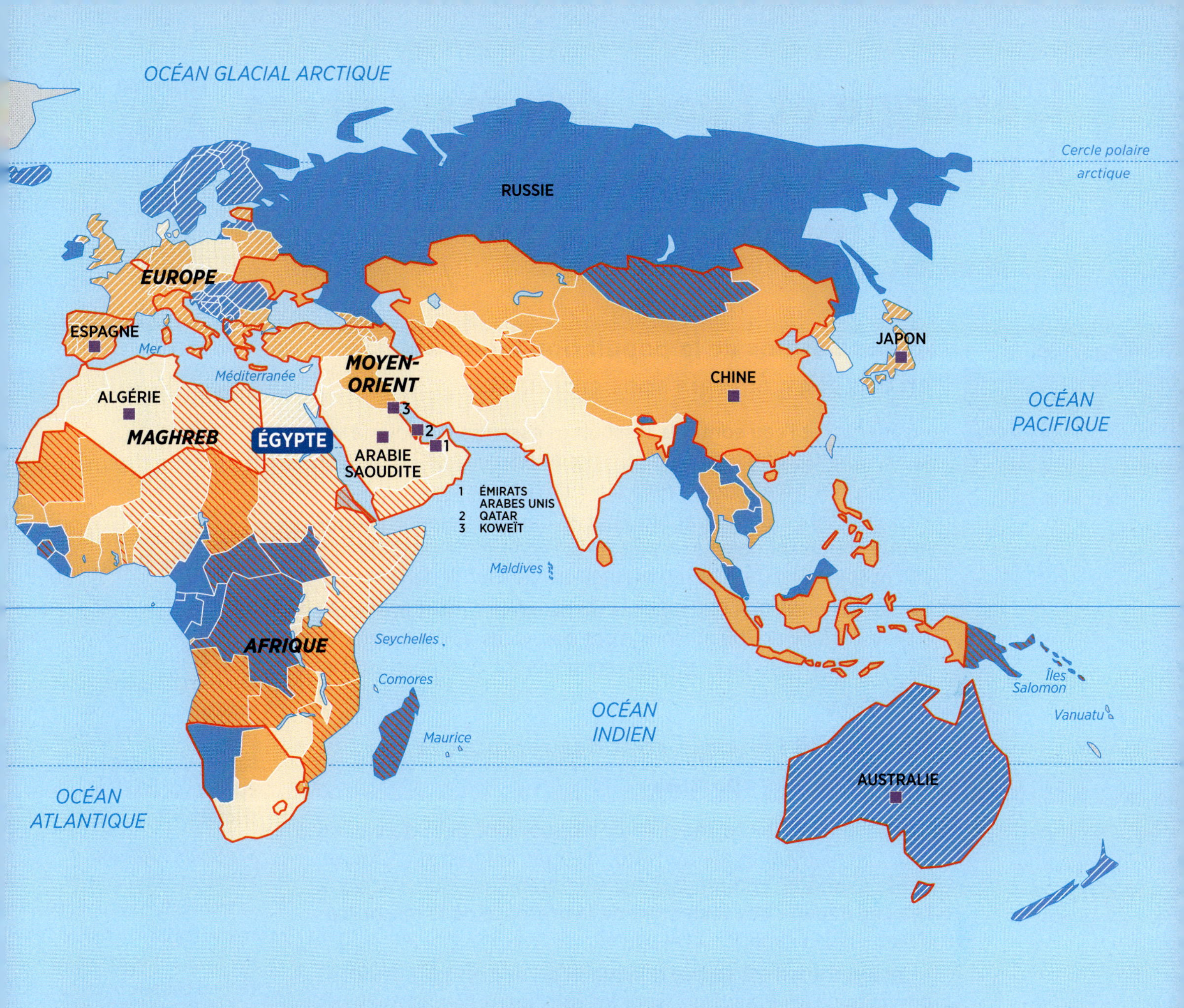
OCÉAN GLACIAL ARCTIQUE
Cercle polaire arctique
RUSSIE
EUROPE
ESPAGNE
Mer Méditerranée
MOYEN-ORIENT
JAPON
CHINE
ALGÉRIE
MAGHREB
ÉGYPTE
ARABIE SAOUDITE
OCÉAN PACIFIQUE
1 ÉMIRATS ARABES UNIS
2 QATAR
3 KOWEÏT
Maldives
AFRIQUE
Seychelles
Comores
Maurice
OCÉAN INDIEN
Îles Salomon
Vanuatu
AUSTRALIE
OCÉAN ATLANTIQUE

2 L'ÉNERGIE

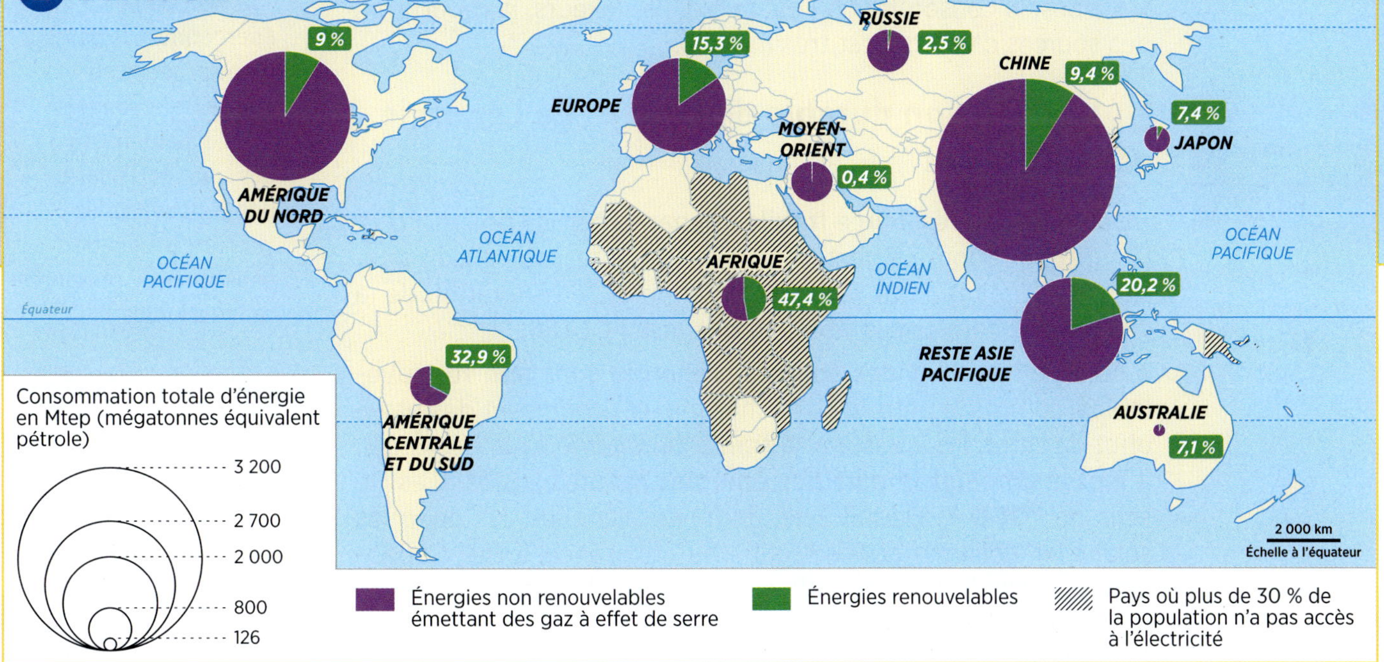
OCÉAN GLACIAL ARCTIQUE
9 %
AMÉRIQUE DU NORD
15,3 %
EUROPE
RUSSIE
2,5 %
CHINE
9,4 %
7,4 %
JAPON
MOYEN-ORIENT
0,4 %
OCÉAN ATLANTIQUE
OCÉAN PACIFIQUE
Équateur
AFRIQUE
47,4 %
OCÉAN INDIEN
OCÉAN PACIFIQUE
20,2 %
RESTE ASIE PACIFIQUE
32,9 %
AMÉRIQUE CENTRALE ET DU SUD
AUSTRALIE
7,1 %
2 000 km
Échelle à l'équateur
Consommation totale d'énergie en Mtep (mégatonnes équivalent pétrole)
3 200
2 700
2 000
800
126
Énergies non renouvelables émettant des gaz à effet de serre
Énergies renouvelables
Pays où plus de 30 % de la population n'a pas accès à l'électricité

COURS

L'énergie et l'eau, des ressources à ménager et à mieux utiliser

COURS audio
flashbelin.fr/hgemc5-230

Comment répondre aux besoins en énergie et en eau de manière durable?

Nigeria, p. 218

1 Les besoins de la population mondiale en eau et en énergie sont croissants

• **L'énergie et l'eau sont des ressources essentielles** pour la vie et les activités humaines. Boire, irriguer les cultures, se déplacer, s'éclairer sont des activités qui en dépendent.

• **La croissance démographique et le développement économique** entraînent de plus en plus de pression sur la ressource en eau et sur les ressources qui permettent de fournir de l'énergie.

• Aujourd'hui encore, **800 millions de personnes n'ont pas accès à l'eau potable et 750 millions n'ont pas accès à l'électricité**. Et les besoins en eau et en énergie continueront d'augmenter d'ici 2050.

Égypte, p. 224-225

2 L'eau et l'énergie sont des ressources inégalement réparties

• Alors que certaines régions du monde sont bien dotées en eau, comme l'Amérique du Nord, d'autres sont en situation de stress hydrique, comme la péninsule arabique. Mais **l'accès à l'eau ne dépend pas seulement de la présence de la ressource**: il faut aussi la capacité à l'exploiter.

• **L'énergie aussi est source d'inégalités**. Les pays plus développés, comme les États-Unis, sont les principaux consommateurs d'énergie par habitant. À l'inverse, dans les pays les moins développés, la consommation est faible. Par ailleurs, la répartition des sources d'énergie est très inégale.

États-Unis, p. 220-221

3 Une gestion durable de l'eau et de l'énergie est nécessaire

• **L'eau est une ressource fragile**, menacée par les pollutions et la surexploitation. La gestion durable de la ressource doit passer par la limitation de la consommation et l'amélioration de la gestion des eaux usées. C'est ce que vise **l'ODD 6.**

• Aujourd'hui, **80 % des sources d'énergie sont** non renouvelables, comme le pétrole ou le charbon, et produisent des gaz à effet de serre. Pour assurer la transition énergétique des États, **il faut augmenter la part des énergies** renouvelables. C'est le sens de **l'ODD 7**. Depuis une vingtaine d'années, les énergies solaire et éolienne connaissent une croissance forte. Cependant, ces ressources ne suffisent pas actuellement à répondre aux besoins de l'humanité.

Définitions

• Une **ressource non renouvelable**: une ressource qui permet de produire de l'énergie mais dont le stock peut s'épuiser.

• Une **ressource renouvelable**: une ressource qui permet de produire de l'énergie sans pouvoir être épuisée, de manière durable.

• Le **stress hydrique**: la situation dans laquelle se trouve un pays dont la ressource en eau douce par habitant et par an ne répond pas aux besoins moyens d'un individu.

• La **transition énergétique**: le passage d'une production énergétique fondée principalement sur des sources d'énergie non renouvelables vers une production constituée de ressources renouvelables.

Je vérifie mes connaissances

→ Es-tu capable de citer ?

- Le nombre de personnes sans accès à l'électricité dans le monde
- Le nombre de personnes sans accès à l'eau potable dans le monde
- Un ODD en lien avec l'eau
- Un ODD en lien avec l'énergie
- Deux énergies renouvelables
- Deux énergies non renouvelables

Je comprends le cours

→ Relis chaque partie du cours et réponds aux questions.

Partie 1

- Relève les usages de l'eau et de l'énergie.
- Donne un titre au deuxième paragraphe.

Partie 2

- Quelle proposition aurait sa place dans cette partie ?
  – Les sources d'énergie sont inégalement réparties sur terre, mais l'eau est équitablement partagée.
  – Quand le niveau de développement d'un pays est élevé, ses habitants consomment souvent beaucoup d'énergie.

Partie 3

- Quel mot désigne le prélèvement excessif d'une ressource ?
- Quelle part des sources d'énergie utilisées actuellement est non renouvelable ?

J'apprends autrement

→ Reproduis le schéma et complète-le à l'aide des propositions suivantes : Stress hydrique • Pollutions • non renouvelables • 750 millions de personnes • Essor des énergies renouvelables.

L'eau		L'énergie
• Irrigation, boisson, hygiène • 800 millions de personnes sans eau potable	**Des besoins croissants**	• Consommation croissante d'énergie • .... sans électricité
• Des régions bien dotées, d'autres en situation de .... • Une exploitation inégale	**Des inégalités**	• Répartition très inégale des sources et de la consommation d'énergie
• Surexploitation •	**Des ressources à ménager**	• 80 % de ressources .... • Production de gaz à effet de serre
• Amélioration de l'assainissement • Consommation limitée	**Vers plus de durabilité ?**	• ....

SCHÉMA à télécharger
flashbelin.fr/hgemc5-231

JE RÉVISE

RÉVISE en jouant avec Genially ! + EXERCICES interactifs
flashbelin.fr/hgemc5-232

1 Je révise les repères géographiques

CARTE à télécharger flashbelin.fr/hgemc5-232

1 Recopie la légende et complète-la avec les propositions suivantes : Espaces qui consomment le plus d'énergie • Espace qui a le moins bon accès à l'eau potable et à l'électricité.

2 Nomme les espaces correspondant à chaque numéro.

3 Quel pays, noté A, est en situation de stress hydrique ? Complète la légende.

4 Quel pays, noté B, est l'un des plus grands consommateurs d'énergie du monde ? Complète la légende.

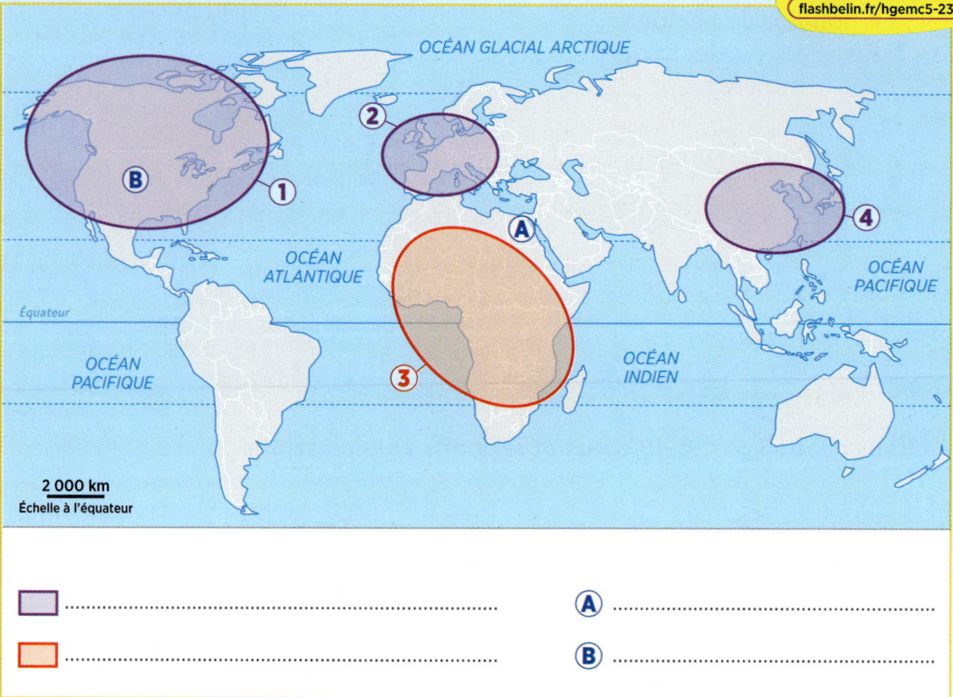

2 Je vérifie mes connaissances

Toutes ces affirmations sont fausses, à toi de les corriger.

a. Les besoins en eau et en énergie se sont stabilisés depuis les années 2000.

b. Une majorité de la population mondiale n'a toujours pas accès à l'eau potable.

c. La part des énergies renouvelables est en diminution dans le monde.

d. Seuls quelques pays seront confrontés au stress hydrique dans les prochaines années.

3 Je révise en jouant

GRILLE à télécharger flashbelin.fr/hgemc5-232

Recopie et complète cette grille de mots croisés en t'aidant des définitions suivantes.

1 Une source d'énergie non renouvelable, qui sert de combustible.

2 Quand un pays n'a pas assez d'eau pour subvenir aux besoins de sa population, on parle de stress « .... ».

3 Une forme d'énergie produite par le vent.

4 Le continent où l'accès à l'eau et l'électricité est le plus mauvais.

5 Elle est « énergétique » quand on passe à une production basée sur des énergies renouvelables.

6 Se dit d'une ressource permettant de produire de l'énergie de manière durable, sans être épuisée.

7 Un moyen de transformer l'eau de mer en eau douce et potable.

Je crée un schéma de synthèse numérique

Créer un schéma de synthèse permet de mobiliser les éléments de la leçon et de se les approprier, pour mieux les comprendre et les mémoriser. Il existe des sites pour réaliser un schéma numérique en ligne.

1 Rends-toi, par exemple, sur le site app.diagrams.net et choisis où tu veux enregistrer ton projet avant de commencer. Dans le volet à gauche, **sélectionne une première forme pour y indiquer le titre de la leçon.**

2 **En relisant le cours** dans ton manuel ou ton cahier, **note au brouillon tous les éléments** qui te semblent importants à mettre dans le schéma.

3 Recopie ensuite ces éléments dans **des formes que tu lies à la forme centrale.** Essaye de les **organiser de manière logique**, en utilisant par exemple une couleur par partie de cours ou par thème, une forme par type d'information, etc. Utilise des **connecteurs** (traits, flèches) pour relier les formes entre elles.

4 Quand tu as terminé, pense à enregistrer ton travail. Tu peux aussi l'imprimer.

Un début de schéma possible sur ce chapitre :

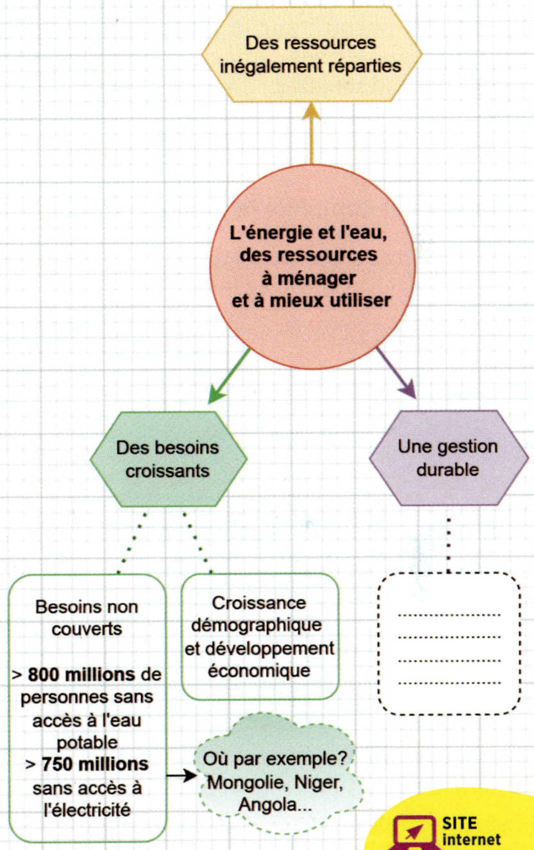

SITE internet flashbelin.fr/hgemc5-233

➡ **À l'aide de l'exemple ci-dessus, crée ton schéma de synthèse en ligne pour réviser la leçon. Il doit être le plus complet possible, tout en restant lisible.**

➡ **Identifie les éléments que tu souhaites retenir. Pour t'aider, tu peux relire le cours p. 230 et le schéma à compléter p. 231. Note tout au brouillon : les grands thèmes, les idées principales, les chiffres, des exemples précis et localisés, etc.**

➡ **Tu peux maintenant construire ton schéma en ligne !**

1 J'extrais des informations sur la transition énergétique indienne

Analyser un document

L'Inde en pleine transition énergétique

« En Inde, le système énergétique repose largement sur l'usage du charbon : ce combustible compte encore pour plus de la moitié de la consommation d'énergie (55,9 % en 2018 selon les dernières données disponibles) et pour près des trois quarts de la production d'électricité. L'Inde est par ailleurs le troisième consommateur de pétrole après les États-Unis et la Chine. En 2018, plus de 85 % de la consommation énergétique de l'Inde reposait sur le charbon ou le pétrole. En ce qui concerne les énergies renouvelables, l'Inde s'est fixé un objectif ambitieux portant sur la puissance installée, souhaitant doubler ses capacités renouvelables pour l'électricité d'ici 2022. L'Inde pourrait devenir le pays le plus peuplé au monde autour de 2027. La consommation d'énergie de l'Inde pourrait encore doubler et sa consommation d'électricité pourrait tripler, notamment en raison des besoins de climatisation. Des progrès ont été réalisés en Inde ces dernières années : entre 2000 et 2019, près de 750 millions de nouvelles personnes ont obtenu un accès à l'électricité. »

D'après « La situation énergétique de l'Inde décryptée par l'Agence internationale de l'énergie », Connaissancedesenergies.org, 14 janvier 2020.

1. Situe l'Inde.
2. Recopie et complète le tableau suivant pour classer les informations fournies par ce document.

Sources d'énergie principales actuellement en Inde	Sources d'énergie envisagées pour le futur de l'Inde	Éléments qui font de cette transition énergétique un défi
....	....	....

2 J'identifie le point de vue de l'auteur d'une caricature

Analyser un document

Décris précisément le dessin de presse ci-contre, puis explique ce que l'auteur veut dénoncer à travers ce dessin.

Coup de pouce

→ Demande-toi que représentent les personnages dessinés sur le globe.

→ Explique ce qu'ils sont en train de faire, la situation dans laquelle ils se trouvent.

→ Pour finir, fais une supposition sur ce que cela dénonce.

Lire une caricature POINT MÉTHODE

Dans une caricature, l'auteur cherche à représenter une situation réelle, mais souvent de manière à choquer le lecteur. Le but est de faire réagir pour dénoncer une situation.
Pour lire une caricature, il faut se demander qui sont les personnages et à quoi on les reconnaît (apparence, accessoires, contexte). On doit aussi se demander ce que l'auteur de la caricature cherche à dénoncer, quel est son point de vue sur la situation dessinée.

L'eau de la planète

Dessin de Chappatte, dessinateur de presse, paru dans *Le Temps*, 13 juillet 2018.

Raisonner et justifier

3 Je compare les énergies chinoise et indienne

1 Lequel de ces deux pays asiatiques consomme le plus d'énergie ?

2 Comment la consommation énergétique de ces deux pays évoluera-t-elle d'après les projections ?

3 Comment la part du solaire et de l'éolien évoluera-t-elle dans ces deux pays d'après les projections ?

Les sources de la production d'électricité en Chine et en Inde

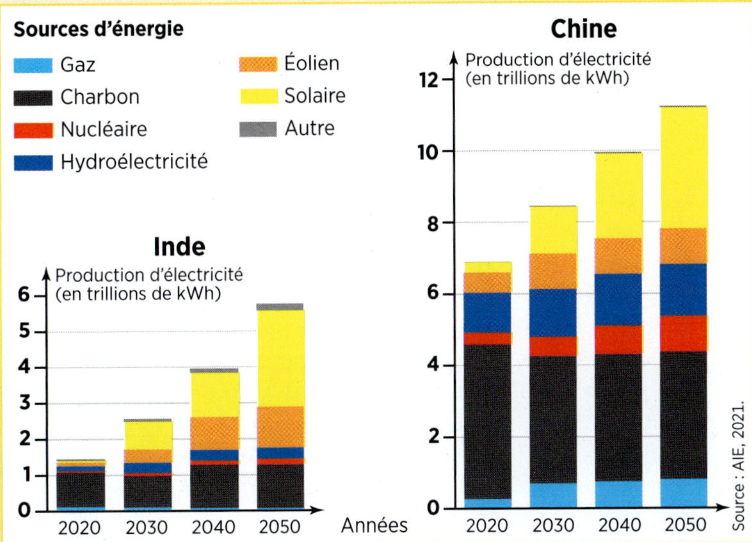

Pratiquer différents langages

4 J'écris pour résumer ce que j'ai compris sur les pénuries d'eau

Des solutions pour éviter la pénurie d'eau

« Pour éviter la pénurie d'eau, une combinaison de ces choses est utilisée. Une approche est d'éduquer les gens et de promouvoir la technologie pour la conservation de l'eau. Dans le secteur de l'agriculture, cela peut signifier d'utiliser l'irrigation "goutte à goutte", ou d'utiliser des plantes qui ont besoin de moins d'eau. Dans les habitations et les usines, on peut éduquer les gens à éteindre l'eau lorsqu'ils ne l'utilisent pas, et investir dans des appareils et des pratiques économiques en eau. Pour fournir de l'eau potable aux personnes, l'eau peut être transférée entre différents utilisateurs. Il y a de plus en plus de villes qui achètent de l'eau aux agriculteurs. L'eau peut être recyclée. Singapour est célèbre pour son système qui recycle l'eau sale. C'est comme s'ils avaient trouvé une nouvelle source d'eau. La pollution de l'eau est une cause majeure de pénurie d'eau, car elle réduit la quantité d'eau propre disponible : protéger les rivières, les lacs et l'eau souterraine est important. Finalement, aucune de ces approches ne fonctionnera sans une bonne gouvernance – cela signifie que les gouvernements, les entreprises et les communautés travaillent ensemble de manière organisée. »

D'après Laura Turley de l'Institut des sciences de l'environnement, rts.ch, 2 février 2018.

Lis ce texte attentivement, puis rédige un résumé de 5 ou 6 lignes mettant en avant les principales solutions pour éviter la pénurie d'eau.

S'informer dans le monde du numérique

5 Je m'informe sur l'énergie éolienne pix

→ Visionne la vidéo « L'impact des éoliennes » (France TV-Lumni).

1 D'après cette vidéo, quelles sont les questions et inquiétudes à propos de l'énergie éolienne ?

2 D'après l'enquête menée, ces inquiétudes sont-elles justifiées ?

3 Quels sont malgré tout les avantages de l'énergie éolienne ?

4 Cette vidéo te semble-t-elle défendre un point de vue favorable à l'énergie éolienne, opposé ou neutre ? Justifie ta réponse.

VIDÉO en ligne
flashbelin.fr/hgemc5-235

Le charbon, une source d'énergie

D'HIER

- **Fin XVIIIe siècle** Début de l'exploitation industrielle du charbon
- **Années 1960** Le pétrole remplace le charbon comme énergie la plus utilisée
- **2019** La production mondiale de charbon atteint 7,9 milliards de tonnes, la consommation est toujours en croissance à l'échelle mondiale

1800 — 1850 — 1900 — 1950 — 2000

1 Le charbon au XIXe siècle

Les Déchargeurs de charbon, Claude Monet, huile sur toile, vers 1875. Musée d'Orsay, Paris.

Le charbon est la principale source d'énergie au XIXe siècle. La croissance de sa production est très rapide à partir de 1850. Ici, des charbonniers parisiens déchargent du charbon produit ailleurs en France, ou importé d'Angleterre ou d'Allemagne.

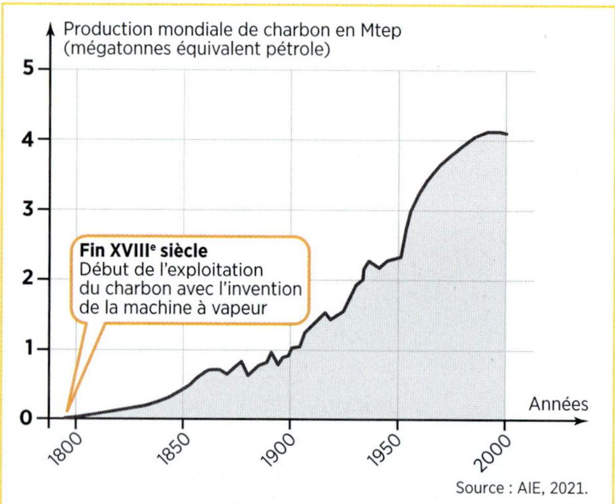

Source : AIE, 2021.

2 L'évolution de la production de charbon dans le monde

VIDÉOS en ligne flashbelin.fr/hgemc5-236

3 Une ressource du passé en France

Dans le bassin minier du nord de la France, du XVIIIe à la fin du XXe siècle, le charbon est extrait du sol par des méthodes industrielles, avec des machines et un grand nombre d'ouvriers. Les terrils (collines artificielles composées de résidus miniers) encore visibles aujourd'hui sont les traces de ce passé.

À DEMAIN

- **2026** La Chine, principal consommateur de charbon, devrait commencer à réduire sa consommation
- **2060** Le charbon pourrait être abandonné si tous les pays réduisent progressivement leur consommation
- **2130** Les stocks de charbon pourraient être épuisés

2020 – 2040 – 2060 – 2080 – 2100 – 2120 – 2140

4 L'industrie du futur, sans charbon

La centrale de Saint-Avold, en Moselle, qui produisait de l'électricité à base de charbon sera transformée après mars 2022 pour produire de la chaleur avec du bois. Cela révèle la volonté d'une transition vers les énergies vertes en France.

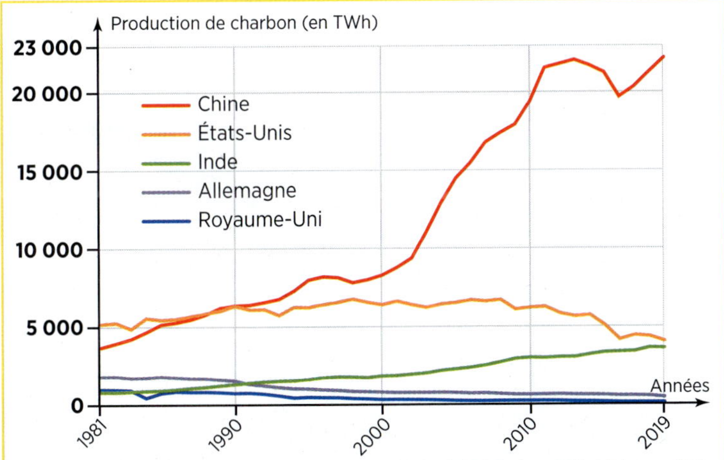

Source : BP Statistical Review of World Energy, 2021.

6 La production de charbon de quelques pays

67 % du charbon sert à la production d'électricité. Des engagements internationaux pour réduire l'utilisation du charbon ont été pris à la COP26 (conférence des Nations unies sur les changements climatiques) en novembre 2021. La Chine s'est engagée à cesser de financer des centrales à charbon à l'étranger seulement.

5 Vers une sortie du charbon ?

« Le charbon, responsable de 40 % des émissions de CO_2 dans le secteur de l'énergie, n'a pas dit son dernier mot. On le critique, on le combat, mais il reste une énergie d'avenir parce qu'il est abondant, bon marché et il suffit d'appuyer sur un bouton et la centrale à charbon fournit en quelques heures de l'énergie. Dès qu'il y a besoin d'injecter rapidement de l'électricité sur le réseau, le charbon, c'est parfait. Et tant pis s'il émet plus de 800 grammes de CO_2 par kilowatt-heure (kWh), deux fois plus que le gaz naturel et environ 80 fois plus que le nucléaire. La consommation mondiale de charbon a augmenté, entre 2017 et 2018, de 1,4 %, alors qu'il faudrait faire le chemin inverse pour limiter le réchauffement de la planète. »

D'après Michel Revol, « Pourquoi le charbon a encore de beaux jours devant lui », *Le Point*, 8 février 2020.

VIDÉOS en ligne flashbelin.fr/hgemc5-237

Questions

D'hier...

1. **Doc. 1 et 2** À quelle période le charbon commence-t-il à être utilisé ?
2. **Doc. 1 et 3** Quels sont alors les lieux d'extraction du charbon en Europe ?
3. **Doc. 1** À quoi sert le charbon ?

... à demain

4. **Doc. 5** Aujourd'hui, quel est le principal pays producteur et consommateur de charbon ?
5. **Doc. 4 et 5** Des mesures sont-elles prises pour diminuer la production de charbon ?
6. **Doc. 5** Relève les inconvénients liés à l'utilisation du charbon.
7. **Doc. 5** Relève les éléments qui font du charbon une ressource encore exploitée.

12 Nourrir l'humanité

Comment nourrir une humanité de plus en plus nombreuse ?

1 Des éleveurs au Niger

Le réchauffement climatique aggrave les difficultés agricoles dans ce pays d'Afrique subsaharienne au climat très sec.

Pour bien commencer le chapitre

Fais le point sur ce que tu sais déjà.

flashbelin.fr/hgemc5-239

1. Quel aliment très présent en Asie retrouve-t-on dans les sushis ?

a. La pomme de terre.
b. Le riz.
c. Le blé.

2. Les ressources que nous utilisons sur la planète sont :

a. Très bien réparties entre les pays.
b. Très bien gérées, sans problème particulier.
c. Souvent inégalement réparties.

3. L'agriculture est majoritairement pratiquée :

a. Dans les espaces naturels.
b. Dans les campagnes.
c. Dans les villes.

4. Parmi ces trois aliments, lequel n'est pas une céréale ?

a. Le maïs.
b. La pomme de terre.
c. Le blé.

2 Une ferme urbaine à New York (États-Unis)

Cette exploitation agricole est installée sur les toits de Brooklyn (quartier de New York). Elle produit de nombreux fruits et légumes issus de l'agriculture biologique.

Questions

1. **Doc. 1** Pourquoi ces éleveurs sont-ils régulièrement obligés de se déplacer ?
2. **Doc. 2** Où est installée cette ferme ?
3. **Doc. 2** Pourquoi cette activité a-t-elle peu d'effets négatifs sur l'environnement ?

REPÈRES

OBJECTIFS DE DÉVELOPPEMENT DURABLE

2 FAIM «ZÉRO»

Alors que le nombre de personnes souffrant de la faim baissait depuis 1960, il augmente de nouveau depuis 2015. Aujourd'hui, près de 690 millions de personnes sont sous-alimentées, à cause de conflits ou du changement climatique. Des mesures doivent être rapidement mises en œuvre pour aider les régions les plus touchées par la sous-alimentation.

1 Le Programme alimentaire mondial distribue de la nourriture

Le Programme alimentaire mondial (PAM) ou World Food Programme (WFP) est un organisme dépendant de l'ONU qui lutte contre la faim dans le monde. Ici, il organise une distribution de nourriture en Afghanistan (octobre 2021).

CARTE en ligne
flashbelin.fr/hgemc5-240

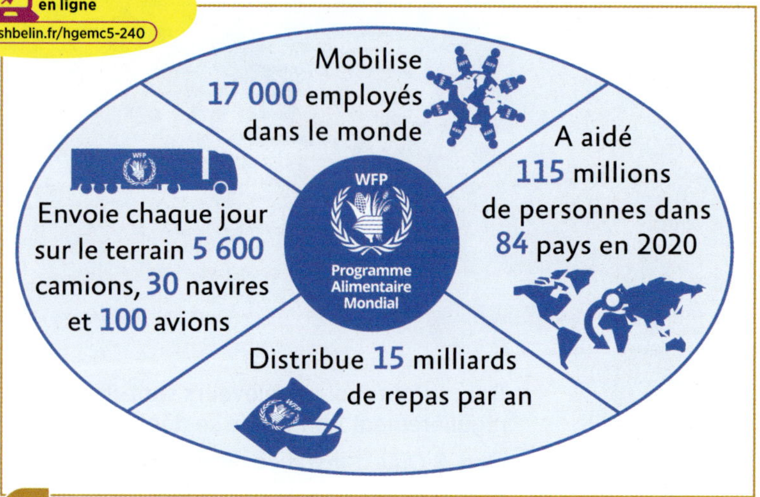

2 Le Programme alimentaire mondial aujourd'hui

Le PAM dépend de l'Organisation des Nations unies et fonctionne grâce aux dons volontaires des pays.

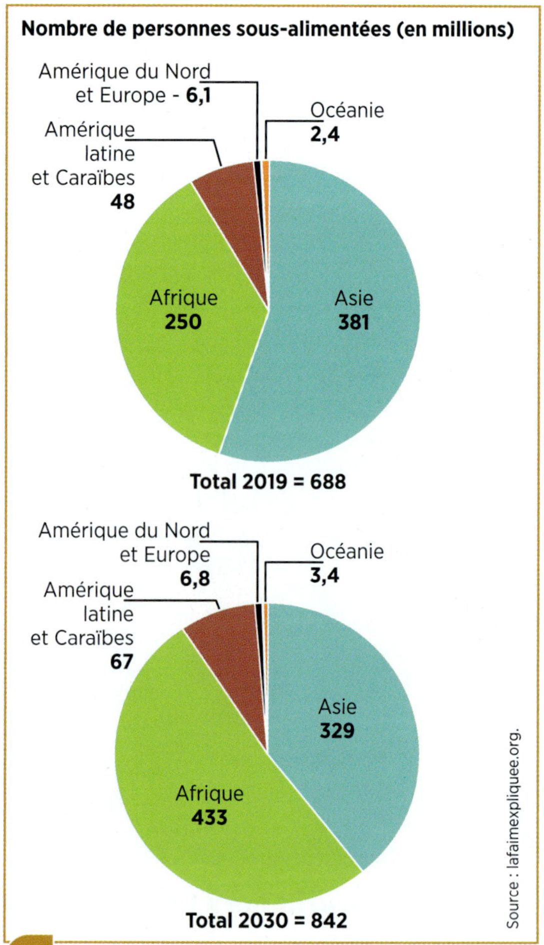

3 La faim dans le monde, aujourd'hui et demain

12 CONSOMMATION ET PRODUCTION RESPONSABLES

Si la population mondiale dépasse les 9 milliards de personnes d'ici à 2050, l'équivalent de près de trois planètes sera nécessaire pour maintenir les modes de vie et de consommation actuels. Or nous n'avons pas trois planètes. Nous devons donc nous adapter en consommant moins de productions coûteuses pour la planète et en réduisant notre gaspillage.

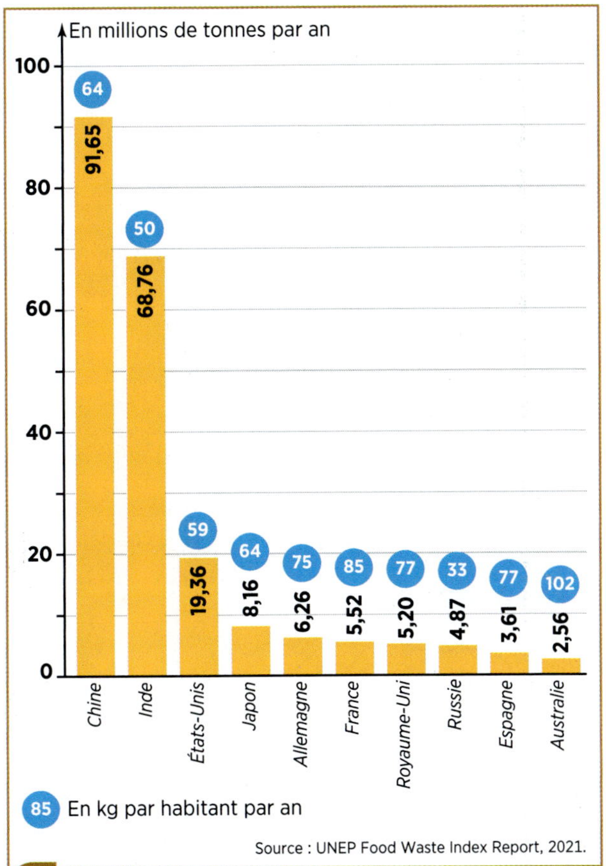

1 Le gaspillage alimentaire dans le monde

On dit qu'un aliment est « gaspillé » quand il est jeté sans avoir été consommé.

2 Une ferme circulaire en Arabie saoudite

VIDÉO en ligne flashbelin.fr/hgemc5-241

Le climat très sec de l'Arabie saoudite a conduit à l'utilisation importante des eaux souterraines pour arroser les exploitations. Aujourd'hui, 80 % de ces réserves sont épuisées.

Le sais-tu ?

- L'élevage représente 14 % des émissions des gaz à effet de serre, et le gaspillage alimentaire 8 %.
- Deux milliards de personnes dans le monde sont en surpoids à cause de la malnutrition.

Définitions

- La malnutrition : une alimentation insuffisante en qualité.
- La sous-alimentation : une alimentation insuffisante en quantité (moins de 2 500 calories par jour et par personne).

Questions

1. Quelle mission importante chacun de ces Objectifs de développement durable poursuit-il ?
2. Comment la situation alimentaire dans le monde va-t-elle évoluer si rien n'est fait ?
3. Pourquoi nos modes de consommation doivent-ils changer ?

COMPÉTENCE TRAVAILLÉE
Se repérer dans l'espace

1 Nourrir le Vietnam

Comment concilier sécurité alimentaire et agriculture durable au Vietnam ?

1 Une moissonneuse-batteuse dans une rizière du delta du Mékong

Longtemps confronté à des difficultés pour nourrir sa population, le Vietnam est parvenu à atteindre la sécurité alimentaire en augmentant sa production agricole dans les années 1990. Il est aujourd'hui en mesure d'exporter une partie de ses productions.

Définitions

- Un **delta** : un espace où un fleuve se jette dans la mer en se divisant en plusieurs bras.
- La **Révolution verte** : les transformations de l'agriculture dans les pays en développement, avec usage d'engrais, de pesticides et de machines pour augmenter la production.
- La **riziculture** : la culture du riz.
- La **sécurité alimentaire** : la capacité, pour un pays, de nourrir sa population par une alimentation diversifiée et de qualité.

CARTE interactive
flashbelin.fr/hgemc5-242

2 Riziculture et population au Vietnam

3 La Révolution verte et ses conséquences

« Au Vietnam, 65 % de la population habite en zone rurale, et la production agricole représente plus de la moitié des emplois. Cette importance du secteur agricole remonte aux années 1990. À cette époque, le gouvernement développe le commerce agricole. Résultat : les pratiques s'intensifient, c'est la Révolution verte. Ainsi, en trois décennies, la production alimentaire a plus que triplé ! Ce succès a non seulement permis au Vietnam de garantir sa sécurité alimentaire, mais aussi de devenir un grand pays exportateur de produits agricoles. Mais l'agriculture vietnamienne doit faire face à de nouveaux défis : améliorer sa durabilité et sa qualité et aussi être moins vulnérable au changement climatique. M. Hoan Van Thang, ancien vice-ministre, explique : "Dans les régions côtières, il faut passer de l'agriculture à base d'eau douce à une agriculture adaptée à l'eau salée. Et dans les zones qui manquent d'eau, développer des cultures moins consommatrices d'eau." »

D'après une vidéo de l'Agence française de développement, 13 février 2020.

VIDÉO en ligne flashbelin.fr/hgemc5-243

4 Aquaculture en cage dans la baie de Lan Ha

Le Vietnam est un important exportateur de poissons-chats, crevettes et homards. Les espèces sont élevées dans des cages de quatre mètres de côté.

Activité A

Je nomme, localise et caractérise des espaces

1. **Doc. 1 et 2** Dans quelle partie du pays la photographie a-t-elle été prise ?
2. **Doc. 1 et 3** Choisis la proposition qui te paraît la plus appropriée pour décrire la rizière :
   a. Un espace industriel situé en ville.
   b. Une campagne moderne et productive.
   c. Une campagne isolée et peu développée.
3. **Doc. 4** Choisis, dans la liste suivante, quatre mots qui te paraissent correspondre au paysage photographié : riz • poissons • ville • élevage • montagnes • mer • désert • exportations.

Je situe des espaces les uns par rapport aux autres

4. **Doc. 2** À part le delta du Mékong, quelle région du Vietnam produit une grande quantité de riz ?
5. **Doc. 2** S'agit-il aussi d'une région peuplée ? Comment expliquer ce lien entre population et riziculture ?

Activité B

Je découvre la notion d'échelle

1. **Doc. 1 à 4** Classe les documents selon l'échelle qu'ils utilisent :

	Échelle locale	Échelle nationale
Documents	....	....

Les échelles en géographie POINT MÉTHODE

L'échelle locale correspond à un espace étudié de petite taille, tandis que l'échelle nationale permet d'avoir un point de vue sur l'ensemble du territoire d'un pays. Enfin, l'échelle mondiale correspond à la planète entière.

2. **Doc. 1 et 4** Le Vietnam ne vend pas ses productions qu'aux pays voisins. Quelle échelle est donc aussi concernée ?

Retrouve le cours en lien avec cette étude de cas, p. 252.

Bilan

Nourrir le Vietnam

SCHÉMA à télécharger flashbelin.fr/hgemc5-244

A Je retiens les informations essentielles

Recopie le schéma et complète-le à l'aide des propositions suivantes :
Forte consommation d'eau • Exportation de certaines productions • Sécurité alimentaire atteinte • Augmentation de la production • Pollution des eaux et des sols • Utilisation importante des pesticides et des engrais.

B Je complète un croquis

1. **Recopie et complète le croquis en dessinant les figurés ponctuels et linéaires (villes, exportations, fleuves) dans la couleur appropriée.**
2. **Colorie ensuite les trois types d'espaces agricoles que l'on retrouve au Vietnam.**
3. **Enfin, écris au bon endroit les repères géographiques suivants :** Mer de Chine • Fleuve Rouge • Mékong • Chine.

CROQUIS à télécharger flashbelin.fr/hgemc5-244

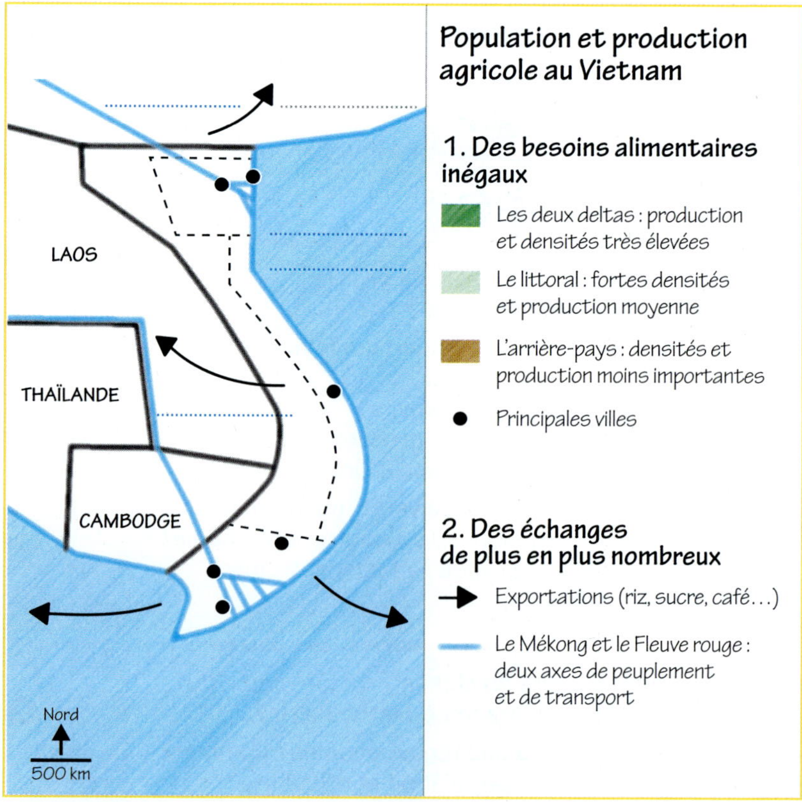

Ailleurs dans le monde

Tous les pays connaissent-ils la sécurité alimentaire ?

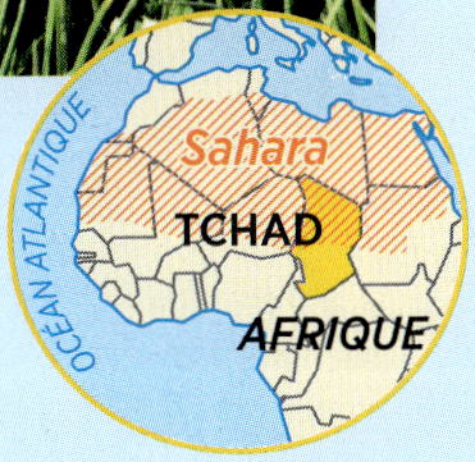

1 La récolte des oignons au Tchad

L'agriculture tchadienne est principalement vivrière. La sécurité alimentaire n'est pas atteinte dans le nord du pays à cause du climat désertique et d'une production insuffisante.

2 En Inde, des progrès encore insuffisants

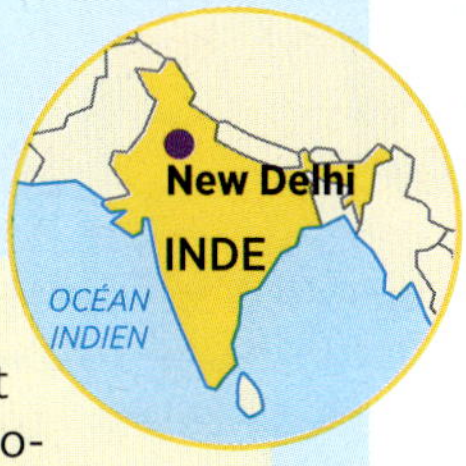

« Au nombre des initiatives couronnées de succès figurent la Révolution verte, la loi nationale sur la sécurité alimentaire, ou encore la mise en place de systèmes efficaces de gestion des catastrophes. En 2016-2017, la production nationale de céréales vivrières s'est élevée à plus de 270 millions de tonnes.
Néanmoins, les familles rurales démunies consacrent plus de 60 % de leurs revenus à l'alimentation et n'ont qu'un accès limité aux aliments constitutifs d'un régime varié – légumes secs, légumes verts, lait et fruits. Dans certaines régions, plus de 30 % de la population vit au-dessous du seuil de pauvreté. Les femmes et les filles souffrent particulièrement des inégalités en matière de répartition des vivres dans les familles. En effet, la coutume leur impose de manger moins et en dernier, quels que soient leur âge ou leur état de santé. »

D'après le Programme alimentaire mondial, novembre 2018.

3 L'agriculture dans la Beauce, au sud-ouest de Paris

La France a atteint la sécurité alimentaire. La moitié de sa production céréalière (blé, orge, maïs) peut donc être vendue à l'étranger.

Définition

• L'agriculture vivrière : l'agriculture dont la production est destinée à être consommée sur place.

Questions

1. **Doc. 1.** Quelle est la situation alimentaire du Tchad par rapport à celle du Vietnam ?
2. **Doc. 2** Quelles inégalités subsistent en Inde malgré la Révolution verte ?
3. **Doc. 3** Décris le paysage. À quoi est destinée la majorité des céréales produites ? Pourquoi ?

ÉTUDE DE CAS

COMPÉTENCE TRAVAILLÉE
Raisonner et justifier

2 Produire et se nourrir au Brésil

➥ Les agricultures pratiquées au Brésil permettent-elles d'atteindre la sécurité alimentaire ?

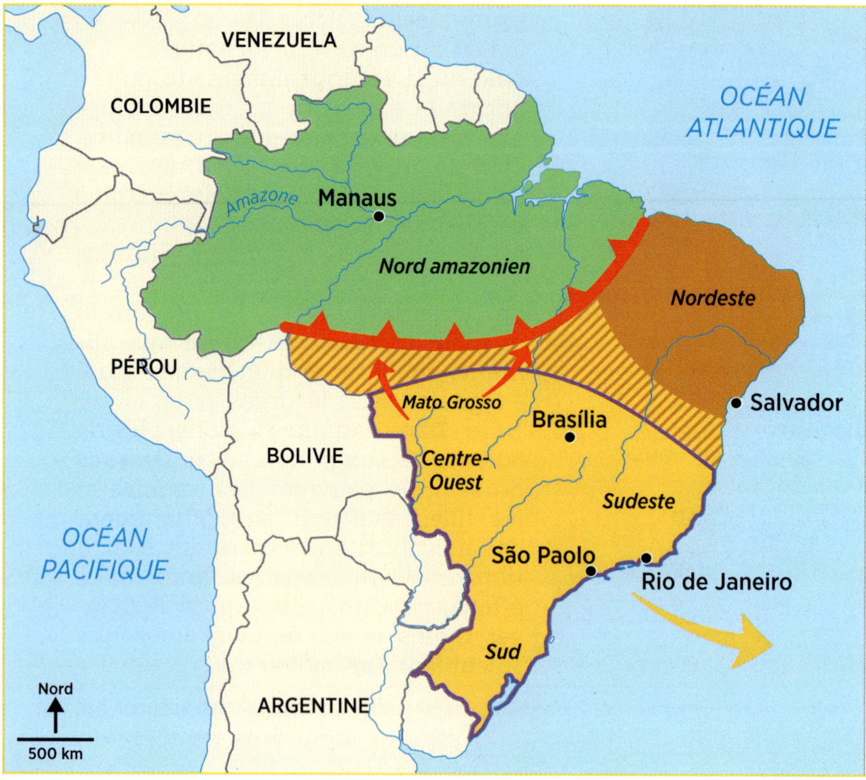

1. Une agriculture contrastée

- Agriculture principalement commerciale et très productive (soja, café, bovins...)
- Agriculture principalement vivrière et peu productive (haricots, manioc...)
- Forêt amazonienne
- Espace où la sécurité alimentaire est assurée

2. Des espaces agricoles en mutation

- Extension des cultures commerciales
- Front pionnier
- Exportations de produits agricoles

CARTE interactive
flashbelin.fr/hgemc5-246

1 Les espaces agricoles et forestiers du Brésil

Entre 1970 et 2018, la population du Brésil est passée de 93 à 209 millions d'habitants. Sur la même période, la surface de sa plus grande forêt, l'Amazonie, est tombée de 4 à 3,3 millions de km².

2 L'agriculture commerciale dans le Mato Grosso

VIDÉO en ligne
flashbelin.fr/hgemc5-246

Depuis 2010, les surfaces cultivées en soja du pays ont augmenté de plus de 50 % et atteignent aujourd'hui 38 millions d'hectares, soit l'équivalent de plus de 26 millions de terrains de football. Les rendements de ces exploitations sont très élevés.

Définitions

- L'**agriculture commerciale** : l'agriculture dont la production est destinée à être vendue, notamment à l'étranger.
- L'**agriculture vivrière** : l'agriculture dont la production est destinée à être consommée sur place.
- Un **front pionnier** : un espace jusqu'ici non habité (forêt, désert...) qui est progressivement peuplé et exploité.
- La **malnutrition** : une alimentation insuffisante en qualité.
- Les **rendements** : la quantité de récolte produite sur un hectare de terre.

3 Les deux modèles d'agriculture au Brésil

Le Brésil (8,5 millions de km²) est un grand exportateur de sucre, de jus d'orange, de café, de soja et de viande bovine. Mais cette réussite a aussi ses limites.

« Le modèle agricole de l'*agrobusiness*[1] se révèle incapable de rémunérer correctement les petits producteurs et génère une forte dépendance vis-à-vis des exportations. De plus, son impact est préoccupant : augmentation des querelles autour de l'accès à la terre, et utilisation massive de pesticides et de variétés OGM qui entraînent une destruction des écosystèmes, une déforestation ainsi que de fortes émissions de gaz à effet de serre.
La crise sanitaire est venue approfondir les inégalités sociales. D'abord, la malnutrition : on consomme moins de produits sains et plus d'aliments transformés. Ensuite, la réduction de la quantité d'aliments consommés. Selon certaines projections, 9 % de la population pourrait prochainement souffrir de la faim. Non pas parce qu'il n'y a pas assez d'aliments disponibles, mais parce que ces personnes n'ont pas assez d'argent pour se les payer. »

D'après un article en ligne de Coalition Solidarité Brésil, 2020 (données mises à jour en 2022).

1. Agriculture commerciale qui rapporte beaucoup d'argent aux grandes firmes.

4 Des agriculteurs Guarani dans le Mato Grosso

Ces exploitants amérindiens pratiquent une agriculture vivrière.

5 Le front pionnier du Mato Grosso

La déforestation progresse au moyen d'incendies qui détruisent la végétation, fertilisent le sol et rendent l'espace disponible pour de nouvelles activités.

Activité A

Je me pose des questions

1. **Doc. 1 et 5** Que nous apprennent ces deux documents sur les espaces agricoles et les forêts du pays ?

Je formule des hypothèses et je les vérifie

2. **Doc. 1, 2 et 5** Les espaces agricoles les plus productifs sont-ils en train de s'étendre ? Justifie ta réponse.
3. **Doc. 1, 2 et 4** Peut-on affirmer que l'agriculture est uniquement commerciale dans le Mato Grosso ? Justifie ta réponse.
4. **Doc. 3** L'agriculture commerciale permet-elle d'atteindre la sécurité alimentaire pour tous les Brésiliens ? Cite le texte pour justifier ta réponse.

Activité B

Je justifie des affirmations

Justifie les affirmations suivantes à l'aide des documents 1 à 4.

a. L'agriculture commerciale s'étend de plus en plus.
b. L'agriculture commerciale est mécanisée.
c. L'agriculture vivrière reste très pratiquée par certains habitants.
d. Aujourd'hui encore, tous les Brésiliens ne mangent pas à leur faim.
e. Les effets négatifs de l'agriculture commerciale sont nombreux.

Tu peux t'appuyer sur l'exemple suivant :

Affirmation	Document	Justification
Il existe deux grands modèles d'agriculture au Brésil.	*1*	*D'après la carte, il existe une agriculture commerciale (plutôt au centre et au sud du pays) et une agriculture vivrière (plutôt au nord-est).*

Retrouve le cours en lien avec cette étude de cas, p. 252.

Bilan

Produire et se nourrir au Brésil

EXERCICE interactif
flashbelin.fr/hgemc5-248

A Je retiens les informations essentielles

Choisis la ou les bonne(s) réponse(s).

a. Le Brésil est un pays d'une taille comparable à :
- ❑ La Belgique (30 000 km²).
- ❑ La France (550 000 km²).
- ❑ L'Australie (7,6 millions de km²).

b. Les principales exportations agricoles du pays sont :
- ❑ Le soja.
- ❑ La viande bovine.
- ❑ Le jus d'orange.

c. Les Indiens Guarani pratiquent surtout :
- ❑ L'agriculture commerciale.
- ❑ L'agriculture vivrière.
- ❑ L'*agrobusiness*.

d. Les fermes de soja sont :
- ❑ Peu rentables.
- ❑ Mécanisées.
- ❑ Souvent très étendues.

e. Les fermes commerciales utilisent :
- ❑ Des engrais.
- ❑ Des pesticides.
- ❑ Des produits respectueux de l'environnement.

f. L'agriculture commerciale :
- ❑ N'est pas remise en cause.
- ❑ Émet des gaz à effet de serre.
- ❑ Nourrit tous les Brésiliens.

B Je complète un croquis de paysage

CROQUIS à télécharger
flashbelin.fr/hgemc5-248

1. **Recopie le croquis et sa légende.**
2. **Complète la légende à l'aide du croquis et de la photographie.**
3. **Colorie les zones blanches sur le croquis à l'aide de la légende et de la photographie.**
4. **Quand tu as fini, n'oublie pas de donner un titre à ton croquis.**

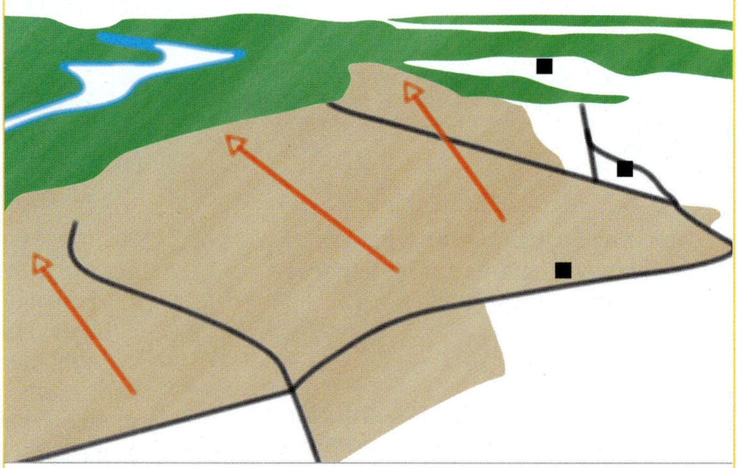

Titre : ....

1. Un espace naturel menacé
- ☐ Forêt en recul
- Cours d'eau
- Progression du front pionnier

2. Un espace utilisé en expansion
- ☐ Zone venant d'être défrichée par brûlis
- Zone prête à accueillir les activités agricoles (élevage, cultures)
- Pistes de circulation
- ■ Constructions

Ailleurs dans le monde

Quelles sont les limites de l'agriculture commerciale ?

1 Les limites de l'agriculture commerciale au Pérou

« Au Pérou, 28 % de la population travaille dans le secteur agricole. Or 9 % de la population souffre encore de sous-nutrition et 19 % d'obésité. L'accès difficile à une alimentation de qualité entraîne à la fois des problèmes de sous-nutrition et de surpoids au sein des communautés défavorisées. Le gouvernement soutient la production d'avocats, d'asperges et de myrtilles destinée à l'exportation : les paysans ne sont pas encouragés à mener une agriculture vivrière, cela les rend plus dépendants des produits importés. Les politiques agricoles bénéficient surtout aux grandes entreprises qui détiennent les grandes surfaces agricoles. Quant aux subventions, elles profitent davantage à l'agriculture intensive produisant à grande échelle pour l'exportation qu'aux petits producteurs familiaux qui produisent pourtant les aliments qui seront consommés localement. »

D'après une vidéo des ONG SOS Faim et Îles de Paix, *Le Paradoxe de la faim*, film d'animation, 2020.

VIDÉO en ligne
flashbelin.fr/hgemc5-249

2 Un centre de tri de cacao en Côte d'Ivoire

La culture du cacao représente 40 % des exportations de la Côte d'Ivoire et 6 millions d'emplois, mais elle a contribué à la disparition de 85 % des surfaces de forêt du pays depuis 1960. Le gouvernement lance désormais des programmes de reboisement et encourage la culture biologique du cacao.

3 Une AMAP dans le Vaucluse (France)

Les AMAP (associations pour le maintien d'une activité paysanne) mettent directement en relation les consommateurs et les agriculteurs afin de favoriser les petits producteurs. Elles proposent souvent des produits issus de l'agriculture biologique.

Définition

• L'agriculture biologique : l'agriculture soucieuse de l'environnement qui n'utilise pas de pesticides ou d'engrais chimiques.

Questions

1. **Doc. 1** Au Pérou, l'agriculture commerciale nourrit-elle mieux qu'au Brésil tous les habitants ?
2. **Doc. 2** Pourquoi la production du cacao est-elle importante pour la Côte d'Ivoire ? Avec quelles conséquences négatives ? Comment y remédier ?
3. **Doc. 3** Comment les AMAP réduisent-elles les effets négatifs de l'agriculture commerciale ?

Nourrir la planète

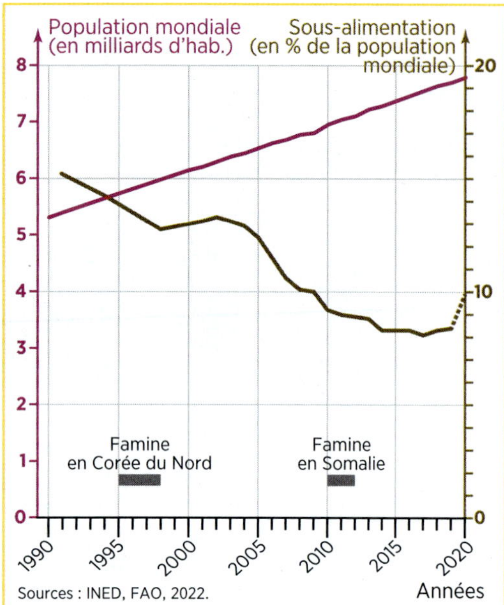

Sources : INED, FAO, 2022.

Une population globalement mieux nourrie

Le pourcentage de personnes en situation de sous-alimentation en 2020 est incertain à cause de la pandémie de Covid-19. Le chiffre de 9,9 % est une estimation moyenne des Nations unies.

Définition

• L'obésité : un surpoids important qui cause des problèmes de santé.

Je me repère dans l'espace

1. **Graphique** Compare l'évolution de la population mondiale et celle de la sous-alimentation depuis 1990.
2. **Carte** Sur quels continents la sécurité alimentaire est-elle aujourd'hui globalement assurée ?
3. **Carte** Quels pays ou régions du monde comptent plus de 15 % de personnes sous-alimentées ?
4. **Carte** Cite cinq pays où plus de 25 % de la population souffre d'obésité.

1. Sécurité alimentaire atteinte ou presque

Population sous-alimentée :

- Moins de 5 %
- Entre 5 et 15 %
- Aucune donnée disponible

2. Insécurité alimentaire

Population sous-alimentée :

- Entre 15 à 25 %
- Plus de 25 %
- ★ Pays ayant connu au moins une période de famine depuis 1990

3. La malnutrition, une menace en augmentation

- Plus de 25 % de la population est en situation d'obésité
- **BRÉSIL** Études de cas du chapitre

CARTE interactive
flashbelin.fr/hgemc5-251

COURS

Nourrir l'humanité

Comment mieux nourrir la planète ?

COURS audio
flashbelin.fr/hgemc5-252

Vietnam, p. 242-243

1 L'humanité est mieux nourrie qu'avant

• La **population mondiale a doublé** depuis cinquante ans et la **production de nourriture a aussi beaucoup augmenté**. Une personne sur sept souffre de sous-alimentation aujourd'hui, contre une sur trois en 1960.

• L'augmentation de la production a été rendue possible par la **modernisation de l'agriculture**. Par exemple, au Vietnam ou en Inde, la **Révolution verte** a permis l'amélioration des rendements. Ailleurs, ce sont de nouvelles terres qui ont été mises en culture dans des **fronts pionniers** (Brésil, Congo, Bornéo).

Brésil, p. 246-247

2 Le partage des ressources alimentaires reste inégal

• **La sous-alimentation n'a pas disparu** : elle concerne 800 millions de personnes en 2020 et justifie le **2e Objectif de développement durable : « Faim Zéro »**. La plupart des personnes sous-alimentées vivent dans des **pays pauvres. L'agriculture y reste majoritairement vivrière** (Afrique subsaharienne, Asie du Sud). En cas de guerre, de problèmes politiques ou de catastrophes climatiques, les famines menacent encore.

• **La sécurité alimentaire est globalement atteinte dans les pays plus riches**. L'agriculture commerciale y est très développée. Mais les personnes en situation de pauvreté n'ont pas toujours les moyens d'accéder à une alimentation diversifiée et équilibrée, ce qui provoque **une augmentation de la malnutrition et de l'obésité**.

New York, p. 239

3 Les modes de production doivent changer

• **Les ressources de la planète** utiles pour l'agriculture (sols, forêts, eaux) sont **trop souvent utilisées sans penser à l'avenir**, comme le montre **la déforestation** dans le front pionnier amazonien. Continuer à **viser la sécurité alimentaire tout en respectant mieux l'environnement** est aujourd'hui indispensable.

• C'est pourquoi **l'ONU encourage les modes de production et de consommation responsables dans son 12e Objectif de développement durable**. Les pistes sont nombreuses pour les gouvernements, les agriculteurs et les consommateurs : réduire la pollution liée aux activités agricoles, développer les agricultures biologique et urbaine, diminuer le gaspillage.

Définitions

• L'agriculture commerciale : l'agriculture dont la production est destinée à être vendue, notamment à l'étranger.

• L'agriculture vivrière : l'agriculture dont la production est destinée à être consommée sur place.

• La malnutrition : une alimentation insuffisante en qualité.

• La sécurité alimentaire : la capacité, pour un pays, de nourrir sa population par une alimentation diversifiée et de qualité.

• La sous-alimentation : une alimentation insuffisante en quantité (moins de 2 500 calories par jour et par personne).

Je vérifie mes connaissances

→ **Es-tu capable de citer ?**

- Deux pays qui ont connu une Révolution verte
- Trois moyens utilisés dans l'agriculture pour augmenter les rendements
- Deux exemples de front pionnier
- Le nombre de personnes sous-alimentées dans le monde
- Le nom de l'ODD qui lutte contre la sous-alimentation
- Deux ressources agricoles utilisées sans penser suffisamment à l'avenir

Je comprends le cours

→ **Relis chaque partie du cours et réponds aux questions.**

Partie 1

- Relève la proportion de personnes sous-alimentées
  - En 1960 : ....
  - Aujourd'hui : ....
- Dans l'expression « Révolution verte », quel mot pourrait remplacer « verte » ?
  - Écologique
  - Agricole
  - Française

Partie 2

- Quels termes peux-tu remplacer par :
  - Alimentation insuffisante en qualité ?
  - Alimentation insuffisante en quantité ?
- Choisis deux propositions qui te semblent correctes concernant le partage des ressources alimentaires :
  - À améliorer dans les pays riches seulement
  - Parfait
  - À améliorer dans tous les pays
  - Inégal

Partie 3

- Quel autre titre, comprenant le mot « défis », pourrait-on donner à cette partie ?
- Indique trois solutions permettant d'aller vers une agriculture et une consommation plus responsables.

J'apprends autrement

→ **Complète le schéma à l'aide des propositions suivantes :** Faible augmentation • Sous-nutrition • Encore très vivrière • Forte augmentation • Atteinte • Malnutrition • Pas encore atteinte • Surtout commerciale.

Dans les pays développés		Dans les pays en développement
•	Population	• ....
•	Sécurité alimentaire	• ....
•	Agriculture	• ....
•	Risque alimentaire principal	• ....

SCHÉMA à télécharger flashbelin.fr/hgemc5-253

JE RÉVISE

RÉVISE en jouant avec Genially ! + EXERCICES interactifs
flashbelin.fr/hgemc5-254

1 Je révise les repères géographiques

❶ À quelle ligne imaginaire correspond la lettre A ?

❷ À quels océans correspondent les chiffres 1, 2, 3, 4 et 5 ?

❸ Recopie et complète la légende du planisphère.

CARTE à télécharger
flashbelin.fr/hgemc5-254

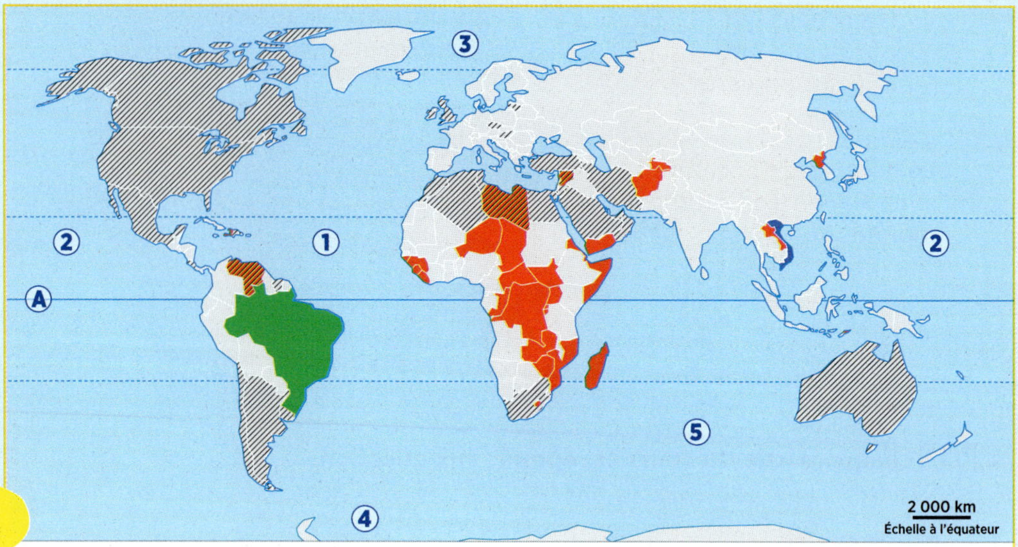

1. Les études de cas du chapitre

- (vert) ....
- (bleu) ....

2. Des difficultés alimentaires à surmonter

- ☐ Pays où la sous-alimentation est importante
- ☐ Pays concernés par une forte obésité

2 Je révise le vocabulaire

Associe à chaque expression la photographie qui lui correspond.

a. Agriculture commerciale : Photographie n° ....

b. Révolution verte : Photographie n° ....

c. Agriculture vivrière : Photographie n° ....

d. Front pionnier : Photographie n° ....

1

Un agriculteur pulvérise un herbicide dans un champ en Inde.

2

Deux agriculteurs labourent leur champ au Sénégal.

3

Forêt, champs de soja et pâturages dans le Mato Grosso, au Brésil.

4

Une ferme de soja dans le Minnesota, aux États-Unis.

3 Je révise en jouant

Retrouve dix mots importants de la leçon en réorganisant ces étiquettes !

OBÉ- | RIZI- | -TRITION | -CIALE | FA- | RENDE-
-MINE | -MENTS | MALNU- | -CULTURE | RESSO-
BIOLO- | PESTI- | -URCES | COMMER- | POLLU-
-CIDES | -TION | -GIQUE | -SITÉ

Je révise en jouant à « Vrai ou faux ? »

Jouer à « Vrai ou faux ? » permet à celui qui prépare les questions de revoir son cours et d'en sélectionner les points les plus importants. Pour le joueur qui répond, c'est un moyen d'exercer sa mémoire et améliorer sa rapidité.

1 Un joueur occupe **le rôle de l'animateur et pose les questions**. Les autres joueurs se répartissent en **deux équipes**. Chacune à leur tour, les équipes se concertent pour répondre par « Vrai » ou « Faux » à une question posée par l'animateur. Ce dernier doit veiller à **alterner des questions plus faciles et d'autres plus dures** et à les répartir de manière équilibrée entre les deux équipes. Chaque bonne réponse rapporte un point.

2 Si une équipe le souhaite, elle peut tenter de répondre à **quatre questions consécutives** sans laisser la parole à l'autre équipe. Dans ce cas, chaque bonne réponse à partir de la deuxième rapporte deux points au lieu d'un seul. Mais attention, une mauvaise réponse entraîne la perte de tous les points gagnés au cours de cette série.

3 La partie se termine lorsque l'animateur a posé **huit questions à chaque équipe**. L'équipe qui cumule le plus de points remporte la partie.

4 Tu peux imaginer des questions en rapport avec des **définitions** et des **notions**, des **chiffres** importants ou des **pays étudiés**.

VRAI OU FAUX ?

Jeter sans consommer, c'est gaspiller.

VRAI !

En France, par exemple, on gaspille 85 kg de produits alimentaires par habitant et par an.

VRAI OU FAUX ?

En Inde, la Révolution verte a réglé tous les problèmes d'alimentation.

FAUX !

Les plus pauvres ont encore difficilement accès à une alimentation variée.

➡ **En t'inspirant du modèle ci-dessus, imagine une vingtaine de questions sur le sujet de l'alimentation dans le monde auxquelles on peut répondre par « Vrai » ou « Faux ».**

➡ **Aide-toi des études de cas et du cours. Tes questions peuvent porter sur des notions, des définitions, des chiffres clés ou des pays étudiés.**

QUESTIONS à télécharger flashbelin.fr/hgemc5-255

1 Je justifie des affirmations sur l'alimentation

Raisonner et justifier

1 La famille Fincken (Canada)

2 La famille Revis (États-Unis)

3 La famille Natomo (Mali)

Le photographe états-unien Peter Menzel a représenté des familles partout dans le monde, avec la nourriture qu'elle consomme en une semaine.

Après avoir étudié les photographies, choisis pour chacune la ou les bonne(s) réponse(s). N'oublie pas de justifier tes choix.

1 Les photographies ont toutes été prises sur des continents différents.

a. Vrai.

b. Faux.

2 La famille Fincken :

a. Consomme beaucoup de fruits et légumes.

b. Ne consomme aucun produit gras ou sucré.

c. Semble souffrir de pauvreté.

3 La famille Revis :

a. N'est pas végétarienne.

b. N'a pas une alimentation très équilibrée.

c. Consomme peu de nourriture chaque semaine.

4 La famille Natomo :

a. Est nombreuse.

b. Consomme beaucoup d'aliments transformés (fabriqués en usine).

c. A accès à une alimentation nombreuse et diversifiée.

PORTFOLIO en ligne
flashbelin.fr/hgemc5-256

2 Je confronte des points de vue sur les OGM

Analyser un document

1 Le point de vue d'un site d'actualités

Les OGM (organismes génétiquement modifiés) sont des plantes dont l'ADN a été modifié pour les rendre plus résistantes aux herbicides ou capables de produire leur propre insecticide. Ils sont interdits à la vente en France depuis 2008.

« Alors que beaucoup de personnes sont réticentes à l'idée de manger des OGM, elles avalent tous les jours des fruits et légumes bourrés de pesticides. Les OGM permettent pourtant de limiter drastiquement leur usage. L'amélioration des rendements grâce aux OGM permet en outre de réduire l'impact environnemental de l'agriculture. Selon un rapport de 2017, l'utilisation des OGM a permis en 2015 “d'économiser” près de 20 millions d'hectares à des fins agricoles, réduisant ainsi la déforestation. »

D'après Céline Deluzarche, « Découvrez les 8 avantages des OGM », futura-sciences.com, 31 octobre 2020.

2 Le point de vue d'une association

« Les OGM produisant de l'insecticide touchent d'autres animaux que ceux pour lesquels ils sont utilisés (coccinelle, papillon, ver de terre…). Pour les OGM résistants aux herbicides c'est un autre problème tout aussi dramatique : leur capacité à résister aux herbicides entraîne une surconsommation de ceux-ci sur d'immenses surfaces. Depuis quelques années, on observe le développement de résistances chez les insectes. Enfin, les risques sur la santé humaine restent à préciser : possibilité d'intoxication avec les OGM produisant de l'insecticide, développement d'allergies ou de résistances aux antibiotiques… »

D'après « Pourquoi les OGM sont-ils mauvais ? », Fondation pour la Nature et l'Homme, 9 novembre 2017.

1 **Doc. 1** **Ce texte est-il favorable ou défavorable aux OGM ? Cite deux arguments qu'il met en avant.**

2 **Doc. 2** **Ce texte défend-il le même point de vue que le premier ? Justifie ta réponse en citant deux arguments qu'il développe.**

3 **Doc 1 et 2.** **Quel est l'objectif de chacun de ces deux articles ?**

3 Je m'informe sur l'agriculture urbaine pix

S'informer dans le monde du numérique

→ Rends-toi sur le site de la ville de Paris **www.paris.fr**.

→ Après avoir cliqué sur la petite loupe en haut de l'écran, recherche l'article « Cinq réalisations “coups de cœur” d'agriculture urbaine à Paris ».

SITE internet
flashbelin.fr/hgemc5-257

1 **D'après l'introduction de cet article, quels sont les avantages de l'agriculture urbaine ?**

2 **Choisis dans la page deux projets d'agriculture en ville parmi les cinq décrits, puis présente-les dans le tableau ci-dessous :**

	Réalisation 1	Réalisation 2
Nom du projet	....	....
Lieu (rue ou arrondissement)	....	....
Activité(s) agricole(s) pratiquée(s)	....	....
Pourquoi ce projet est-il « spécial » ?	....	....

Identifier un site Internet — POINT MÉTHODE

Quand tu recherches des informations sur un site Internet, tu dois te poser des questions sur :

→ **L'identité de l'auteur du site :** est-ce un individu ou un organisme réputé ? L'auteur est-il compétent sur le sujet ?

→ **L'exactitude des informations :** les sources sont-elles données ? Les informations sont-elles crédibles ?

→ **La finalité du site :** le but est-il d'informer uniquement, d'influencer ou de vendre un produit ?

MISSION OBJECTIFS DE DÉVELOPPEMENT DURABLE

2 FAIM «ZÉRO»

Comment participer à l'objectif « Faim zéro » ?

1 Une course solidaire pour faire reculer la faim

La Course contre la Faim est organisée par l'ONG Action contre la faim depuis 1991. Elle a pour objectif de collecter des dons pour venir en aide aux personnes qui souffrent de la faim.

3 Une collecte du Secours populaire dans un supermarché

À la fin de leurs courses, les clients peuvent remettre une partie de leurs articles alimentaires aux bénévoles de l'association. Ces articles seront distribués à des personnes en situation de pauvreté.

2 Myriam, élève de 5e, participe à la Course contre la Faim — Témoignage

« Comme tous ses camarades, Myriam, en 5e au collège Giacometti à Montigny-le-Bretonneux (Yvelines), est allée chercher des parrainages avant de participer à la Course contre la Faim. Elle a reçu l'engagement financier de six personnes pour la soutenir dans sa course afin de faire reculer la faim en République démocratique du Congo.
"Je tiens vraiment à les remercier pour leur gentillesse et leur générosité car c'est vrai que ce n'est pas normal qu'en 2021 des enfants aient faim et ne puissent pas se faire soigner." Myriam a réussi à faire neuf tours et a donc collecté grâce à eux 85,50 euros ! »

D'après « Giacometti a couru contre la faim », *L'Ignymontain*, été 2021.

Questions

1. **Doc 1.** Comment la Course contre la Faim permet-elle de faire reculer la sous-alimentation ?
2. **Doc 2.** Quel pays a été aidé par la Course contre la Faim en 2021 ?
3. **Doc 2.** Pourquoi Myriam s'est-elle engagée ? Penses-tu que son action a été utile ?
4. **Doc 3.** Comment cette association lutte-t-elle contre la faim ?

À toi d'agir !
Comment peux-tu à ton échelle participer à la lutte contre la faim ?

12 CONSOMMATION ET PRODUCTION RESPONSABLES

Comment aller vers des modes de production et de consommation durables ?

1 Réduire le gaspillage à la cantine — Témoignages

Dans les cantines françaises, un tiers des plateaux part à la poubelle. Le collège Saint-Pierre de Plérin, dans les Côtes-d'Armor, a décidé d'essayer de changer les choses.

« Lionel, le responsable de la restauration : "On achète des produits frais que des agriculteurs ont fait pousser, on ne fait pas ça pour que ça parte à la benne. Alors on ne met pas tout dans l'assiette, les élèves peuvent aller se resservir et les légumes verts sont uniquement en libre-service."

Sasha, un élève : "Quand par exemple on n'a plus faim, on va poser notre yaourt ou notre pain intact sur la table de troc et quelqu'un va peut-être les prendre."

Tom, Léa et Julie, postés près des poubelles : "Nous, on trie les déchets, par exemple la nourriture, les serviettes, le pain..."

Mme Jourdain, la principale : "L'idée, c'est que les élèves en parlent autour d'eux. Ce sont eux les adultes de demain." »

D'après Séverine Breton, « Gaspillage alimentaire : la lutte s'organise dans les cantines scolaires », *France 3 Bretagne*, 10 février 2020.

VIDÉO en ligne flashbelin.fr/hgemc5-259

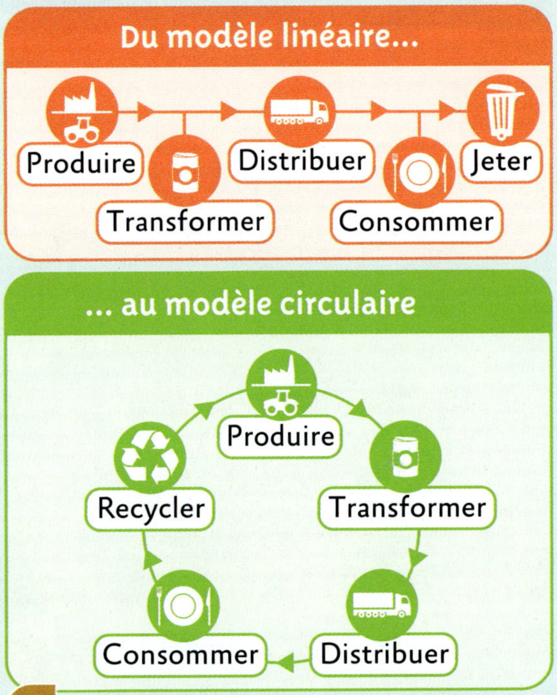

2 Changer de modèle alimentaire

3 Consommer les fruits et légumes « moches »

Les fruits et légumes « moches » ne se vendent pas bien. Pourtant, ils sont aussi bons pour la santé que les autres (affiche du ministère de l'Agriculture).

Questions

1. **Doc. 1** Pourquoi faut-il réduire le gaspillage d'après les usagers du collège ? Comment y parviennent-ils ?
2. **Doc. 1 et 3** Quels comportements permettent de diminuer le gaspillage au quotidien ?
3. **Doc. 2** Pourquoi le modèle circulaire est-il plus durable et implique-t-il moins de gaspillage que le modèle linéaire ?

À toi d'agir !
Comment peux-tu faire au quotidien pour réduire ton gaspillage alimentaire et consommer de façon plus responsable ?

13 Le changement climatique et ses effets

Comment s'adapter au changement climatique et lutter contre ses effets ?

1 Un glissement de terrain près de Cologne (Allemagne) en juillet 2021

Une impressionnante coulée de boue consécutive aux fortes pluies a englouti une commune entière faisant près d'une centaine de victimes.

VIDÉO en ligne
flashbelin.fr/hgemc5-260

Pour bien commencer le chapitre

Fais le point sur ce que tu sais déjà.

Quiz interactif
flashbelin.fr/hgemc5-261

1. Quelle est la principale cause du réchauffement climatique ?

a. Le soleil.
b. L'évaporation de l'eau.
c. L'augmentation des gaz à effet de serre.

2. Quel est le principal gaz à effet de serre ?

a. L'oxygène.
b. Le CO_2 (le gaz carbonique).
c. La vapeur d'eau.

3. Quel est le moyen de transport le moins polluant ?

a. Le bus.
b. La voiture.
c. Le vélo.

4. Qu'est-ce que le changement climatique ?

a. Le changement de température selon les jours.
b. Des modifications importantes des climats observées sur de longues périodes.
c. Le changement des saisons.

2 Un ours polaire sur un iceberg au Nunavut (Canada)

Si la fonte de la banquise se poursuit à ce rythme, sa surface pourrait être réduite de 40 % vers 2050, entraînant la disparition des deux tiers des animaux y vivant.

Questions

1 Doc. 1 Quelle catastrophe est évoquée par cette photographie ? Quelles en sont les conséquences pour les habitants ?

2 Doc. 2 Que veut dénoncer l'auteur de cette photographie ?

REPÈRES

OBJECTIFS DE DÉVELOPPEMENT DURABLE

13 MESURES RELATIVES À LA LUTTE CONTRE LES CHANGEMENTS CLIMATIQUES

Le changement climatique touche tous les pays sur tous les continents : les conditions météorologiques changent, le niveau des mers augmente et les catastrophes liées au climat deviennent plus intenses et plus fréquentes. C'est pourquoi il faut prendre d'urgence des mesures contre le changement climatique.

Le sais-tu ?

Si toute la glace de l'Antarctique fondait, le niveau des mers monterait de 60 mètres.

1 Les îles Marshall menacées par la montée des eaux

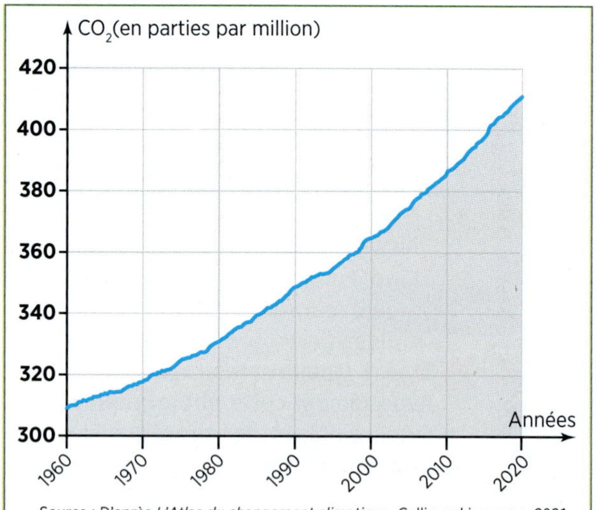

Source : D'après *L'Atlas du changement climatique*, Gallimard jeunesse, 2021.

2 Les émissions de gaz à effet de serre à l'origine du réchauffement climatique

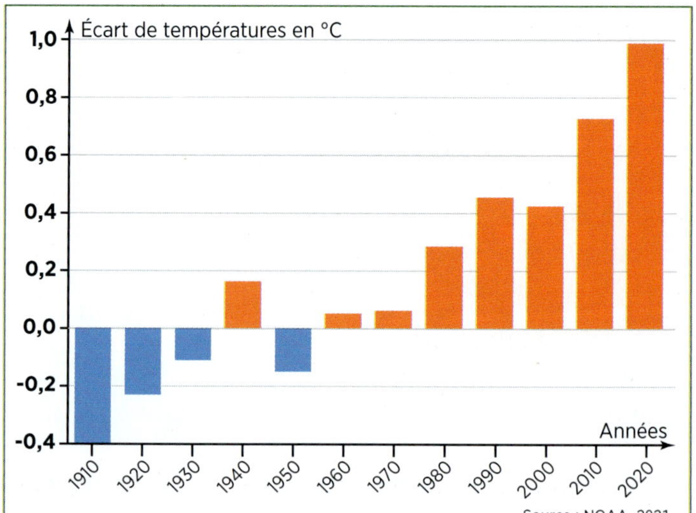

Source : NOAA, 2021.

3 L'évolution des températures moyennes à la surface de la Terre

15 VIE TERRESTRE

La nature est indispensable à notre survie. Pourtant, 75 % de la surface terrestre a été détériorée par les activités humaines et de nombreuses espèces animales et végétales sont menacées de disparition. C'est pourquoi la lutte pour la préservation de la biodiversité et contre la désertification fait partie des objectifs du développement durable.

1 Les forêts détruites par les mégafeux en Australie

D'importants incendies ont ravagé 80 000 km² de forêt en Australie entre juillet et septembre 2020, tuant ou déplaçant près de 3 milliards d'animaux sauvages.

Le sais-tu ?

En 2020, 23 millions de personnes ont été déplacées à cause du climat.

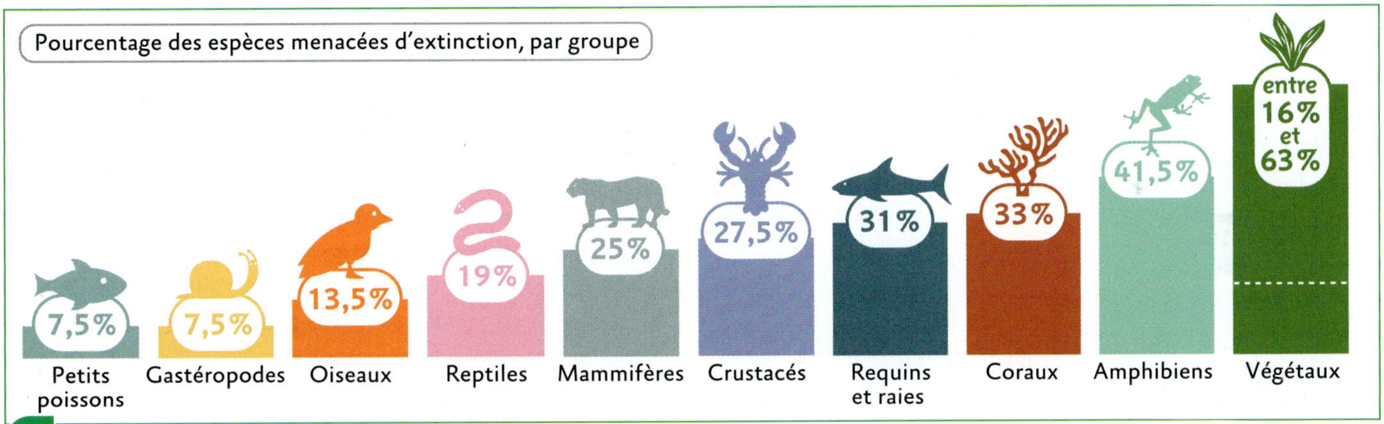

2 Les principales espèces menacées d'extinction

Définitions

- La biodiversité : la variété des formes de vie (animale et végétale) sur la Terre.
- Le changement climatique : la modification durable du climat.
- La désertification : la transformation d'une région en désert sous l'effet de l'action des humains ou du climat.
- Les gaz à effet de serre (GES) : les gaz comme le CO_2, le méthane ou l'ozone qui se concentrent dans l'atmosphère et sont responsables de l'augmentation de la température de la planète.

Questions

1. Présente chacun des deux ODD en une seule phrase.
2. Parmi les informations de ces deux pages, relève celle qui te surprend le plus et explique ton choix.
3. Quels éléments illustrent l'urgence à lutter contre le changement climatique et pour la préservation de la biodiversité ?

COMPÉTENCE TRAVAILLÉE
Analyser un document

1 Le dôme de chaleur en Colombie-Britannique (Canada)

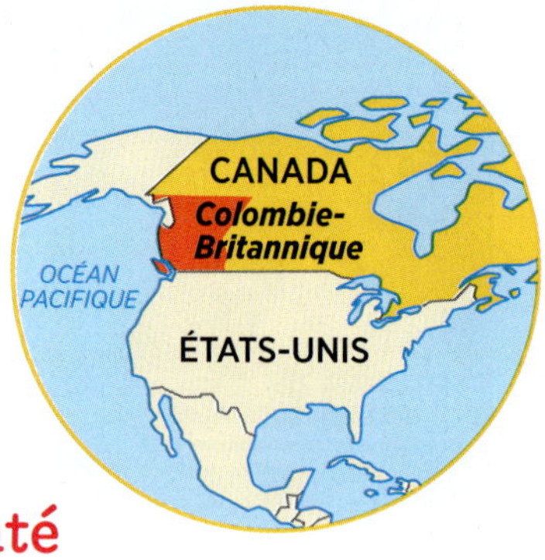

Comment la Colombie-Britannique a-t-elle affronté le dôme de chaleur de 2021?

1 Les effets du changement climatique en Colombie-Britannique

« Plus de cinq cents morts au Canada, des hospitalisations en hausse et une multiplication des feux de forêts : l'ouest du Canada suffoque sous l'effet de températures insoutenables. Cette vague de chaleur sans précédent est due à un dôme de chaleur, qui a pris cette année une ampleur exceptionnelle avec plus de 49,6 °C à Lytton. Ce dôme de chaleur est également exceptionnel dans la mesure où il intervient très tôt dans l'année. Cet événement sans précédent a des répercussions majeures : accumulation de chaleur dans les organismes, pollution de l'air, risques d'incendies, glissements de terrain causés par la fonte des glaciers en montagne... "Sans le changement climatique induit par l'homme, il aurait été presque impossible d'atteindre de tels records", avertit Nikos Christidis, climatologue. "Mais, d'ici à la fin du siècle, ces températures extrêmes seront plus probables qu'improbables." »

D'après Audrey Garric, « Qu'est-ce que le dôme de chaleur qui étouffe le nord-ouest du continent américain ? », *Le Monde*, 1er juillet 2021.

2 Des distributions d'eau pour les sans-abri

Des bénévoles s'assurent que les sans-abri restent hydratés.

VIDÉO en ligne
flashbelin.fr/hgemc5-264

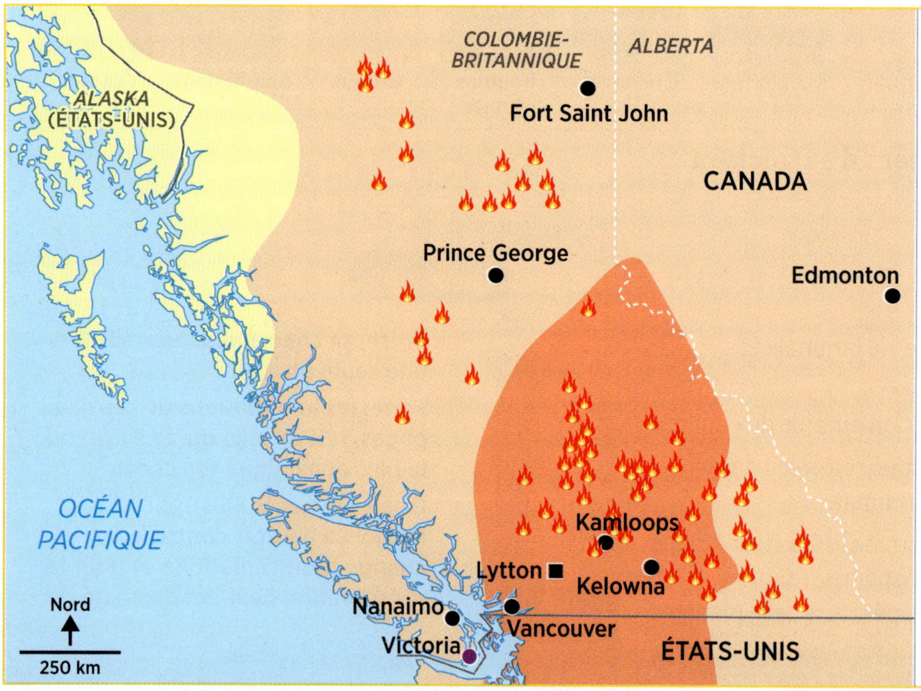

1. Les fortes chaleurs de juin 2021

Températures :
- supérieures à 40° C
- comprises entre 30 et 40° C
- inférieures à 30° C

2. La multiplication des incendies
- Principaux foyers
- Village détruit par le feu
- Capitale de la Colombie-Britannique
- Principales villes

3 Fortes chaleurs et incendies

4 **Le village de Lytton le 1er juillet 2021**

Définition

• Un dôme de chaleur : une masse d'air chaud en altitude qui provoque de fortes chaleurs à la surface de la Terre.

5 **Les mesures pour protéger la population**

« Des dizaines d'incendies font rage dans l'ouest du Canada et un millier de personnes ont été évacuées en Colombie-Britannique, où un incendie de forêt a brûlé près de 90 % du village de Lytton. Écoles et centres de vaccination contre le Covid-19 ont été fermés, épreuves de sélection olympique décalées et habitants réfugiés dans des centres de "rafraîchissement". Dans la région, les climatiseurs et ventilateurs sont en rupture de stock. Les autorités canadiennes appellent la population à la prudence, priant les habitants de rester hydratés et autant que possible à l'ombre. "L'air est comme du feu", "c'est comme un coup de poing dans la gorge", témoignent des habitants. Le Premier ministre de la province explique : "Je ne peux qu'insister sur le fait que le risque d'incendie est actuellement extrême." »

D'après « Canada : comment le village de Lytton, où il a fait 49,6 °C, a été détruit par le feu », *L'Express*, 2 juillet 2021.

Activité A

Je comprends le sens général d'un document

1. **Doc. 1** Résume le texte en une phrase.
2. **Doc. 3** Quelle est l'une des conséquences de ces fortes chaleurs ?

J'extrais des informations des documents

3. **Doc. 1** Quel rôle joue le changement climatique dans cette vague de chaleur ?
4. **Doc. 2 et 5** Quelles sont les mesures prises pour protéger la population ? Pourquoi est-il important d'aider les sans-abri ?
5. **Doc. 4 et 5** Qu'est-il arrivé à ce village ? Comment peux-tu l'expliquer ?

Activité B

J'extrais des informations pour les classer

Recopie et complète le tableau ci-dessous à l'aide des informations fournies par les documents.

Événement climatique (Doc. 1 et 3)	Conséquences (Doc. 1, 3 et 4)	Mesures de protection (Doc. 2 et 5)
....	....	....

Retrouve le cours en lien avec cette étude de cas, p. 274.

Bilan

▶ Le dôme de chaleur en Colombie-Britannique (Canada)

EXERCICE interactif
flashbelin.fr/hgemc5-266

A Je retiens les informations essentielles

Indique si chaque proposition est vraie ou fausse puis justifie ta réponse à l'aide de ce que tu as appris.

	Vrai	Faux
a. La Colombie-Britannique a affronté en juin 2021 une période de froid intense.	☐	☐
b. Le dôme de chaleur a été exceptionnel par son intensité, sa durée et parce qu'il est arrivé très tôt dans l'été.	☐	☐
c. Le réchauffement climatique est sans doute responsable de l'intensité de cet événement climatique extrême.	☐	☐
d. Le dôme de chaleur a entraîné de nombreux incendies qui ont ravagé la région.	☐	☐
e. Rien n'a été fait pour protéger les populations.	☐	☐
f. En raison des incendies, le village de Lytton a été presque entièrement détruit.	☐	☐

B Je complète un croquis

CROQUIS à télécharger
flashbelin.fr/hgemc5-266

Titre : ....

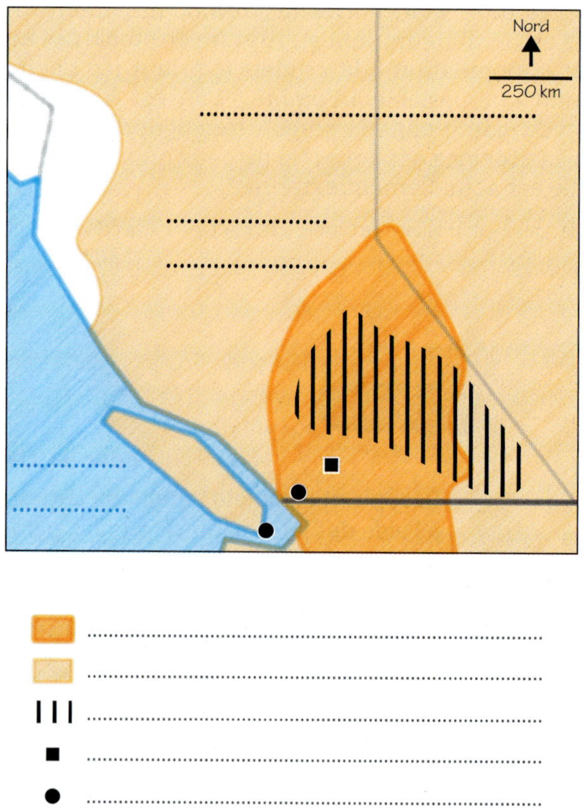

❶ **Recopie la légende et complète-la avec les éléments suivants :** Village détruit par les incendies • Températures supérieures à 40 °C • Températures comprises entre 30 et 40 °C • Principale zone touchée par les feux • Principales villes.

❷ **Recopie et complète le croquis avec les noms suivants :** Océan Pacifique • Victoria • Vancouver • Colombie-Britannique • Canada • Lytton.

❸ **Donne un titre au croquis.**

La nomenclature — POINT MÉTHODE

Il faut respecter quelques règles simples :
- → L'écriture, la taille et la couleur des noms doivent être les mêmes pour une même information.
- → Les éléments les plus importants sont écrits en lettres plus grandes.
- → Les fleuves, mers et océans sont toujours écrits en bleu.
- → Sauf exception, il faut toujours écrire à l'horizontale.

Ailleurs dans le monde

La Colombie-Britannique est-elle la seule à affronter de fortes chaleurs et des incendies ?

1 Le « Dixie fire » ravage la Californie en juillet 2021

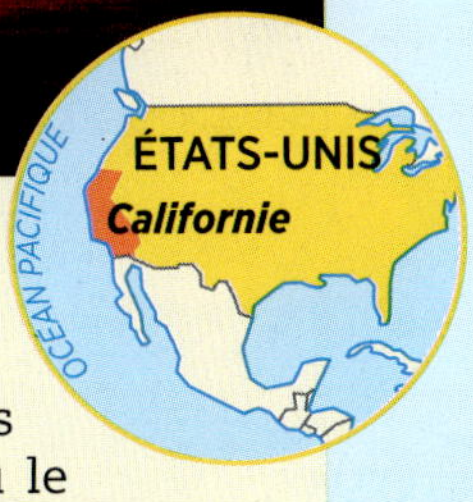

« C'est, de l'avis de pompiers et de spécialistes, un des pires incendies qu'ait jamais connu la Californie. Avec des conditions météorologiques qui ne devraient pas s'améliorer dans les prochains jours, le pire est à craindre. Le Dixie Fire, apparu le 14 juillet 2021 dans la Sierra Nevada, brûle quotidiennement des hectares de forêt et menace les petites villes sur son passage, attisé par une chaleur caniculaire, une sécheresse et des vents continus. »

D'après « L'incendie Dixie Fire brûle depuis un mois dans une Californie où "il fait plus chaud que jamais" », *Le Monde*, 12 août 2021.

2 Un dôme de chaleur est-il possible en France ?

« Les météorologues ne sont pas très optimistes : des pics de chaleur semblables à ceux que le Canada a connus pourraient se produire en France. Le cap symbolique des 50 °C pourrait être atteint de manière ponctuelle d'ici 2050, notamment sur le pourtour méditerranéen et dans les vallées du Rhône et de la Garonne. Les scientifiques avaient même déterminé que l'est de l'Hexagone pourrait connaître des pics de chaleur de 55 °C. »

D'après « "Dôme de chaleur" au Canada : pourquoi la France ne sera pas épargnée par des pics à plus de 50 °C ? », *Midi Libre*, 2 juillet 2021.

VIDÉO en ligne
flashbelin.fr/hgemc5-267

3 Les incendies en Sibérie

La forêt sibérienne, qui connaît un réchauffement exceptionnel, est en proie à de nombreux incendies favorisés par les fortes chaleurs et la sécheresse.

Questions

1. **Relie chaque lieu au(x) risque(s) correspondant(s) évoqué(s) dans les documents.**

• Californie	• Fortes chaleurs
• France	• Sécheresse
• Sibérie	• Incendies

2. **Compare les informations fournies par les documents 1 à 3 à ce que tu as appris sur la Colombie-Britannique.**
3. **Rédige 2 ou 3 phrases montrant que la Colombie-Britannique n'est pas la seule à faire face à des épisodes de fortes chaleurs et d'incendies.**

ÉTUDE DE CAS

COMPÉTENCE TRAVAILLÉE
Coopérer et mutualiser

2 Les Philippines face au changement climatique

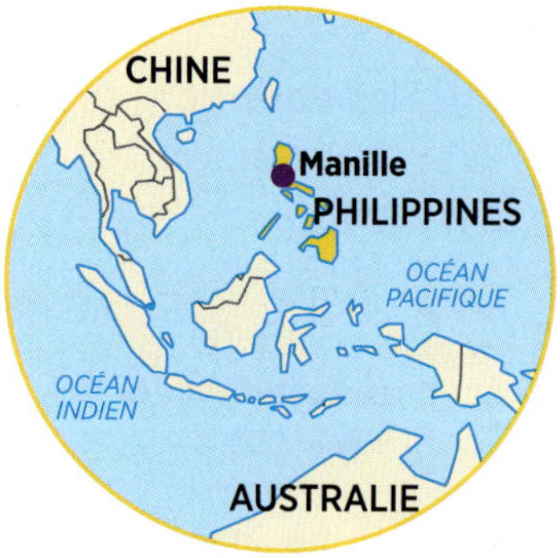

Comment les Philippines s'adaptent-elles aux effets du changement climatique ?

1 Les cinq pays les plus touchés par les risques climatiques (2010-2019)

Pays	Classement selon l'indice des risques climatiques[1]	Nombre d'événements climatiques extrêmes	Décès (moyenne annuelle)	Dégâts estimés (en millions de dollars)	IDH
Porto Rico	1	24	149	4150	0,845
Myanmar	2	57	7056	1512	0,583
Haïti	3	80	274	393	0,510
Philippines	4	317	859	3179	0,718
Mozambique	5	57	125	303	0,456

1. Cet indice permet de mesurer l'exposition d'un pays aux risques climatiques. Il est calculé en combinant plusieurs critères.

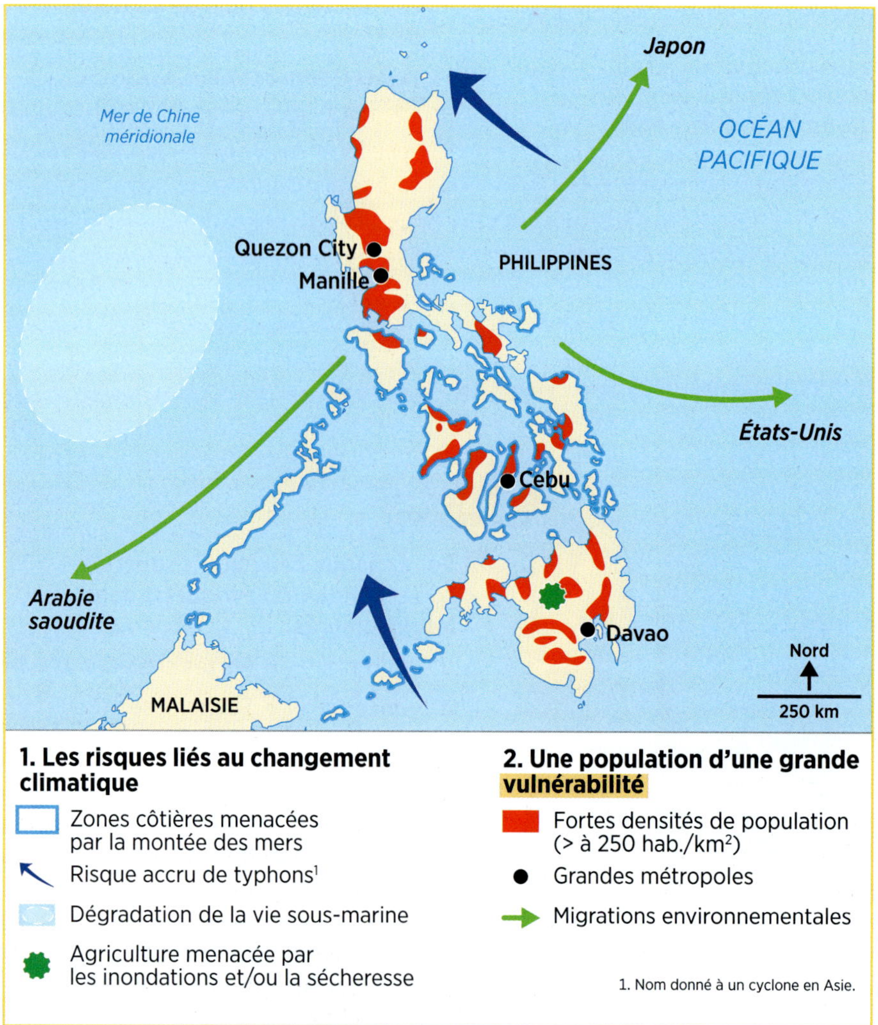

2 Les Philippines, un territoire très exposé au changement climatique

3 Les Philippines frappées par le typhon Vamco (novembre 2020)

« De l'eau, partout. De nombreux quartiers de Manille ont été submergés par le typhon Vamco, le troisième à frapper les Philippines en autant de semaines, et la 21e tempête tropicale depuis le début de l'année. Le typhon a touché l'est de l'île de Luçon, où vit la moitié de la population philippine et où se trouve la capitale Manille. Ces terres sont les provinces productrices de riz. Les autorités, qui avaient ordonné d'évacuer à des milliers d'habitants des communautés de la côte Est, mettent désormais en garde contre le risque de glissements de terrain et de vagues submersives. Dans la capitale densément peuplée, certains quartiers sont paralysés. Des dizaines de milliers de maisons dans les banlieues ont été submergées par les inondations, ce qui a poussé les habitants à se précipiter sur leurs toits en attendant les secours. »

D'après « Typhon Vamco aux Philippines : sept morts, des milliers d'habitations submergées », *Le Parisien*, 12 novembre 2020.

4 Les rues de Quezon City inondées par la mousson

Chaque année, entre mai et novembre, de fortes pluies apportées par la mousson – vent saisonnier d'Asie du Sud-Est – provoquent d'importantes inondations.

5 Replanter la mangrove

La mangrove, forêt dense tropicale, permet de protéger les côtes de certains effets du changement climatique comme les cyclones ou la montée des eaux.

Définitions

- Un **événement climatique extrême** : un phénomène climatique peu fréquent, comme une tempête, qui se distingue par son intensité.
- La **vulnérabilité** : la plus ou moins grande fragilité d'une société face à un risque.

Je travaille en groupe

ÉTAPE 1 : Avec ton groupe, travaille sur l'un des trois thèmes ci-dessous en répondant aux questions.

ÉTAPE 2 : Avec deux élèves qui ont travaillé sur les autres thèmes, rédigez un article pour le journal du collège sur ce sujet : « Les Philippines face au changement climatique ».

Groupe 1 – Les effets du changement climatique

1. **Carton de localisation et doc. 2** Situez les Philippines.
2. **Doc. 2, 3 et 4** Quels risques les Philippins affrontent-ils ?
3. **Doc. 2** Les populations sont-elles les seules menacées ?

Groupe 2 – Un pays vulnérable

1. **Doc. 1 à 4** Les Philippines sont-elles un pays exposé aux risques climatiques ? Justifiez.
2. **Doc. 2** Le pays est-il densément peuplé ?
3. **Doc. 1** Comment expliquer l'importance des dégâts matériels et des décès dans les pays où les risques sont les plus élevés ?

Groupe 3 – S'adapter et faire face

1. **Doc. 3 et 5** Comment les Philippins luttent-ils contre la montée des eaux et les pluies violentes ?
2. **Doc. 3** Comment les autorités protègent-elles la population ? Ces mesures sont-elles suffisantes selon vous ?
3. **Doc. 2** Quelle solution certains Philippins ont-ils choisie ?

Retrouve le cours en lien avec cette étude de cas, p. 274.

Bilan

Les Philippines face au changement climatique

EXERCICE interactif flashbelin.fr/hgemc5-270

A Je retiens les informations essentielles

Pour chaque thématique, sélectionne et recopie la ou les proposition(s) correcte(s).

Les effets du changement climatique

- Les Philippines sont touchées par de nombreux effets du changement climatique (inondations, typhons…).
- Les Philippines sont relativement protégées.
- Les mers et océans subissent aussi un impact : destruction des coraux et des poissons.
- La hausse du niveau des mers menace les côtes philippines.

Un pays vulnérable

- Pays pauvre, les Philippines sont classées parmi les pays les plus exposés aux risques.
- Peu dense, la population n'est pas soumise aux risques climatiques.
- Les zones inondées ou balayées par les typhons sont densément peuplées, ce qui augmente les dégâts et les pertes humaines.

S'adapter et faire face

- Pour protéger les côtes de la hausse du niveau de la mer et des pluies, on replante la mangrove.
- Lors de l'arrivée des typhons, les populations sont évacuées et certaines ont choisi de migrer.
- Les Philippines n'ont pas de politique de prévention et ne déclenchent jamais d'alertes pour protéger les populations.

B Je complète un croquis

CROQUIS à télécharger flashbelin.fr/hgemc5-270

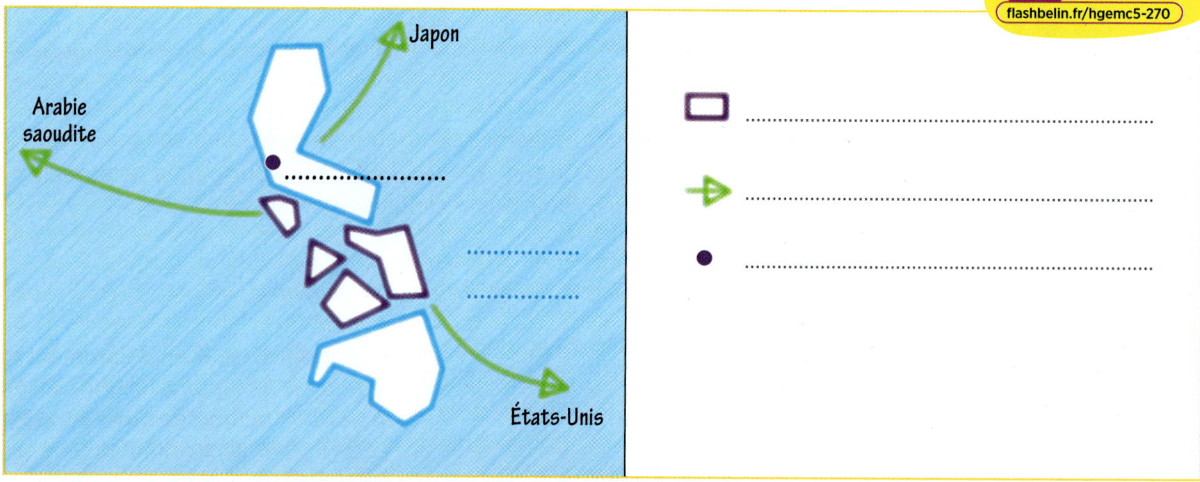

❶ **Recopie et complète la légende avec les textes suivants :** Zones côtières menacées d'inondations • Migrations climatiques • Capitale des Philippines.

❷ **Recopie et complète le croquis avec les noms suivants :** Océan Pacifique • Manille.

❸ **Ce croquis est incorrect : il manque par exemple l'orientation. Cite deux autres éléments manquants. Ajoute les trois éléments pour corriger le croquis.**

Ailleurs dans le monde

Quels sont les autres pays soumis à des risques climatiques identiques ?

1 Au Mozambique

En janvier 2021, le cyclone Éloïse a laissé 250 000 personnes en détresse au Mozambique, provoquant d'importantes inondations et d'immenses dégâts.

VIDÉO en ligne
flashbelin.fr/hgemc5-271

2 En Inde

En Inde, en 2019, d'importantes inondations liées à la mousson ont poussé des centaines de milliers de personnes à fuir leur habitation et à devenir des migrants climatiques.

3 En France

« Sur les seize épisodes d'inondations les plus meurtrières sur les cent dernières années en France, six ont eu lieu pendant les dix dernières. Les spécialistes estiment que l'augmentation en intensité des pluies torrentielles autour de la Méditerranée est "significative". Pour les météorologues, celle-ci est directement liée au réchauffement climatique. »

D'après « Six questions pour comprendre les intempéries d'une rare violence qui ont frappé le Sud-Est », *Le Monde*, 5 octobre 2020.

Questions

1. **Doc. 1, 2 et 3** **Quel est le point commun entre les trois pays évoqués ?**
2. **À l'aide des documents et de ce que tu as appris sur les Philippines, justifie les affirmations suivantes :**
   a. En Afrique, comme aux Philippines, des tempêtes et des cyclones provoquent des inondations et d'importants dégâts matériels.
   b. D'autres pays que les Philippines ont des migrants climatiques.
   c. En France, les inondations sont de plus en plus fréquentes et intenses.
3. **Les Philippines sont-elles le seul pays au monde à affronter les effets du changement climatique ? Justifie ta réponse.**

Le changement climatique dans le monde

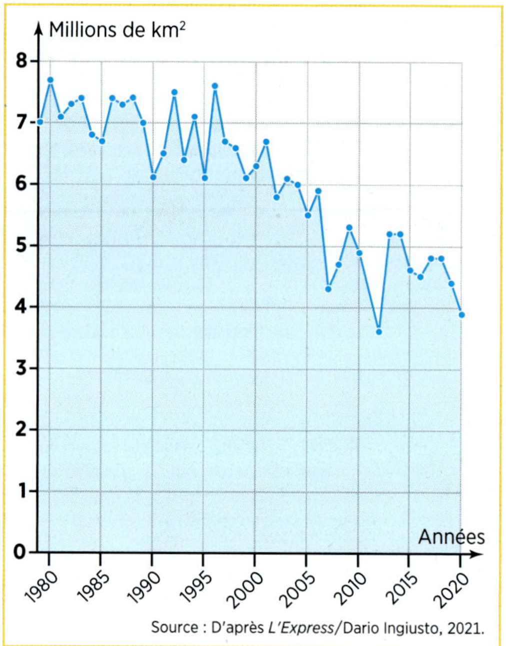

La fonte des banquises entre 1980 et 2020

La banquise a fondu de moitié depuis les années 1980.

Définition

• La calotte glaciaire : l'accumulation de neige aux pôles sur de très longues périodes.

Je me repère dans l'espace

1. **Carte** Quelles sont les régions du monde les plus exposées au changement climatique ?
2. **Carte et graphique** Quel phénomène touche la calotte glaciaire ? Quelle conséquence cela a-t-il ?
3. **Carte** Quels sont les effets du changement climatique en Afrique ?
4. **Carte** Les régions les plus exposées au changement climatique sont-elles aussi les régions les plus peuplées ?

OCÉAN GLACIAL ARCTIQUE
Cercle polaire arctique
RUSSIE
Londres
Hambourg
Amsterdam
FRANCE
Mer Méditerranée
Le Caire
ÉGYPTE
PAKISTAN
Karachi
BANGLADESH
Kolkata
Dacca
Mumbai
INDE
CHINE
Séoul
Tokyo
JAPON
Shanghai
Hanoi
Bangkok
Manille
PHILIPPINES
OCÉAN PACIFIQUE
Marshall
NIGERIA
Lagos
Malé
Maldives
Seychelles
INDONÉSIE
Jakarta
MADAGASCAR
MOZAMBIQUE
Maurice
OCÉAN INDIEN
AUSTRALIE
OCÉAN ATLANTIQUE
Cercle polaire antarctique
2 000 km
Échelle à l'équateur
1. Le changement climatique et ses effets
Fonte de la calotte glaciaire
Trajectoire des cyclones
Principales côtes ou îles menacées par la montée des mers
Déserts
Zones menacées de désertification
Inondations fréquentes
Risques importants de mégafeux
2. Des populations vulnérables
Un point représente 500 000 habitants
Principales villes menacées par la montée des mers
Migrations environnementales
PHILIPPINES
Études de cas du chapitre
CARTE interactive
flashbelin.fr/hgemc5-273

COURS

Le changement climatique et ses effets

Comment s'adapter au changement climatique et lutter contre ses effets ?

COURS audio flashbelin.fr/hgemc5-274

Nunavut, p. 261

1 Le changement climatique s'accélère

• Le changement climatique est un phénomène de **modification des climats de la Terre**. Il s'explique en grande partie par **l'augmentation des gaz à effet de serre** qui contribuent au réchauffement de l'atmosphère.

• Les scientifiques constatent une **augmentation générale de la température de la Terre** : c'est le réchauffement climatique.

• Les **activités humaines** (déforestation, transports) sont **responsables** d'une hausse importante des gaz à effet de serre dans l'atmosphère. Si rien n'est fait, les températures pourraient progresser de 4 °C d'ici 2100.

Colombie-Britannique, p. 264-265

2 Les effets du changement climatique sont multiples

• Le réchauffement climatique provoque la **fonte de la calotte glaciaire**, ce qui entraîne une **élévation du niveau des océans**. Certaines îles (Kiribati, Tuvalu) et certaines grandes villes (New York, Tokyo) pourraient être partiellement ou totalement englouties d'ici la fin du siècle.

• Les **événements climatiques extrêmes** (cyclones, fortes pluies, sécheresses) se multiplient, et leurs **conséquences** sont **de plus en plus importantes** (inondations, glissements de terrain). Dans certaines régions du monde, des mégafeux se développent et ravagent les forêts.

• La **vulnérabilité des populations est inégale** selon leur niveau de développement : les populations des pays riches sont souvent mieux protégées que celles des pays pauvres. En outre, **les fortes densités de populations accroissent les risques**.

Philippines, p. 268-269

3 Les populations s'adaptent aux risques

• En plus de **lutter contre les émissions de gaz à effet de serre**, les États cherchent à **protéger les populations** du changement climatique et de ses conséquences. En Asie, la mangrove est replantée pour faire face aux cyclones.

• Les **ODD 13** (Lutter contre les changements climatiques) et **15** (Vie terrestre), fixés par l'ONU, dénoncent **les dangers du changement climatique** et cherchent à **sensibiliser les populations**.

• Face aux **effets multiples du changement climatique, de nombreuses personnes doivent migrer** : ce sont les migrants climatiques. Selon l'ONU, ils pourraient être 1 milliard d'ici 2050.

Définitions

• Le changement climatique : la modification durable du climat.

• Les gaz à effet de serre (GES) : les gaz comme le CO_2, le méthane ou l'ozone qui se concentrent dans l'atmosphère et sont responsables de l'augmentation de la température de la planète.

• Les migrants climatiques : les personnes qui se déplacent et quittent la région où elles vivent à cause du climat.

• Le réchauffement climatique : l'augmentation des températures relevées à la surface du globe et observées sur une longue période. Il est une conséquence du changement climatique.

• La vulnérabilité : la plus ou moins grande fragilité d'une société face à un risque.

Je vérifie mes connaissances

→ **Es-tu capable de citer ?**

- Un effet du changement climatique qui concerne les océans
- Une mesure mise en place pour lutter contre les menaces du changement climatique
- Deux ODD en lien avec le changement climatique
- Deux activités humaines responsables du changement climatique
- Deux risques majeurs liés au changement climatique
- Un facteur qui explique la vulnérabilité des populations

Je comprends le cours

→ **Relis chaque partie du cours et réponds aux questions.**

Partie 1

- Relève la définition de changement climatique.
- Relève l'augmentation de température à la surface de la Terre d'ici 2100 si rien n'est fait.

Partie 2

- Choisis un ou deux adjectif(s) parmi la liste suivante pour qualifier les effets du changement climatique : nombreux, graves, uniques, secondaires.
- Quels termes peux-tu remplacer par :
  – Feux gigantesques ?
  – Typhons ?
  – Fragilité ?

Partie 3

- Quel autre titre, comprenant le mot « solutions », pourrait-on donner à cette partie ?
- Pour quelle raison des migrants sont-ils appelés « climatiques » ?

J'apprends autrement

SCHÉMA à télécharger
flashbelin.fr/hgemc5-275

→ **Reproduis le schéma et complète-le à l'aide des propositions suivantes :**

- Tempêtes et cyclones
- Inondations et glissements de terrain
- Augmentation des gaz à effet de serre
- Les objectifs de développement durable
- Les émissions de gaz à effet de serre
- Chaleurs extrêmes
- Mégafeux
- Fonte de la calotte glaciaire
- Migrations climatiques
- Évacuation des zones menacées

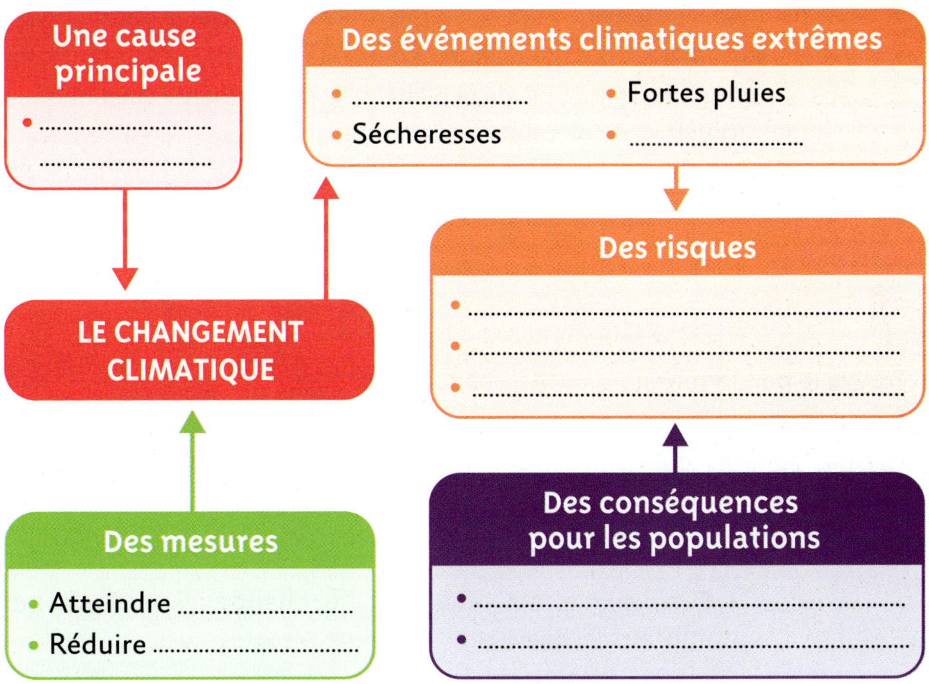

JE RÉVISE

RÉVISE en jouant avec Genially ! + EXERCICES interactifs
flashbelin.fr/hgemc5-276

1 Je révise les repères géographiques

1 Recopie et complète la légende de la carte en indiquant à quoi correspondent :
- la zone coloriée en rose ;
- les régions coloriées en jaune et en orange ;
- le figuré ponctuel (point bleu).

2 Nomme les villes désignées par les lettres A, B, C et D.

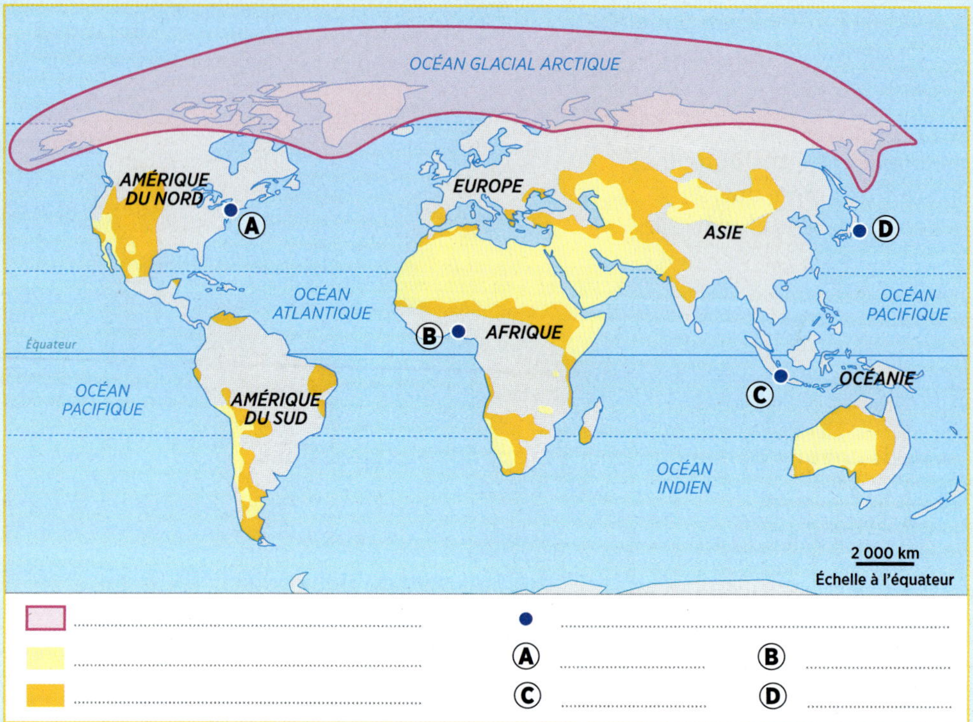

CARTE à télécharger
flashbelin.fr/hgemc5-276

2 Je révise le cours

Pour chaque affirmation, indique si elle est vraie ou fausse.

	Vrai	Faux
a. Plus il y a de gaz à effet de serre dans l'atmosphère, plus la planète se refroidit.	❑	❑
b. Le réchauffement climatique fait baisser le niveau des mers.	❑	❑
c. Replanter la mangrove permet de lutter contre les tempêtes et les inondations.	❑	❑
d. Grâce aux efforts de l'ensemble de la planète, le changement climatique a été stoppé ces dernières décennies.	❑	❑

3 Je révise en jouant

Trouve le bon terme en réponse à chaque devinette.

a. Je suis un immense incendie qui détruit des milliers d'hectares de végétation : ....

b. Nous sommes du méthane, du CO_2 ou de l'ozone et nous sommes responsables du réchauffement de l'atmosphère : ....

c. Je suis la modification des climats de la Terre observée sur une très longue période : ....

d. Je suis une tempête violente caractérisée par des vents tourbillonnants et des pluies très importantes : ....

e. Je suis une personne obligée de quitter son lieu de vie à cause du climat : ....

Je crée une couverture de bande dessinée

De nombreux héros de bande dessinée s'engagent contre le changement climatique. Ils dénoncent les risques qui pèsent sur la planète et sensibilisent les lecteurs à l'écologie et au respect de l'environnement.

1 Observe attentivement les couvertures proposées puis complète le tableau suivant :

	Message d'alerte sur les dangers du changement climatique	Message de sensibilisation à la protection de l'environnement
Couverture concernée	....	....
Couleurs utilisées	....	....
Éléments de décors	....	....
Actions des personnages	....	....

2 Attribue à chaque couverture une **notion clé de vocabulaire** apprise au cours de ce chapitre.

3 La couverture de *Léonard* dénonce une planète en feu. À quelles menaces et à quels lieux cela te fait-il penser ?

➡ **Crée une couverture de bande dessinée qui s'engage contre le changement climatique, soit pour sensibiliser les populations à la protection de l'environnement, soit pour dénoncer les menaces liées au changement climatique. Choisis le héros que tu veux mettre en scène, compose un décor et donne un titre à ton ouvrage !**

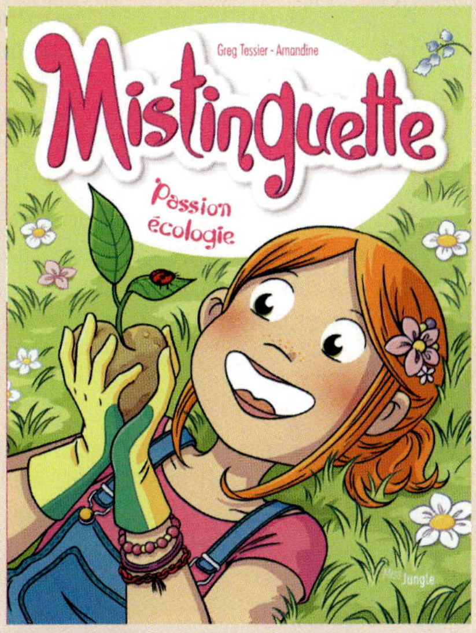

1 ***Passion écologie***

Mistinguette, t. 11, Amandine et Greg Tessier, Jungle, 2020.

2 ***Y a-t-il un génie pour sauver la planète ?***

Léonard, t. 38, Turk et De Groot, Le Lombard, 2008.

1 J'extrais des informations sur les effets du changement climatique à Madagascar

Analyser un document

Madagascar face au changement climatique

« Le sud de Madagascar fait face à une sécheresse inédite et les rares pluies ont entraîné des nuées dévastatrices de criquets et de chenilles. Avec trois années de sécheresse successives et des conditions climatiques particulièrement difficiles cette année, l'île subit de plein fouet les conséquences du changement climatique. Le phénomène s'est encore amplifié cette année avec des vents de sable inhabituels dans cette région qui ont balayé le peu de culture. Conséquence : 1,130 million de personnes sont en situation d'insécurité alimentaire sévère[1]. La population est au bord de la famine et beaucoup de démunis migrent vers les villes pour tenter de subsister. Les familles vivent de fruits des cactus, de feuilles de plantes sauvages et de sauterelles depuis des mois. Cela n'arrive pas à cause d'une guerre ou d'un conflit mais à cause du changement climatique. »

D'après « Le changement climatique pousse Madagascar au bord du désastre humanitaire », *RFI*, 27 juin 2021.

1. On considère qu'une personne est en insécurité alimentaire sévère lorsqu'elle ne peut pas manger à sa faim tous les jours et qu'elle passe un ou deux jours sans avoir de quoi se nourrir.

1 Situe précisément Madagascar.

2 Quels sont les deux événements climatiques que doivent affronter les habitants de Madagascar ?

3 Parmi les termes suivants, recopie ceux qui décrivent le mieux la situation des habitants de Madagascar et explique tes choix : famine • inondation • vulnérable • migrer • pandémie.

2 J'analyse des photographies pour expliquer le changement climatique

Analyser un document

1 En Antarctique

2 En Thaïlande

Décris précisément chaque photographie, puis explique pourquoi elle est liée au changement climatique.

Décrire une photographie — POINT MÉTHODE

Pour décrire une photographie, il faut dire ce que l'on voit de manière ordonnée. Pour cela, il faut procéder par plan (1er plan, 2e plan) ou par grands ensembles. Il faut ensuite être très précis et s'interroger sur ce que l'on a vu pour faire des déductions et expliquer les informations apportées par le document.

3 Je justifie des affirmations sur le changement climatique en Amérique centrale

Raisonner et justifier

1 L'ouragan Iota frappe l'Amérique centrale

« Après le passage dévastateur du cyclone Eta en Amérique centrale, il y a deux semaines, l'ouragan Iota a touché terre dans la même région le 17 novembre 2020. L'ouragan, le treizième de l'année, menace des zones au Honduras et au Nicaragua de "pluies torrentielles", de "vents extrêmement violents" et de "submersions côtières dangereuses", selon les météorologues américains. "Jamais nous n'avons vu auparavant des ouragans se succéder ainsi en si peu de temps", se désespérait Silvania Zamora, une habitante de Bilwi[1] où les habitants se sont efforcés de renforcer les toits de leurs frêles maisons de bois. Au Guatemala, l'agence de gestion des catastrophes a appelé les habitants à évacuer. Le réchauffement des mers causé par le changement climatique rend les ouragans plus forts plus longtemps après qu'ils touchent terre. Un nombre record de trente tempêtes tropicales a été enregistré cette saison dans les Caraïbes et en Amérique centrale. »

D'après « "Menace mortelle" : après le cyclone Eta, l'Amérique centrale face à l'ouragan Iota », *L'Express*, 17 novembre 2020.

1. Ville du Nicaragua.

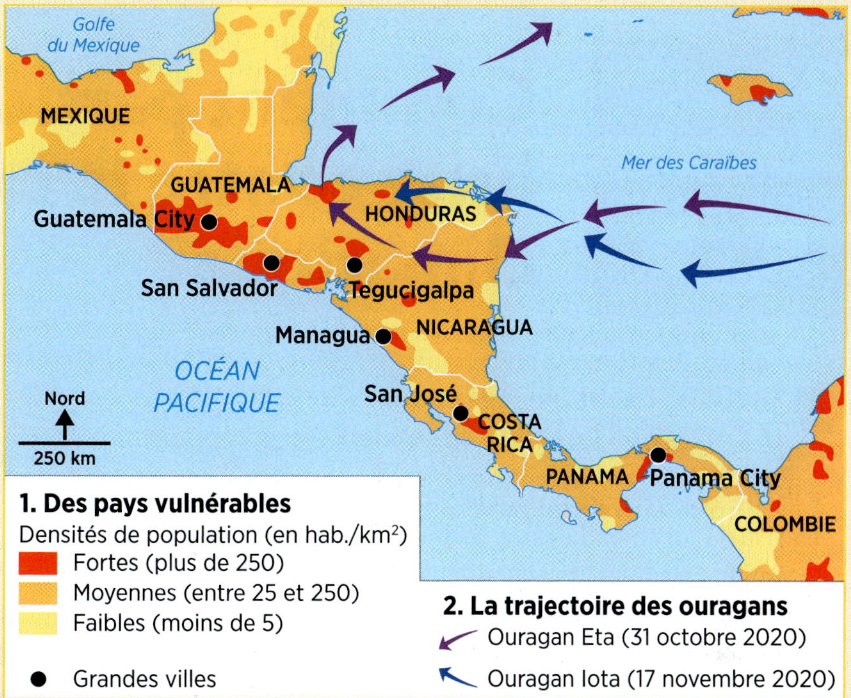

2 Trajectoires des ouragans Eta et Iota en Amérique centrale

À l'aide des documents 1 et 2, indique si ces affirmations sont vraies ou fausses puis justifie ta réponse.

a. L'Amérique centrale est une zone vulnérable.

b. La multiplication des événements climatiques extrêmes comme les ouragans est liée au réchauffement climatique.

c. Les faibles densités de population expliquent l'absence de dégâts.

d. Le nombre de tempêtes et de cyclones augmente fortement en Amérique centrale mais ils sont moins puissants.

e. Le Brésil, le Nicaragua et le Pérou ont été touchés par l'ouragan Iota.

f. Au Guatemala, la population a été appelée à évacuer les zones menacées pour limiter les pertes humaines.

4 Je m'informe sur la montée des eaux pix

S'informer dans le monde du numérique

→ Rends-toi sur le site Surging Seas Risk Zone Map qui simule la montée des eaux en raison du réchauffement climatique.

→ Dans le bandeau de recherche en haut à droite, tape « New York », puis à l'aide de la règle à gauche simule une montée des eaux de 3 mètres puis de 5 mètres et de 10 mètres (n'oublie pas de modifier l'unité de mesure à côté de la réglette pour passer en mètres).

1 **Que constates-tu ?**

→ Tape maintenant le lieu où tu habites et simule différentes montées des eaux.

2 **Que constates-tu ?**

SITE internet
flashbelin.fr/hgemc5-279

MISSION OBJECTIFS DE DÉVELOPPEMENT DURABLE

13 MESURES RELATIVES À LA LUTTE CONTRE LES CHANGEMENTS CLIMATIQUES

Comment participer à la lutte contre le changement climatique ?

1 Laetitia, 14 ans, engagée pour la protection de l'environnement

Témoignage

« J'ai découvert la grève pour le climat sur YouTube. C'est là où j'ai entendu parler de Greta Thunberg. Avant, j'avais un peu étudié le réchauffement climatique à l'école. On nous racontait l'impact sur le climat mais jamais ce que nous, on peut faire. J'ai parlé à mes parents d'initiatives à faire à la maison : consommer moins de viande et plus local. On essaie d'aller moins au supermarché, de manger des produits de la ferme, ou avec moins d'emballages pour réduire les déchets. C'est parfois compliqué parce que ça coûte plus cher. Mais par exemple, on fait nos propres yaourts maison, avec des pots en verre. J'ai une feuille sur laquelle je note tous les déchets que je produis tous les jours. »

D'après un article d'Elise Koutnouyan, France 3 Normandie, 15 mars 2019.

Les énergies fossiles

Ressources épuisables stockées sous terre (pétrole, gaz, charbon, uranium)

40 % des émissions de CO_2 sont dues à la production d'électricité à partir de combustibles fossiles.

Les énergies renouvelables

Énergies exploitant des éléments naturels qui ne s'épuisent pas (soleil, vent, marée…)

20 m² de panneaux photovoltaïques évitent d'émettre 1,1 tonne de CO_2.

2 Produire de l'énergie de manière durable ?

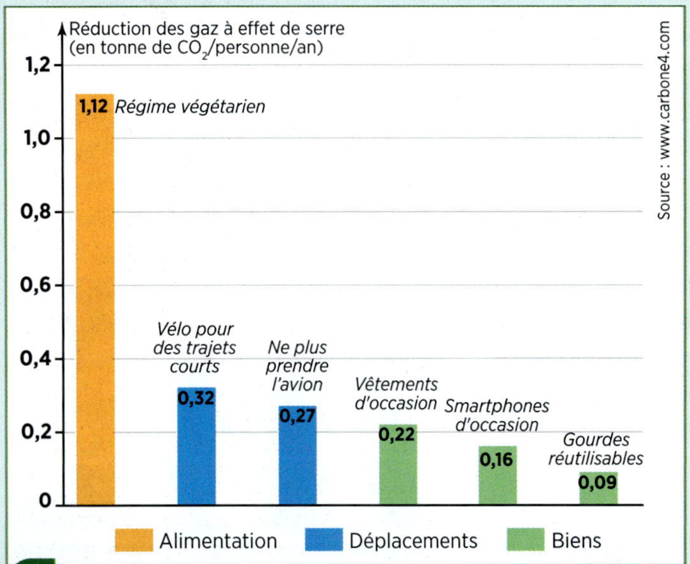

3 Quel impact si on change nos habitudes au quotidien ?

Questions

1. **Doc. 1** Pour quelle cause cette jeune fille s'est-elle engagée ? Cite une action qu'elle mène au quotidien.
2. **Doc. 2** Quel type d'énergie est moins polluant ? Justifie ta réponse.
3. **Doc. 1 et 3** Pourquoi est-ce important de changer ses habitudes du quotidien comme le fait Laetitia ?

À toi d'agir !
Parmi toutes les actions proposées, choisis-en une que tu pourrais appliquer dans ta vie quotidienne et explique ton choix.

15 VIE TERRESTRE

Comment préserver la nature et la biodiversité ?

1 Victor, 15 ans, agit pour protéger la biodiversité

Témoignage

Ce jeune adolescent milite pour la biodiversité. Auteur d'un blog sur le sujet, il a organisé dans sa ville, à Metz, une marche pour la biodiversité.

« La biodiversité m'impressionne et m'intéresse beaucoup. Quand je me suis rendu compte qu'elle était dégradée, je me suis dit qu'à mon échelle, j'avais une petite part de responsabilité et que je devais essayer de sensibiliser autour de moi. J'ai fait des animations dans les écoles, j'ai changé mon alimentation. J'ai essayé d'avoir le moins d'impact possible sur la nature et je continue. J'ai creusé une mare dans mon jardin pour accueillir des espèces qui vivent dans les espaces humides qui disparaissent beaucoup. C'est un moyen d'aider ces espèces-là. Sinon, dans mon jardin, j'ai laissé l'herbe pousser pour offrir un habitat à beaucoup d'espèces. »

D'après une vidéo de l'*AFP*, « Victor Noël, adolescent passionné et défenseur de la biodiversité », 4 juin 2020.

2 Le permis de végétaliser à Paris

Le permis de végétaliser a été lancé à Paris et dans plusieurs grandes villes de France. Il permet à tous, après avoir déposé un projet et obtenu l'accord de la mairie, de jardiner dans l'espace public (pied des arbres, trottoirs, parkings, murs et façades).

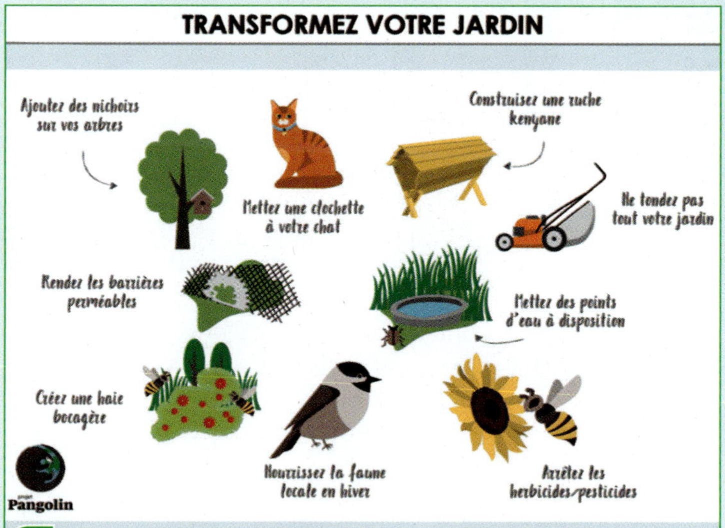

3 Comment participer à la protection de la biodiversité dans son jardin ?

Questions

1. **Doc. 1 et 3** Pour quelle cause Victor s'est-il engagé ? Cite deux actions qu'il mène. Quelle autre action aurait-il pu mener dans son jardin ?
2. **Doc. 2** Quelle initiative a été prise en ville pour agir en faveur de la biodiversité ?
3. **Doc. 1** Dans son témoignage, Victor affirme : « Je me suis dit qu'à mon échelle, j'avais une petite part de responsabilité. » Penses-tu avoir toi aussi une part de responsabilité ?

À toi d'agir !

En t'inspirant du document 2, choisis un lieu dans ton collège que vous pourriez végétaliser et explique ton choix.

14 Prévenir et s'adapter aux risques

➥ Comment protéger les populations des risques ?

1 Prévenir un risque : la pandémie de Covid-19

Des mesures sanitaires strictes sont prises pour assurer la sécurité des voyageurs pendant la pandémie de Covid-19, à partir du printemps 2020.

Pour bien commencer le chapitre

Quiz interactif flashbelin.fr/hgemc5-283

Fais le point sur ce que tu sais déjà.

1. Un danger auquel une population peut être confrontée est appelé :

a. Une catastrophe.
b. Un risque.
c. Un accident.

2. Une marée noire est :

a. Une nappe de pétrole qui se répand dans l'océan.
b. Une forte marée qui risque d'inonder les rivages.
c. De fortes vagues qui menacent la vie aquatique.

3. Qu'évoque pour toi le terme de Fukushima ?

a. Une catastrophe naturelle et nucléaire.
b. L'autre nom donné à un tsunami.
c. Le nom d'un sushi.

4. La prévention des risques, c'est :

a. L'ensemble des mesures mises en œuvre pour les prédire.
b. L'ensemble des mesures pour limiter ou empêcher une catastrophe.
c. Une catastrophe ne peut jamais être évitée.

VIDÉO en ligne flashbelin.fr/hgemc5-283

2 Explosion dans le port de Beyrouth (Liban)

Les deux violentes explosions qui secouent le port de Beyrouth le 4 août 2020 sont dues au stockage de produits dangereux. De nombreux quartiers de la ville sont détruits par ces déflagrations qui font au moins 113 morts et plus de 4 000 blessés.

Questions

1. **Doc. 1 et 2** Attribue à chaque photographie le type de risque correspondant : risque sanitaire • risque technologique.
2. **Doc. 1 et 2** Quels événements sont à l'origine des situations représentées sur les photographies ?

REPÈRES
OBJECTIFS DE DÉVELOPPEMENT DURABLE

9 INDUSTRIE, INNOVATION ET INFRASTRUCTURE

Cet ODD doit mener à la mise en place d'une industrie et d'infrastructures résilientes et durables. Le but est de favoriser l'innovation et d'améliorer la qualité de vie dans le monde, tout en ayant un impact mineur sur l'environnement. Pour atteindre cet objectif, une aide financière et technologique à destination des pays les plus pauvres est nécessaire.

1 Des toilettes dans un bidonville de Dacca (Bangladesh)

Le sais-tu ?

- En Afrique, certains pays parmi les plus pauvres subissent plus de 20 heures de coupure d'électricité par mois.
- Plus de 3 milliards de personnes dans le monde utilisent des combustibles polluants (bois, charbon, déjections animales) pour cuisiner.

2 Une centrale en Allemagne

Cette centrale qui produit du lignite (roche contenant du charbon) près de Bergheim en Allemagne est le site industriel le plus polluant d'Europe.

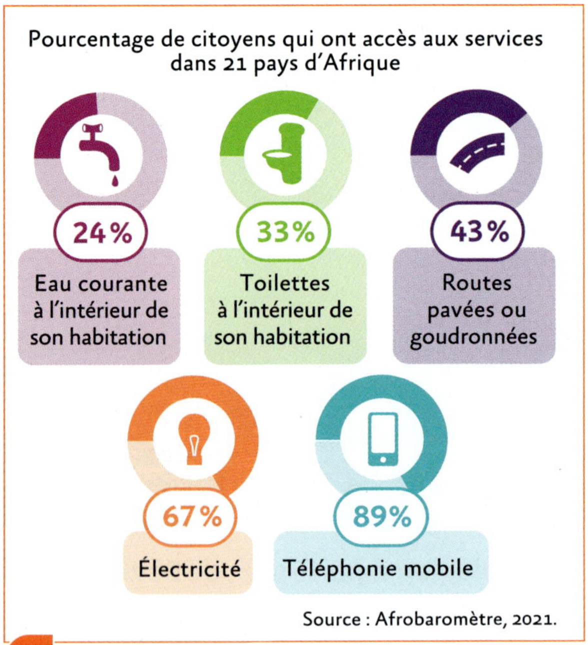

3 L'accès aux infrastructures de base en Afrique

11 VILLES ET COMMUNAUTÉS DURABLES

Depuis 2007, plus de la moitié de la population vit dans des villes. Cette urbanisation rapide se traduit par un nombre de plus en plus important de personnes vivant dans des taudis ou ayant accès à des infrastructures inadaptées ou saturées (collecte insuffisante des déchets, pas d'accès à l'eau depuis son domicile…).

1 La pollution des villes en Chine

2 La colline d'Amager à Copenhague (Danemark)

Cette colline est en réalité un incinérateur qui détruit plus de 400 000 tonnes de déchets par an alimentant en électricité 50 000 foyers, et en chaleur 120 000 autres. Elle rejette des nuages de vapeur d'eau et s'est dotée d'une piste de ski sur son toit.

3 Des risques sanitaires et technologiques multiples en ville

Le sais-tu ?

Selon l'OMS (Organisation mondiale de la santé), 9 personnes sur 10 respirent un air pollué dans le monde.

Définitions

- Une **infrastructure** : un ensemble d'équipements et d'installations nécessaires pour se déplacer, travailler ou se divertir.
- La **résilience** : la capacité d'une société ou d'une personne à faire face à une crise et à se remettre rapidement.

Questions

1. Présente chacun des deux ODD en une seule phrase.
2. Dans ta vie quotidienne, es-tu concerné(e) par certains éléments présentés par les documents des deux pages ?
3. Parmi tous les objectifs visés par ces deux ODD, lequel te semble prioritaire ? Justifie ta réponse.

ÉTUDE DE CAS

COMPÉTENCE TRAVAILLÉE
Raisonner et justifier

1 Le naufrage du *Wakashio* près de l'île Maurice

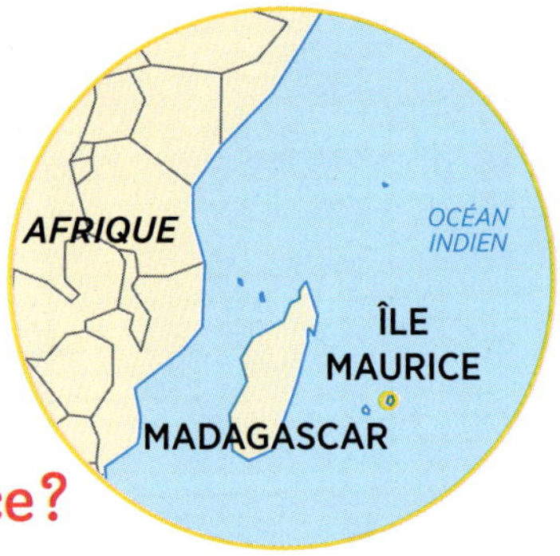

Pourquoi ce naufrage a-t-il été une catastrophe environnementale et économique pour l'île Maurice ?

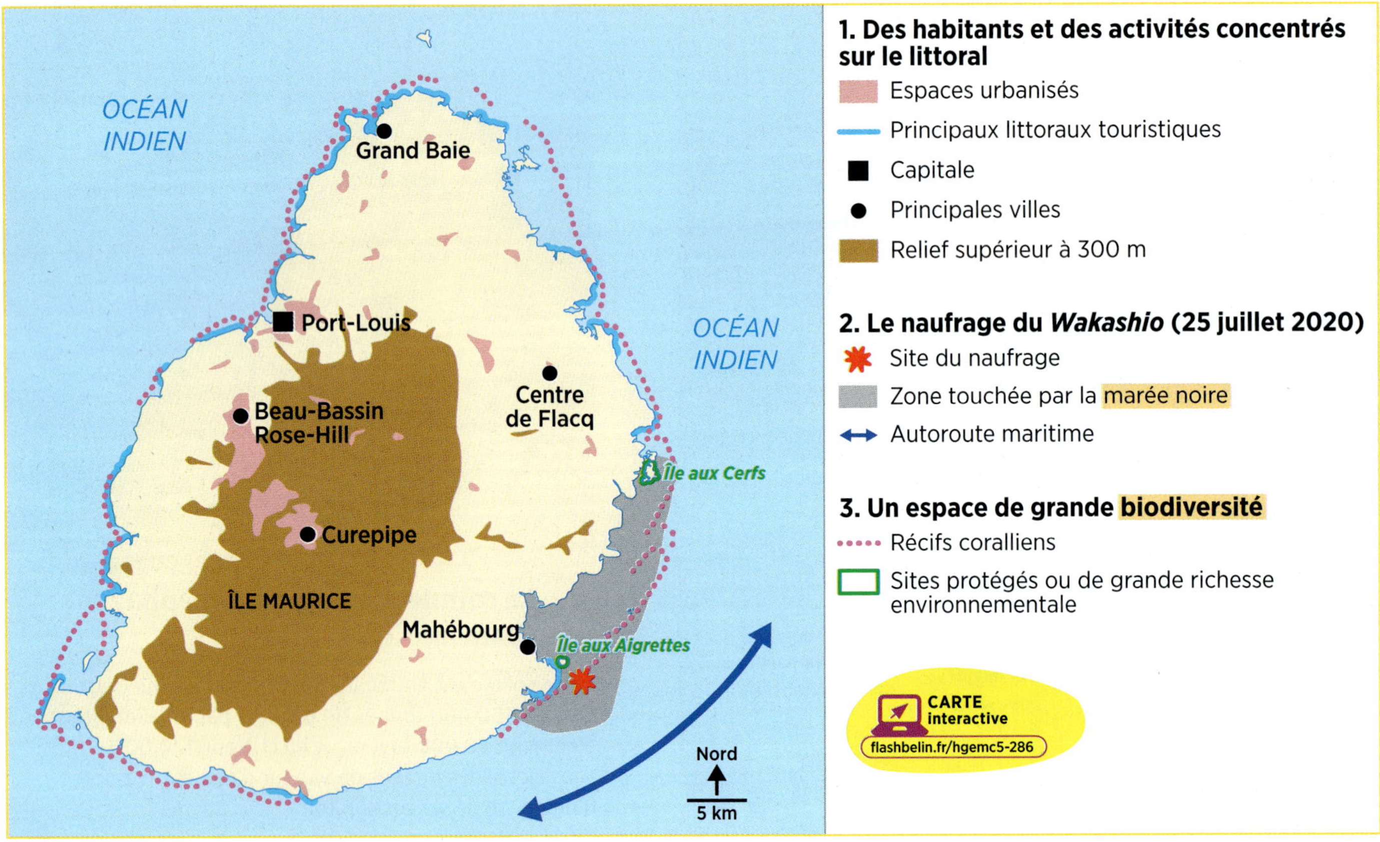

1 Une menace écologique et économique

- **25 juillet 2020** : Naufrage du *Wakashio*
- **6 août** : Premières plaques de pétrole sur les plages mauriciennes
- **6 août** : Début de l'intervention de l'ONG Mauritian Wildlife Foundation pour mettre à l'abri plantes et animaux
- **7-22 août** :
  - Fabrication de 18 km de bouées artisanales par les Mauriciens
  - Envoi de matériel spécial par la France
- **16 août** : Le navire se brise en deux : le reste du pétrole se déverse dans la mer
- **29 août** : Manifestation à Port-Louis contre la gestion de la catastrophe par le gouvernement

2 De la catastrophe à la mobilisation et à la contestation

Définitions

- La **biodiversité** : la variété des formes de vie (animale et végétale) sur la Terre.
- Une **marée noire** : la pollution de la mer et des zones côtières par du pétrole.
- Une **ONG** (organisation non gouvernementale) : un organisme financé essentiellement par des dons privés, qui se consacre à l'action humanitaire.
- Une **réserve naturelle** : un territoire protégé pour sa faune et sa flore exceptionnelles.

3 Une catastrophe économique et environnementale

« Le naufrage du *Wakashio* laisse un goût amer aux Mauriciens. Il est officiellement interdit de consommer rougets, mulets, calamars, en provenance du sud-est de l'île. En s'approchant trop près de cette région reconnue comme un joyau mondial de biodiversité, le *Wakashio* a porté un coup dur à l'économie du pays. Une part du carburant contenu dans ses réservoirs mêlé aux huiles de moteur s'est répandue dans la mangrove et a souillé la réserve naturelle de l'île aux Aigrettes. Plus de 3000 tonnes de fioul ont été pompées dans la coque du navire, mais 1000 tonnes se sont écoulées dans l'environnement. La gestion de la catastrophe par le gouvernement lui est reprochée avec insistance. Son retard dans l'action aussi. Il faut attendre que les premières taches d'hydrocarbures s'étalent à la surface de ces eaux cristallines, le 6 août, pour que sonne l'alerte générale. De nombreux volontaires se mobilisent alors pour confectionner des barrages improvisés. »

D'après Martine Valo, « "Il faudra peut-être 15 ans pour que la mer redevienne normale" après la marée noire au large de l'île Maurice », *Le Monde*, 28 octobre 2020.

4 Le naufrage du navire de marchandises

Le *Wakashio* est un vraquier, un navire transportant des marchandises en vrac.

5 La mobilisation des Mauriciens

VIDÉO en ligne
flashbelin.fr/hgemc5-287

Plusieurs kilomètres de bouées artisanales ont été produits par 15 000 bénévoles afin d'absorber le pétrole rejeté dans l'océan par le *Wakashio*.

Activité A

Je questionne un événement

1. **Doc. 1, 2 et 4** Que s'est-il passé au large de l'île Maurice le 25 juillet 2020 ?

Je questionne le rôle des acteurs

2. **Doc. 2, 3 et 5** Identifie tous les acteurs qui interviennent dans cette catastrophe.
3. **Doc. 2, 3 et 5** Rédige une phrase pour expliquer le rôle de chacun des acteurs.

Je vérifie des données

4. Justifie chaque affirmation à l'aide des documents proposés :
   a. Le naufrage est une catastrophe environnementale (**doc. 1 et 3**).
   b. Le naufrage est une catastrophe économique (**doc. 1 et 3**).
   c. Le gouvernement mauricien est accusé d'avoir mal géré cette crise (**doc. 2 et 3**).

Activité B

Je mène l'enquête

Tu es chargé(e) de rédiger un rapport pour l'ONU afin de présenter le naufrage du *Wakashio*.

Coup de pouce

→ Commence par décrire la catastrophe (**doc. 1, 2 et 4**).
→ Explique ensuite comment les Mauriciens et le gouvernement y font face (**doc. 2, 3 et 5**).

Retrouve le cours en lien avec cette étude de cas, p. 298.

Bilan

▶ Le naufrage du *Wakashio* près de l'île Maurice

A Je retiens les informations essentielles

EXERCICE interactif flashbelin.fr/hgemc5-288

Réponds par vrai ou faux à chaque affirmation suivante :

	Vrai	Faux
a. Le vraquier *Wakashio* s'est échoué le 25 juillet 2020 au large de l'île Maurice.	❑	❑
b. Il transportait des marchandises en vrac.	❑	❑
c. Les Mauriciens se sont mobilisés pour lutter contre la marée noire.	❑	❑
d. Grâce à leur action, les côtes n'ont pas été polluées par les nappes de pétrole.	❑	❑
e. Malgré l'action des Mauriciens, la mangrove a été souillée par des nappes de pétrole.	❑	❑
f. Des manifestations de soutien à l'action du gouvernement mauricien ont été organisées.	❑	❑
g. Cette catastrophe est économique car des lieux touristiques ont été atteints.	❑	❑
h. Grâce à l'ONG Mauritian Wildlife Foundation, une grande partie des animaux et des plantes protégés a pu être mise à l'abri.	❑	❑
i. Cette catastrophe est le résultat d'un risque industriel.	❑	❑
j. Cette catastrophe est le résultat d'un risque sanitaire.	❑	❑

B Je complète un croquis

CROQUIS à télécharger flashbelin.fr/hgemc5-288

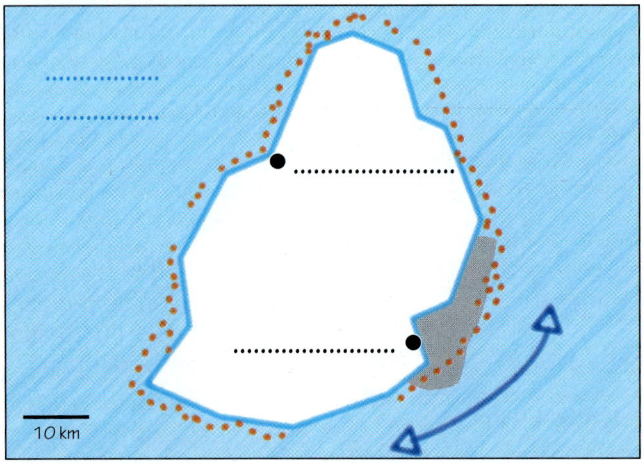

Titre : ....

• • • ....

▬ ....

● ....

⇔ ....

1. **Recopie la légende et complète-la avec les propositions suivantes :** Récifs coralliens • Principales villes • Zone touchée par la marée noire • Autoroute maritime.
2. **Recopie le croquis et nomme les deux villes localisées et l'océan qui entoure l'île Maurice.**
3. **Ce croquis est incomplet. Complète-le en ajoutant une orientation et un titre.**
4. **On propose d'ajouter sur ce croquis les littoraux touristiques. Cette information te semble-t-elle utile ? Justifie ta réponse, puis propose un figuré et complète la légende et le croquis.**

Ailleurs dans le monde

Y a-t-il des territoires dans le monde aussi vulnérables que l'île Maurice ?

1 La rupture du barrage de Brumadinho au Brésil

Le 25 janvier 2019, le barrage de Brumadinho se rompt et recouvre d'une importante coulée de boue les villages voisins, provoquant la mort de 270 personnes. Un rapport informait pourtant d'anomalies sur la structure de l'édifice.

3 Explosion dans une usine chimique à Yancheng en Chine

Le 25 mars 2019, une usine de pesticides explose en Chine. Des bâtiments industriels situés à proximité sont détruits et on dénombre 78 morts et plus de 500 blessés. Des infractions concernant cette usine avaient été signalées à plusieurs reprises.

2 Bhopal, une catastrophe sans fin

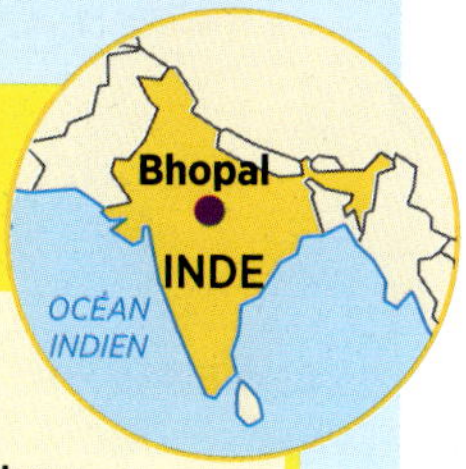

La catastrophe de Bhopal est un accident chimique qui est survenu dans la nuit du 3 décembre 1984 à Bhopal, une ville du centre de l'Inde, et qui a provoqué 3 500 morts et plus de 300 000 blessés. Plus de trois décennies plus tard, l'usine est toujours au centre d'une ville densément peuplée et les déchets toxiques enterrés contaminent les nappes phréatiques.

« Rachida, une survivante, explique : "Les conséquences de la catastrophe de Bhopal sont toujours présentes trente-cinq ans après et augmentent même. Ceux qui sont nés juste après ont grandi, se sont mariés et voici leurs enfants : c'est la troisième génération d'enfants handicapés et le gouvernement ne fait rien." T. R. Chouhan, ancien ingénieur de l'usine, raconte : "Depuis la fermeture de l'usine, pas un seul kilo de déchets toxiques ou de sol contaminé n'a été neutralisé. La conception même de l'usine avant la catastrophe posait problème. Il y a eu des coupes dans les budgets, un manque de formation du personnel. Rien n'avait été prévu pour faire face à une énorme fuite de produits chimiques." »

D'après un reportage d'Arte, « Inde : Bhopal, 35 ans après », 11 décembre 2019.

VIDÉO en ligne flashbelin.fr/hgemc5-289

Questions

1. **Pour chaque document, relève la nature de la catastrophe et le bilan humain. Que constates-tu ?**
2. **À Bhopal (doc. 2) comme à l'île Maurice (étude de cas), que reproche la population au gouvernement ? Est-ce justifié ?**
3. **Les pays pauvres ont-ils les moyens de prévenir les risques industriels ?**

ÉTUDE DE CAS

COMPÉTENCE TRAVAILLÉE
Pratiquer différents langages

2 Fukushima, les leçons d'une catastrophe

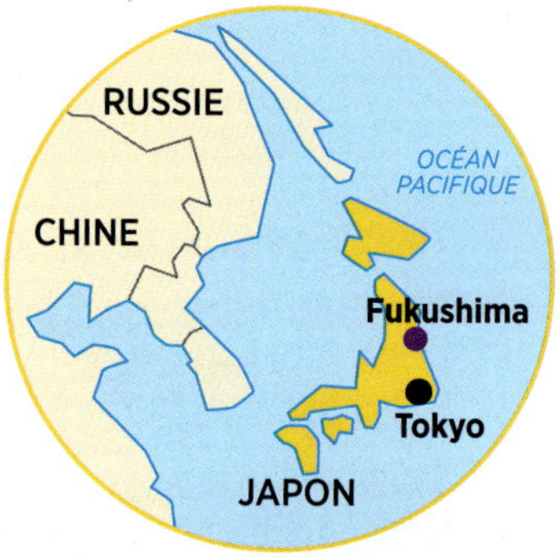

Comment le Japon prévient-il le risque nucléaire depuis la catastrophe de Fukushima?

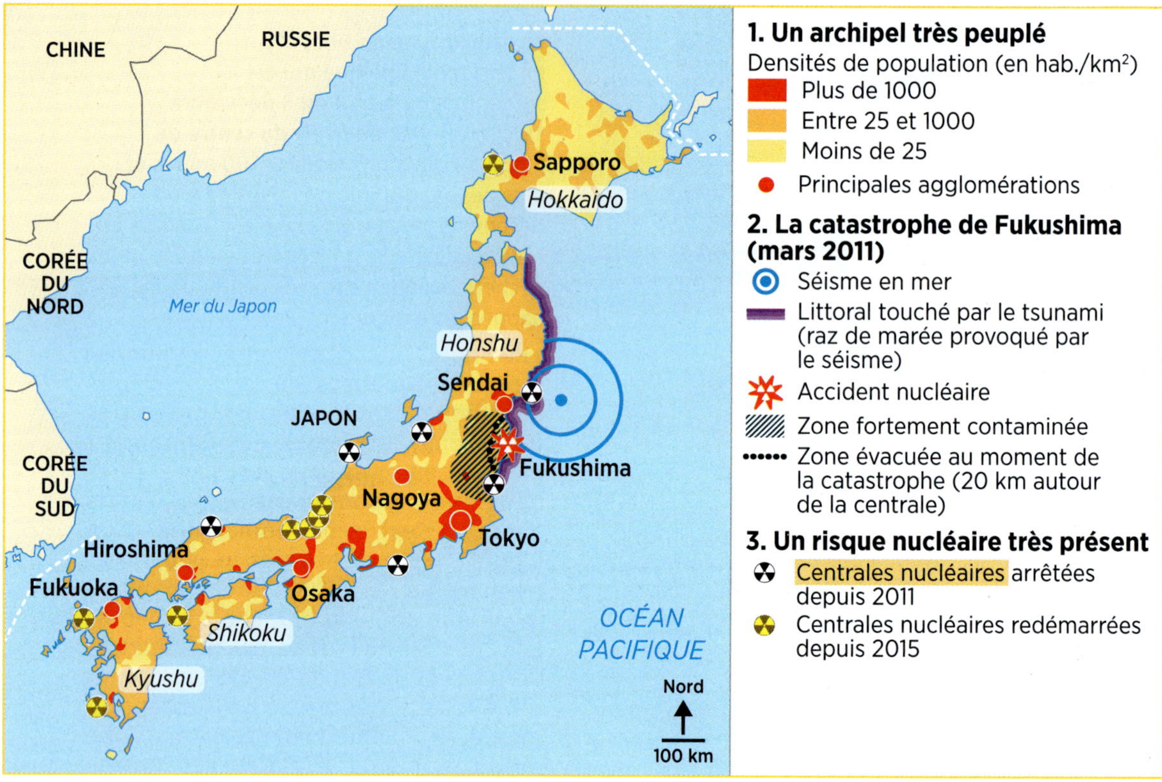

1 Le risque nucléaire au Japon

Le tsunami à l'origine de la catastrophe de Fukushima a provoqué la mort de 22 000 personnes.

CARTE interactive
flashbelin.fr/hgemc5-290

2 Contrôler la radioactivité

« Avant d'être mis en vente, tous les produits doivent être évalués. "Il faut une heure pour tester un produit", explique M. Mori, un employé chargé de la vérification dans un coin du magasin de produits locaux. "En général, les produits cultivés en serre ou dans les champs décontaminés ne posent pas de problème. C'est plus ennuyeux pour les produits de la forêt, notamment les champignons." Il a ainsi mesuré un champignon à 32 000 becquerels par kg[1], alors que la norme est à 100 Bq par kg. Preuve que la décontamination a ses limites, elle a ignoré les forêts, explique Greenpeace[2]. Or ces véritables "dépôts radioactifs libèrent les substances radioactives quand il y a de fortes pluies et du vent". La défiance persiste vis-à-vis du nucléaire dans un pays où 49,4 % des habitants plaident pour la sortie progressive de cette énergie, contre 22,7 % favorables à son maintien. »

D'après Philippe Henri, « Dix ans après Fukushima, les Japonais toujours défiants envers le nucléaire », *L'Écho*, 5 mars 2021.

1. Unité de mesure de la radioactivité.
2. Greenpeace est une organisation non gouvernementale de protection de l'environnement. Elle est présente dans 55 pays.

Mesures pour les centrales

- Digues géantes anti-tsunami
- Double alimentation en électricité pour éviter les pannes
- Construction de réservoirs d'eau douce
- Plan de protection contre les catastrophes naturelles et les attaques terroristes

Mesures pour les populations

- Plan d'évacuation dans un rayon de 30 km autour d'une centrale
- Création d'applications pour smartphone pour s'informer en cas d'accident nucléaire
- Aucun redémarrage des centrales nucléaires sans l'accord des populations des localités proches

3 Prévenir le risque nucléaire : les mesures prises par l'État

Définitions

- Une **centrale nucléaire** : un site industriel qui produit de l'électricité à partir de la fission de l'atome.
- La **radioactivité** : la diffusion de rayonnements qui peuvent présenter un danger pour l'homme, la faune et la flore.
- La **résilience** : la capacité d'une société ou d'une personne à faire face à une crise et à se remettre rapidement.
- Un **risque** : un danger potentiel pouvant affecter une population.

4 Protéger : la construction de digues

Dans la plupart des villes littorales, des digues de plus de 15 mètres ont été construites pour protéger les populations et les centrales nucléaires d'un éventuel tsunami.

VIDÉO en ligne flashbelin.fr/hgemc5-291

5 Une faible résilience ?

« Classé comme l'un des "plus beaux villages du Japon" avant 2011, Iitate, situé près de la centrale de Fukushima, a bénéficié d'une opération de décontamination qui a permis de restaurer une partie des zones agricoles qui faisaient la renommée de ce village engagé dans l'agriculture biologique. Les subventions ont financé de nouvelles installations comme un magasin de produits locaux, un restaurant et un petit parc, qui voisine un champ de panneaux solaires, nouvelle source d'énergie d'un territoire qui ne veut plus entendre parler du nucléaire. Les zones évacuées peinent cependant à faire revenir leurs habitants. À Namie, non loin de la centrale, seuls 9,3 % des habitants sont revenus. Et il s'agit principalement de personnes âgées. 36 200 évacués de la région vivent toujours ailleurs. 65 % ne souhaitent pas revenir, selon un sondage de novembre 2020 de l'agence Kyodo, dont près de la moitié par peur des radiations. »

D'après Philippe Henri, « Dix ans après Fukushima, les Japonais toujours défiants envers le nucléaire », *L'Écho*, 5 mars 2021.

Activité A

J'utilise un brouillon

1 **Doc. 1** Présente en quelques phrases la catastrophe de Fukushima. Prépare ta réponse au brouillon en notant les informations essentielles.

Utiliser un brouillon — POINT MÉTHODE

Un brouillon sert à rassembler les informations utiles et à les trier. Sur un brouillon, on note les idées comme elles viennent, on ne rédige pas, ce serait une perte de temps.

J'écris pour expliquer

2 Complète les affirmations suivantes à l'aide des documents :

a. Les produits agricoles cultivés à Fukushima sont testés pour… (**doc. 2**).

b. Des digues sont construites pour… (**doc. 4**).

3 **Doc 2, 3, 4 et 5** Rédige 2 ou 3 phrases pour expliquer comment les Japonais font face au risque nucléaire en utilisant les termes suivants : digue • résilience • centrale nucléaire • évacuation.

Activité B

Je m'exprime à l'oral — Oral

Prépare une courte intervention orale pour montrer que la prévention du risque nucléaire a été renforcée depuis la catastrophe de Fukushima.

Coup de pouce

→ Choisis parmi les **doc. 2, 3 et 4** deux mesures nouvelles qui permettent de prévenir le risque nucléaire.

→ Pour chaque mesure, explique sa fonction et pourquoi tu l'as choisie.

Retrouve le cours en lien avec cette étude de cas, p. 298.

Bilan

Fukushima, les leçons d'une catastrophe

EXERCICE interactif
flashbelin.fr/hgemc5-292

A Je retiens les informations essentielles

Recopie et complète le tableau en classant les propositions suivantes : La construction de digues • Un séisme • Une zone fortement irradiée • La mesure de la radioactivité de l'air et des produits consommés • Un tsunami • Un incident dans la centrale nucléaire de Fukushima • L'évacuation des populations • Des applications sur smartphone • La construction de réservoirs d'eau douce • Des populations qui peinent à revenir.

Les causes de la catastrophe	Les conséquences	Les mesures prises pour prévenir le risque nucléaire
....	....	....

B Je complète un croquis

1. **Complète la légende avec les propositions suivantes :** Accident nucléaire • Centres urbains majeurs • Zone fortement irradiée • Centrale de Fukushima.
2. **Nomme sur le croquis les trois îles principales qui composent le Japon puis replace les lieux suivants :** Océan Pacifique • Tokyo • Sendai • Fukushima.
3. **Un élément manque à ce croquis, en plus du titre. Complète le croquis avec ces deux éléments manquants.**
4. **D'après l'étude que tu as menée sur la catastrophe de Fukushima, quel élément te semble important à ajouter sur le croquis ? Propose un figuré et complète ton croquis.**

CROQUIS à télécharger
flashbelin.fr/hgemc5-292

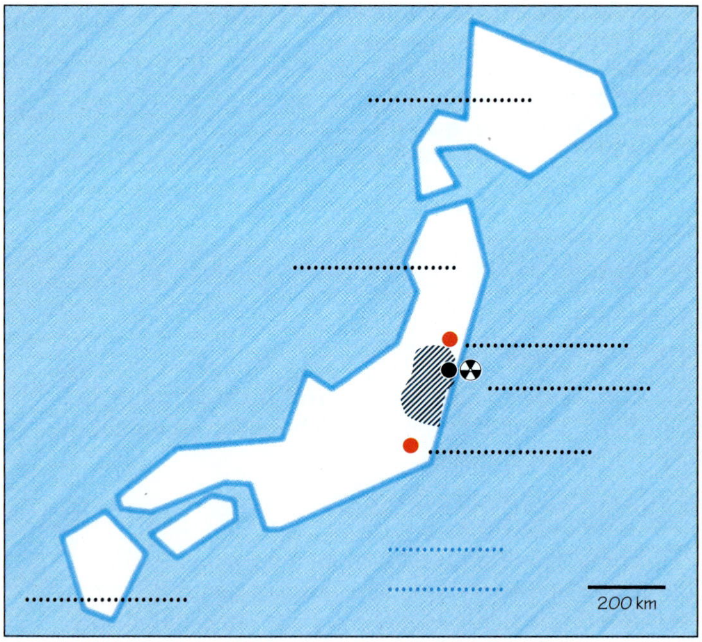

Titre : ....

- ☢ ....
- (hachures) ....
- ● (rouge) ....
- ● (noir) ....

Ailleurs dans le monde

Le Japon est-il le seul pays à prévenir les risques industriels et technologiques ?

1 En France

La région Auvergne-Rhône-Alpes a créé cette affiche pour informer ses habitants sur les risques industriels majeurs, les moyens d'alerte en cas d'accident ainsi que les conduites à tenir si l'alerte est déclenchée. Cette campagne d'information concerne 122 établissements à risques sur l'ensemble de la région, dont 99 usines classées Seveso.

2 En Allemagne

Une explosion a lieu le 27 juillet 2021 dans une usine de traitement des déchets à Leverkusen, faisant 7 morts et 31 blessés. La population est immédiatement invitée à se confiner à l'intérieur des habitations.

3 Aux États-Unis

Le 14 juin 2021, l'usine chimique Chemtool prend feu à Rockton aux États-Unis. La population est immédiatement évacuée. On ne dénombre que quelques blessés légers.

Définition

• **Seveso** : le nom donné aux sites industriels, dans l'Union européenne, présentant des risques d'accidents majeurs afin d'y maintenir un haut niveau de prévention.

Questions

1. Identifie dans les documents toutes les mesures de prévention prévues ou mises en place lors d'une catastrophe industrielle.
2. Compare tes réponses aux mesures prévues au Japon pour prévenir un nouvel accident nucléaire.
3. À l'aide des documents et de tes connaissances, montre que les pays développés prêtent une grande attention aux politiques de prévention.

Risques sanitaires et changement climatique

Quels sont les risques sanitaires entraînés par le changement climatique ?

Tâche complexe

Je prépare une interview

Tu dois enregistrer une interview pour la webradio de ton collège. Ton invité(e) est le ou la responsable de l'antenne météo de ta région. Tu dois l'interroger sur les risques sanitaires liés au changement climatique. À l'aide des documents, prépare cinq questions que tu vas poser à ton invité(e).

1 Campagne de lutte contre la dengue à Singapour

« Alerte contre la fièvre de la dengue, vous pouvez faire votre part, débarrassez-vous des eaux stagnantes. » La dengue, le chikungunya et le zika sont des virus tropicaux transmis à l'homme par les moustiques. Avec le réchauffement climatique, ces maladies tropicales se diffusent dans de nombreuses régions de la planète.

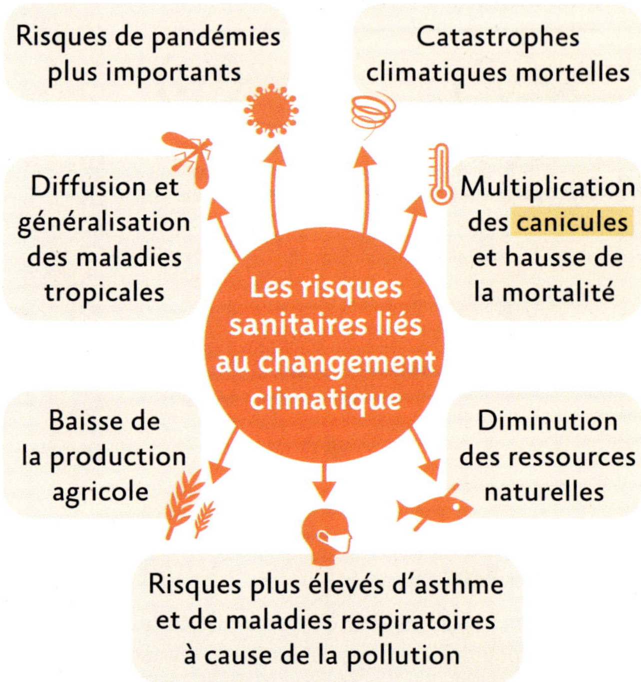

2 Changement climatique et santé humaine

3 Le changement climatique est-il à l'origine du Covid-19 ?

« L'origine du coronavirus reste à cette heure encore énigmatique. Les experts de l'Organisation mondiale de la santé (OMS) qui enquêtent à Wuhan (Chine), lieu d'apparition du virus, semblent écarter, pour l'heure, une origine humaine. Mais, le 5 février 2021, une étude explique que le réchauffement climatique pourrait avoir joué un rôle dans le passage à l'homme du SARS-CoV-2[1], et augmenté la probabilité de l'apparition de la pandémie que nous connaissons. Le changement climatique et la destruction des habitats naturels des animaux mettent en contact plus fréquents humains et animaux. »

D'après « Covid : le réchauffement climatique est-il à l'origine du coronavirus ? », *Les Échos*, 5 février 2021.

1. Nom scientifique donné au virus du Covid-19 sans doute d'origine animale.

Définitions

- Une **canicule** : une période de températures très élevées de jour comme de nuit plusieurs jours consécutifs.
- Une **pandémie** : le développement et la diffusion rapide d'une maladie contagieuse qui s'étend à toute la population d'un continent voire du monde entier.

4 **Comment vivre mieux en luttant contre le changement climatique ?**

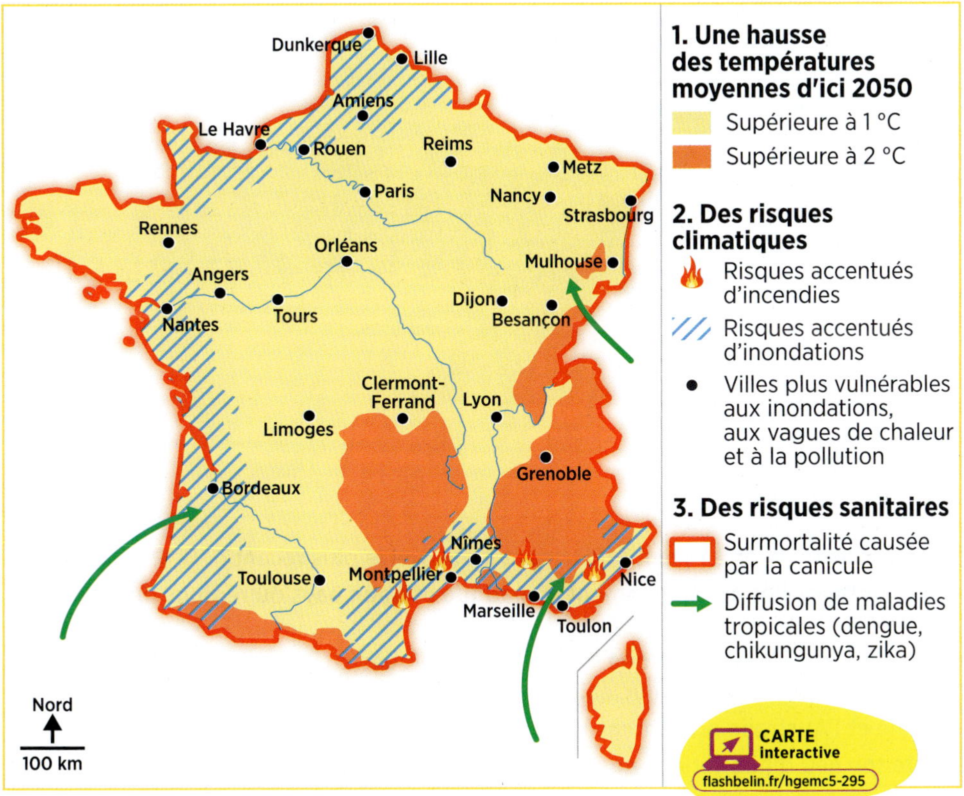

5 **La France face aux risques sanitaires**

Coup de pouce

- → Lis attentivement chaque document et pour chacun demande-toi quelle est l'information principale apportée.
- → Propose ensuite une question dont la réponse sera l'information principale que tu as relevée précédemment.

Retrouve le cours en lien avec cette étude, p. 298.

Risques et catastrophes dans le monde

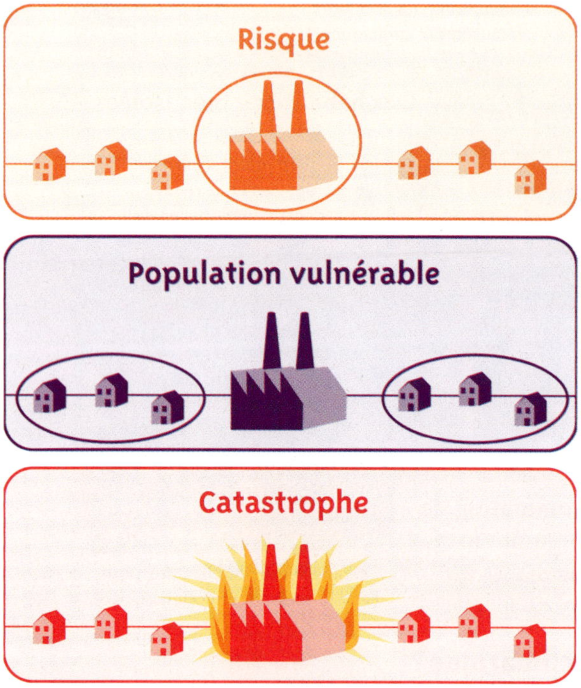

Du risque à la catastrophe

Définitions

- Une catastrophe : un événement brutal qui affecte les populations et peut entraîner destructions et pertes humaines.
- La vulnérabilité : la plus ou moins grande fragilité d'une société face à un risque.

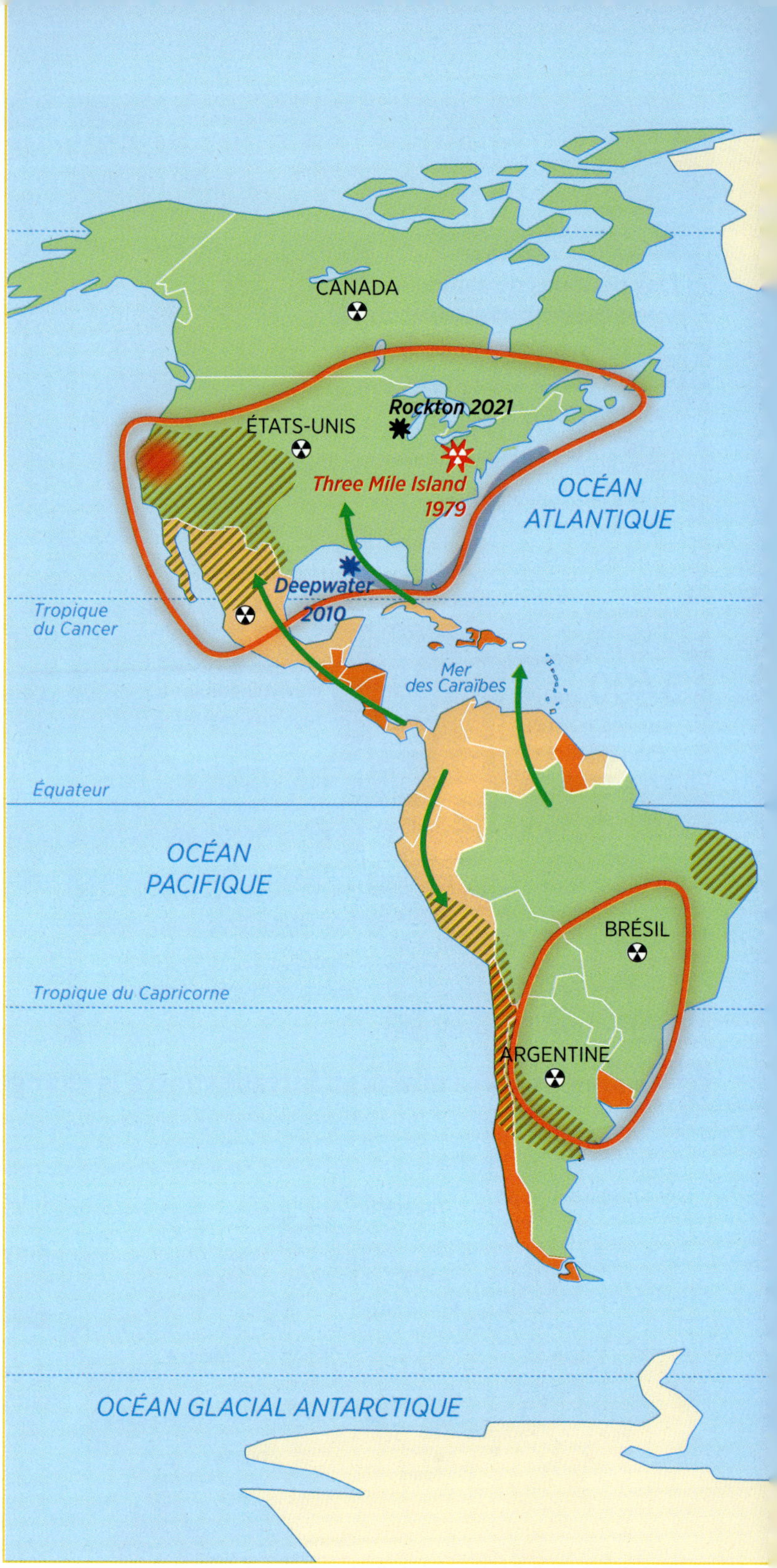

Je me repère dans l'espace

1. **Carte** Quel est l'accident nucléaire le plus récent ? L'accident industriel le plus récent ?
2. **Carte** Cite deux risques sanitaires liés au changement climatique et deux pays ou régions du monde qui sont soumis à ce risque.
3. **Carte** Quels sont les principaux risques en Afrique ? Comment expliques-tu la faiblesse des catastrophes technologiques et des accidents nucléaires ?
4. **Schéma et carte** La Chine et l'Australie présentent-elles la même vulnérabilité face aux risques ?
5. **Carte** Repère sur la carte ton lieu d'habitation : quels risques dois-tu affronter ?

1. Une vulnérabilité inégale

Indice de vulnérabilité mondial

- Vulnérabilité faible
- Vulnérabilité modérée
- Vulnérabilité élevée
- Aucune donnée disponible

Fukushima — Études de cas du chapitre

2. De nombreux risques technologiques et industriels

- Pays possédant au moins une centrale nucléaire
- Risques de marée noire sur les principales routes maritimes mondiales
- Accidents nucléaires
- Catastrophes industrielles ou technologiques majeures
- Principales marées noires

3. Des risques sanitaires liés au changement climatique

- Risques de vagues de chaleur mortelles
- Surmortalité causée par les incendies
- Surmortalité liée à la pollution atmosphérique
- Diffusion des maladies tropicales (paludisme, dengue, chikungunya)
- Risques de sécheresse

CARTE interactive flashbelin.fr/hgemc5-297

Prévenir et s'adapter aux risques

➥ Comment protéger les populations des risques ?

COURS audio
flashbelin.fr/hgemc5-298

Fukushima, p. 290-291

1 Les risques industriels et technologiques sont de plus en plus présents

• **Les risques industriels et technologiques sont directement liés aux activités humaines.** Avec l'urbanisation, l'industrialisation et le développement des échanges, ces risques se sont multipliés.

• **Ils deviennent une catastrophe quand ils touchent une population** et provoquent d'importantes destructions.

• **Les catastrophes peuvent être industrielles** (explosion dans le port de Beyrouth en août 2020), **nucléaires** (Fukushima au Japon en 2011) ou **liées au transport de matières dangereuses** (marée noire à l'île Maurice en 2020).

Singapour, p. 294

2 Les risques liés au changement climatique se multiplient

• **Les catastrophes liées au climat** comme les tempêtes ou les canicules **s'intensifient et accentuent les risques naturels** (glissements de terrain, incendies) pour les populations.

• **Le changement climatique est également à l'origine de risques sanitaires.** Les vagues de chaleur plus fréquentes et intenses ont pour conséquence une hausse de la mortalité. Quant à la pollution, elle est à l'origine de millions de morts chaque année.

• **Ces risques peuvent conduire à des crises sanitaires et à des pandémies.** Le réchauffement climatique crée en effet les conditions favorables à la diffusion à l'ensemble de la planète de maladies infectieuses tropicales comme la dengue ou le chikungunya.

Île Maurice, p. 286-287

3 La vulnérabilité des populations est inégale

• **Les risques concernent tous les pays du monde.** Toutefois, ils sont plus nombreux dans les pays développés qui disposent d'installations industrielles. Mais leur capacité à se relever d'une catastrophe est plus importante : **on parle de résilience.**

• **Dans les pays en développement, la pauvreté augmente la vulnérabilité** en raison de la désorganisation des secours et de la faiblesse des infrastructures.

• **Les réponses apportées par les États sont inégales.** En Europe, **la directive Seveso classe les sites jugés dangereux** afin d'y assurer une étroite surveillance. **Les ODD 9 et 11 visent à améliorer la qualité de vie des populations** en favorisant la mise en place d'infrastructures durables et résilientes.

Définitions

• Une **catastrophe** : un événement brutal qui affecte les populations et peut entraîner destructions et pertes humaines.

• Une **pandémie** : le développement et la diffusion rapide d'une maladie contagieuse qui s'étend à toute la population d'un continent voire du monde entier.

• La **résilience** : la capacité d'une société ou d'une personne à faire face à une crise et à se remettre rapidement.

• Un **risque** : un danger potentiel pouvant affecter une population.

• **Seveso** : le nom donné aux sites industriels, dans l'Union européenne, présentant des risques d'accidents majeurs afin d'y maintenir un haut niveau de prévention.

• La **vulnérabilité** : la plus ou moins grande fragilité d'une société face à un risque.

Je vérifie mes connaissances

→ **Es-tu capable de citer ?**

- Deux types de risques industriels et technologiques
- Deux risques sanitaires liés au changement climatique
- Deux ODD afin d'améliorer la qualité de vie des populations
- Une catastrophe industrielle ou technologique
- Une catastrophe liée au transport de marchandises
- Deux éléments qui expliquent la vulnérabilité des populations face au risque

Je comprends le cours

→ **Relis chaque partie du cours et réponds aux questions.**

Partie 1

- Cite deux causes qui expliquent la multiplication des risques industriels et technologiques.
- Quelle différence fais-tu entre risque et catastrophe ?

Partie 2

- Choisis un ou deux adjectifs parmi la liste suivante pour qualifier les risques sanitaires : faibles, graves, en augmentation, mondiaux.
- Quels termes peux-tu remplacer par :
  – épidémie mondiale ?
  – canicules ?

Partie 3

- Quel autre titre, comprenant le mot « fragilité », pourrait-on donner à cette partie ?
- Pour quelle raison les pays en développement sont-ils plus vulnérables aux risques ?

J'apprends autrement

SCHÉMA à télécharger flashbelin.fr/hgemc5-299

→ **Reproduis le schéma et complète-le avec les propositions suivantes :**

- Tous les pays sont exposés
- Une plus grande résilience dans les pays développés
- Des risques naturels liés au changement climatique
- Accidents nucléaires
- Des risques industriels et technologiques
- Accidents industriels
- Des risques sanitaires
- Marées noires
- Les pays en développement plus vulnérables

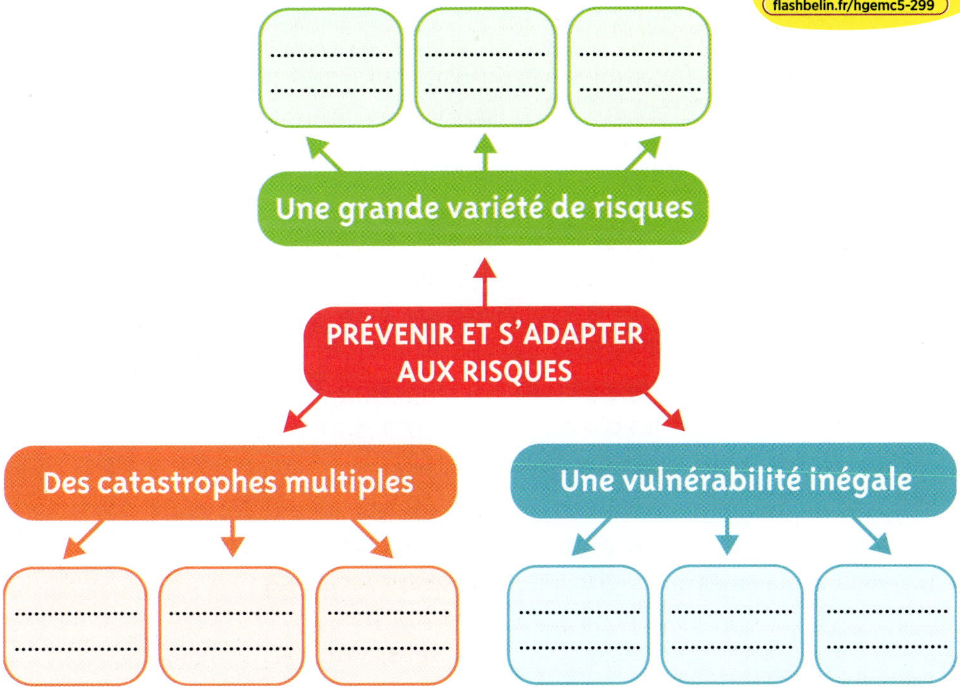

RÉVISE en jouant avec Genially ! + EXERCICES interactifs

flashbelin.fr/hgemc5-300

1 Je révise les repères géographiques

1 Nomme les lieux des catastrophes correspondant aux cadres A, B et C.

2 Recopie et complète la légende en indiquant :
- les catégories de catastrophes industrielles et technologiques correspondant aux trois premiers figurés de la légende;
- le risque auquel sont confrontées les régions entourées en orange.

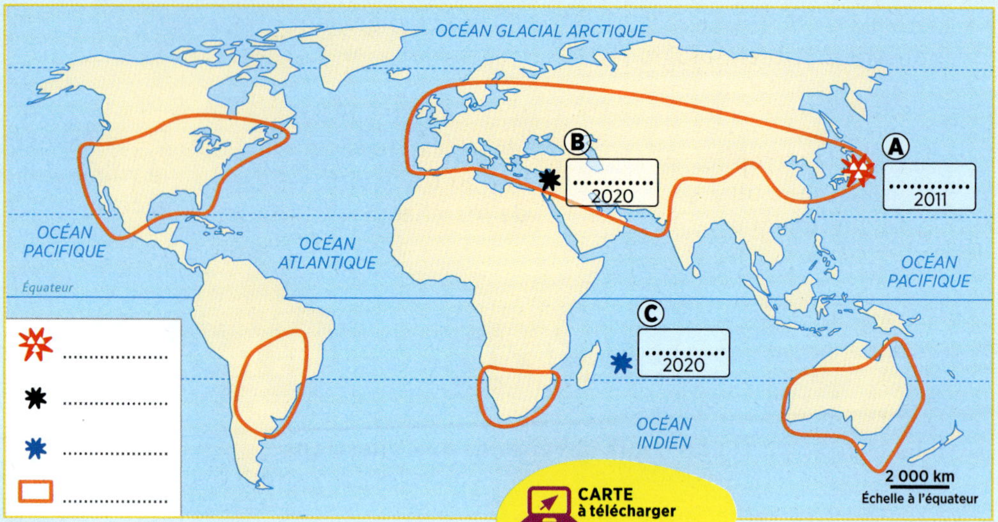

CARTE à télécharger flashbelin.fr/hgemc5-300

2 Je révise le cours

Relie chaque risque aux catastrophes qu'il peut entraîner.

Des risques industriels ou technologiques •	• Marée noire
Des risques naturels liés au changement climatique •	• Accident nucléaire
Des risques sanitaires •	• Pandémie
	• Explosion d'une usine
	• Surmortalité liée aux vagues de chaleur
	• Pollution
	• Montée des eaux, incendie, cyclone

3 Je révise en jouant

Complète la grille de mots croisés à l'aide des définitions suivantes :

1. Capacité de se reconstruire, de se relever après une catastrophe.
2. Éventualité d'un événement qui peut avoir d'importantes conséquences.
3. Le Covid-19 en est une.
4. Noire, si elle souille les côtes.
5. Ils sont au nombre de 17 et fixés par l'ONU.
6. Fragilité face au risque.
7. Elle peut être industrielle, technologique et survient brutalement.

GRILLE à télécharger flashbelin.fr/hgemc5-300

Je réalise un quiz interactif

Poser des questions te permet de consolider ce que tu as appris, de réfléchir aux éléments essentiels de la leçon et de vérifier les connaissances de tes camarades.

1 Tape « réaliser quiz collège » sur un moteur de recherche. Il existe plusieurs **logiciels gratuits**. Tu peux choisir par exemple qruiz.net, surveymonkey.com ou kahoot.com.

2 Quel que soit le site choisi, tu peux **taper ta question** dans l'espace prévu, **ajouter tes réponses** et même l'illustrer par une **photo**.

3 Une fois toutes tes questions rédigées, **le quiz se forme automatiquement**. Tu disposes alors d'un **lien** ou d'un **code** que tu fournis à tes camarades pour qu'ils viennent jouer. Tu peux jouer sur tablette, ordinateur et smartphone.

Crée ton propre quiz sur des sujets étudiés dans le manuel. Par exemple :

La marée noire près de l'île Maurice, p. 286-287

Les risques sanitaires liés au changement climatique, p. 294-295

JE M'ENTRAÎNE

1 Je complète un schéma sur une explosion en Allemagne

Pratiquer différents langages

Les conséquences d'une catastrophe industrielle en Allemagne

« L'explosion de 600 000 litres de solvants a provoqué un immense nuage de fumées noires le mardi 27 juillet 2021. Ces substances toxiques, en cas d'exposition prolongée, provoquent des cancers et des malformations chez les nouveau-nés, animaux et humains. Or les fumées ont atteint des zones résidentielles de Leverkusen (160 000 habitants). Les habitants avaient été priés mardi 27 juillet 2021 de se calfeutrer chez eux. La mesure a été levée mais, en attendant le résultat des analyses, les autorités ont donné des consignes de prudence : ne pas toucher les surfaces couvertes de suie, ne pas consommer fruits et légumes des jardins, ne pas se baigner dans les piscines extérieures... L'accès à des terrains de jeux et de sport a également été interdit. »

D'après « À Leverkusen, les conséquences de la gigantesque explosion inquiètent toujours », *Ouest-France*, 29 juillet 2021.

À l'aide du texte, complète le schéma fléché ci-dessous :

SCHÉMA à télécharger flashbelin.fr/hgemc5-302

Cause : .... → **Une catastrophe industrielle**
Date : ....
Lieu : ....
→ Conséquences : ....
→ Mesures de protection : ....

Compléter un schéma fléché POINT MÉTHODE

Pour compléter un schéma fléché, récapitule au brouillon les informations importantes à y faire figurer et classe-les en grands thèmes. Avant de compléter le schéma, observe attentivement le sens des flèches entre les cadres pour éviter les erreurs. Enfin, privilégie les mots ou expressions et évite les longues phrases.

2 J'analyse la photographie de la catastrophe du *Deepwater Horizon* (Golfe du Mexique)

Analyser un document

L'explosion du *Deepwater Horizon*

En 2010, la plateforme de forage pétrolier *Deepwater Horizon* dans le golfe du Mexique explose et entraîne la plus grande catastrophe environnementale pour les États-Unis.

1 **Situe précisément la plateforme pétrolière *Deepwater Horizon*.**

2 **Décris la photographie en utilisant les termes suivants :** pétrole • catastrophe industrielle • pollution • marée noire.

3 J'utilise des cartes à différentes échelles sur les risques industriels

Se repérer dans l'espace

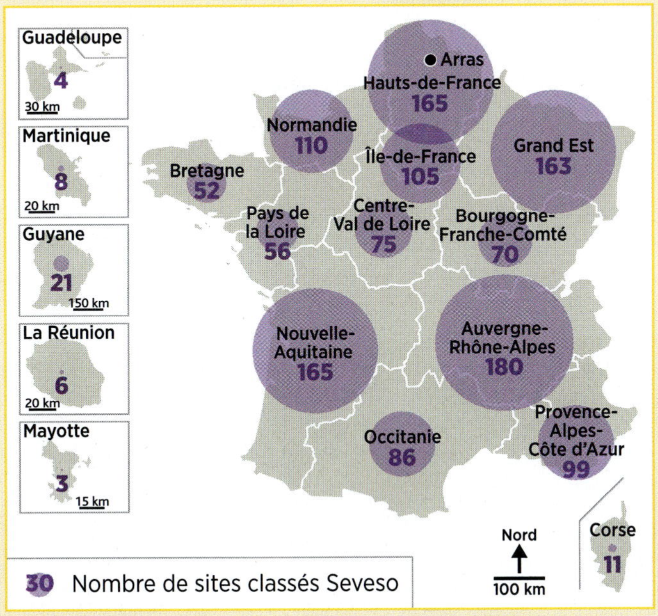

1 Les sites classés Seveso en France

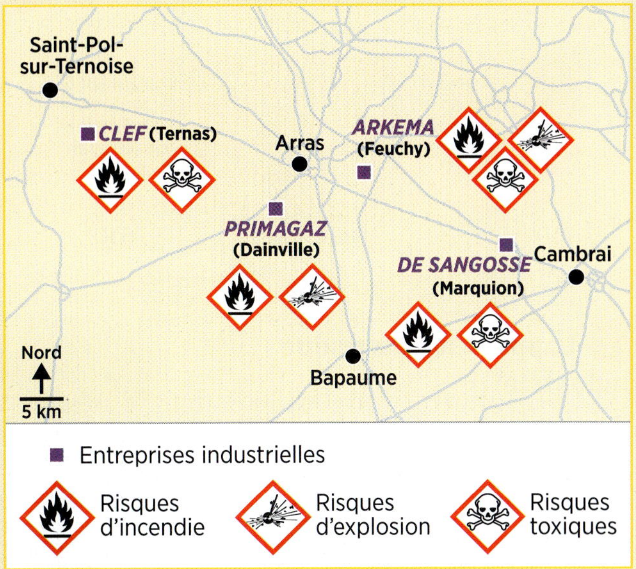

2 Les sites Seveso autour de la ville d'Arras (Hauts-de-France)

1 Doc. 1 et 2 Sélectionne parmi les propositions suivantes l'échelle utilisée pour chaque document : échelle mondiale • échelle nationale • échelle régionale • échelle locale.
Puis rédige une phrase utilisant la proposition choisie pour chaque document.

2 Doc. 2 Situe précisément la ville d'Arras.

3 Doc. 1 Le risque industriel et technologique est-il élevé pour les habitants des Hauts-de-France ?

4 Doc. 1 Repère ta région et indique si le risque industriel y est élevé.

4 Je m'informe sur les risques près de chez moi pix

S'informer dans le monde du numérique

→ Tape « géorisques » dans un moteur de recherche et rends-toi sur le site **Géorisques.gouv.fr**. Ce site Internet identifie tous les sites industriels à risques afin que chacun puisse s'informer sur les risques près de chez soi et connaître les mesures de prévention.

→ Après avoir sélectionné « Connaître les risques près de chez soi », renseigne le nom de ta commune.

1 À l'aide de la rubrique des risques technologiques, recopie et complète le tableau ci-dessous :

Ta commune est-elle soumise à ces risques ? Si oui, quelles sont les installations concernées ?	
Risques de pollution des sols	....
Risques liés à des installations industrielles	....
Risques liés à des canalisations de matières dangereuses	....
Risques nucléaires	....

2 Rassemble, à l'aide du site, les informations fournies concernant un de ces quatre risques et présente-les à l'oral à tes camarades. Oral

SITE internet
flashbelin.fr/hgemc5-303

Les sociétés face aux risques

D'HIER

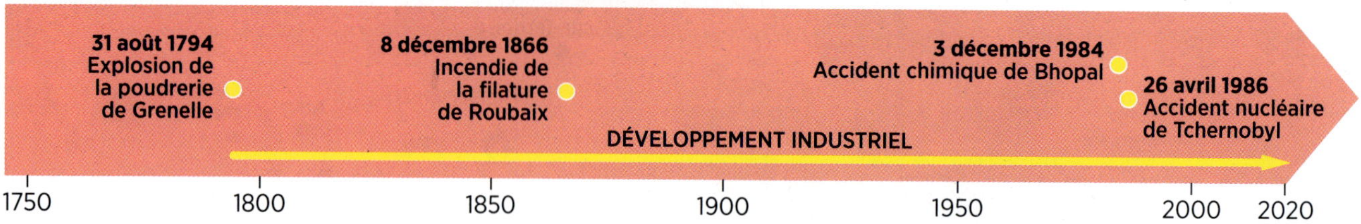

1 L'apparition du risque industriel

« L'industrialisation s'est accompagnée dès ses premières heures d'interrogations sur son bien-fondé, de débats intenses et de réponses aux risques qu'elle faisait peser sur la société. Si l'on veut dater l'émergence du risque industriel, il faut sans doute remonter aux années 1660. Elles sont marquées par la première grande explosion industrielle de l'histoire, celle de la poudrerie de Delft[1], en 1654, ainsi que par le "*Great Fire*" de Londres en 1666, qui se déclenche dans le four d'un boulanger et a d'énormes conséquences sur la gestion du risque. »

D'après Thomas Leroux (dir.), « L'émergence du risque industriel (France, Grande-Bretagne, XVIII-XIXe siècle) », *Le Mouvement social*, n° 249, 2014.

1. Le 12 octobre 1654, un entrepôt qui contient 90 000 livres de poudre explose dans la ville hollandaise de Delft.

2 L'incendie d'une usine d'artifices à Londres en 1858

Dès le XVIIIe siècle, pour limiter les risques industriels, les activités jugées dangereuses et employant des produits chimiques sont installées en banlieue. Ce sont surtout les incendies liés à la fabrication de chandelles, d'artifices ou encore d'explosifs qui ravagent les villes.

3 La catastrophe de Tchernobyl (Ukraine)

Le 26 avril 1986, le réacteur 4 de la centrale nucléaire de Tchernobyl en Ukraine explose, répandant dans l'atmosphère un nuage radioactif extrêmement nocif. Plus de 200 000 personnes ont été définitivement évacuées. La catastrophe a fait entre 60 et 4 000 décès directs.

VIDÉO en ligne
flashbelin.fr/hgemc5-304

À DEMAIN

2050 Premier été possible sans glace au pôle Nord

2080 50 % des animaux pourraient être menacés d'extinction

2100 Hausse possible des températures de 4 °C si rien n'est fait

2020 – 2030 – 2040 – 2050 – 2060 – 2070 – 2080 – 2090 – 2100

4 Des vagues de chaleur généralisées en 2100 ?

« De nos jours, un tiers de l'humanité est actuellement exposé à des vagues de chaleur potentiellement mortelles. Et si rien ne change, d'ici la fin du siècle, la situation sera bien pire… Tout dépendra de l'évolution des émissions de gaz à effet de serre. Dans le scénario le plus optimiste du Groupe d'experts intergouvernemental sur l'évolution du climat (GIEC), si les gaz à effet de serre sont réduits de manière très importante, au point de limiter le réchauffement à 1 °C à la fin du siècle, alors, la zone à risque, où les vagues de chaleur pourraient avoir lieu, s'étendrait sur 27 % du globe et concernerait 48 % des 11 milliards de Terriens. Si, au contraire, l'on se base sur le scénario le plus pessimiste, dans lequel les gaz à effet de serre continuent d'augmenter au rythme actuel, le réchauffement moyen montera à 3,7 °C en 2100, 47 % du territoire sera touché, soit 74 % des individus. »

D'après Lise Loumé, « En 2100, les trois quarts de l'humanité risquent de mourir de chaud », *Sciences et Avenir*, 20 juin 2017.

5 Un bulletin météo fictif d'août 2050

VIDÉO en ligne flashbelin.fr/hgemc5-305

Cette météo fictive a été présentée pour sensibiliser aux dangers du réchauffement climatique en France.

Mieux prévenir les risques industriels

Pour les populations

- Inscrire la formation aux risques industriels dans le code de l'éducation
- Organiser des exercices grandeur nature
- Suivre les réseaux sociaux afin d'identifier la diffusion de fausses informations

Pour les sites industriels

- Renforcer la lutte contre les incendies
- Obligation de tenir à jour une liste des produits dangereux stockés
- Tester l'envoi d'un message dans une zone géographique pour donner l'alerte

6 Principales recommandations pour améliorer la prévention des risques industriels et technologiques

D'après un rapport du Sénat, le 4 août 2021.

Questions

D'hier..

1. **Frise 1 et doc. 1** À quel progrès les risques industriels sont-ils liés ?
2. **Doc. 2 et 3** Présente en 2 ou 3 phrases chacune de ces catastrophes en indiquant sa nature, le contexte historique dans lequel elle a eu lieu, puis explique pourquoi elle est représentative du risque industriel de son époque.

.. à demain

3. **Frise 2** Les hommes sont-ils les seuls concernés par les risques liés au changement climatique ?
4. **Doc. 4 et 5** Quels risques sanitaires l'augmentation des températures et la multiplication des périodes de canicule entraînent-elles ?
5. **Doc. 6** Les collégiens sont-ils concernés par la prévention des risques industriels dans l'avenir ?

Enseignement

moral et civique

La fresque « Visages et noms en lutte pour l'égalité » a été réalisée avec les élèves du collège François Mitterrand de Caraman, près de Toulouse. Le collège a reçu le label « Collège contre le racisme et les discriminations » en juin 2021.

15 L'identité, le respect de soi et des autres

ÉTUDE

1 L'identité légale et l'identité personnelle

Qu'est-ce que l'identité?

1 Une carte pour garantir l'identité

La Carte nationale d'identité (CNI) permet, comme le passeport, l'acte de naissance et le permis de conduire, d'attester de l'identité d'une personne.

Définitions

- L'**état civil**: le service de la mairie qui enregistre les naissances, les mariages et les décès.
- Le **genre**: une notion sociologique qui désigne la manière dont le rôle des hommes et des femmes sont perçus et construits dans une société.
- L'**identité légale**: l'identité officielle d'une personne (nom, prénom(s), sexe, nationalité, date et lieu de naissance) garantie, reconnue et protégée par l'État.
- L'**identité personnelle**: l'ensemble des éléments qui distinguent une personne d'une autre: études, goûts, amis, passions...
- La **nationalité**: l'appartenance juridique à une nation, à un pays.
- L'**usurpation d'identité**: le fait de prendre tout ou partie de l'identité d'une personne sans son accord.

2 L'identité est un droit

«L'enfant est enregistré aussitôt sa naissance[1] et a dès celle-ci le droit à un nom, le droit d'acquérir une nationalité et, dans la mesure du possible, le droit de connaître ses parents et d'être élevé par eux.»

D'après la Convention internationale des droits de l'enfant du 20 novembre 1989, articles 7 et 8.

«Le fait d'**usurper l'identité** d'un tiers est puni d'un an d'emprisonnement et de 15 000 euros d'amende. Cette infraction est punie des mêmes peines lorsqu'elle est commise sur un réseau de communication au public en ligne.»

Code pénal, article 226-4-1.

1. En France, les naissances sont enregistrées par le service de l'**état civil** (créé en 1539). Il délivre l'acte de naissance, nécessaire lors de certaines démarches (renouvellement de la CNI, passeport...).

3 La nationalité, composante de l'identité légale

«La **nationalité** française, c'est ce qui lie une personne à la France du point de vue de la loi. On peut l'avoir de naissance, ou bien l'obtenir plus tard[1]. Les personnes nées d'une mère ou d'un père français ont la nationalité française: c'est le droit du sang. Un enfant né en France de parents étrangers obtient automatiquement la nationalité française à ses 18 ans: c'est le droit du sol.»

D'après une vidéo *Un jour, une question*, «C'est quoi la nationalité française?», 2016.

1. La nationalité peut aussi être obtenue par le mariage avec un(e) français(e) ou sur demande auprès de l'État: c'est la naturalisation.

VIDÉO en ligne flashbelin.fr/hgemc5-308

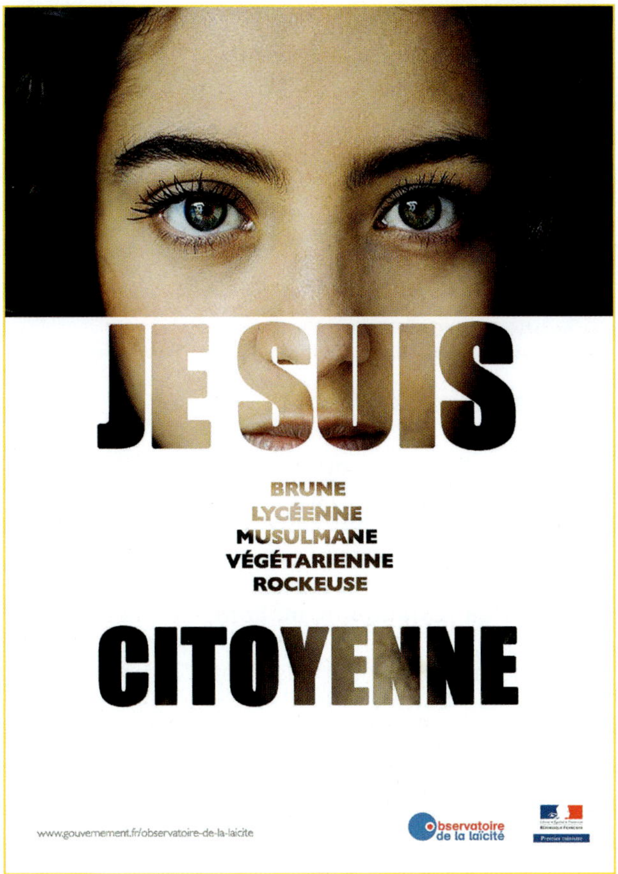

4 L'identité personnelle est multiple

© École Brassart – Marie BOTREL, 2015.

5 Les différentes identités d'Emma Watson

« Emma Charlotte Duerre Watson est née à Paris le 15 avril 1990 de parents britanniques, tous deux avocats en France. En 1995, après le divorce de ses parents, elle déménage en Angleterre avec sa mère et son frère cadet. On lui diagnostique un trouble déficitaire de l'attention avec hyperactivité (TDAH). Elle a 9 ans quand elle est sélectionnée pour le rôle d'Hermione Granger dans *Harry Potter*. À 19 ans, elle est l'actrice la mieux payée de Hollywood. Elle entame des études de lettres et est diplômée en 2014. Militante féministe, elle se bat pour plus d'égalité entre les femmes et les hommes : elle est actuellement ambassadrice de bonne volonté à l'ONU. »

© Belin Éducation, 2021.

6 Des identités de genre plurielles

« 22 % des Français entre 18 et 30 ans ne se sentent ni homme ni femme (sondage IFOP). Ils ne se reconnaissent dans aucun des deux genres « classiques ». Dans les médias, les célébrités sont de plus en plus nombreuses à déclarer n'être ni homme, ni femme. En France, c'est Bilal Hassani qui a ouvert la voie en apparaissant avec une longue perruque blonde et un costume androgyne sur la scène de l'Eurovision. La chanteuse Christine and the Queens a changé de prénom, elle est devenue Chris, et s'est déclarée de genre neutre. De même que la chanteuse Miley Cyrus ou l'actrice de *Grey's Anatomy* Sara Ramìrez aux États-Unis. »

D'après le dossier de presse de « Ni fille, ni garçon : enquête sur un nouveau genre », Sarah Fournier et Sonia Hedidi, *Zone Interdite*, janvier 2021.

Je travaille en groupe

Oral

ÉTAPE 1 : Chaque groupe travaille sur l'un des deux thèmes ci-dessous.

ÉTAPE 2 : Chaque groupe présente ensuite son travail à l'oral.

Groupe 1 Comprendre ce qu'est l'identité légale

1. **Doc. 1** Relevez les informations qui composent l'identité légale de la personne. D'après vous, à quoi correspond le « nom d'usage » ?
2. **Doc. 2** Quels droits de l'enfant sont inscrits dans ce texte ? De quelle peine est punie l'usurpation d'identité ?
3. **Doc. 3** Qu'est-ce que la nationalité ? Quelle est la différence entre le droit du sol et le droit du sang ?
4. Préparez un oral d'une minute pour expliquer ce qu'est l'identité légale.

Groupe 2 Comprendre ce qu'est l'identité personnelle

1. **Doc. 4** Décrivez la construction de cette affiche. Quels éléments de l'identité personnelle sont évoqués ici ?
2. **Doc. 5** Relevez les différentes facettes de l'identité personnelle d'Emma Watson (histoire familiale, métier, centres d'intérêt...).
3. **Doc. 6** Montrez que, pour certaines personnes, l'identité de genre peut varier avec le temps.
4. Préparez un oral d'une minute pour expliquer ce qu'est l'identité personnelle.

ÉTUDE

2 Nom et prénom : à la base de l'identité

Comment sont choisis le nom et le prénom ?

1 Le nom de famille

« [Les parents] choisissent le nom de famille [de l'enfant] : soit le nom du père, soit le nom de la mère, soit leurs deux noms accolés dans l'ordre choisi par eux. Le nom donné au premier enfant vaut pour les autres enfants communs. »

Code civil, article 311-21.

LES MENTIONS AU BACCALAURÉAT SELON LES PRÉNOMS

Source : d'après le site Internet *Le prénom, une catégorie sociale ?*, étude de Baptiste Coulmont.

3 Le prénom : un marqueur social

23 % des Aliénor et 18 % des Augustin ont obtenu la mention « très bien » au baccalauréat, contre 4 % des élèves prénommés Cindy ou Ryan. Le prénom n'est pas magique, il ne favorise pas de lui-même la réussite au baccalauréat, mais le prénom est aussi le reflet indirect de l'origine sociale. Certains prénoms sont plus souvent donnés dans des familles aisées, contrairement à d'autres prénoms dits plus « populaires ».

Définition

• Un **marqueur social** : un signe distinctif qui indique l'origine sociale de quelqu'un.

2 Le choix du prénom

« Aujourd'hui, on compte plus de 12 000 prénoms différents. C'est surtout l'originalité et la singularité qui sont recherchées par de nombreux parents qui souhaitent donner un prénom "unique" à leur enfant. Dans la génération de tes parents, au contraire, beaucoup d'enfants portaient le même prénom. Mais attention, on ne peut pas faire n'importe quoi et tomber dans le ridicule ! Ainsi, tu ne croiseras pas dans ta classe de Titeuf, de Nutella, de Fraise ou encore de Patriste : ces prénoms sont jugés contraires à l'intérêt de l'enfant. La justice française les a interdits et les parents trop "originaux" ont dû trouver d'autres prénoms pour leurs enfants.
Tu dois avoir, dans ta classe, beaucoup de copines et de copains qui s'appellent Léa, Lucas, Enzo, Emma, Manon, Théo ou Camille. À l'avenir, attends-toi à rencontrer beaucoup de filles prénommées Louise, Jade ou Emma. Les prénoms plus classiques sont également très en vogue, comme Rose ou Mila par exemple. Du côté des garçons : Gabriel, Jules et Raphaël sont les plus répandus. Adam, est en hausse également, parce qu'il est universel. »

D'après « Louise et Gabriel sont les prénoms les plus à la mode pour 2017 », *1 jour, 1 actu*, 8 décembre 2016.

Activité

Je m'interroge sur le choix du nom et du prénom

1. **Doc. 1** Qui choisit le(s) nom(s) de famille d'un enfant ? Quel(s) nom(s) pourra porter le fils de Mme Durant et M. Kimé. Quel(s) nom(s) pourront porter ses futurs frères et sœurs ?
2. **Doc. 2** Qui choisit le prénom ? Selon quels critères en général ? Est-il possible de donner n'importe quel prénom ?
3. **Doc. 3** Pourquoi peut-on dire que le prénom est aussi un marqueur social ?

3 Changer d'identité légale est un droit

Peut-on changer de nom et de prénom ?

Source : d'après Service-public.fr.

1 Changer d'identité : un droit

La loi permet aussi le changement de prénom lors de l'acquisition de la nationalité française ou de la procédure de changement de sexe à l'état civil. La loi permet également de demander à changer le nom de famille pour un motif légitime, par exemple, un nom difficile à porter car perçu comme ridicule ou péjoratif.

Définition

• Un recours : une demande d'annulation ou de modification d'un acte administratif ou d'une décision de justice.

2 Changer de prénom : un choix

« "J'ai quand même subi longtemps un petit racisme, avec mon prénom[1] notamment. Mon père s'appelle Mohamed. C'est son prénom. Il est Algérien d'origine, il est venu en France, il était Français quand il est arrivé en France mais il s'est fait appeler Rémi. Moi j'ai entendu ça toute ma vie. Même ma mère ne l'appelait pas Mohamed" a indiqué l'acteur. Au moment de chercher un pseudonyme, Kad Merad a repensé à cette histoire : "Quand j'ai réfléchi à cette idée de nom, j'ai pensé à mon père, j'ai dit : Je ne vais pas recommencer, ça va, tant pis je jouerai les épiciers mais je ferai quand même mon métier d'acteur." »

D'après l'entretien du comédien Kad Merad du 2 février 2019 sur la chaîne de télévision Canal+.

1. Kaddour. L'acteur a raccourci son prénom.

Activité

Je comprends le rôle de la loi

1. **Doc. 1** À qui faut-il s'adresser pour une demande de changement de prénom ? Que se passe-t-il si la demande est acceptée ?
2. **Doc. 1** Dans quelles situations est-il possible de changer de nom ?
3. **Doc. 1 et 2** Pour quelles raisons une personne peut-elle vouloir changer de prénom ? Donne deux exemples.
4. **Doc. 2** Quels choix ont fait Kad Merad et son père ? D'après toi, pourquoi Kad Merad n'a-t-il pas fait le même choix que son père ?

Débat

4 Les identités numériques, liberté ou danger ?

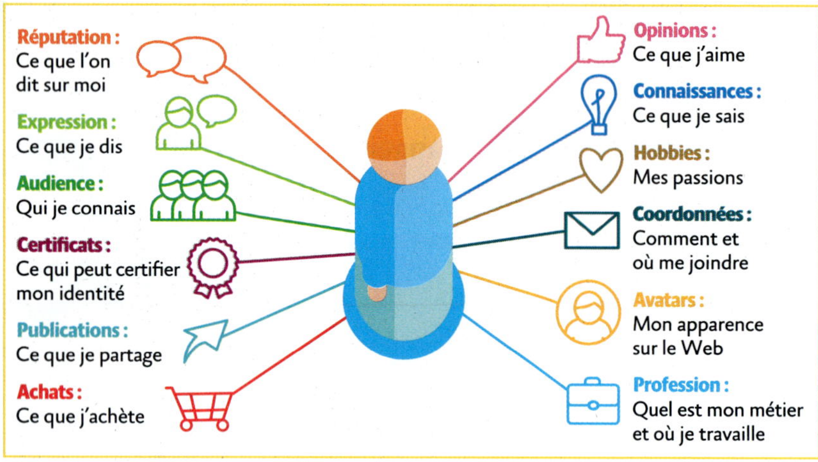

1 La composition de l'identité numérique

2 Le risque du cyber-harcèlement

Dessin de Tirabosco, *Le Temps*, 2015.

3 Une collecte de données presque sans limites

« Vous allez à la banque, au travail, chez vous ou à la gym ? Google voit tout cela. Dylan Curran, jeune développeur irlandais, sait de quoi il parle. Il a fouillé l'ensemble des données que le géant du web a récolté sur lui. "Ils gardent tout votre historique de recherche, votre calendrier, vos localisations. Et pas seulement quand vous utilisez Google Maps, mais à chaque fois que vous allumez votre téléphone." Ce n'est pas tout. Google stocke également "toutes les images et tous les documents que vous avez téléchargés", assure le développeur. Sans compter "tout votre historique sur YouTube, les publicités que vous avez vues sur Google, et l'intégralité des applications que vous avez installées, ou même recherchées." »

D'après « "Google garde tout" : un internaute révèle comment le géant de l'internet nous suit à la trace », Francetvinfo.fr, 29 mars 2018.

Mercredi 12 octobre

Cher Journal,
Aujourd'hui, je me suis levée de bonne humeur. J'ai allumé mon portable pour consulter mon emploi du temps sur l'ENT du collège et envoyer un selfie à Gabin. Je suis partie pour le cours de techno : on s'est connectées sur le réseau avec Mariam et on a regardé deux vidéos en ligne. Je suis rentrée à la maison et j'ai consulté mes messages sur les réseaux sociaux. J'ai parlé à Lou, sur le groupe DessinClub : elle m'a partagé ce qu'elle a dessiné pour le concours du collège. Ça me donne envie de participer. J'ai joué sur ma console, je préfère, pour éviter les publicités des jeux en ligne ! La dernière fois, j'ai eu des pubs toutes les deux secondes à cause des cookies. Ensuite, j'ai fini le manga que j'avais commencé à lire en ligne sur Cybertoon avec le code de mon père. J'ai cherché sur Internet la traduction de certains mots pour mon devoir d'allemand. Maintenant, je crois que je vais me poser un peu et dessiner, j'ai repéré un super tuto sur Youlink.

Manon F.

4 Des traces sur le Web

Définitions

- Un cookie : un petit fichier informatique déposé sur le disque dur de l'internaute lors de la consultation de certains sites web et qui conserve des informations en vue d'une connexion ultérieure.
- L'identité numérique : l'ensemble des informations personnelles recueillies sur un ordinateur et accessibles sur Internet.
- Le RGPD (Règlement Général sur la Protection des Données) : une loi qui encadre le traitement des données personnelles par les entreprises et les administrations sur le territoire de l'Union européenne.

5 Des règles communes à tous dans l'Union européenne

« Le RGPD, le règlement général sur la protection des données, impose aux sites et aux applications de ne récolter que les renseignements dont ils ont besoin pour fonctionner, pas plus. Et, en cas de problème, un citoyen est aidé pour faire respecter ses droits, en France, il est possible de solliciter la CNIL[1]. Les entreprises qui enfreignent le règlement risquent jusqu'à plusieurs milliards d'euros d'amende. Parce que l'Europe considère la protection des données personnelles comme un droit fondamental. »

D'après une vidéo *Un jour, une question*, « C'est quoi protection des données personnelles ? », 2018.

1. Commission Nationale de l'Informatique et des Libertés, chargée de veiller à la protection des données personnelles.

VIDÉO en ligne
flashbelin.fr/hgemc5-313

1. Écoute de la musique
2. Reste en contact avec tes amis
3. Regarde des vidéos
4. Créé ton blog
5. Joue à des jeux en ligne
6. Découvre des tonnes d'informations
7. Partage tes passions
8. Compare des prix
9. Reste informé(e) des dernières actus
10. Apprends et découvre le monde

1. Ne dévoile pas ta vie privée
2. Refuse toujours les rencontres physiques
3. Ne mets pas de photos et de vidéos provocatrices
4. Ne donne jamais ton adresse ou numéro de téléphone
5. N'accepte pas d'inconnus dans ton réseau d'amis
6. Protège tes mots de passe
7. N'achète rien sur Internet sans l'accord d'un adulte
8. Ne crois pas tout ce que tu peux lire sur Internet
9. En cas de problème, parles-en à un adulte
10. Nettoie ton ordinateur

6 Les adolescents face à leur sécurité sur Internet

Débat

Je découvre l'enjeu de la question

1. **Doc. 1** Qu'est-ce que l'identité numérique ? De quoi est-elle constituée ? Cite deux exemples.
2. **Doc. 4 et 6** Quelles sont les libertés offertes par Internet et les identités numériques ?
3. **Doc. 3, 4 et 6** Peut-on maîtriser toutes les informations que l'on diffuse ? Justifie ta réponse.
4. **Doc. 2** Quel danger est souligné dans ce dessin ?
5. **Doc. 3, 5 et 6** Comment peut-on protéger ses données et son identité numérique ? Quels sont les règlements qui nous protègent ?

Je construis mon opinion

À l'aide des documents, relève les arguments qui te semblent les plus pertinents afin d'exprimer ton point de vue. Recopie et complète le tableau.

	Les identités numériques nous donnent accès à une certaine liberté	Les identités numériques nous mettent aussi en danger
Doc. 1	....	....
Doc. 2	....	....
Doc. 3	....	....
Doc. 4	....	....
Doc. 5	....	....
Doc. 6	....	....

Nous débattons et nous concluons

→ Notez les arguments des autres élèves pendant le débat.
→ Quelles conclusions pouvez-vous tirer des échanges avec vos camarades ?

ÉTUDE

Temps fort

5 Je participe à la Semaine contre le racisme et l'antisémitisme

Comment Joséphine Baker incarne-t-elle la lutte contre le racisme et pour le respect de l'autre?

Tâche complexe — Oral

Je réalise un podcast

À l'occasion de la Semaine d'éducation et d'actions contre le racisme et l'antisémitisme, tu réalises avec tes camarades un podcast sur Joséphine Baker et son engagement contre le racisme et pour l'égalité. Vous pouvez prolonger le travail en proposant une série de podcasts sur d'autres acteurs et actrices engagés contre le racisme (Martin Luther King, Rosa Parks, Nelson Mandela...).

Nom de Naissance: *McDonald*

Prénoms de Naissance: *Freda Josephine*

Dates: *1906-1975*

Lieu de Naissance: *Saint-Louis, Missouri, États-Unis*

Nationalité: *Américaine, puis Française* (mariage avec un français en 1937)

Joséphine Baker est née dans le Missouri, un État raciste des États-Unis, d'un père espagnol et d'une mère afro-amérindienne. Chanteuse et danseuse, elle rejoint New York à l'âge de 16 ans. Elle rencontre Caroline Dudley Reagan qui lui propose de venir à Paris pour danser dans un nouveau spectacle, «La revue Nègre». Ce spectacle, qui mêle jazz, musiques noires et chorégraphies originales rencontre un grand succès. Dans ses numéros, Joséphine Baker n'hésite pas à s'emparer de symboles coloniaux pour les détourner, comme lorsqu'elle danse avec une ceinture de bananes.

© Belin Éducation, 2021.

1 L'« icône noire » du Music-Hall

2 Recevoir les honneurs de la République

«Joséphine Baker est la première femme noire à entrer au Panthéon. Une vie à plusieurs facettes, racontée par les images projetées sur les murs de l'édifice lors de la cérémonie. Il y eut d'abord l'artiste, née aux États-Unis et devenue une icône française. Puis il y eut la résistante, engagée contre l'Allemagne nazie. Les murs du Panthéon racontent aussi son engagement contre le racisme aux côtés de Martin Luther King. Joséphine Baker avait adopté 12 enfants dans le monde entier, c'était sa "tribu arc-en-ciel". Joséphine Baker est la sixième femme à accéder au Panthéon, aux côtés de 80 hommes.»

D'après le reportage «Joséphine Baker au Panthéon : "Ma France, c'est Joséphine", france24.com, 30 novembre 2021.

VIDÉO en ligne flashbelin.fr/hgemc5-314

Définitions

- Les **droits civiques** : la protection des libertés fondamentales accordées par l'État à tous les citoyens pour éviter les discriminations.
- Le **racisme** : le comportement et la doctrine de ceux qui pensent qu'il existe une hiérarchie entre les races et qu'une de ces races est supérieure aux autres.
- La **ségrégation raciale** : une politique officielle mettant en place une séparation organisée, de droit ou de fait, entre des groupes différenciés par la couleur de peau (notamment entre les Noirs et les Blancs), à l'intérieur d'un même pays.

3 L'expérience de la ségrégation raciale

Extrait de la bande dessinée *Joséphine Baker* de Catel Muller et José-Louis Bocquet, Casterman, 2016.

En 1925, à New York, Joséphine Baker rencontre Caroline Dudley Reagan, une Américaine vivant en France qui recherche des artistes noirs pour monter le spectacle la « Revue Nègre ».

4 Combattre toute forme de discrimination

« Je combats la discrimination raciale, religieuse et sociale n'importe où je la trouve, car je suis profondément contre et je ne puis rester insensible aux malheurs de celui qui ne peut pas se défendre dans ce domaine. Du reste, je suis navrée d'être obligée de combattre car, à l'époque où nous vivons, de telles situations ne devraient pas exister. Je lutte de toutes mes forces pour faire abolir les lois existantes dans différents pays qui soutiennent la discrimination raciale et religieuse parce que ces lois font croire aux citoyens qu'ils ont raison d'élever leurs enfants dans cet esprit. Quelle importance y a-t-il à ce que je sois noire, blanche, jaune ou rouge ? J'aime tout le monde et je voudrais être aimée en retour et je respecte toutes les religions et toutes les croyances. »

D'après le discours de Joséphine Baker, le 28 décembre 1953 lors d'une réunion publique de la LICRA[1] à Paris.

1. La Ligue internationale contre le racisme et l'antisémitisme (LICRA) est une association créée à Paris en 1927.

5 Lutter pour les droits civiques aux États-Unis

Joséphine Baker est invitée à la « marche sur Washington pour l'emploi et la liberté » du 28 août 1963. Elle y fait un discours militant, habillée en uniforme de l'armée française. C'est un moment historique pour les droits civiques des Noirs américains : Martin Luther King prononce son célèbre discours « I have a dream ».

Coup de pouce

- Indiquez quand Joséphine Baker est née et décédée et où elle a vécu (**doc. 1**).
- Présentez le contexte historique (le climat politique et social) dans lequel elle a vécu à l'aide des **doc. 1, 2, 3 et 5**.
- Indiquez les éléments personnels qui ont un intérêt pour comprendre l'engagement de Joséphine Baker contre le racisme : origines, enfance, lieu de vie... (**doc. 1 et 3**).
- Présentez les actions de Joséphine Baker en faveur de l'égalité (**doc. 2, 4 et 5**) ainsi que l'autre engagement de l'artiste (**doc. 2 et 5**). Résumez ce qui explique l'entrée de Joséphine Baker au Panthéon.

Pour préparer le podcast

- Rédigez les grandes lignes de votre podcast à l'aide du questionnaire.
- Répartissez-vous la parole et entraînez-vous plusieurs fois avant d'enregistrer votre podcast. Veillez à bien articuler et mettre le ton pour rendre le podcast dynamique.

COURS

L'identité, le respect de soi et des autres

COURS audio flashbelin.fr/hgemc5-316

Pourquoi l'identité de chacun doit-elle être respectée ?

1 L'identité légale

• L'**identité légale** est l'identité officielle d'une personne, **garantie et protégée** par L'État et les textes internationaux comme la **Convention internationale des droits de l'Enfant** de 1989. Chaque individu dispose d'une identité légale unique. Elle est composée d'un nom, un (ou des) prénom(s), un sexe, une date et un lieu de naissance et une nationalité. Cette identité est enregistrée et permet d'obtenir des papiers officiels (carte d'identité, passeport...) et de faire valoir ses droits (liberté de circulation, accès aux soins, inscriptions aux examens...).

• La **nationalité** rattache officiellement un individu à un pays et lui confère des droits et des devoirs. En France, la nationalité s'obtient par le **droit du sang** (si un des deux parents est français), le **droit du sol** (si la personne est née en France), le **mariage** et la **naturalisation**, sous certaines conditions.

• Il est possible de changer certains éléments de notre identité légale, comme le prénom ou le nom, dans le cadre définit par la loi.

2 L'identité personnelle

• Les caractéristiques de l'**identité personnelle** sont presque infinies : les goûts, les passions, les engagements, les expériences, les rencontres... Notre identité n'est donc pas figée mais en constante évolution.

• L'**identité numérique** est multiple et pose la question de la protection des données (vol ou usurpation d'identité, exploitation à des fins commerciales, cyber-harcèlement...). Dans l'Union européenne, un règlement (le RGPD) encadre la collecte des données personnelles sur Internet.

3 L'identité et le respect de l'autre

• L'**identité est multiple**, **complexe et évolue avec le temps**. Chacun doit pouvoir trouver sa place en fonction de ses aspirations. La perception et la construction de notre identité de genre peuvent également varier selon les individus et les groupes.

• De nombreux citoyens se sont engagés dans le passé ou s'engagent aujourd'hui dans la **lutte contre toute forme de discrimination**. L'acceptation des différences et singularités de chaque individu est la condition du respect de chacun.

• Une **discrimination** : un acte puni par la loi qui vise à restreindre les droits d'une personne ou d'un groupe selon certains critères.

• La **naturalisation** : l'acquisition d'une nationalité ou d'une citoyenneté par un individu qui ne la possède pas à sa naissance.

Pour réviser

Je vérifie que je suis capable de...

Définir
- → l'identité légale
- → l'identité personnelle
- → l'identité numérique
- → le racisme

Présenter
- → un exemple qui montre que l'on ne peut pas réduire un individu à une seule de ses caractéristiques

Expliquer
- → pourquoi avoir une identité légale est un droit fondamental
- → les multiples facettes de l'identité personnelle
- → pourquoi les identités numériques sont à la fois source de liberté et de dangers

1 Je vérifie mes connaissances

Recopie les propositions suivantes en reliant chaque mot à la définition qui lui correspond.

La nationalité •	• L'ensemble des éléments qui distinguent une personne d'une autre : études, goûts, amis, passions…
Le RGPD •	• L'identité officielle d'une personne (nom, prénom(s), sexe, nationalité, date et lieu de naissance) garantie, reconnue et protégée par l'État.
Le racisme •	• Une loi qui encadre le traitement des données personnelles par les entreprises et les administrations sur le territoire de l'Union européenne.
L'identité personnelle •	• Le comportement et la doctrine de ceux qui pensent qu'il existe une hiérarchie entre les races et qu'une de ces races est supérieure aux autres.
L'usurpation d'identité •	• L'ensemble des informations personnelles recueillies sur un ordinateur et accessibles sur Internet.
L'identité numérique •	• Le fait de prendre tout ou partie de l'identité d'une personne sans son accord.
L'identité légale •	• L'appartenance juridique à une nation, à un pays.

EXERCICE interactif flashbelin.fr/hgemc5-317

2 Je m'interroge sur mes identités

❶ Recopie le schéma ci-contre et complète-le pour présenter ton identité légale et ton identité personnelle.

❷ Tu peux ensuite réaliser un nuage de mots pour te présenter à l'aide de l'outil https://nuagedemots.co/.

SITE Internet flashbelin.fr/hgemc5-317

SCHÉMA à télécharger flashbelin.fr/hgemc5-317

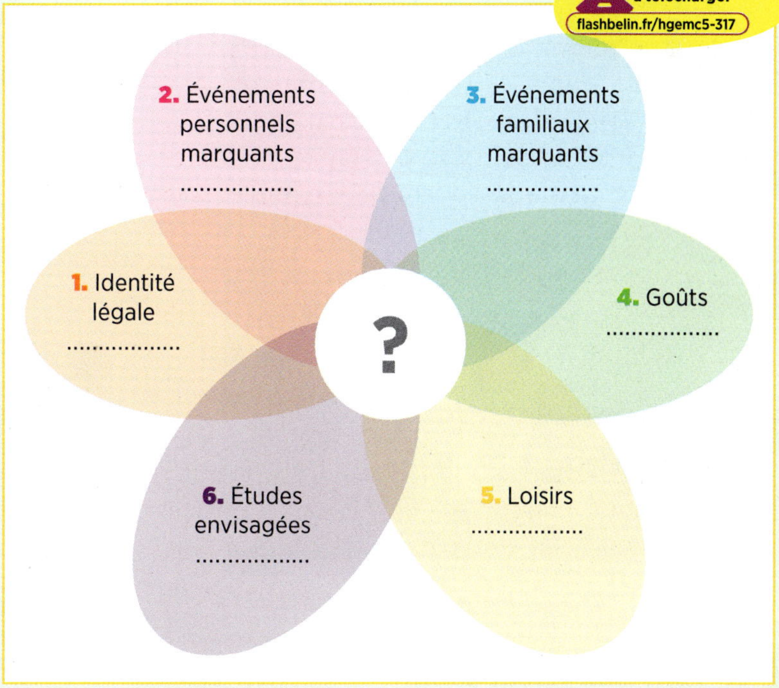

3 Les identités multiples d'Angèle

❶ Relève les éléments qui composent l'identité légale d'Angèle (nom, prénoms…).

❷ Comment Angèle met-elle en avant son histoire familiale ?

❸ Cite deux exemples qui rappellent les origines belges d'Angèle.

❹ Nomme trois choses qu'Angèle aime ou apprécie particulièrement.

VIDÉO en ligne flashbelin.fr/hgemc5-317

16 L'égalité et le refus des discriminations

ÉTUDE

1 Identifier les différentes formes de discriminations

➡ Comment reconnaître les discriminations ?

1 Un délit clairement défini

Selon la loi, la discrimination peut se manifester dans les domaines de l'emploi, de l'éducation, de l'accès au logement, aux services publics, aux biens, loisirs et services.

Définitions

- La discrimination : un acte puni par la loi qui vise à restreindre les droits d'une personne ou d'un groupe selon certains critères.
- Le sexisme : une attitude discriminatoire fondée sur le sexe, le plus souvent en défaveur des femmes.

2 Handicap et travail

« Une vaste étude auprès des 18-30 ans permet de comparer la situation de jeunes avec et sans handicap dans l'accès à l'emploi. La recherche d'emploi est plus longue et compliquée chez les jeunes en situation de handicap, prenant 7,6 mois en moyenne, soit presque deux fois plus que pour les jeunes en général (4,2 mois). Alors que les entreprises ont l'obligation légale de compter 6 % de personnes en situation de handicap parmi leurs salariés, seuls 39 % des candidats handicapés ont indiqué leur situation dans leur CV et 57 % ont évoqué leurs besoins spécifiques avec le recruteur. »

D'après E. Dal'Secco, « Accès à l'emploi : 2 fois plus long pour les jeunes handicapés », Handicap.fr, 22 octobre 2021.

Source : *Chiffres clés*, Ministère chargé de l'égalité entre les femmes et les hommes, de la diversité et de l'égalité des chances, 2021.

3 Des formes variées de sexisme

4 Des discriminations prohibées par la loi

Définition

• L'**homophobie** : une manifestation de mépris, rejet et haine envers les homosexuel(le)s.

5 La discrimination dans l'accès au logement

« Une enquête de l'association SOS Racisme montre comment l'accès au logement demeure inégal. Chez les étudiants, une personne de couleur a 37 % de chances de moins d'obtenir un logement qu'un étudiant d'origine française ancienne. Cette statistique descend à 20 % pour une personne d'origine maghrébine et à 10 % chez une personne d'origine asiatique. SOS Racisme a aussi mené l'enquête chez les agences immobilières. Elle a demandé s'il était possible pour l'agence de sélectionner les candidats en fonction de leur origine. Le résultat est sans équivoque, 51 % des agences immobilières acceptent de discriminer. Parmi elles, 42 % des agences rappellent la loi sans l'appliquer, ce qui prouve qu'il n'y a pas de méconnaissance du droit. »

D'après Louis Chahuneau, « Logement : les discriminations raciales prospèrent en Île de France », *Le Point*, 7 mai 2019.

6 L'homophobie dans le sport

« Alors qu'ils n'avaient jamais révélé publiquement leur homosexualité, les six sportifs interrogés dans le documentaire *Faut qu'on parle* ont accepté de témoigner pour faire passer des messages. "C'est dur de révéler son homosexualité alors que ça fait dix ans qu'on entend des blagues homophobes à l'entraînement", explique Astrid Guyart. Parmi eux, certains redoutaient aussi les arrière-pensées et les sous-entendus de leurs coéquipiers ou concurrents dans les vestiaires, "surtout en natation où on est 24 heures sur 24 en maillot de bain", souligne le champion de natation Jérémy Stravius. Finalement, tous ont trouvé du soutien auprès de leurs proches et de leurs coéquipiers. "Ce qui compte, ce sont mes performances sur le terrain, pas si je sors avec une fille ou un garçon", clame la basketteuse Céline Dumerc. »

D'après Hortense Leblanc, « "Faut qu'on parle" : six sportifs professionnels évoquent leur homosexualité dans un documentaire, pour en finir avec les tabous », Francetvinfo.fr, 22 juin 2021.

Je travaille en groupe

Oral

ÉTAPE 1 : Chaque groupe travaille sur un des deux thèmes ci-dessous.

ÉTAPE 2 : Chaque groupe présente ensuite son travail à l'oral.

Groupe 1 — Identifier une discrimination et les personnes qui en sont victimes

1. **Doc. 1 et 4** Citez les trois éléments qui définissent une discrimination. Citez trois critères prohibés par la loi.
2. **Doc. 1, 2, 3, 5, 6** Quelles personnes ou groupes de personnes sont discriminés ici ?
3. **Doc. 2** Relevez de quelles manières s'exercent les discriminations envers les personnes handicapées.
4. **Doc. 3** Comment peut-on expliquer la différence des pensions de retraite entre hommes et femmes ?

Groupe 2 — Identifier une discrimination et les domaines de discrimination

1. **Doc. 1 et 4** Citez les trois éléments qui définissent une discrimination. Citez trois critères prohibés par la loi.
2. **Doc. 1** Dans quels domaines peut-on parler de discrimination selon la loi ?
3. **Doc. 2, 3, 5 et 6** Dans quels domaines s'exercent les discriminations évoquées ici ?
4. **Doc. 1 et 3** Relevez les informations qui montrent que les femmes sont souvent moins bien traitées dans le monde du travail.

ÉTUDE

2 Lutter contre les discriminations et pour l'égalité

➥ Comment lutter contre les discriminations et pour l'égalité ?

1 La loi punit les discriminations

« Une discrimination est une inégalité de traitement. Elle est fondée sur un des 25 critères interdits par la loi (sexe, âge, état de santé…) et dans un domaine cité par la loi (accès à un service, embauche…).
La discrimination est directe lorsqu'elle est nettement visible, voire affichée ou revendiquée. Par exemple, si une annonce d'emploi refuse les femmes avec enfants. La discrimination peut être indirecte lorsque des mesures apparemment neutres défavorisent, de fait, de façon importante, une catégorie de personnes. Par exemple, si une banque n'accepte que la carte d'identité française comme justificatif d'identité, ce qui discrimine les étrangers. L'auteur des faits risque une peine pouvant aller jusqu'à 3 ans de prison et 45 000 € d'amende (article 225-2 du Code Pénal). »

D'après le site Internet Service-Public.fr.

2 Déconstruire les préjugés

Cette campagne, organisée par le ministère de l'Éducation nationale, a pour objectif de sensibiliser les élèves des collèges et des lycées à la lutte contre les préjugés. Le 17 mai, la Journée mondiale contre l'homophobie et la transphobie est l'occasion de renforcer davantage la lutte contre toutes formes de discriminations.

3 Le *testing*

L'association SOS Racisme utilise le *testing* depuis 1999 pour dénoncer les cas de discriminations dans l'accès aux loisirs, au logement et à l'emploi. La méthode est reconnue par la justice.

« Le test de SOS Racisme est simple : plusieurs couples, de différentes couleurs de peau, demandent à réserver des matelas au bord de l'eau dans une plage privée. Filmé en caméra cachée, un couple d'apparence maghrébine se présente. On leur répond que les trois premières rangées de transats sont réservées et qu'il n'y a pas de place. Un autre couple, blanc cette fois, se présente quelques minutes plus tard. On leur répond alors qu'il y a de la place au premier rang sur les matelas. Pour SOS Racisme, la conclusion est évidente. La réponse n'est pas la même selon que l'on soit blanc ou maghrébin, il y a donc une discrimination liée au racisme. Chaque expérience des couples testeurs est analysée afin de définir les suites juridiques des infractions constatées. "Le but de cette méthode est de pouvoir constituer un dossier juridique", explique Paula Cornette, de SOS Racisme. »

D'après June Raclet, « SOS Racisme teste les discriminations dans les plages privées de la Côte d'Azur », Francetvinfo.fr, 30 juillet 2019.

VIDÉO en ligne
flashbelin.fr/hgemc5-320

Définitions

• Une **convention internationale** : un accord volontairement conclu entre deux ou plusieurs États, qui s'engagent à le respecter.

• Le **Défenseur des droits** : une institution indépendante de l'État, créée en 2011. Elle a deux missions : défendre les personnes dont les droits ne sont pas respectés et permettre l'égalité de tous et toutes dans l'accès aux droits.

• Un **préjugé** : une idée préconçue, souvent négative, que l'on a sur une personne ou une situation.

• Le **racisme** : le comportement et la doctrine de ceux qui pensent qu'il existe une hiérarchie entre les races et qu'une de ces races est supérieure aux autres.

• Le ***testing*** : une action qui consiste à vérifier si une personne ou un groupe de personnes est victime de discrimination.

• La **transphobie** : la peur, le rejet ou la haine des personnes transgenres.

4 Une intervention du Défenseur des droits

« Des parents d'élèves ont reçu un courrier de la mairie leur signalant qu'ils n'avaient pas payé leur facture de cantine scolaire. Le courrier les invitait à régler la somme avant la fin des vacances scolaires, sous peine d'exclusion des enfants de la cantine, en application du règlement. Au retour des vacances, onze enfants dont les parents n'avaient pas payé la cantine ont été installés à l'écart et ont reçu un repas différent de celui des autres enfants. Les parents ont saisi le Défenseur des droits qui a estimé que cette mesure était contraire à l'intérêt supérieur de l'enfant énoncé à l'article 3 de la Convention internationale des droits de l'enfant, en ce qu'elle stigmatise certains enfants et les discrimine en raison du critère de la vulnérabilité économique. Le Défenseur des droits a recommandé à la mairie de mettre fin à cette pratique. Depuis cette intervention, un échéancier a été établi par la municipalité afin que les familles puissent progressivement régulariser leur situation et les enfants ont pu retourner à la cantine scolaire dans des conditions ordinaires. »

D'après le site Internet Defenseurdesdroits.fr, « Des enfants reçoivent des repas différents car les parents n'ont pas réglé les frais de cantine », 1er avril 2020.

5 Signaler ou porter plainte

Depuis 2021, le Défenseur des droits a mis en place la plateforme *antidiscriminations.fr* qui permet aux victimes et témoins d'être écoutés et accompagnés pour agir face aux situations de discrimination. Elle peut aussi accompagner ou orienter en cas de violences et de propos haineux.

Activité A

Je comprends que la loi protège l'égalité

1. **Doc. 2, 3, 4** Qui sont les personnes victimes de discriminations ? Cite les domaines dans lesquels ont lieu ces discriminations (accès aux loisirs, éducation...). Quelle peine risque l'auteur d'une discrimination (**doc. 1**) ?

Je comprends le rôle des citoyens dans la lutte contre les discriminations

2. **Doc. 2** Quelles formes de discriminations sont condamnées sur cette affiche ? Comment se manifestent ces discriminations selon cette affiche ?
3. **Doc. 3** En quoi consiste le *testing* ? Quelle discrimination est mise en évidence ici ? Quels sont les objectifs du *testing* ?
4. **Doc. 5** Que peut faire une personne témoin d'une discrimination ?

Activité B

Je comprends le rôle du Défenseur des droits

Réalise un dépliant pour présenter le rôle du Défenseur des droits.

Coup de pouce

→ Explique qui est le Défenseur des droits (**doc. 4 et 5**).
→ Indique qui peut faire appel au Défenseur des droits et dans quel but (**doc. 4 et 5**).
→ Aide-toi du **doc. 4** pour présenter un exemple d'action du Défenseur du droit.
→ Utilise une feuille de format A4. Pour illustrer ton affiche, tu peux dessiner, coller des photographies...
→ Propose un slogan fort et percutant.

ÉTUDE

Temps fort

3 Je m'engage contre le sexisme à l'occasion de la Journée internationale des droits des femmes

Comment lutter contre le sexisme ?

Tâche complexe

Je réalise une affiche

À l'occasion de la Journée internationale des droits des femmes le 8 mars, vous réalisez une affiche pour lutter contre le sexisme. Vous pouvez également utiliser d'autres documents en rapport avec ce sujet (documents du chapitre, recherches personnelles…).

1 Le sexisme dans les catalogues de jouets

«Tout ce qui est considéré comme étant l'apanage du féminin est dévalorisé, comme si jouer à être un bon soldat était plus valorisant que jouer à être un bon papa. Pour les filles, on retrouve tous les outils de la bonne ménagère. Pour les garçons, c'est beaucoup de jeux où on leur demande d'inventer, de construire, de créer, de réfléchir ou de s'aventurer. Ces règles de genre dans les jouets sont plus faciles à transgresser pour les filles que pour les garçons. Les adultes ont beaucoup moins de mal à voir une petite fille jouer avec un pistolet qu'un petit garçon jouer à la poupée.»

D'après l'interview de Léa Domenach, réalisatrice du web documentaire «L'école du genre» (2017), «Speech: le sexisme dans les catalogues de jouets», *Konbini News*, 2019.

VIDÉO en ligne
flashbelin.fr/hgemc5-322

Définitions

• Un cliché : une idée ou expression toute faite trop souvent utilisée.

• Le consentement : l'action de dire clairement qu'on accepte une chose ou les gestes de quelqu'un vis-à-vis de soi.

• Un stéréotype : une représentation simplifiée, déformée, de certaines caractéristiques attribuées à un individu ou à un groupe.

2 Filles et garçons : inégaux face à l'orientation

L'Assemblée générale des Nations unies a décidé de proclamer le 11 février «Journée internationale des femmes et des filles de science».

«Dès l'école primaire, les filles obtiennent de meilleurs résultats scolaires que les garçons. Elles redoublent moins, leur taux de réussite au brevet et au baccalauréat est plus élevé… Mais à la fin du collège, quels que soient leur milieu social d'origine ou leur réussite scolaire, les filles s'orientent davantage vers l'enseignement général et technologique que vers l'enseignement professionnel (et très rarement dans les sections industrielles). Dans l'enseignement général, elles délaissent plus facilement les filières scientifiques et techniques. Après le bac, dans les classes préparatoires aux grandes écoles, 74 % des élèves des filières littéraires sont des filles, pour 30 % des élèves de filières scientifiques. Seulement 29 % des diplômes d'ingénieurs sont délivrés à des femmes.»

D'après le site Internet Education.gouv.fr, «Égalité entre les filles et les garçons».

3 Hommes et femmes sur le marché du travail

« Faut-il y voir le verre à moitié vide ou à moitié plein ? Les inégalités salariales entre les hommes et les femmes sont persistantes, mais elles tendent à se réduire. Ainsi, les femmes salariées du secteur privé gagnent en moyenne 16,8 % de moins que les hommes. Cet écart est mesuré à volume horaire équivalent. Parmi les hommes, 22,8 % sont cadres, contre 17,5 % pour les femmes. Les femmes sont beaucoup moins représentées dans les postes les mieux payés, et encore plus si elles sont mères de famille. Plus les femmes ont d'enfants, plus elles sont pénalisées sur le plan salarial : à temps de travail équivalent, une mère de famille de trois enfants ou plus est rémunérée 31,3 % de moins qu'un père de famille. »

D'après Ingrid Feuerstein, « Salaires hommes-femmes : les raisons d'une inégalité persistante », *Les Échos*, 18 juin 2020.

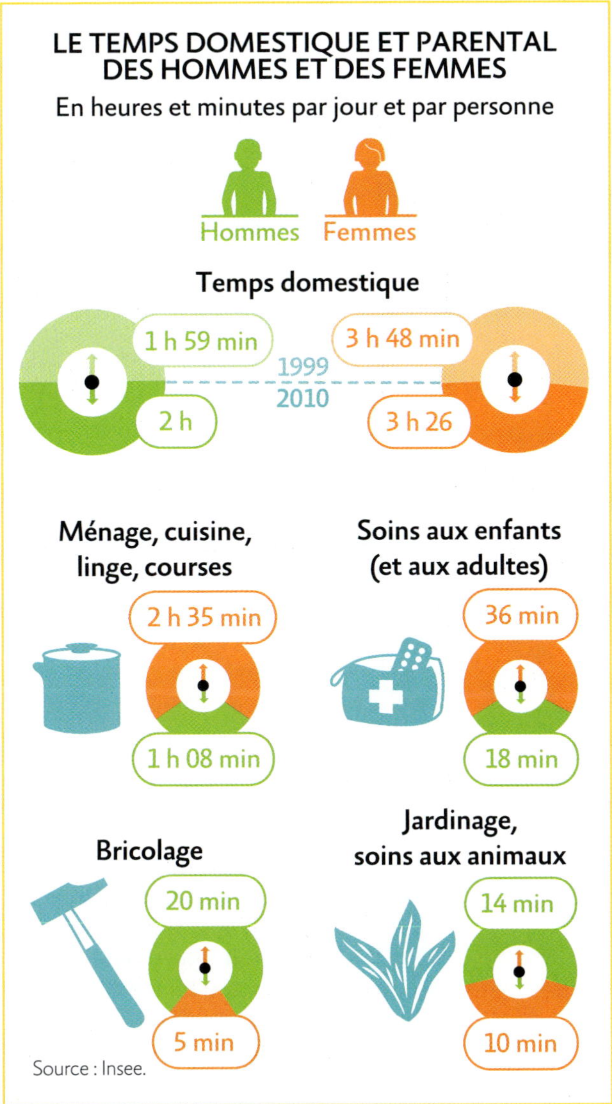

5 Tâches domestiques et parentales : des inégalités toujours présentes

4 La loi punit le sexisme sous toutes ses formes

Affiche du centre Hubertine Auclert, 2016.

L'article 226-2-1 du Code pénal punit le partage ou la diffusion sans consentement de toutes images ou paroles à caractère sexuel (y compris les images ou les paroles obtenues avec consentement) d'une peine allant jusqu'à deux ans de prison et 60 000 euros d'amende.

Coup de pouce

- Repérez les domaines dans lesquels s'exprime le sexisme (**docs. 1 à 5**).
- Repérez les principaux clichés et stéréotypes qui touchent les filles et les femmes.
- À l'aide des **docs. 1 à 5**, montrez que ces stéréotypes impactent les femmes dans leur vie, dans la manière de se voir et dans leurs choix.
- Relevez une initiative mise en place pour faire face aux stéréotypes de genre (**doc. 2**).

Pour réaliser votre affiche

- Choisissez un stéréotype, un cliché ou une forme d'expression du sexisme.
- Recherchez une ou deux informations précises (de préférence chiffrées) sur le sujet de votre choix. Réfléchissez au titre que vous allez donner à votre affiche.
- Choisissez une illustration en rapport direct avec votre sujet et faites un brouillon avant de passer à la réalisation de votre travail.

ÉTUDE

4 L'égalité, un principe républicain

Comment la République met-elle en œuvre l'égalité ?

- **1789** Abolition des privilèges et Déclaration des Droits de l'Homme et du Citoyen
- **1848** Abolition de l'esclavage et suffrage universel masculin
- **1881-1882** Lois de Jules Ferry sur l'école laïque, obligatoire et gratuite
- **1901** Liberté d'association
- **1914** Création d'un impôt progressif sur le revenu
- **1944** Droit de vote des femmes (premier vote en 1945)
- **1945** Création de la Sécurité sociale
- **1965** Loi permettant le travail des femmes sans autorisation préalable du mari
- **1999** Création de la couverture maladie universelle (CMU)
- **2000** Loi sur la parité femme-homme
- **2005** Loi pour l'égalité des droits et des chances des personnes handicapées
- **2007** Loi sur le droit au logement opposable
- **2013** Loi sur le mariage homosexuel en France
- **2018** Loi renforçant l'action contre les violences sexuelles et sexistes

1 Des lois pour construire l'égalité

2 L'égalité, une valeur républicaine et universelle

« La France est une République indivisible, laïque, démocratique et sociale. Elle assure l'égalité devant la loi de tous les citoyens sans distinction de sexe, d'origine ou de religion. Elle respecte toutes les croyances.
La loi favorise l'égal accès des femmes et des hommes aux mandats électoraux et fonctions électives, ainsi qu'aux responsabilités professionnelles et sociales. »

Article 1 de la Constitution de 1958.

« Tous les êtres humains naissent libres et égaux en dignité et en droits. Ils sont doués de raison et de conscience et doivent agir les uns envers les autres dans un esprit de fraternité. »

Article 1 de la Déclaration Universelle des Droits de l'Homme, 1948.

Définition

• Une **constitution** : l'ensemble des lois fondamentales d'un État qui définissent notamment son mode de gouvernement.

Activité

Je sais expliquer comment la République met en œuvre l'égalité

1. **Doc. 1** Cite une loi mise en place au profit des plus pauvres ; une loi mise en place pour construire l'égalité entre hommes et femmes ; une loi destinée à protéger les personnes fragiles ou malades.
2. **Doc. 2** Montre que l'égalité est une valeur fondamentale de la République et de la France. Quel texte international affirme également cette valeur d'égalité ?
3. **Doc. 2** Dans quels domaines l'égalité entre hommes et femmes est-elle garantie par la Constitution ? Dans la Déclaration Universelle des Droits de l'Homme, quelle est la valeur associée à l'égalité ?
4. Rédige trois phrases pour expliquer comment la République met en œuvre l'égalité.

ÉTUDE

5 L'égalité, au cœur de l'action de l'État

Comment l'État protège-t-il contre les inégalités sociales ?

1 Ce que dit la loi

« **Article 6** La loi doit être la même pour tous, soit qu'elle protège, soit qu'elle punisse. Tous les citoyens, étant égaux à ses yeux.

Article 13 Pour l'entretien de la force publique, et pour les dépenses d'administration, une contribution commune[1] est indispensable ; elle doit être également répartie entre les citoyens, en raison de leurs facultés. »

Extraits de la Déclaration des Droits de l'Homme et du Citoyen, 1789.

1. Impôt.

« **Article 11** La Nation garantit à tous la protection de la santé.

Article 13 La Nation garantit l'égal accès de l'enfant et de l'adulte à l'instruction, à la formation professionnelle. »

Extraits du Préambule de la Constitution de 1946.

La Sécurité sociale est un système de solidarité organisé par l'État. En France, elle a été crée en 1945. Son but : garantir à tous une vie correcte, quelles que soient les circonstances (maladie, vieillesse…).

D'où vient l'argent ?

Des cotisations
Prélevées sur les salaires des personnes qui travaillent et les revenus des entreprises

Des impôts et des taxes
CSG (contribution sociale généralisée), taxes sur le tabac, l'alcool…

Qui reçoit l'argent ?

Les familles
Allocations familiales, congé maternité pour les femmes enceintes

Les personnes en difficulté
Allocations logement, revenu de solidarité active (RSA)

Les personnes âgées
Pensions de retraites

Les personnes malades ou handicapées
Remboursement des médicaments, consultations médicales, hospitalisations, allocations pour personnes handicapées

2 La Sécurité sociale et la solidarité nationale

Définitions

- L'impôt : un versement obligatoire à l'État ou à une collectivité territoriale destiné à financer les dépenses publiques.
- La solidarité : le sentiment de responsabilité réciproque au sein d'un groupe de personnes qui sont moralement obligées les unes envers les autres.

Activité

Je comprends comment l'État protège contre les inégalités sociales

1. **Doc. 1** D'après la Déclaration des Droits de l'Homme et du Citoyen, à quoi servent les impôts ? Quel texte impose un service public d'éducation ? Quel texte impose que la loi soit la même pour tous ?
2. **Doc. 1** Dans quels domaines l'État assure-t-il l'égalité entre les citoyens ?
3. **Doc. 2** Comment la Sécurité sociale est-elle financée ? Qui sont les bénéficiaires de la Sécurité sociale ?
4. **Doc. 2** Pourquoi peut-on dire que la Sécurité sociale participe à la solidarité et à l'égalité de tous ?

ÉTUDE

6 La laïcité protège l'égalité

Pourquoi la laïcité permet-elle l'égalité de tous ?

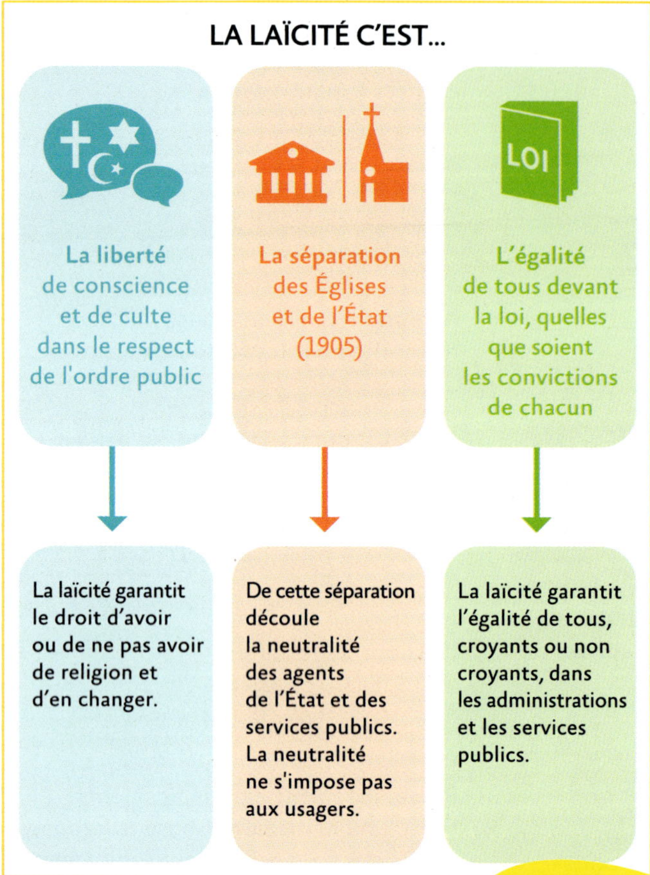

1 État et Églises sont séparés depuis 1905

VIDÉO en ligne flashbelin.fr/hgemc5-326

2 La Charte de la laïcité de 2013 (extraits)

« **Art. 3.** Grâce à la laïcité, chacun est libre de croire ou de ne pas croire, d'exprimer ses convictions. Mais il doit respecter les croyances des autres.

Art. 6. L'école permet aux élèves de grandir et de se construire. Ils apprennent à penser librement et par eux-mêmes, à devenir citoyen. L'école laïque protège les élèves des pressions et des influences (prosélytisme).

Art. 7. À l'école, les élèves étudient les mêmes matières que tous les élèves de France.

Art. 8. À l'école, les élèves ont le droit de dire ce qu'ils pensent, à condition de respecter les autres et les valeurs défendues en France (liberté, égalité, fraternité).

Art. 9. La laïcité implique le rejet de toutes les violences et de toutes les discriminations, garantit l'égalité entre les filles et les garçons. Elle nécessite que chacun se respecte.

Art. 11. À l'école, les adultes n'ont pas le droit d'exprimer leurs opinions religieuses ou politiques aux élèves.

Art. 12. Aucun élève ne peut refuser de suivre un enseignement ou une consigne sous prétexte que sa religion le lui interdit.

Art. 14. Aucun élève n'a le droit pour se faire remarquer de porter des signes trop visibles mettant en avant sa religion. »

3 1882 : l'école devient laïque

« La loi du 28 mars [1882] met en dehors du programme obligatoire l'enseignement de toute religion particulière et y place l'enseignement moral et civique. Il s'agit de séparer l'État de l'Église, d'assurer la liberté de conscience des maîtres et des élèves, de distinguer enfin deux domaines trop longtemps confondus, celui des croyances qui sont personnelles, et celui des connaissances qui sont communes et indispensables à tous. »

D'après Jules Ferry, *Lettre aux instituteurs*, 17 novembre 1883.

Définitions

- Une charte : un ensemble des règles à respecter.
- La laïcité : la neutralité de l'État vis-à-vis des religions, qui relèvent exclusivement de la vie privée.
- Le prosélytisme : la volonté d'amener d'autres personnes à partager ses croyances.

4 **La laïcité permet l'égalité de tous**

Activité A

Je comprends ce qu'est la laïcité

1. **Doc. 1** Quelle est l'attitude de l'État vis-à-vis des religions ? Croire est-il obligatoire en France ?
2. **Doc. 3** Quel enseignement est supprimé en 1882 ? Quel est l'argument de Jules Ferry ?
3. **Doc. 2** Pourquoi est-il important que la Charte de la laïcité soit signée par tous les acteurs de la communauté scolaire ?

Je montre que la laïcité garantit l'égalité

4. **Doc. 1, 2 et 3** De quelle manière la laïcité assure-t-elle l'égalité de tous ? Un citoyen peut-il être traité de manière différente par une administration en raison de ses croyances ?

Activité B

Oral

Je comprends comment la laïcité permet l'égalité au collège

Parmi les six vignettes A, B, C, D, E, F du **doc. 4**, choisis-en trois pour les présenter à l'oral. Pour chacune des trois vignettes que tu as choisies, indique si la laïcité est respectée.

Coup de pouce

→ Justifie tes réponses à l'aide du **doc. 3**.

→ Puis, explique comment la laïcité permet l'égalité.

ÉTUDE

Débat

7 Pour ou contre une tenue obligatoire au collège ?

1 Une histoire du vêtement scolaire

« Contrairement à ce qui est parfois soutenu, il n'y a jamais eu en France de politique nationale pour imposer le port d'uniformes dans les établissements d'enseignement primaire ou secondaire. Dans un passé assez lointain, beaucoup ont porté des blouses à l'école communale, certes. Mais beaucoup d'enfants portaient également la blouse à la maison. En réalité, les mères de famille préféraient laver la blouse plutôt que le pull, d'autant que planait alors à l'école la menace constante des crachotis d'encre de la "plume Sergent-Major". »

D'après Claude Lelièvre, enseignant-chercheur en histoire de l'éducation, « Uniforme à l'école, l'éternel débat », Theconversation.com, 30 septembre 2020.

VIDÉO en ligne
flashbelin.fr/hgemc5-328

Définition

• La ségrégation : l'action de mettre à part, de séparer quelqu'un, un groupe.

2 Pour l'uniforme à l'école

« Je suis pour l'uniforme, que j'ai rendu obligatoire lorsque je dirigeais l'internat d'excellence, et pour plusieurs raisons. Un, ça entérine chez les élèves l'idée que l'école est un espace de travail. Ça oriente l'esprit vers l'effort. Deux, on sort de la tyrannie des marques, qui met en difficulté les élèves les plus modestes. Enfin, cela contribue à créer un esprit de corps, avec des élèves fiers de représenter leur école. Lors des sorties, nos jeunes avaient le sentiment d'appartenir à un groupe. Je note aussi que les jeunes s'y habituent rapidement. Au début, les élèves n'avaient qu'une hâte : se changer avant d'entrer dans le bus qui les ramenait chez eux le week-end. Au bout de quelques mois, ils ne le faisaient plus. Pour moi, cela signifiait qu'ils voulaient montrer à leur quartier que l'école de la République fait vivre des choses particulières. »

D'après les propos de Bernard Lociciro, ex-proviseur de l'internat d'excellence de Sourdun (Seine-et-Marne), « Uniforme à l'école : est-il vraiment utile aux élèves ? », *Le Parisien*, 5 novembre 2018.

En France, chaque élève peut venir à l'école avec la tenue vestimentaire qu'il souhaite.
Mais il doit respecter le règlement intérieur du collège qui est voté par le Conseil d'administration composé de représentants des personnels, élèves et parents d'élèves. Le plus souvent, le règlement intérieur interdit...

En revanche, la loi de 2004 interdit le port de signes (bijoux...) ou de tenues qui montrent une appartenance religieuse.

3 Le rôle du règlement intérieur

Le règlement intérieur d'un collège définit l'ensemble des règles de vie de l'établissement et fixe les droits et les devoirs de chaque membre de la communauté éducative (élèves, parents, enseignants et personnels). Il est préparé par la direction, puis débattu et voté par le Conseil d'administration du collège.

4 L'uniforme au Royaume-Uni : un impact sur les inégalités ?

« Sur le papier, on peut penser que le port de l'uniforme va réduire les inégalités. Des enquêtes anglo-saxonnes ont été menées et les conclusions sont claires : l'uniforme n'a aucune incidence sur les performances des élèves. Il n'augmente pas et ne diminue pas la ségrégation entre les jeunes, qui va se maintenir d'une manière ou d'une autre. Dans certains cas, cela crée aussi un marché de l'uniforme. Au Royaume-Uni, cela contraint des familles à dépenser autour de 200 livres (environ 230 €) pour s'équiper. Le port de l'uniforme n'a aucun effet objectif sur le climat scolaire, mais on constate une différence de perception entre les garçons et les filles. Avec une tenue identique, elles se sentent plus en sécurité et mieux traitées. Ça peut aider à réduire les inégalités de genre. »

D'après les propos de Asma Benhenda, économiste de l'éducation à l'University College of London, « Uniforme à l'école : est-il vraiment utile aux élèves ? », *Le Parisien*, 5 novembre 2018.

L'internat de Sourdun, en région parisienne, est une structure publique qui accueille des élèves du collège à la classe préparatoire. La moitié d'entre eux vient de quartiers défavorisés. Le port de l'uniforme y est obligatoire depuis 2012.

De très nombreux collèges d'outre-mer ont imposé à leurs élèves une tenue réglementaire.

5 Une tenue pour se distinguer et se reconnaître

Débat

Je découvre l'enjeu de la question

1. **Doc. 1** L'uniforme a-t-il déjà été obligatoire en France ? Quel vêtement était porté pour protéger les élèves des taches d'encre ?
2. **Doc. 2 et 4** Montre que les auteurs ne sont pas d'accord à propos de l'impact de l'uniforme sur les inégalités entre élèves. Quel bénéfice certaines filles retirent-elles du port de l'uniforme (**doc. 4**) ?
3. **Doc. 3** Toutes les tenues sont-elles autorisées au collège ? Pourquoi ?
4. **Doc. 5** Décris ces tenues. Quelle impression s'en dégage ?

Je construis mon opinion

À l'aide des documents, relève les arguments qui te semblent les plus pertinents afin d'exprimer ton point de vue. Recopie et complète le tableau.

	Arguments pour une tenue obligatoire à l'école	Arguments contre une tenue obligatoire à l'école
Doc. 1	....	....
Doc. 2	....	....
Doc. 3	....	....
Doc. 4	....	....
Doc. 5	....	....

Nous débattons et nous concluons

→ Notez les arguments des autres élèves pendant le débat.

→ Quelles conclusions pouvez-vous tirer des échanges avec vos camarades ?

COURS

L'égalité et le refus des discriminations

COURS audio
flashbelin.fr/hgemc5-330

Comment contruire l'égalité et faire reculer les discriminations ?

1 Tous différents et tous égaux

• Au-delà des différences qui nous distinguent les uns des autres, l'espèce humaine est unique et les races n'existent pas biologiquement.

• L'**égalité en droits et en dignité** est un **principe fondamental** reconnu par la **Déclaration des Droits de l'Homme et du Citoyen** de 1789 et la **Déclaration Universelle des Droits de l'Homme** de 1948.

2 Des discriminations punies par la loi

• Une discrimination consiste à **traiter de manière différente une personne ou un groupe en lui refusant certains droits**. C'est une atteinte à l'égalité et, à ce titre, la discrimination est **punie par la loi**. En France, la loi distingue **25 critères de discrimination** : sexisme, homophobie, transphobie, racisme, antisémitisme... Les personnes qui en sont victimes peuvent s'adresser au **Défenseur des droits** et porter plainte avec son soutien ou celui d'une association.

• Les discriminations sont souvent le produit des **préjugés** et des **stéréotypes** véhiculés par la société et les médias. Mais l'engagement des citoyens et d'associations permet des actions de sensibilisation et de lutte contre les préjugés.

3 L'égalité, valeur fondamentale de la République

• L'égalité est inscrite dans notre **devise** (Liberté, Égalité, Fraternité) et dans la **Constitution** de la République. Elle **garantit à toutes et tous les mêmes droits et les mêmes devoirs**.

• Depuis la Révolution française (1789), l'égalité s'est construite progressivement et a été inscrite dans la loi : **droits politiques** d'abord (vote des hommes en 1848 puis des femmes en 1944-1945), **droits économiques ou sociaux** ensuite (école publique et gratuite). La France est un État laïque depuis 1905.

• L'État est le garant de l'égalité. En effet, **La République est « sociale »**, ce qui signifie qu'elle a pour principe de lutter contre les inégalités et de les réduire. Ainsi, l'impôt est un outil important de **redistribution des richesses**. Il est progressif, chacun est d'autant plus taxé que ses revenus sont importants. L'impôt finance les services publics qui profitent à tous (éducation, défense, santé...).

• Depuis 1945, la **Sécurité sociale**, financée par les salariés et les entreprises, est elle aussi un outil de **solidarité nationale** et de **protection sociale**.

• La redistribution des richesses : des mesures reposant en grande partie sur l'impôt dont l'objectif est de réduire les inégalités de richesse entre les personnes.

Pour réviser

Je vérifie que je suis capable de...

Définir
- → la discrimination
- → l'égalité
- → le sexisme
- → le racisme
- → un stéréotype
- → la laïcité

Présenter
- → les critères qui définissent une discrimination
- → les différents moyens de lutte contre les discriminations et pour l'égalité

Expliquer
- → comment l'égalité est protégée et garantie par la loi
- → le rôle du citoyen dans la lutte contre les discriminations et la construction de l'égalité
- → le rôle du Défenseur des droits dans la lutte contre les discriminations
- → comment la laïcité garantit l'égalité

EXERCICES

1 Je vérifie mes connaissances

Recopie les propositions suivantes en reliant chaque mot à la définition qui lui correspond.

Le racisme •	• Une idée préconçue, souvent négative, que l'on a sur une personne ou une situation.
La discrimination •	• La neutralité de l'État vis-à-vis des religions, qui relèvent exclusivement de la vie privée.
La laïcité •	• Le comportement et la doctrine de ceux qui pensent qu'il existe une hiérarchie entre les races et qu'une de ces races est supérieure aux autres.
Un préjugé •	• Le sentiment de responsabilité réciproque au sein d'un groupe de personnes qui sont moralement obligées les unes envers les autres.
Le sexisme •	• Un acte puni par la loi qui vise à restreindre les droits d'une personne ou d'un groupe selon certains critères.
La solidarité •	• Une attitude discriminatoire fondée sur le sexe, le plus souvent en défaveur des femmes.

EXERCICE interactif flashbelin.fr/hgemc5-331

2 La lutte contre les discriminations

Affiche du ministère du Travail, 2016.

1. **Qui est à l'initiative de cette affiche ? Observe l'image, le slogan, les commentaires : contre quelle forme de discrimination s'engage cette affiche ?**
2. **Quel constat est mis en avant sur cette affiche ?**
3. **Comment l'image et sa composition illustrent-elles une différence de traitement entre ces deux personnes ?**
4. **À l'aide du slogan (« Les compétences d'abord ») et de l'image, explique en quoi cette affiche veut lutter contre les discriminations et promouvoir l'égalité.**
5. **Entraîne-toi à présenter cette affiche à l'oral à tes camarades.**

3 Je m'interroge sur l'égalité filles-garçons au collège

Filles et garçons dans la cour de récréation

« – Edith Maruéjouls, chercheuse : Je vais vous demander de dessiner les endroits où, d'après vous, il y a le plus de garçons et les endroits où il y a beaucoup de filles, ou le plus de filles.
– Un collégien : Là, il y a un banc où il y a des garçons, et là, des filles. Le terrain de basket où il y a plein de garçons, un terrain de foot où il y a des garçons.
– La journaliste : Où sont les filles ?
– Une collégienne : Elles sont là, sur les bancs. »

Extrait de la vidéo « La cour de récréation », *Matilda.education*.

VIDÉO en ligne flashbelin.fr/hgemc5-331

1. **Dans ton collège, dans quels espaces filles et garçons sont-ils séparés ?**
2. **Montre que filles et garçons n'occupent pas l'espace de la même manière dans la cour.**
3. **Quel constat peux-tu faire sur les usages que font les filles et les garçons de la cour de ton collège ?**
4. **Mettez vos réponses en commun. Que constatez-vous ?**

17 Sécurité et risques majeurs

ÉTUDE

1 La gestion d'une catastrophe naturelle

Comment agir et réagir face à un risque majeur ?

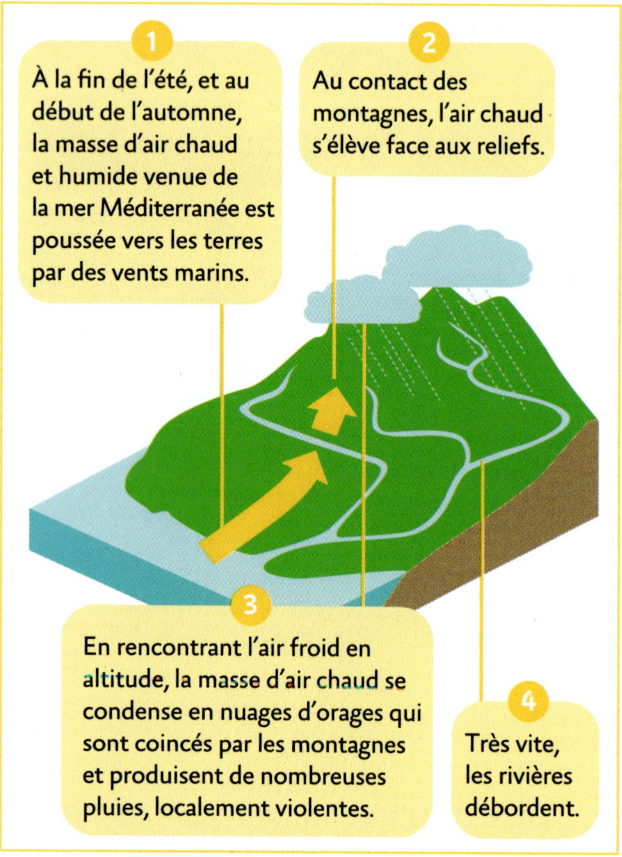

1 Les épisodes méditerranéens : des orages très violents

Les orages violents sont fréquents dans le sud-est de la France en automne. Le 2 octobre 2020, la tempête Alex a déclenché un épisode méditerranéen d'une rare intensité.

2 Le lourd bilan de la tempête Alex

« Le 2 octobre 2020, un déluge s'abattait avec la tempête Alex. Jusqu'à 500 millimètres d'eau cumulés par mètre carré à Saint-Martin-Vésubie. Prises de furie, les rivières de la Vésubie et la Roya, gonflées comme jamais, balayaient tout sur leur passage. Bilan de ce que Météo France appelle "une bombe météorologique" : dix-huit victimes (dix morts identifiés, huit disparus), 180 maisons détruites, 420 aujourd'hui inhabitables, 85 kilomètres de routes et une cinquantaine de ponts détruits, deux cimetières emportés. La fédération des assurances vient d'estimer le montant des dégâts à 217 millions d'euros, auxquels il faut ajouter 750 millions pour les équipements publics détruits, non assurés. Un an après la catastrophe, les plaies sont encore vives : partout des bâtiments éventrés, des maisons en équilibre précaire sur un bout de falaise instable, des routes défoncées, des rochers obstruant les cours d'eau rentrés dans leur lit. »

D'après Arnaud Bélier, « Un an après la tempête Alex, les vallées de la Roya et de la Vésubie traumatisées », *Ouest-France*, 2 octobre 2021.

3 Anticiper et avertir

« Vendredi 2 octobre au matin, le département est placé en vigilance rouge "pluie inondation" par Météo France. À 11 heures, la SNCF stoppe ses trains entre Toulon et Vintimille, ainsi que dans l'arrière-pays. La préfecture et de nombreuses entreprises renvoient leurs employés chez eux pour éviter d'engorger les routes. Les écoles ferment. EDF, qui gère cinq barrages dans l'arrondissement de Nice, dont quatre dans les vallées inondées, est en alerte, elle aussi. Ses ingénieurs ont immédiatement mis en sécurité les barrages. »

D'après Sofia Fisher et Raphaëlle Bacqué, « Habitants et élus des vallées inondées tentent de comprendre la catastrophe », *Le Monde*, 6 octobre 2020.

Ministère de l'Intérieur - Alerte
@Beauvau_Alerte

🔴 Dès maintenant à 12h, les #AlpesMaritimes sont placés en #VigilanceRouge pour #PluieInondation.
⚠️ Respectez les consignes de #sécurité et suivez l'évolution de la situation sur :
👉 vigilance.meteofrance.com

Une partie des secours s'organise : militaires, pompiers, gendarmes et agents d'Enedis (distribution d'électricité) ont été mobilisés.

La commune de Saint-Martin-Vésubie au lendemain du passage de la tempête Alex, le 3 octobre 2020. Les travaux de reconstruction sont financés par les assurances, l'État et les collectivités locales.

4 Secourir, évaluer et reconstruire

5 Des inondations aggravées par les activités humaines

« L'intensité des épisodes méditerranéens va augmenter avec le réchauffement climatique. Comme l'explique Véronique Ducrocq, chercheuse à Météo France, "avec la hausse de la température, l'atmosphère peut contenir plus de vapeur d'eau, qui peut davantage se transformer en pluies, ce qui conduit à une intensification des précipitations". La forte densité humaine amplifie les conséquences des inondations. Les zones potentiellement inondables dans la région Provence-Alpes-Côte d'Azur représentent 10 % du territoire mais abritent 19 % de la population, jusqu'à 30 % des habitants dans les Alpes-Maritimes. "La pression démographique et touristique a fortement contribué à urbaniser le littoral et l'arrière-pays", explique l'Insee, qui indique que 17,5 % des logements construits depuis 2010 sont situés en zone potentiellement inondable. 111 000 lits d'hôtels ou de campings sont dans des zones à risque. »

D'après « Six questions pour comprendre les intempéries d'une rare violence qui ont frappé le Sud-Est », Les Décodeurs, Lemonde.fr, 5 octobre 2020.

Définitions

- Un **épisode méditerranéen** : un épisode de violents orages d'automne provoqués par des remontées d'air chaud, humide et instable en provenance de la mer Méditerranée.
- Un **risque majeur** : un événement d'origine naturelle ou humaine, peu fréquent mais grave, dont les effets peuvent menacer la population et occasionner des dommages importants.
- L'**urbanisation** : le processus de concentration de la population dans les villes.

Activité A

J'identifie les conséquences de la catastrophe

1. **Doc. 1 et 2** Montre que cette catastrophe est d'origine naturelle. Pourquoi peut-on dire que celle-ci est exceptionnelle ?
2. **Doc. 2 et 4** Relève les conséquences matérielles de la catastrophe. Quelles sont les conséquences humaines ?
3. **Doc. 4** Qui a participé aux secours ? Qui finance la reconstruction et les réparations ?
4. **Doc. 5** Quelles pratiques humaines aggravent les conséquences des risques naturels ?

Je comprends le rôle de la prévention

5. **Doc. 3** Quelle annonce Météo France fait-elle pour alerter la population ? Quelles mesures de sécurité sont prises suite à cette annonce ? Par quel moyen de communication numérique la population est-elle alertée de l'arrivée de la tempête ?

Activité B

J'écris un article pour expliquer comment s'est déroulée cette catastrophe naturelle

À l'aide des documents, rédige un article qui présente la catastrophe naturelle, ses conséquences et ses causes.

Coup de pouce

→ Présente d'abord la catastrophe : son origine, ses caractéristiques (**doc. 1 et 2**).

→ Explique ensuite les conséquences humaines et matérielles (**doc. 2 et 4**).

→ Montre enfin que les pratiques humaines peuvent aggraver les conséquences d'une catastrophe naturelle mais que des actions de prévention peuvent les réduire (**doc. 3 et 5**).

ÉTUDE

2 Le rôle de l'État et de ses représentants face aux risques

Comment l'État assure-t-il la protection des personnes et des biens ?

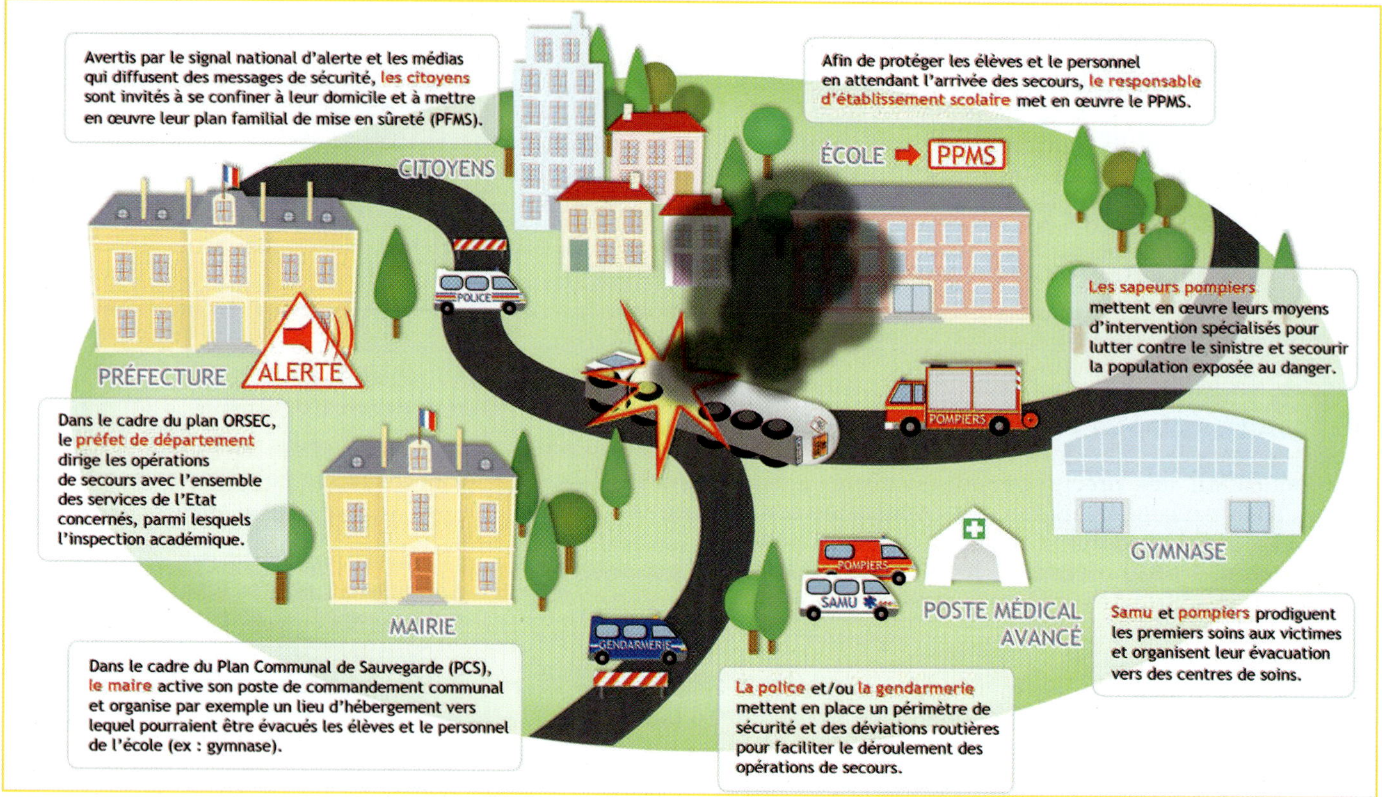

1 La sécurité civile anticipe les risques et élabore des plans d'intervention

2 Les missions quotidiennes de la force publique

« La police se concentre sur les zones urbaines, quand la gendarmerie intervient dans les zones rurales et certaines zones périurbaines. À côté du maintien de l'ordre public et de la fonction de police judiciaire, les forces de l'ordre ont pour mission de faire cesser un trouble (agression, tapage nocturne, vol...), mettre les victimes en sécurité et appréhender les auteurs. Policiers et gendarmes s'occupent aussi de la surveillance des habitations lors des vacances. Sur les bords de toutes les routes de France, la prévention est de mise. Avant de parler sanction, la seule présence de l'uniforme suffit souvent à faire lever le pied aux plus pressés. Malheureusement, il est parfois trop tard, et policiers et gendarmes doivent sécuriser l'intervention des pompiers ou du SAMU pour éviter le "suraccident" ».

D'après « Des forces de l'ordre au service quotidien du public », Leparisien.fr, site consulté en janvier 2022.

Définitions

- La force publique : l'ensemble des personnes chargées du maintien de l'ordre et de la sécurité.
- La sécurité civile : l'ensemble des moyens et des personnes chargés par l'État de protéger les citoyens.

Activité

Je comprends comment l'État assure la sécurité des personnes et des biens

1. **Doc. 1** Qui est le représentant de l'État en charge de la sécurité dans le département ? Quel est le rôle du maire dans la sécurité ?
2. **Doc. 2** Quelles sont les deux composantes des forces de l'ordre présentées dans ce document ? Cites-en une autre.
3. **Doc. 1 et 2** Comment l'État assure-t-il la sécurité des personnes et des biens ?

ÉTUDE

3 La responsabilité du citoyen face aux risques

Quel est le rôle du citoyen face aux risques ?

1 Le citoyen face aux risques majeurs

Extrait du DICRIM de Valbonne (Sud de la France) distribué à la population.

2 Être pompier volontaire

En France, 198 000 hommes et femmes donnent de leur temps au service de la communauté. Ils effectuent leurs gardes en fonction de leurs disponibilités, à proximité de chez eux ou de leur travail.

3 Le rôle de la Protection civile

VIDÉO flashbelin.fr/hgemc5-335

Dans l'Aube, les équipes de la Protection civile s'entraînent lors d'un exercice grandeur nature.

« 80 victimes sont à prendre en charge suite à une tempête. 140 bénévoles de la Protection civile sont mobilisés. Les secouristes doivent mettre en pratique tout leur savoir-faire comme le secours à la personne, les blessures physiques et l'hébergement d'urgence. La première étape est le repérage des lieux et les typologies de victimes. Les arbres au milieu de la route représentent un obstacle, ils ont dû être tronçonnés et dégagés. Les bénévoles ont participé à plusieurs ateliers pour revoir des techniques : secourisme, accueil des populations, pompage et tronçonnage. »

D'après un reportage Canal 32, « Exercice Thuella, la manœuvre grandeur nature à Troyes », chaîne Youtube de la Protection civile, juin 2019.

Définitions

- Le DICRIM : un dossier d'information sur les risques majeurs, destiné à l'information de la population.
- La Protection civile : une association dont les membres bénévoles assurent de missions de sécurité civile.

Activité

Je comprends comment les citoyens peuvent s'engager pour la sécurité

1. **Doc. 1** Comment les habitants de Valbonne sont-ils informés des consignes à suivre en cas de catastrophe ? Pourquoi est-il important de s'informer ?
2. **Doc. 2** Comment un citoyen peut-il s'engager pour la sécurité de tous ? Quelles peuvent être les contraintes de cet engagement ?
3. **Doc. 3** Qui fait partie de la Protection civile ? Quel est son rôle ? Pourquoi faut-il faire des exercices ?

ÉTUDE

Débat

4 Faut-il généraliser la vidéosurveillance pour assurer la sécurité ?

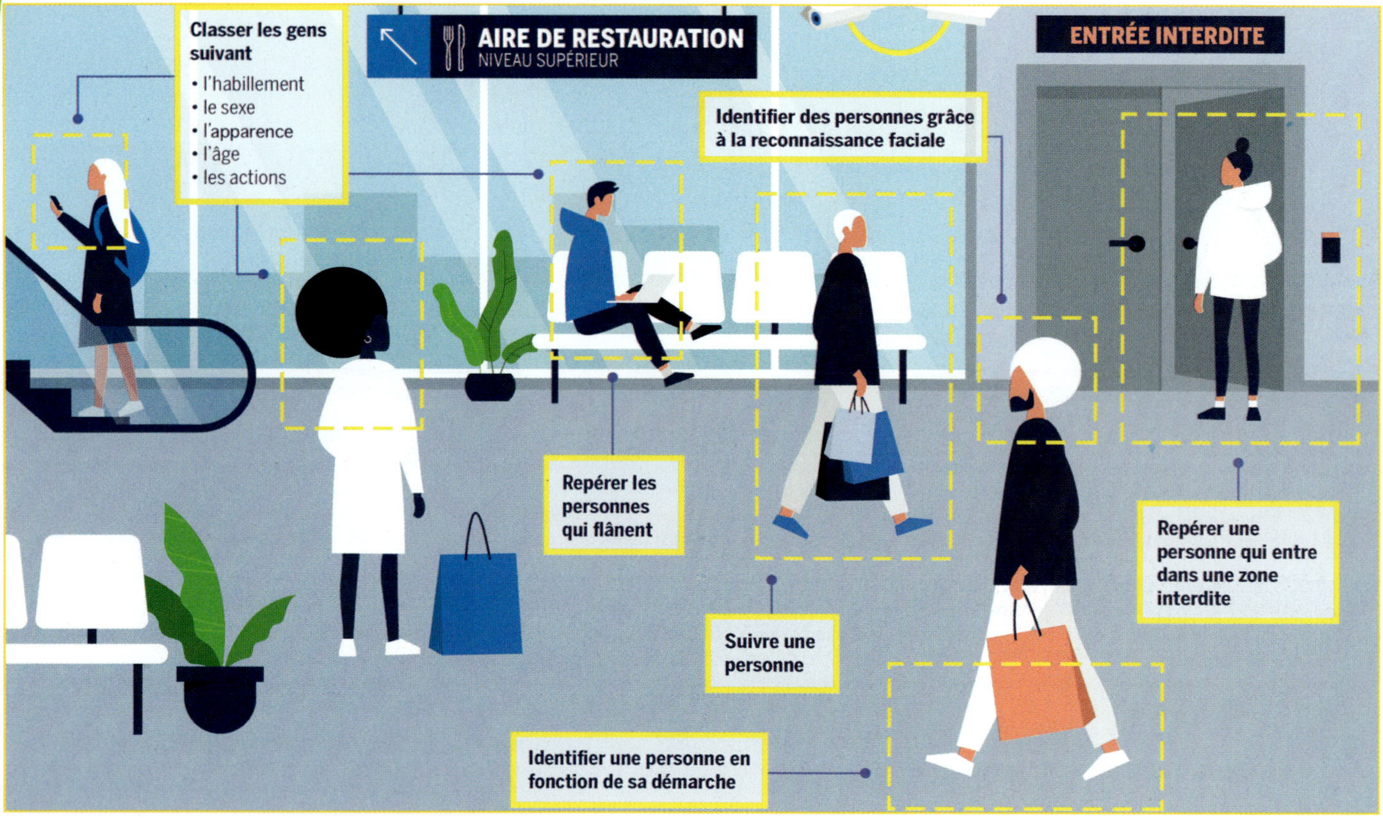

1 Ce que peut faire la vidéosurveillance

2 La vidéosurveillance, une mesure discutée

« Le conseil municipal du Blanc s'est réuni pour débattre de la mise en place d'une quarantaine de caméras de vidéosurveillance. Un projet à l'initiative du maire pour lutter contre la délinquance. Il en coûterait 200 000 euros à la commune. Le projet met directement à mal les libertés individuelles selon une élue d'opposition. "Quand on prend un verre en terrasse ou qu'on se promène, cela crée un malaise". La première adjointe au maire, en charge de la sécurité, tient à rassurer la population : "Seules quelques personnes seront autorisées à visionner les images et seulement sur réquisition du procureur". Ces caméras devraient également flouter les espaces privés. Elle pense que ce système viendra dissuader de potentiels délinquants. "Elles seront placées aux entrées de la ville et vers les monuments. Il y a aussi un city stade, donc ça permettra d'éviter les dégradations". L'opposition de répondre : "Des études du CNRS prouvent que cela ne protège de rien. Ça n'aiderait qu'à élucider 1 à 3 % des délits totaux". »

D'après Romane Sabathier, « Indre : la vidéo surveillance en question dans la commune rurale du Blanc », Francetvinfo.fr, 29 janvier 2021.

3 La reconnaissance faciale en question

« Pour respecter la vie privée et la dignité humaine, les députés européens demandent une interdiction permanente de la reconnaissance automatisée des individus dans les espaces publics, faisant remarquer que les citoyens ne devraient être surveillés que lorsqu'ils sont soupçonnés d'un crime ou d'un délit. La reconnaissance faciale est pourtant déjà fortement présente dans la vie courante avec par exemple la possibilité d'ouvrir son smartphone grâce à cette technologie. Le Parlement européen demande également d'interdire l'utilisation de bases de données privées de reconnaissance faciale et la police prédictive, basée sur des données comportementales. »

D'après Fabien Cazenave, « Intelligence artificielle et police : le Parlement veut éviter la surveillance de masse », *Ouest-France*, 6 octobre 2021.

4 Des caméras qui surveillent et rappellent à l'ordre

« "La police municipale vous demande de porter votre masque pour vous protéger et protéger les autres, sous peine de verbalisation. Merci". Depuis une semaine, trois caméras de surveillances parlantes ont été installées dans le centre-ville de Lunel. Injonction au port du masque, mais aussi au ramassage des déjections canines et autres déchets, la commune veut traquer les incivilités et les petites infractions. Trois caméras de surveillance combinées à des haut-parleurs sont reliées à un centre de contrôle géré par la police municipale. L'opérateur sélectionne un message déjà enregistré, appuie sur play et la voix est diffusée dans la rue. "Ensuite, soit ils font cesser l'infraction, soit on envoie la patrouille la plus proche", pour distribuer une amende de 135 euros. »

D'après le reportage « "Un peu trop Big Brother" : les caméras parlantes qui traquent les incivilités divisent à Lunel », Tf1info.fr, 14 mai 2021.

VIDÉO flashbelin.fr/hgemc5-337

Définitions

- La CNIL (Commission Nationale de l'Informatique et des Libertés) : créée en 1978, elle est chargée de veiller à la protection des données personnelles et au respect des droits et libertés dans le domaine informatique.
- L'incivilité : une parole ou action témoignant d'un manque de politesse ou de respect.
- La police prédictive : l'application des techniques de prévision et d'analyse des données à la prévention de la criminalité.
- Un procureur : un magistrat agissant au nom de la société, il reçoit les plaintes et est chargé de poursuivre une infraction en justice.

5 Informer la population

Un site sous vidéosurveillance doit être signalé et des informations doivent être précisées, respectant ainsi la loi et les conditions fixées par la CNIL.

Débat

Je découvre l'enjeu de la question

1. **Doc. 1 et 3** Que peuvent faire les caméras avec l'aide de l'intelligence artificielle ?
2. **Doc. 2** Qui est à l'origine du projet de vidéosurveillance ? Quel est son objectif ? Dans quelles conditions est-il possible d'avoir accès aux images ?
3. **Doc. 4** En quoi les caméras peuvent-elles servir à la prévention ?
4. **Doc. 1, 2, 3, 4** Pourquoi les caméras peuvent-elles être considérées comme une menace pour la vie privée ?
5. **Doc. 5** Pourquoi les populations doivent-elles être averties de la présence de caméras de surveillance ?

Je construis mon opinion

À l'aide des documents, relève les arguments qui te semblent les plus pertinents afin d'exprimer ton point de vue. Recopie et complète le tableau.

	Il faut généraliser la vidéosurveillance pour assurer la sécurité	Il ne faut pas généraliser la vidéosurveillance pour assurer la sécurité
Doc. 1	....	....
Doc. 2	....	....
Doc. 3	....	....
Doc. 4	....	....
Doc. 5	....	....

Nous débattons et nous concluons

→ Notez les arguments des autres élèves pendant le débat.

→ Quelles conclusions pouvez-vous tirer des échanges avec vos camarades ?

ÉTUDE

5 Sécurité routière : le rôle de la prévention et de la loi

➡ Comment la prévention et la loi permettent-elles d'assurer la sécurité routière ?

1 Le difficile partage de la route

Circuler à vélo sur un trottoir ou sur une voie réservée (tram, bus) est passible d'une amende forfaitaire de 135 euros.

2 Préparer l'ASSR

« Les attestations ASSR 1 et ASSR 2, délivrées au collège en 5e et 3e, portent sur la connaissance des risques et des règles applicables pour chacun des types d'usagers : piéton, cycliste, cyclomotoriste, passager d'une voiture, futur automobiliste. Elles font partie intégrante de l'enseignement obligatoire et permettent de vérifier les connaissances de sécurité routière progressivement acquises tout au long de la scolarité. L'ASSR 1 ou l'ASSR 2 permettent de s'inscrire à la formation du brevet de sécurité routière (BSR). »

D'après « Attestation scolaire de sécurité routière (ASSR) », securite-routiere.gouv.fr, site consulté en janvier 2022.

ESR Éducation Sécurité Routière

3 Une journée « sécurité routière » organisée au collège

« La préfecture a organisé une journée autour de la sécurité routière. Pompiers, équipe du SAMU et gendarmes, la préfecture n'a pas hésité à mobiliser tous les services liés au secours. Le moment fort de la journée était sans nul doute un accident opposant scooter et automobile mis en scène par un cascadeur professionnel. Une mise en scène qui se voulait être la plus proche possible de la réalité, pour marquer les esprits des élèves, habitués à circuler à vélo ou à deux-roues. Il faut parfois mettre les élèves face à une réalité qui peut être tragique pour qu'ils adoptent le bon comportement. Le matin, les élèves avaient suivi des ateliers, notamment sur les gestes de premiers secours ou sur les addictions. "Il faut en faire des citoyens acteurs et actifs de leur propre sécurité et des usagers de la route responsables. On voit bien l'effet de sidération au moment de l'accident. Le réalisme de la scène leur fait sans doute mieux prendre conscience des dangers réels qu'ils encourent dès qu'il y a un manque d'attention", précise le directeur académique. »

D'après « La sécurité au cœur du collège du Pinier », Lanouvellerepublique.fr, 16 octobre 2018.

4 Une affiche de prévention

Cette affiche a gagné le challenge inter-collèges sur les dangers de la route organisé dans le Doubs en 2019.

Définition

• Le Code de la route : l'ensemble des lois et règlements s'appliquant aux usagers des voies publiques.

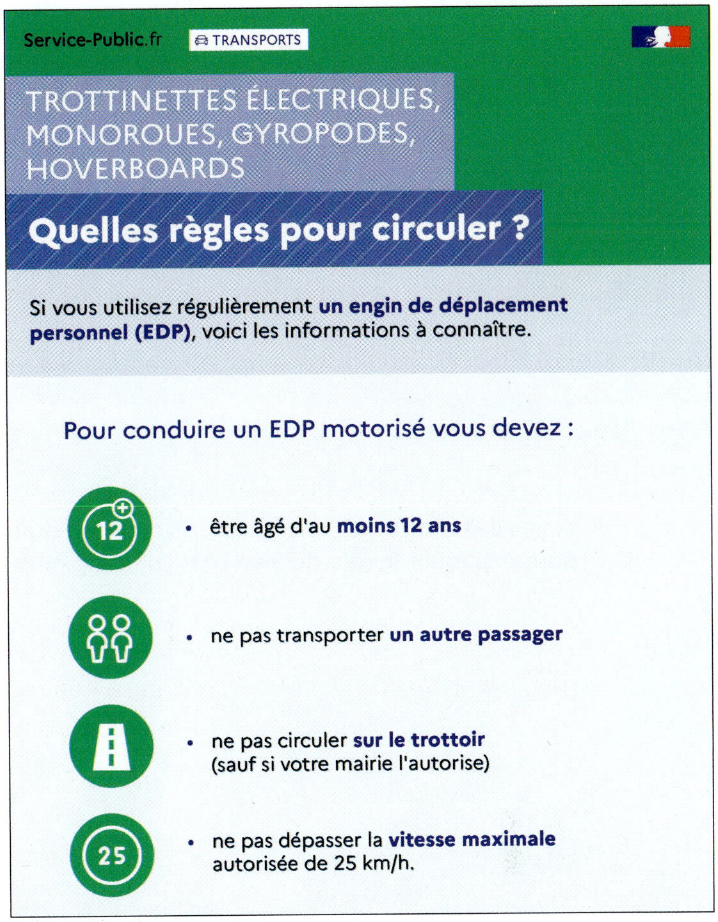

5 Des lois qui évoluent avec les usages de la route

Selon le Code de la route, un utilisateur de rollers, skateboard ou trottinette (sans moteur) est considéré comme un piéton et doit rouler sur le trottoir. Les engins de déplacements électriques (trottinette électrique, hoverboard, gyropode, monoroue) doivent circuler sur la piste cyclable lorsqu'elle existe.

Je travaille en groupe

Oral

ÉTAPE 1: Chaque groupe travaille sur l'un des deux thèmes ci-dessous.

ÉTAPE 2: Chaque groupe présente ensuite son travail à l'oral.

Groupe 1 Comprendre l'importance de la prévention dans la sécurité routière

1. **Doc. 4** Décrivez l'affiche et expliquez son message. Par qui a-t-elle été réalisée ? À qui s'adresse-t-elle ?
2. **Doc. 3** Qui organise cette journée ? Qui y participe ? Quel est l'objectif ?
3. **Doc. 1** À qui est destinée cette infographie ? Avec qui les cyclistes sont-ils amenés à partager la route ?
4. **Doc. 2** À quoi sert l'ASSR ?

Groupe 2 Comprendre le rôle de la loi

1. **Doc. 1 et 5** Quels sont les différents modes de déplacement présentés ici ? En quoi cela peut-il être une source de danger ?
2. **Doc. 1** À l'aide d'un exemple précis, montrez que le Code de la route protège les usagers et punit les infractions à la loi.
3. **Doc. 5** Pourquoi la loi doit-elle prendre en compte le développement de nouveaux moyens de transport ?
4. **Doc. 2** Pourquoi est-il important de disposer de l'ASSR ?

Temps fort

6 Je participe à un exercice de PPMS au collège

➥ Comment les élèves se préparent-ils aux risques majeurs au collège ?

Tâche complexe — Oral

Je prépare une présentation orale pour le PPMS

Avec tes camarades, prépare une présentation orale que vous ferez aux élèves de 6e pour expliquer le rôle du Plan particulier de mise en sûreté (PPMS) au collège.

Situation en 1950

La crue du cours d'eau représente **l'aléa**. Les habitations sont à l'abri, sauf crue exceptionnelle. Il n'y a pas de risque majeur.

Situation aujourd'hui

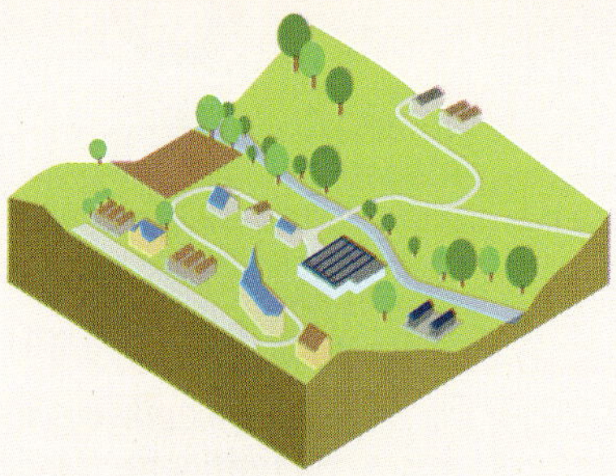

Le cours d'eau a été canalisé. De nouvelles habitations, des installations agricoles, industrielles ou commerciales ont été construites. Elles constituent **l'enjeu**.

Risque encouru

L'aléa menace la population, les biens et l'environnement. Les dégâts que provoquerait une crue sont très importants. On parle ici de **risque majeur**.

1 La vulnérabilité face aux risques

2 Un exercice PPMS au collège Jean Jaurès à Évreux

« À 10 heures, l'alerte a été déclenchée depuis le bureau du principal. L'objectif d'un PPMS est de prévenir les menaces, de permettre une réaction rapide des élèves et de tout le personnel, soit environ 800 personnes. Ce plan est préparé en amont. "Chaque salle de classe indique une zone de confinement, donc chaque élève peut très bien regarder l'affiche dans la salle de classe pour aller rejoindre une zone de confinement" explique le principal. Cette année, ils devaient faire face à une tempête entraînant un confinement. "On essaie de tester des réflexes, que si de tels évènements se produisaient, les différents acteurs puissent maîtriser leur comportement, qu'il n'y ait pas de panique". C'est une obligation, chaque établissement doit établir un PPMS dans le but d'assurer la sauvegarde des personnes présentes en attendant l'arrivée des secours ou le retour à une situation normale. »

D'après un reportage France 3 Normandie, 15 octobre 2018.

VIDÉO flashbelin.fr/hgemc5-340

Définitions

- Un **aléa** : un événement potentiellement dangereux et en partie imprévisible. Il peut être d'origine naturelle ou humaine.
- Un **enjeu** : l'ensemble des personnes et des biens susceptibles d'être affectés par l'aléa.
- Un **PPMS** (plan particulier de mise en sûreté) : en application des directives des autorités, il assure la sécurité des personnes présentes dans le collège en cas d'accident lié un risque majeur.
- La **vulnérabilité** : la plus ou moins grande fragilité d'une société face à un risque.

3 Face au risque d'attentat

Le PPMS risques naturels et industriels est adapté aux risques auxquels l'établissement est le plus exposé. Le PPMS attentat-intrusion nécessite que les acteurs analysent eux-mêmes la situation pour déterminer l'attitude adaptée : rester caché pendant une durée déterminée, s'échapper vers un lieu identifié ou barricader les accès.

4 La responsabilité des élèves

« L'article L. 721-1 du code la sécurité intérieure prévoit que toute personne concourt par son comportement à la sécurité civile.
En fonction des situations auxquelles elle est confrontée et dans la mesure de ses possibilités, elle veille à prévenir les services de secours et à prendre les premières dispositions nécessaires. »

D'après « Un continuum éducatif indispensable et obligatoire - premiers secours et gestes qui sauvent », eduscol.education.fr, août 2021.

« **Art. L. 312-13-1.** Tout élève bénéficie, dans le cadre de sa scolarité obligatoire, d'une sensibilisation à la prévention des risques et aux missions des services de secours ainsi que d'un apprentissage des gestes élémentaires de premier secours. »

Code de l'éducation.

5 La formation aux premiers secours

La formation PSC1 (Prévention et secours civiques de niveau 1) est dispensée par l'infirmier(ère) scolaire, la Croix Rouge, la Sécurité civile ou les pompiers. Grâce à cette formation, les élèves apprennent à réagir face à des situations de la vie quotidienne : malaises, traumatismes, étouffement, hémorragies, perte de connaissance, arrêt cardiaque, etc.

Coup de pouce

- Expliquez les termes suivants à l'aide du **doc. 1** : aléa, enjeu et risque majeur.
- Expliquez dans quel cas on peut parler de risque majeur (**doc. 1**).
- Présentez ce qu'est un PPMS : le déroulement, son but, les réflexes à adopter (**doc. 2**).
- Quels sont les réflexes à adopter dans le cadre d'un PPMS attentat-intrusion (**doc. 3**) ?
- Montrez que chacun est responsable de sa sécurité et participe à celle des autres par sa connaissance des règles de sécurité et des premiers secours (**doc. 4 et 5**).

Pour faire votre présentation

- Notez au brouillon les informations essentielles (ne rédigez pas toute votre présentation).
- Veillez à bien articuler, à regarder votre public, à ajouter du rythme pour rendre votre présentation plus vivante.

COURS

Sécurité et risques majeurs

Quel est le rôle de l'État et des citoyens dans la gestion des risques?

COURS audio
flashbelin.fr/hgemc5-342

1 Sécurité et rôle des pouvoirs publics

• La sécurité relève de la **responsabilité de l'État** qui dispose d'une **force publique**. La police et la gendarmerie remplissent des missions de prévention, de protection, de répression et de maintien de l'ordre public. En cas de crise majeure, l'État fait appel à la **sécurité civile** pour organiser les secours.

• Pour assurer la sécurité dans l'espace public, les municipalités utilisent aussi la **vidéosurveillance**. Les conditions d'utilisation sont encadrées, notamment par la **CNIL**, mais certains opposants dénoncent l'omniprésence des caméras et leur utilité réduite dans la lutte contre les délits.

2 Risques majeurs et responsabilité des pouvoirs publics

• Un **risque majeur** est d'origine naturelle (séisme, inondation...) ou humaine (accident industriel, attentat...). Il se caractérise par sa **faible fréquence** et une **gravité potentiellement importante** pour les populations et les installations humaines.

• Faute d'éviter les risques, il est possible d'en réduire les effets. L'État et ses représentants sont des acteurs de la **gestion des risques**. Le **préfet**, au niveau du département, et le **maire**, au niveau de la commune, sont chargés d'informer les habitants des risques auxquels ils sont soumis par l'intermédiaire du PPR et du **DICRIM** et de prévoir des mesures de protection pour les réduire.

3 Des citoyens engagés et responsables

• Les citoyens peuvent participer à l'organisation des secours. Ils ont la possibilité d'être **bénévole** de la **Protection civile** ou d'être **pompier volontaire**. Au collège, les élèves sont sensibilisés aux dangers de la route et doivent passer l'**Attestation scolaire de sécurité routière** (ASSR) niveau 1 et 2.

• Face aux risques majeurs, une population est moins vulnérable si elle a de bonnes connaissances des risques et de la conduite à tenir en cas d'accident majeur. Les collégiens prennent connaissance des risques auquel le collège est exposé et des consignes de sécurité en cas de crise en participant au **PPMS**. Ils ont également l'opportunité de suivre la **formation PSC1**.

• Le PPR (plan de prévention des risques): le document réalisé par l'État qui réglemente l'utilisation des sols en fonction des risques auxquels ils sont soumis.

Pour réviser

Je vérifie que je suis capable de...

Définir
- → un risque majeur
- → la sécurité civile
- → la force publique
- → un PPMS
- → le DICRIM

Présenter
- → une catastrophe naturelle: ses origines, son déroulement et ses conséquences
- → des arguments pour et contre l'utilisation de la vidéosurveillance

Expliquer
- → comment l'État assure la protection des personnes et des biens
- → comment les citoyens peuvent agir face aux risques majeurs
- → ce qu'est un comportement responsable sur la route
- → comment les collégiens peuvent s'impliquer dans la gestion des risques majeurs

1 Je révise le vocabulaire

Recopie les propositions suivantes en reliant chaque mot ou expression à la définition qui lui correspond.

- Un risque majeur
- La force publique
- Un PPMS
- Un aléa
- Le DICRIM
- La sécurité civile

- L'ensemble des personnes chargées du maintien de l'ordre.
- Un événement d'origine naturelle ou humaine, peu fréquent mais grave, dont les effets peuvent menacer la population et occasionner des dommages importants.
- Un dossier d'information sur les risques majeurs, destiné à l'information de la population.
- En application des directives des autorités, il assure la sécurité des personnes présentes dans le collège en cas d'accident lié un risque majeur.
- Un événement potentiellement dangereux et en partie imprévisible. Il peut être d'origine naturelle ou humaine.
- L'ensemble des moyens et des personnes chargés par l'État de protéger les citoyens.

EXERCICE interactif
flashbelin.fr/hgemc5-343

2 Je découvre l'engagement des cadets de la République

1. **Quelle formation suivent Amandine et Jarod ?**
2. **Pour quelles raisons ? Qu'apprennent-ils ?**
3. **Comment Amandine envisage-t-elle de poursuivre son engagement bénévole ?**
4. **Comment, en tant que collégien, peux-tu t'engager pour la sécurité de tous ?**

« Ils sont une quinzaine dans le gymnase du collège. Tous en uniforme. Tous volontaires et tous en cinquième. Ils sont encadrés par le sergent-chef Wasil, volontaire lui aussi, depuis trois ans pour s'occuper de ce dispositif national, créé après les attentats du 13 novembre 2015. Gestes de premiers secours, assistance lors d'alertes incendies… Les jeunes collégiens apprennent ce samedi matin à marcher au pas. “Depuis que je suis toute petite, je suis passionnée par les sapeurs-pompiers, alors j'ai voulu devenir cadet de la sécurité civile. Après, pourquoi pas continuer pour devenir jeune sapeur-pompier”, explique Amandine. Jarod, lui, aimerait devenir médecin généraliste plus tard : “J'aime savoir comment agir en cas de feu, de tremblement de terre”. Et puis, il y a cet uniforme qu'il porte : “Je ne sais pas trop comment l'expliquer. C'est un uniforme, il faut le respecter”. »

Pierre-Louis Curabet Pawlak, « À Bruay-la-Buissière, des collégiens s'engagent au nom des valeurs républicaines », *La Voix du Nord*, 24 novembre 2019.

3 Je me renseigne sur les risques dans ma commune

→ Connecte-toi sur le site Georisques.gouv.fr puis clique sur l'onglet « Connaître les risques près de chez moi » puis « Une commune » et entre le nom de ta commune. Dans la fenêtre « Les risques majeurs recensés sur la commune », clique sur « Voir tous les risques ».

1. **Quel logo reconnais-tu en haut à droite de la page ? Qu'est-ce que cela signifie ?**
2. **Relève les risques auxquels ta commune est exposée.**

→ Recherche le DICRIM de ta commune. Télécharge-le depuis la fenêtre « L'information préventive » ou tape dans un moteur de recherche « DICRIM » associé au nom de ta commune. Sinon, tu peux également le rechercher sur le site Internet de la mairie de ta commune.

3. **Décris la conduite à tenir face à ces risques en cas de crise.**
4. **Présente à l'oral la synthèse de ton travail.**

SITE internet
flashbelin.fr/hgemc5-343

18 Responsables et engagés pour protéger l'environnement

ÉTUDE

1 Tous concernés par le changement climatique

➡ Comment s'organise la lutte contre le changement climatique ?

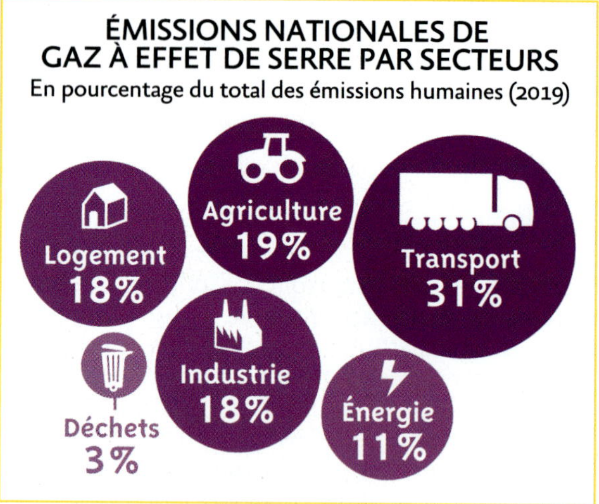

1 Activités humaines et gaz à effet de serre (GES) en France

Les gaz à effet de serre (GES) sont indispensables à la vie sur Terre (sans GES, la température serait de -18 °C). Aujourd'hui, c'est leur trop grande présence dans l'atmosphère qui pose problème et provoque le réchauffement climatique.

2 Des villes qui luttent contre le changement climatique

« "Nous travaillons sur la place de l'eau à l'échelle de la ville", informe Daniel Bessiron, adjoint au maire au développement durable à la mairie d'Échirolles. "Les fontaines, qui sont des lieux de rafraîchissement, mais aussi les fontaines à eau qui permettent de se désaltérer. Ce qui prime aujourd'hui, c'est aussi de minimiser la place du minéral pour agir sur les îlots de chaleur urbains (ICU)[1], de faire en sorte de diminuer les répercussions de la chaleur remontant du sol. Pour cela, nous souhaitons faire des parkings autrement qu'en bitume. Également, revégétaliser chaque fois que nous le pourrons. Si de longue date Échirolles travaille sur l'embellissement et la protection de son cadre de vie, elle s'attelle également depuis plusieurs années à devenir un territoire résilient face aux changements climatiques. L'adaptation au climat est devenue un axe majeur de son plan d'action." »

D'après Françoise Pizelle, « La Ville lance des actions pour lutter contre les îlots de chaleur », *Le Dauphiné*, 28 août 2019.

1. Quartier d'une ville dans lequel les températures sont plus élevées que dans les secteurs environnants.

Températures
Objectif 2100
- Contenir le réchauffement en dessous de 2°C
- Poursuivre l'action menée pour limiter l'élévation des températures à 1,5°C

Objectif d'émissions
Objectif 2050
- Plafonnement des émissions des GES dans les meilleurs délais

Financement
2020-2025
- Les pays riches doivent fournir 100 milliards de dollars par an à partir de 2020

Partage des efforts
- Les pays développés doivent apporter des ressources financières pour aider les pays en développement

Adoptée en 1992 lors du Sommet de la Terre de Rio, la **Convention-cadre des Nations unies sur les changements climatiques (CCNUCC)** a pour objectif de limiter l'impact des activités humaines sur le climat.

→ Les pays membres de la CCNUCC se réunissent tous les ans pour la **Conférence des Parties (COP)** au cours de laquelle sont prises des décisions majeures concernant la lutte contre le changement climatique.

3 L'Accord de Paris (2015) face au changement climatique

En 2015, lors de la COP 21, l'Accord de Paris a été signé. Il engage les États signataires dans la lutte contre le changement climatique.

Définitions

- Le changement climatique : la modification durable du climat, notamment sous l'effet des activités humaines.
- Une COP (Conférence des Parties) : l'assemblée générale de tous les pays membres de la Convention-cadre des Nations unies sur les changements climatiques.
- Les gaz à effet de serre : les gaz comme le CO_2, le méthane ou l'ozone qui se concentrent dans l'atmosphère et sont responsables de l'augmentation de la température de la planète.

4 Les citoyens mobilisés pour la marche mondiale pour le climat

Des lycéens et étudiants manifestent à Paris en 2019 lors de la marche pour le climat, inspirée du mouvement *Fridays for Future* (Vendredi pour le futur) lancé par la jeune Suédoise Greta Thunberg en 2018.

5 Des pétitions pour faire valoir ses revendications

En 2021, l'association WWF a lancé une pétition en ligne pour demander à la France de faire voter une loi européenne interdisant la vente de produits liés à la déforestation.

Activité A

Je présente les acteurs de la lutte contre le changement climatique et leurs moyens d'action

1. **Doc. 1** Quelles sont les activités humaines à l'origine de l'augmentation des rejets de gaz à effet de serre ?
2. **Doc. 3** Qui participe à une COP ? Quels sont les objectifs de l'Accord de Paris concernant la hausse des températures ? Montre que l'Accord de Paris se veut solidaire avec les pays pauvres.
3. **Doc. 2** Contre quel phénomène lié au réchauffement climatique la ville d'Échirolles s'engage-t-elle ?
4. **Doc. 5** Que réclame cette association ? À qui s'adresse-t-elle ? Quelle forme d'engagement propose-t-elle ?
5. **Doc. 4 et 5** De quelle manière les citoyens peuvent-ils s'engager pour le climat ?

Activité B Oral

Je m'interroge sur le rôle de chacun dans la lutte contre le changement climatique

À l'aide des documents, prépare un oral d'une à deux minutes pour expliquer à quel niveau doit être menée, selon toi, la lutte contre le changement climatique.

Coup de pouce

→ Explique quelles sont les principales activités émettrices de gaz à effet de serre (**doc. 1**).
→ Définis le rôle et les actions de chacun : états (**doc. 3**), villes (**doc. 2**), associations et citoyens (**doc. 4 et 5**).
→ Quel acteur peut améliorer ou renforcer ses actions selon toi ? Pourquoi ?

ÉTUDE

2 L'environnement, un engagement au quotidien

Comment peut-on s'engager au quotidien en faveur de l'environnement ?

Je prends une douche (80 litres d'eau pour une douche de 5 minutes) **plutôt qu'un bain** (150 à 200 litres d'eau).

Je ne laisse pas le robinet ouvert, y compris lorsque je me lave les dents (12 litres d'eau/minute).

J'attends que la machine à laver soit pleine pour lancer un programme (90 litres d'eau/lessive).

Je récupère l'eau de pluie pour arroser les fleurs du jardin (15 à 20 litres d'eau pour arroser 4 jardinières).

1 Les bons réflexes pour économiser l'eau

2 Consommer les vêtements de façon responsable

« La mode génère plus d'1,2 milliard de tonnes de gaz à effet de serre par an, soit plus que le trafic maritime et les vols internationaux réunis. Le secteur textile est ainsi le cinquième plus gros émetteur de gaz à effet de serre et l'une des industries les plus polluantes au monde. Et le phénomène aujourd'hui bien connu de la *fast fashion*, ou « mode jetable » et l'essor du e-commerce ont fortement contribué à cette évolution. 50 à 70 % de notre garde-robe seraient inutilisés ! Faire du tri régulièrement vous permettra de redécouvrir des vêtements oubliés. Pensez au don pour les textiles en bon état dont vous ne voulez plus, vous ferez des heureux(ses). Il existe maintenant une multitude de magasins de seconde main dans le secteur de l'habillement : ressourceries ou friperies de proximité, applications ou sites Internet… De bons réflexes peuvent aussi permettre de réduire facilement l'impact de ses achats : évitez les matières synthétiques et privilégiez des tissus comme le lin, le chanvre ou le coton issus de l'agriculture biologique. Pensez aux fibres recyclées, du coton issu du recyclage d'un jean, ou de la matière polaire provenant de polyester et bouteilles plastiques recyclées par exemple. »

D'après, « L'épopée du textile, partie 1 : du champ à la boutique », *France Nature Environnement* (fne.asso.fr), 26 février 2021.

En France
10 millions de tonnes de gaspillage alimentaire par an
29 kg - 108 euros par personne et par an

Manger plus de légumineuses (rejettent moins de GES)

Acheter des produits locaux et de saison

Éviter la consommation de produits transformés et de plats préparés

Consommer des produits Bio et de qualité (AOC…)

Manger des produits esthétiquement imparfaits, privilégier le goût à l'aspect

3 S'alimenter de façon plus durable

4 Vie numérique : changer ses comportements

5 Repenser sa consommation de plastique

« Un bon moyen de freiner la déferlante plastique ? Se passer des emballages jetables. L'achat de produits en vrac, sans aucun emballage, semble être la meilleure solution. Céréales, riz, pâtes, aromates, biscuits, bonbons, lessive, nettoyants ménagers ; les distributeurs gagnent du terrain dans les magasins. Et c'est encore moins de déchets si on apporte ses propres contenants (pochons en tissu, sacs en papier réutilisés...). Les commerces de bouche (fromagers, traiteurs...) acceptent de plus en plus les emballages personnels de leurs clients. Quand l'achat en vrac n'est pas possible, il vaut mieux privilégier les bocaux en verre ou les boîtes de conserve, car ces contenants se recyclent nettement mieux que les emballages plastiques. »

D'après le guide *Le paradoxe du plastique en 10 questions*, ADEME, septembre 2021.

Je travaille en groupe

Oral

ÉTAPE 1 : Chaque groupe travaille sur l'un des deux thèmes ci-dessous.

ÉTAPE 2 : Chaque groupe présente ensuite son travail à l'oral.

Groupe 1 Comprendre comment limiter la consommation de ressources

1. **Doc. 1** Citez deux gestes pour économiser l'eau. Quelle économie pouvez-vous réaliser ?
2. **Doc. 5** Citez trois gestes que l'on peut faire pour consommer moins de plastique.
3. **Doc. 2** Comment peut-on s'habiller tout en consommant moins de ressources naturelles ?
4. **Doc. 4** Comment peut-on limiter la consommation de ressources et d'énergie dans les usages du numérique ?
5. **Doc. 3** Combien de tonnes représente le gaspillage alimentaire en France ? Pourquoi peut-on dire que cela représente une part importante de la consommation des ressources ?

Groupe 2 Comprendre comment limiter ses déchets

1. **Doc. 1** Citez deux gestes qui permettent de limiter les rejets d'eaux usées.
2. **Doc. 5** Citez trois gestes qui permettent de jeter moins de plastique à la poubelle.
3. **Doc. 2** Comment peut-on donner une seconde vie aux vêtements ?
4. **Doc. 4**. Comment peut-on limiter les déchets liés à la consommation du numérique ?
5. **Doc. 3** Quelles sont les solutions pour lutter contre le gaspillage alimentaire ?

Temps fort

3 Je participe à la Journée mondiale de l'environnement

➡ Comment peut-on s'engager au collège pour préserver l'environnement ?

Tâche complexe

Je propose un programme d'actions pour l'environnement

Depuis 1974, la Journée mondiale de l'environnement est célébrée chaque année le 5 juin. Elle a pour but d'inciter les gouvernements, les entreprises et les citoyens à s'attaquer aux problèmes environnementaux. À l'aide des documents et avec tes camarades, propose un programme d'actions à mettre en œuvre dans votre collège pour cette journée.

1 Le témoignage d'une élève éco-déléguée

« Cela fait deux ans que je suis éco-déléguée dans mon collège. J'ai décidé de m'engager pour sauver la planète car elle est en danger. Mon rôle d'éco-déléguée consiste à faire le lien entre l'écologie et les élèves pour qu'ils prennent conscience qu'il faut agir au quotidien. Nous sommes une dizaine d'éco-délégués et nous avons une réunion chaque semaine. Les actions que l'on fait au collège sont le recyclage du papier avec des boîtes en carton installées dans chaque classe. Nous avons également participé à, la création d'un potager et d'un compost. Pour Noël, nous avons décidé de recycler les canettes de soda du distributeur en fabriquant un sapin écologique. »

Témoignage de Laura, 12 ans, éco-déléguée en classe de 5e dans un collège d'Aix en Provence (13).

2 Lutter contre la pollution

Des collégiens participent au ramassage des déchets à Nantes, en 2020.

3 Des collégiens investis pour l'environnement

« Ici, nous recyclons les objets du collège, des stylos, des tubes de colle, des téléphones portables usagés qui sont triés et recyclés puis vendus au profit d'une association humanitaire. Nous récoltons aussi des feuilles de papier usagé avec lesquelles nous faisons des cahiers de brouillon pour les élèves. Nous utilisons les déchets de la cantine pour faire du compost et après nous utilisons le compost pour nourrir le jardin. Il y a un an nous avons reçu trois ruches. Nous les avons placées dans une zone de biodiversité. »

D'après un reportage vidéo du département de l'Essonne, « Des écos-délégués engagés pour l'environnement », collège Gérard Philippe de Massy (91), 2019.

VIDÉO en ligne
flashbelin.fr/hgemc5-348

4 Utiliser des fournitures scolaires qui préservent la planète

Définitions

• Un(e) **éco-délégué(e)** : un(e) représentant(e), en collège ou en lycée, chargé(e) de sensibiliser et mobiliser les élèves à la protection de la biodiversité et de l'environnement.

• Le **label E3D** (Établissement en Démarche de Développement Durable) : un label octroyé aux établissements scolaires qui mettent en œuvre des actions concrètes pour protéger l'environnement et éveiller les consciences.

• Les **Objectifs de développement durable** : adoptés en 2015 par l'Organisation des Nations unies (ONU), les 17 Objectifs de développement durable (ODD) ont pour but d'éradiquer la pauvreté, de protéger la planète et d'assurer la paix.

• Le **recyclage** : la récupération des déchets pour les réutiliser ou fabriquer de nouveaux produits après tri et traitement.

5 Un collège labellisé E3D

« Labellisé E3D pour la sixième année consécutive, le collège D. Moustier de Gréasque fait figure d'exemple parmi les établissements les plus engagés en matière de développement durable. Lors du Congrès mondial de la nature[1] qui s'est tenu à Marseille en 2021, il s'est vu remettre officiellement le label "E3D", au même titre que 42 autres établissements des Bouches-du-Rhône. Grâce à l'équipe éducative et à la détermination des 900 élèves, de nombreux projets concrets, qui répondent aux Objectifs de développement durable fleurissent tout au long de l'année. "Il ne s'agit pas uniquement de réaliser de petites actions pour protéger l'environnement. Au-delà du tri des déchets, de l'entretien des jardins, des arbres fruitiers ou de l'hôtel à insectes, nous initions également des collectes pour les plus démunis et incitons les jeunes à prendre de bonnes habitudes alimentaires. Solidarité, santé, écologie, nous sommes dans une démarche vertueuse globale", précise Marc Laurent, principal du collège. »

D'après « À Gréasque, des collégiens éco-responsables », magazine *Accents de Provence*, 8 novembre 2021.

1. Congrès international se tenant tous les 4 ans et permettant de mobiliser des milliers d'acteurs de la protection de la biodiversité du monde entier.

Coup de pouce

→ Listez les opérations déjà mises en place dans votre collège.

→ Relevez les actions citées dans les documents (**doc. 1 à 5**). Identifiez celles qui vous semblent faciles à mettre en place dans votre collège.

→ Choisissez trois opérations que vous souhaiteriez mettre en place.

Pour réaliser votre projet

→ Pour chaque opération, listez les acteurs à mobiliser (élèves, professeurs, agents…)

→ Identifiez le matériel nécessaire et le lieu où se déroulera chaque opération.

→ Expliquez le fonctionnement de l'opération, ses objectifs, ce que vous en attendez.

→ Entraînez-vous à présenter votre projet à l'oral : à vos camarades, au principal, aux parents d'élèves…

4 S'informer pour agir contre le réchauffement climatique

Comment s'informer sur le réchauffement climatique ?

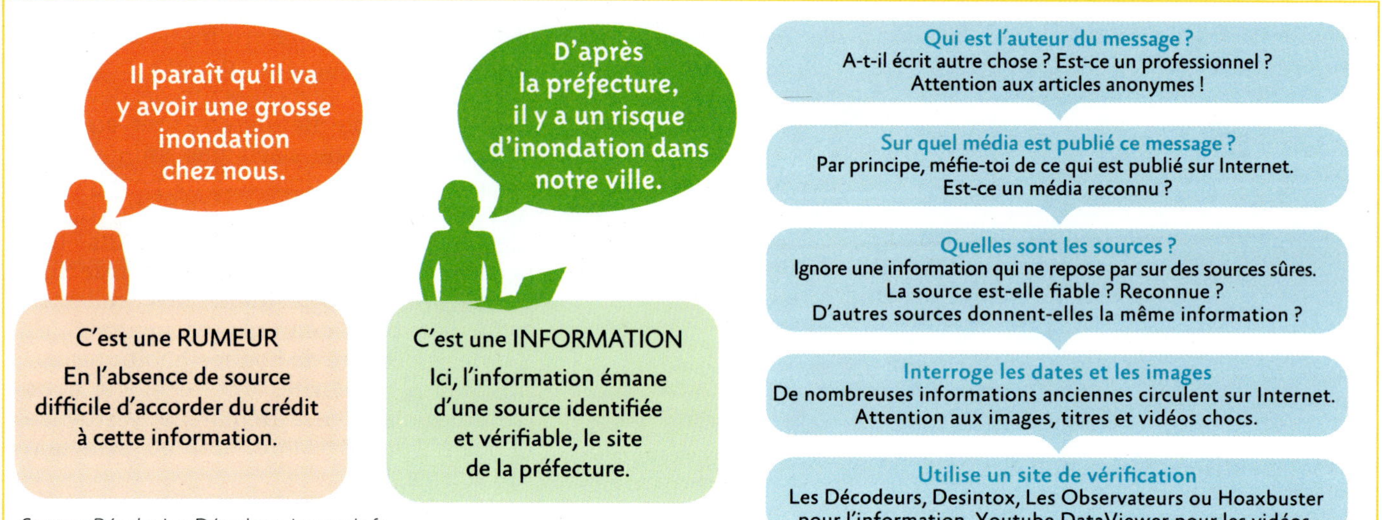

Source : *Décodex*, Les Décodeurs, Lemonde.fr.

1 Distinguer information et rumeur

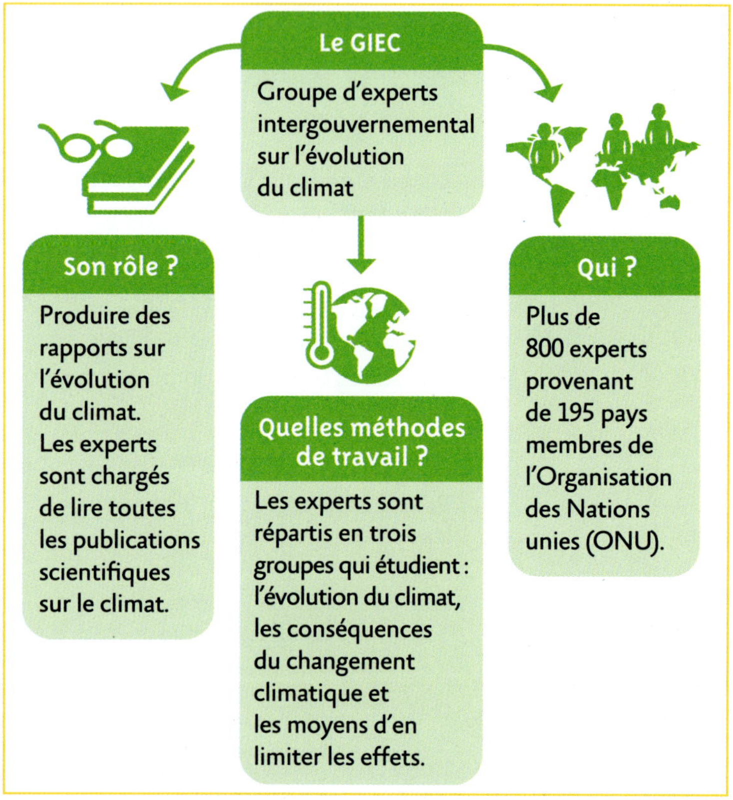

2 Informer les citoyens et les États, le rôle du GIEC

3 Internet alimente la confusion entre information et opinion

« Internet a démocratisé la création et la diffusion de l'information, mais a aussi profondément changé la perception de sa crédibilité. Alors que les médias traditionnels étaient un gage de qualité et de sérieux, les lecteurs ont largement perdu la confiance qu'ils leur accordaient au profit d' "influenceurs". Un nombre toujours croissant de nos concitoyens s'informent grâce aux réseaux sociaux. Mais une étude récente montre aussi que les informations fausses se propagent plus vite et plus loin sur Twitter. Et elle révèle que Facebook met en avant les informations provoquant des réactions émotives, au détriment d'articles faisant appel à la réflexion. Le partage d'information en ligne favorise les positions les plus extrêmes au sein de la société et nourrit la confusion. Aux États-Unis, par exemple, la moitié de la population ignore ainsi que le changement climatique actuel est d'origine humaine. »

D'après Emmanuel M. Vincent, « La chasse aux *fake news*, c'est aussi bon pour le climat », *La Tribune*, 30 avril 2018.

4 Détourner l'information scientifique pour produire des *fake news*

« La NASA admet que les changements climatiques sont dus aux modifications de l'orbite terrestre, et non aux 4x4 ou aux combustibles fossiles, titre un article erroné, partagé sur Facebook plus de 9 000 fois et plus de 700 fois sur Twitter depuis le 26 septembre 2019. L'article s'appuie sur des graphiques d'une publication de la NASA datant de 2000 et supposés prouver que les variations d'angles de l'orbite terrestre durant des milliers d'années expliquent à elles seules le réchauffement climatique. Mais les modifications de l'orbite terrestre sont totalement microscopiques à l'échelle de quelques milliers d'années. En quelque 100 000 ans, cela pourrait entraîner un changement de température de 2 degrés Celsius. "Actuellement, nous faisons face à un changement de 1,1 degré Celsius en 100 ans, soit 500 fois plus rapide", précise Shaun Lovejoy, professeur de Physique à l'université McGill, au Canada. À aucun moment la publication de la NASA, utilisée par les auteurs de cet article erroné, ne nie le fait que les humains ont un impact sur le changement climatique. »

D'après AFP Canada, « Non, la NASA n'a pas admis que le changement climatique est dû aux modifications de l'orbite terrestre », Factuelafp.com, 13 novembre 2019.

Définitions

- Un **climatosceptique** : une personne qui conteste ou minimise l'impact des activités humaines sur le réchauffement climatique.
- Les ***fake news*** : de fausses informations, bénéficiant le plus souvent d'une large diffusion dans les médias, notamment sur Internet et les réseaux sociaux.
- Le **réchauffement climatique** : l'augmentation des températures relevées à la surface du globe et observées sur une longue période. Il est une conséquence du changement climatique.
- Une **rumeur** : une information non vérifiée qui se répand rapidement.

5 Météo et climat, les faux amis

VIDÉO en ligne
flashbelin.fr/hgemc5-351

« Le premier argument des climatosceptiques consiste à dire que la météo ne change pas, et qu'il fait encore froid tous les ans. Donc la planète ne se réchauffe pas. Cet argument peut être entendu dans certains médias et à l'étranger aussi, comme avec Donald Trump. Le climat et la météo sont deux choses très différentes. Selon la NASA, la différence entre la météo et le climat, c'est la mesure du temps. La météo est à court terme, c'est le temps qu'il fait aujourd'hui ou demain. Le climat est une tendance très longue sur plusieurs dizaines d'années. Les tempêtes de neige ne sont pas incompatibles avec un climat plus chaud. Le réchauffement climatique pourrait même être la cause de ces tempêtes car il provoque plus d'humidité dans l'air et plus de pluies extrêmes. »

D'après une vidéo HugoDécrypte, « Le changement climatique est un mensonge », 2020.

Activité A

Je fais preuve d'esprit critique face à l'information

1. **Doc. 1** Comment distinguer une information d'une rumeur ? Pourquoi est-il important de vérifier une information ?
2. **Doc. 2** Quel est le rôle du GIEC ? Comment travaille-t-il ?
3. **Doc. 5** Qui sont les climatosceptiques ? Quel est l'argument souvent utilisé par les climatosceptiques pour contester le réchauffement climatique ? Montre que cet argument n'est pas valable.
4. **Doc. 3 et 4** Pourquoi peut-on dire qu'Internet a changé la manière de produire et de diffuser l'information ?

Activité B

Oral

Je m'informe avec rigueur

À l'aide des documents et à l'oral, explique à tes camarades comment s'informer avec rigueur sur le réchauffement climatique.

Coup de pouce

→ Quelles sont les étapes indispensables pour vérifier une information et se protéger des rumeurs (**doc. 1**) ?
→ Quelles sont les sources d'informations fiables à propos du climat ? (**doc. 2 et 5**) ?
→ Pourquoi faut-il se méfier de certaines informations sur Internet (**doc. 3**) ?
→ De quelle manière a été construite la fausse information du **doc. 4** ? Dans quel but ?

Débat

Faut-il arrêter de manger de la viande ?

Je suis...

Végan

- Je ne consomme aucun produit issu de l'exploitation des animaux dans l'alimentation, l'habillement ou les loisirs (c'est un mode de vie).
- **2 %** des consommateurs

Baisse de 67 % de l'impact en CO_2

Végétalien

- Je ne consomme aucun produit d'origine animale (viande, œuf, poisson, produits laitiers).
- **3 %** des consommateurs

Baisse de 67 % de l'impact en CO_2

Végétarien

- Je ne consomme pas de chair animale (viande, poisson).
- **4 %** des consommateurs

Baisse de 52 % de l'impact en CO_2

Flexitarien

- Je consomme de la viande de manière occasionnelle.
- **8 %** des consommateurs

Baisse de 36 % de l'impact en CO_2

1 Dis-moi ce que tu manges, je te dirai qui tu es

L'EMPREINTE ENVIRONNEMENTALE DE QUELQUES PRODUCTIONS ALIMENTAIRES

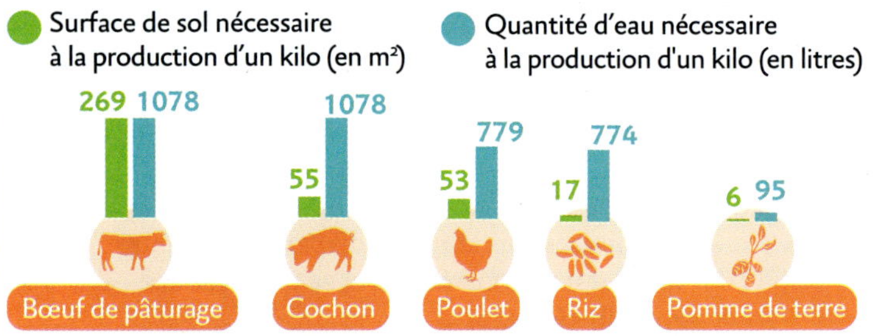

L'EMPREINTE CARBONE DES REPAS

Par personne et par an en équivalent d'un trajet automobile.

Repas	Équivalent
Un repas sans viande et sans produits laitiers	629 km
Un repas sans viande mais avec des produits laitiers	2427 km
Un repas avec viande et produits laitiers	4758 km

3 L'impact environnemental de nos repas

2 Pour ou contre la viande ?

L'une est végane et co-fondatrice de l'association L214. L'autre est un essayiste voulant déculpabiliser les mangeurs de viande. Chacun a écrit un livre aux positions opposées.

- Brigitte Gothière

« Manger de la viande, alors que ce n'est pas nécessaire, implique de tuer des animaux. Donc pour moi, c'est déjà trop. Il faut aussi penser à notre santé, beaucoup de problèmes sont dus à notre consommation trop importante de viande. L'élevage a des conséquences importantes sur l'environnement. Deux tiers des terres agricoles dans le monde sont consacrées à l'élevage ou à la production d'aliments pour le bétail. C'est un gaspillage de surface agricole puisqu'on pourrait cultiver directement des aliments à leur place. »

- Paul Ariès

« Il va falloir apprendre à consommer moins de viande. Mais surtout, il faut consommer un autre type de viande, issue d'une agriculture paysanne plutôt qu'industrielle. Cette dernière est responsable de tous les maux actuels. L'opposition viande contre végétal n'a pas lieu d'être. L'élevage n'est pas en soi responsable du réchauffement climatique. Une prairie paysanne avec ses vaches n'est pas une source d'émission de CO_2, mais un puits de carbone. C'est bon pour le climat. Une prairie d'un hectare absorbe chaque année plus d'une tonne de CO_2. »

D'après Camille Mordelet, « Pour ou contre la viande ? L'heure est au débat », *Ouest-France*, 2 juin 2019.

Définitions

- L'empreinte carbone : la quantité de gaz à effet de serre rejetée dans l'atmosphère par les activités humaines.
- L'empreinte environnementale (ou écologique) : la surface de terre et la quantité d'eau nécessaires à la production d'une ressource.

4 Le bien-être animal en question

L214, fondée en 2008, est une association connue pour ses actions chocs, notamment ses enquêtes filmées montrant les conditions de vie, de transport et d'abattage des animaux d'élevage.

« Les images parlent d'elles-mêmes : des cadavres de cochons qui jonchent le sol, des animaux parqués dans des cages dans lesquelles ils ne peuvent même pas se retourner… La nouvelle enquête de l'association L214 dénonce un élevage à Ortillon, dans l'Aube, fournissant notamment Herta, une marque qui se veut pourtant "respectueuse du bien-être animal". En plus de porter plainte pour mauvais traitements, L214 a également porté plainte pour tromperie du consommateur. Elle a également demandé à Herta, via une pétition en ligne, de s'engager à bannir l'élevage intensif de cochons de sa chaîne d'approvisionnement, et demandé un recours administratif pour obtenir l'annulation de l'extension du site, qui devrait prochainement passer à 25 000 cochons. »

D'après « Une nouvelle enquête de L214 épingle Herta et un élevage de cochons », *Le Dauphiné libéré*, 2 décembre 2021.

5 Produire moins et consommer mieux

Débat

Je découvre l'enjeu de la question

1. **Doc. 1** Cite les trois régimes qui ne consomment pas de viande.
2. **Doc 1 à 3** Quelles sont les conséquences de la production de viande sur l'environnement ? Montre qu'un régime à base de végétaux limite la consommation de ressources naturelles.
3. **Doc 4** Quel est l'objectif principal de l'association L214 ?
4. **Doc 1, 4 et 5** Explique comment on peut continuer à consommer de la viande tout en limitant notre impact sur l'environnement.

Je construis mon opinion

À l'aide des documents relève les arguments qui te semblent les plus pertinents afin d'exprimer ton point de vue. Recopie et complète le tableau.

	Il faut arrêter de manger de la viande	Il est possible de continuer à manger de la viande
Doc. 1	....	....
Doc. 2	....	....
Doc. 3	....	....
Doc. 4	....	....
Doc. 5	....	....

Nous débattons et nous concluons

→ Notez les arguments des autres élèves pendant le débat.

→ Quelles conclusions pouvez-vous tirer des échanges avec vos camarades ?

Responsables et engagés pour protéger l'environnement

COURS audio
flashbelin.fr/hgemc5-354

Comment s'engager pour protéger l'environnement?

1 Tous acteurs pour préserver l'environnement

• La préservation de l'environnement est un **défi mondial** qui concerne toutes les sociétés et auquel nous sommes tous confrontés dans notre **quotidien**. La lutte pour la protection de l'environnement s'organise donc à **tous les niveaux**. Des sommets de la Terre rassemblant les dirigeants de tous les pays sont organisés tous les 10 ans. Chaque année, **la COP** est l'occasion de planifier et d'amplifier les engagements des États dans la **réduction des gaz à effet de serre** et la lutte contre le changement climatique.

• Les questions environnementales sont très présentes dans les **médias** et l'**opinion publique**. Le GIEC est un groupement d'experts dont le rôle est de lire les travaux scientifiques sur le changement climatique, de produire des rapports et d'informer les citoyens et les États. Les **climatosceptiques**, eux, remettent en cause la réalité, l'ampleur et l'importance du **réchauffement climatique**.

• Les **acteurs de la protection de l'environnement** sont nombreux: Organisation des Nations unies (ONU), États, collectivités locales, entreprises, associations, citoyens.

2 L'importance de l'engagement citoyen

• Au quotidien, des **gestes simples** pour économiser l'eau ou mieux gérer les déchets permettent de limiter notre impact sur la planète et sur l'environnement.

• Changer nos modes de vie permet de **consommer moins de ressources naturelles**, d'agir sur notre empreinte carbone et donc de limiter nos rejets de gaz à effet de serre: par exemple consommer moins de viande peut permettre de réduire l'impact de ces rejets et garantir le bien-être animal. Nos **modes de consommation** sont aussi à adapter pour limiter nos émissions de gaz à effet de serre: garder notre smartphone plus longtemps, éviter le gaspillage, adopter un usage numérique durable.

• Au collège, des **éco-délégués** sont désignés par leurs camarades pour être les copilotes et les ambassadeurs des projets éco-responsables menés par les établissements scolaires. Ils sont à l'origine de **projets collectifs** et sont amenés à travailler avec des **partenaires extérieurs** (commune, conseil départemental, associations...).

• Les médias: les moyens servant à diffuser massivement l'information (Internet, presse, radio, télévision).

Pour réviser

Je vérifie que je suis capable de...

Définir

- le changement climatique
- les gaz à effet de serre
- une COP
- les Objectifs de développement durable
- un(e) éco-délégué
- un(e) climatosceptique
- l'empreinte carbone

Présenter

- les acteurs de la lutte contre le changement climatique
- quelques gestes simples pour limiter mon empreinte écologique

Expliquer

- comment s'organise la lutte contre le changement climatique
- le rôle de chacun dans la préservation des ressources naturelles
- comment repérer une information fausse ou erronée sur le climat

1 Je vérifie mes connaissances

Recopie les propositions suivantes en reliant chaque mot à la définition qui lui correspond.

- Le changement climatique •
- Une COP •
- Les gaz à effet de serre •
- Un(e) éco-délégué(e) •
- Les Objectifs de développement durable •

- • Des gaz naturels ou rejetés par les activités humaines présents dans l'atmosphère terrestre et qui emprisonnent la chaleur, stabilisant ainsi la température à la surface de la Terre.
- • Adoptés en 2015 par l'Organisation des Nations unies (ONU), ils ont pour but d'éradiquer la pauvreté, de protéger la planète et d'assurer la paix.
- • L'assemblée générale de tous les pays membres de la Convention-cadre des Nations unies sur les changements climatiques.
- • Les variations du climat au cours du temps, notamment sous l'effet des activités humaines.
- • Un(e) représentant(e), au collège ou au lycée, chargé(e) de sensibiliser et mobiliser les élèves à la protection de la biodiversité et de l'environnement.

EXERCICE interactif
flashbelin.fr/hgemc5-355

2 Je m'engage pour la réduction des déchets

1 Recopie le tableau et classe les actions menées par la famille Bodin-Moullec.

Actions pour limiter les déchets	Nouveaux modes de consommation
....	....

2 Quels sont les lieux de consommation privilégiés par cette famille ?

3 Relève une action menée par cette famille que tu pourrais appliquer dans ton quotidien et justifie ta réponse.

La famille Bodin-Moullec témoigne

« Les Bodin-Moullec prennent leur goûter en famille. Serviettes en tissu, café, thé, pâte à tartiner dans des bocaux de verre, noisettes et figues du jardin… Il y a cinq ans, ils se sont lancés dans une démarche zéro déchet : alléger ses poubelles, en réduisant les emballages mais aussi en préférant les objets d'occasion. Ainsi, ils ne se rendent plus très souvent au supermarché et se fournissent dans une épicerie en vrac. Le couple a par ailleurs fait le ménage dans les produits d'entretien. Il jongle avec du bicarbonate de soude, du vinaigre blanc et du savon noir, achetés en vrac. Tendre vers le zéro déchet conduit à repenser sa façon de consommer en privilégiant les objets durables et d'occasion comme pour le canapé déniché sur le Bon Coin ou pour les vêtements. Les efforts ont payé et les poubelles, où ne sont plus versés que les déchets organiques, destinés au compost, ont maigri de façon spectaculaire. »

D'après Caroline Péneau, « Témoignage : Nous avons réussi à diviser nos déchets par quatre », *Ça m'intéresse*, janvier 2020.

3 Je présente une personnalité et son engagement pour l'environnement

Choisis une personnalité dont l'engagement en faveur de l'environnement t'a marqué(e). Raconte son parcours, ses origines, son engagement et les résultats obtenus.

Oral

Présente ton travail à l'oral à tes camarades.

L'acteur américain Leonardo DiCaprio est un fervent défenseur de l'environnement. Il a créé une fondation qui protège la biodiversité et les océans.

Vanessa Nakate est une jeune militante écologiste ougandaise. Elle s'engage face au changement climatique qui apporte à son pays inondations et sécheresse. Elle est reconnue comme une des militantes les plus influentes en Afrique.

A

Abbaye : lieu où les moines vivent ensemble en suivant une règle.

Accroissement naturel : différence entre le taux de natalité et le taux de mortalité.

Administration : ensemble de personnes qui ont pour fonction de gérer l'État (faire appliquer les lois, lever les impôts, par exemple).

Adoubement : cérémonie par laquelle on devient chevalier.

Agriculture biologique : agriculture soucieuse de l'environnement qui n'utilise pas de pesticides ou d'engrais chimiques.

Agriculture commerciale : agriculture dont la production est destinée à être vendue, notamment à l'étranger.

Agriculture vivrière : agriculture dont la production est destinée à être consommée sur place.

Aléa : événement potentiellement dangereux et en partie imprévisible. Il peut être d'origine naturelle ou humaine.

Allah : nom donné à Dieu par les musulmans.

Arabesque : motif décoratif représentant des formes géométriques ou végétales.

Art baroque : courant artistique des XVIIe et XVIIIe siècles qui cherche à émouvoir par le mouvement, les couleurs, l'asymétrie.

Art classique : courant artistique des XVIIe et XVIIIe siècles qui cherche à exprimer l'idéal d'ordre et d'harmonie par la symétrie, l'équilibre, les lignes droites.

Art gothique : style d'architecture, surtout religieux, qui se diffuse en Occident entre 1150 et 1300.

Art métis : mélange des formes d'art des Amérindiens et des Espagnols.

Art roman : style d'architecture des églises construites en Europe entre le Xe et le début du XIIIe siècle.

Artisanat : activité manuelle qui exige un savoir-faire.

Aztèques : peuple originaire de l'Amérique centrale à la tête d'un puissant empire entre les XIVe et XVIe siècles.

B

Baillis : représentants du roi dans les provinces appartenant au domaine royal.

Banalité : taxe en nature due au seigneur en échange de l'utilisation de son four, de son moulin, de son pressoir.

***Basileus* :** « roi » en grec, le titre donné à l'empereur byzantin, souverain sacré et puissant.

Basilique : bâtiment religieux de grande dimension dans lequel se réunissent les chrétiens.

Beffroi : haute tour qui est le symbole d'une ville se gouvernant elle-même.

Bidonville : quartier pauvre fait de tôles et de matériaux de récupération.

Biodiversité : variété des formes de vie (animale et végétale) sur la Terre.

Bourgeois : riche habitant d'une ville.

C

Calife : chef militaire, religieux et politique, successeur de Muhammad.

Calligraphie : écriture des lettres de manière artistique.

Calotte glaciaire : accumulation de neige aux pôles sur de très longues périodes.

Canicule : période de températures très élevées de jour comme de nuit plusieurs jours consécutifs.

Capétiens : rois qui descendent d'Hugues Capet. On distingue trois branches : les Capétiens directs, les Valois et les Bourbons.

Caravane : groupe de marchands se déplaçant généralement à dos de chameau ou de dromadaire.

Carolingiens : deuxième dynastie de rois francs, fondée par Pépin le Bref, le père de Charlemagne.

Catastrophe : événement brutal qui affecte les populations et peut entraîner destructions et pertes humaines.

Cathédrale : église de l'évêque.

Cens : taxe due au seigneur en échange d'une tenure.

Centrale nucléaire : site industriel qui produit de l'électricité à partir de la fission de l'atome.

Changement climatique : modification durable du climat, notamment sous l'effet des activités humaines.

Charte : ensemble des règles à respecter.

Charte de franchise : texte précisant les avantages accordés par un seigneur à des habitants.

Chrisme : X et P, les premières lettres du mot « Christ » en grec.

Circumnavigation : voyage autour de quelque chose. Pour l'équipage de Magellan, c'est un voyage autour du monde.

Clerc : homme qui exerce une fonction dans l'Église.

Cliché : idée ou expression toute faite trop souvent utilisée.

Climatosceptique : personne qui conteste ou minimise l'impact des activités humaines sur le réchauffement climatique.

CNIL (Commission Nationale de l'Informatique et des Libertés) : créée en 1978, elle est chargée de veiller à la protection des données personnelles et au respect des droits et libertés dans le domaine informatique.

Code de la route : ensemble des lois et règlements s'appliquant aux usagers des voies publiques.

Colon : personne qui a quitté sa terre d'origine pour occuper et exploiter de nouvelles terres.

Commune : ville qui a obtenu du seigneur le droit de se gouverner elle-même.

Comte : personne qui dirige un domaine appelé comté.

Concile : assemblée des évêques réunis par le pape pour discuter des questions religieuses.

Conquistador : mot espagnol désignant « le conquérant », c'est-à-dire le chef des expéditions d'exploration au Nouveau Monde.

Consentement : action de dire clairement qu'on accepte une chose ou les gestes de quelqu'un vis-à-vis de soi.

Constitution : ensemble des lois fondamentales d'un État qui définissent notamment son mode de gouvernement.

Consul : dirigeant élu par les habitants d'une commune.

Convention internationale : accord volontairement conclu entre deux ou plusieurs États, qui s'engagent à le respecter.

Cookie : petit fichier informatique déposé sur le disque dur de l'internaute lors de la consultation de certains sites web et qui conserve des informations en vue d'une connexion ultérieure.

COP (Conférence des Parties) : assemblée générale de tous les pays membres de la Convention-cadre des Nations unies sur les changements climatiques.

Coran : texte sacré des musulmans considéré comme la parole divine dictée à Muhammad.

Corporation : association de personnes exerçant le même métier.

Corvée : travail gratuit et obligatoire effectué par les paysans pour le seigneur.

Croisade : guerre religieuse organisée par le pape pour reprendre Jérusalem aux musulmans.

Croisé : chrétien d'Occident qui participe aux croisades.

Croissance démographique : augmentation de la population. Exprimée en ‰, il s'agit du nombre d'habitants en plus par an pour 1 000 habitants.

D

Dauphin : nom donné à l'héritier du roi de France à partir du milieu du XIVe siècle.

Défenseur des droits : institution indépendante de l'État, créée en 2011. Elle a deux missions : défendre les personnes dont les droits ne sont pas respectés et permettre l'égalité de tous et toutes dans l'accès aux droits.

Défrichement : destruction de la végétation naturelle pour cultiver une terre.

Delta : espace où un fleuve se jette dans la mer en se divisant en plusieurs bras.

Désertification : transformation d'une région en désert sous l'effet de l'action des humains ou du climat.

Développement durable : développement qui répond aux besoins du présent sans compromettre les capacités des générations futures à répondre aux leurs.

DICRIM : dossier d'information sur les risques majeurs, destiné à l'information de la population.

Diplomatie : alliance politique entre plusieurs personnes.

Discrimination : acte puni par la loi qui vise à restreindre les droits d'une personne ou d'un groupe selon certains critères.

Domaine royal : ensemble des terres placées directement sous l'autorité du roi.

Dôme de chaleur : masse d'air chaud en altitude qui provoque de fortes chaleurs à la surface de la Terre.

Droit divin : idée politique selon laquelle le roi détient son pouvoir de Dieu.

Droits civiques : protection des libertés fondamentales accordées par l'État à tous les citoyens pour éviter les discriminations.

Duché : domaine dirigé par un seigneur appelé duc. Celui-ci est plus puissant que le comte.

Dynastie : suite de rois qui appartiennent à la même famille.

E

Éco-délégué(e) : représentant(e), en collège ou en lycée, chargé(e) de sensibiliser et mobiliser les élèves à la protection de la biodiversité et de l'environnement.

Édit : décision royale sur un sujet ou pour un groupe de personnes précis.

Église : avec une majuscule, le mot désigne l'ensemble des chrétiens ; avec une minuscule, le bâtiment religieux.

Église catholique : Église d'Occident, fidèle au pape qui la dirige depuis Rome.

Église orthodoxe : Église chrétienne byzantine que dirige le patriarche de Constantinople.

Empire byzantin : nom donné à l'Empire romain d'Orient qui a pour capitale Constantinople. Il naît en 395 à la suite de la division de l'Empire romain et disparaît en 1453 avec la chute de Constantinople.

Empire universel : empire qui a pour but de dominer le monde connu.

Empreinte carbone : quantité de gaz à effet de serre rejetée dans l'atmosphère par les activités humaines.

Empreinte environnementale (ou écologique) : surface de terre et quantité d'eau nécessaires à la production d'une ressource.

Enjeu : ensemble des personnes et des biens susceptibles d'être affectés par l'aléa.

Épisode méditerranéen : épisode de violents orages d'automne provoqués par des remontées d'air chaud, humide et instable en provenance de la mer Méditerranée.

Espérance de vie : durée de vie moyenne d'un individu.

État civil : service de la mairie qui enregistre les naissances, les mariages et les décès.

États généraux : réunion des représentants de l'ensemble de la société française, convoqués par le roi.

Événement climatique extrême : phénomène climatique peu fréquent, comme une tempête, qui se distingue par son intensité.

Explosion démographique : très forte augmentation d'une population sur une période courte.

Extrême pauvreté : situation d'une personne vivant avec moins d'1,7 euro par jour.

F

***Fake news* :** fausses informations, bénéficiant le plus souvent d'une large diffusion dans les médias, notamment sur Internet et les réseaux sociaux.

Féodalité : organisation de la société fondée sur les relations entre les seigneurs et les vassaux.

Fief : domaine accordé par un seigneur à un vassal en échange de services.

Foire : marché qui se tient à date fixe et qui attire des marchands venus de loin.

Force publique : ensemble des personnes chargées du maintien de l'ordre et de la sécurité.

Front pionnier : espace jusqu'ici non habité (forêt, désert...) qui est progressivement peuplé et exploité.

G

Gaz à effet de serre : gaz comme le CO_2, le méthane ou l'ozone qui se concentrent dans l'atmosphère et sont responsables de l'augmentation de la température de la planète.

Genre : notion sociologique qui désigne la manière dont le rôle des hommes et des femmes sont perçus et construits dans une société.

Géocentrisme : idée selon laquelle la Terre est au centre de l'univers.

Gibet : endroit où l'on pendait les condamnés.

Grandes Découvertes : explorations maritimes menées par les Européens aux XVe et XVIe siècles.

Guerres de Religion : période de huit guerres civiles qui opposent les protestants et les catholiques français de 1562 à 1598.

H

Halle : lieu couvert où se tient le marché.

Héliocentrisme : idée selon laquelle le Soleil est au centre de l'univers, les planètes tournant tout autour.

Homophobie : manifestation de mépris, rejet et haine envers les homosexuel(le)s.

Huguenot : nom donné à un protestant français.

Humanisme : mouvement intellectuel des XVe et XVIe siècles qui s'appuie sur l'étude des textes antiques et qui affirme la valeur de la personne humaine.

Humaniste : personne qui étudie l'Antiquité et qui met l'homme et les progrès de l'humanité au centre de ses préoccupations.

I

Identité légale : identité officielle d'une personne (nom, prénom(s), sexe, nationalité, date et lieu de naissance) garantie, reconnue et protégée par l'État.

Identité numérique : ensemble des informations personnelles recueillies sur un ordinateur et accessibles sur Internet.

Identité personnelle : ensemble des éléments qui distinguent une personne d'une autre : études, goûts, amis, passions...

IDH (Indice de développement humain) : chiffre qui permet de mesurer le niveau de développement d'un pays. Il prend en compte l'espérance de vie, le niveau d'éducation et le pouvoir d'achat. Chaque pays a un score compris entre 0 (pays en développement) et 1 (pays développé).

Idole : représentation imagée ou sculptée d'une divinité dans une religion polythéiste.

Immigration : fait de s'installer dans un pays autre que celui dans lequel on est né.

Impôt : versement obligatoire à l'État ou à une collectivité territoriale destiné à financer les dépenses publiques.

Imprimerie : technique permettant la reproduction d'un texte par l'impression des caractères.

Incivilité : parole ou action témoignant d'un manque de politesse ou de respect.

Indulgences : pardon des péchés accordé à un chrétien par l'Église en échange de bonnes actions ou d'un don d'argent.

Infrastructure : ensemble d'équipements et d'installations nécessaires pour se déplacer, travailler ou se divertir.

Insignes des rois de France : symboles du pouvoir royal (couronne, oriflamme, fleur de lys).

IPM (Indice de pauvreté multidimensionnelle) : indice mesurant la pauvreté à partir de dix indicateurs de privation dans la santé, l'éducation et le niveau de vie. Plus l'indice est élevé, plus la pauvreté est importante.

Irrigation : fait d'arroser artificiellement les terres.

Islam : avec une minuscule, le mot désigne la religion ; avec une majuscule, la civilisation, c'est-à-dire ce qui est partagé culturellement par les peuples de l'Empire arabo-musulman.

L

Label E3D (Établissement en Démarche de Développement Durable) : label octroyé aux établissements scolaires qui mettent en œuvre des actions concrètes pour protéger l'environnement et éveiller les consciences.

Laïcité : neutralité de l'État vis-à-vis des religions, qui relèvent exclusivement de la vie privée.

Ligue (La) : mouvement catholique fondé par le duc de Guise en 1576 pour combattre les protestants et défendre la foi catholique.

M

Malnutrition : alimentation insuffisante en qualité.

Marée noire : pollution de la mer et des zones côtières par du pétrole.

Marqueur social : signe distinctif qui indique l'origine sociale de quelqu'un.

Mécène : personne qui protège et soutient les artistes en leur commandant des œuvres et en les finançant.

Médias : moyens servant à diffuser massivement l'information (Internet, presse, radio, télévision).

Migrants climatiques : personnes qui se déplacent et quittent la région où elles vivent à cause du climat.

Mihrab : niche dans le mur d'une mosquée indiquant la direction de la prière vers La Mecque.

Mix énergétique : répartition des sources d'énergie utilisées pour produire l'énergie nécessaire à un territoire donné.

Monarchie absolue : régime dans lequel le roi détient tous les pouvoirs (législatif, exécutif, judiciaire).

Mongols : peuple d'Asie orientale qui établit un vaste empire entre la Méditerranée et l'océan Pacifique à partir du XIIIe siècle.

Mosaïque : décoration faite de petits cubes colorés (tesselles) incrustés dans du ciment.

Mosquée : lieu de culte des musulmans.

Motte castrale : fortification faite d'une butte de terre sur laquelle est construit un petit château souvent en bois.

Moyen Âge : période qui dure du Ve au XVe siècle.

N

Nationalité : appartenance juridique à une nation, à un pays.

Naturalisation : acquisition d'une nationalité ou d'une citoyenneté par un individu qui ne la possède pas à la naissance.

Nécropole : lieu de sépulture des rois d'une même dynastie.

Nouveau Monde : terres découvertes aux Amériques. En opposition avec l'Ancien Monde, qui correspond à l'Europe.

O

Obésité : surpoids important qui cause des problèmes de santé.

ODD (Objectifs de développement durable) : adoptés en 2015 par l'Organisation des Nations unies (ONU), les 17 Objectifs de développement durable ont pour but d'éradiquer la pauvreté, de protéger la planète et d'assurer la paix.

Officier royal : agent du roi propriétaire de sa charge (office). Il est chargé de diffuser et d'appliquer les décisions royales.

ONG (organisation non gouvernementale) : organisme financé essentiellement par des dons privés, qui se consacre à l'action humanitaire.

Ordonnance : décision générale qui s'applique à tout le royaume.

Ordre religieux : groupe de personnes liées par des vœux et obéissant à une même règle de vie.

P

Paludisme : maladie pouvant être mortelle, surtout répandue dans les zones tropicales d'Afrique.

Pandémie : développement et diffusion rapide d'une maladie contagieuse qui s'étend à toute la population d'un continent voire du monde entier.

Parlements : tribunaux qui rendent la justice au nom du roi et enregistrent les décisions royales sous l'Ancien Régime. Le Parlement de Paris est le plus important du royaume.

Pays émergents : États dont le PIB est inférieur aux pays riches mais qui connaissent une croissance économique forte et rapide.

PIB (Produit intérieur brut) : somme des richesses créées par un pays chaque année.

Pèlerinage : voyage vers un lieu sacré.

Perspective : technique artistique qui donne l'impression de profondeur sur une surface plane.

Police prédictive : application des techniques de prévision et d'analyse des données à la prévention de la criminalité.

Politique de l'enfant unique : politique menée par l'État chinois entre 1979 et 2015 pour limiter l'augmentation de la population : un seul enfant autorisé par couple.

Polythéisme : fait de croire en plusieurs dieux.

PPMS (Plan particulier de mise en sûreté) : en application des directives des autorités, il assure la sécurité des personnes présentes dans le collège en cas d'accident lié un risque majeur.

PPR (Plan de prévention des risques) : document réalisé par l'État qui réglemente l'utilisation des sols en fonction des risques auxquels ils sont soumis.

Préjugé : idée préconçue, souvent négative, que l'on a sur une personne ou une situation.

Première mondialisation : généralisation des échanges entre différents lieux de la planète au XVIe siècle.

Procureur : magistrat agissant au nom de la société, il reçoit les plaintes et est chargé de poursuivre une infraction en justice.

Prophète : personne se disant choisie par un dieu pour transmettre sa parole.

Prosélytisme : volonté d'amener d'autres personnes à partager ses croyances.

Protection civile : association dont les membres bénévoles assurent de missions de sécurité civile.

Protestant : chrétien qui soutient les idées de Luther et qui refuse l'autorité du pape.

R

Racisme : comportement et doctrine de ceux qui pensent qu'il existe une hiérarchie entre les races et qu'une de ces races est supérieure aux autres.

Radioactivité : diffusion de rayonnements qui peuvent présenter un danger pour l'homme, la faune et la flore.

Réchauffement climatique : augmentation des températures relevées à la surface du globe et observées sur une longue période. Il est une conséquence du changement climatique.

Recours : demande d'annulation ou de modification d'un acte administratif ou d'une décision de justice.

Recyclage : récupération des déchets pour les réutiliser ou fabriquer de nouveaux produits après tri et traitement.

Redistribution des richesses : mesures reposant en grande partie sur l'impôt dont l'objectif est de réduire les inégalités de richesse entre les personnes.

Réformes : mouvements religieux du XVIe siècle qui aboutissent à la division des chrétiens entre catholiques et protestants.

Réforme catholique : ensemble des mesures prises au XVIe siècle par l'Église pour contrer le protestantisme.

Réforme protestante : mouvement religieux du XVIe siècle qui critique le catholicisme et rompt avec le pape.

Relique : objet ou restes d'un saint faisant l'objet d'un culte.

Renaissance : période initiée en Italie vers 1400, marquée par la création d'un art nouveau inspiré de l'Antiquité. Elle se diffuse en Europe au XVIe siècle.

Rendements : quantité de récolte produite sur un hectare de terre.

Réserve : terre que le seigneur garde pour lui-même et où les paysans viennent travailler gratuitement (ce travail est appelé « corvée »).

Réserve naturelle : territoire protégé pour sa faune et sa flore exceptionnelles.

Résilience : capacité d'une société ou d'une personne à faire face à une crise et à se remettre rapidement.

Ressource renouvelable : ressource qui permet de produire de l'énergie sans pouvoir être épuisée, de manière durable.

Ressource non renouvelable : ressource qui permet de produire de l'énergie mais dont le stock peut s'épuiser.

Révélation : parole que Dieu aurait transmise à des hommes appelés prophètes.

Révocation : annulation par un roi d'une décision prise par l'un de ses prédécesseurs.

Révolution verte : transformations de l'agriculture dans les pays en développement, avec usage d'engrais, de pesticides et de machines pour augmenter la production.

RGPD (Règlement Général sur la Protection des Données) : loi qui encadre le traitement des données personnelles par les entreprises et les administrations sur le territoire de l'Union européenne.

Risque : danger potentiel pouvant affecter une population.

Risque majeur : événement d'origine naturelle ou humaine, peu fréquent mais grave, dont les effets peuvent menacer la population et occasionner des dommages importants.

Rite : pratique religieuse.

Riziculture : culture du riz.

Royaume : ensemble des territoires contrôlés par le roi incluant les fiefs et le domaine royal.

Rumeur : information non vérifiée qui se répand rapidement.

S

Sacre : cérémonie religieuse par laquelle un roi ou un empereur affirme recevoir ses pouvoirs de Dieu.

Salut : fait de pouvoir aller au paradis après la mort pour un chrétien.

Schisme : séparation de l'Église chrétienne en deux Églises distinctes : catholique à Rome et orthodoxe à Constantinople.

Se convertir : adopter une autre religion.

Sécurité alimentaire : capacité, pour un pays, de nourrir sa population par une alimentation diversifiée et de qualité.

Sécurité civile : ensemble des moyens et des personnes chargés par l'État de protéger les citoyens.

Ségrégation : action de mettre à part, de séparer quelqu'un, un groupe.

Ségrégation raciale : politique officielle mettant en place une séparation organisée, de droit ou de fait, entre des groupes différenciés par la couleur de peau (notamment entre les Noirs et les Blancs), à l'intérieur d'un même pays.

Seigneur : personne puissante qui domine une terre et les hommes qui y vivent.

Seigneurie : territoire où le seigneur exerce son pouvoir.

Sénéchaux : représentants du roi dans les provinces appartenant au domaine royal.

Seveso : nom donné aux sites industriels, dans l'Union européenne, présentant des risques d'accidents majeurs afin d'y maintenir un haut niveau de prévention.

Sexisme : attitude discriminatoire fondée sur le sexe, le plus souvent en défaveur des femmes.

Solidarité : sentiment de responsabilité réciproque au sein d'un groupe de personnes qui sont moralement obligées les unes envers les autres.

Sous-alimentation : alimentation insuffisante en quantité (moins de 2 500 calories par jour et par personne).

Stéréotype : représentation simplifiée, déformée, de certaines caractéristiques attribuées à un individu ou à un groupe.

Stress hydrique : situation dans laquelle se trouve un pays dont la ressource en eau douce par habitant et par an ne répond pas aux besoins moyens d'un individu.

Sultan : chef militaire et politique de l'Empire ottoman.

T

Taux d'alphabétisation : pourcentage de la population qui sait lire et écrire.

Taux de fécondité : nombre moyen d'enfants par femme en âge d'en avoir.

Taux de mortalité : nombre de décès pour 1 000 habitants.

Taux de natalité : nombre de naissances pour 1 000 habitants.

Tenure : terre que loue le seigneur aux paysans en échanges de taxes et de corvées.

***Testing* :** action qui consiste à vérifier si une personne ou un groupe de personnes est victime de discrimination.

Transition énergétique : passage d'une production énergétique fondée principalement sur des sources d'énergie non renouvelables vers une production constituée de ressources renouvelables.

Transphobie : peur, rejet ou haine des personnes transgenres.

Tympan : partie arrondie et sculptée au-dessus du portail d'une église.

U

Urbanisation : processus de concentration de la population dans les villes.

Usurpation d'identité : fait de prendre tout ou partie de l'identité d'une personne sans son accord.

V

Vassal : personne liée à un seigneur par la cérémonie de l'hommage.

Vieillissement de la population : augmentation de la part des personnes âgées dans la population totale.

Vilain : paysan libre. Le vilain cultive la tenure et paye les impôts seigneuriaux mais il peut partir quand il le veut (contrairement au serf qui est lié à la terre et à la seigneurie).

Vulnérabilité : plus ou moins grande fragilité d'une société face à un risque.

ATLAS

Le relief de la Terre

CARTE interactive
flashbelin.fr/hgemc5-362

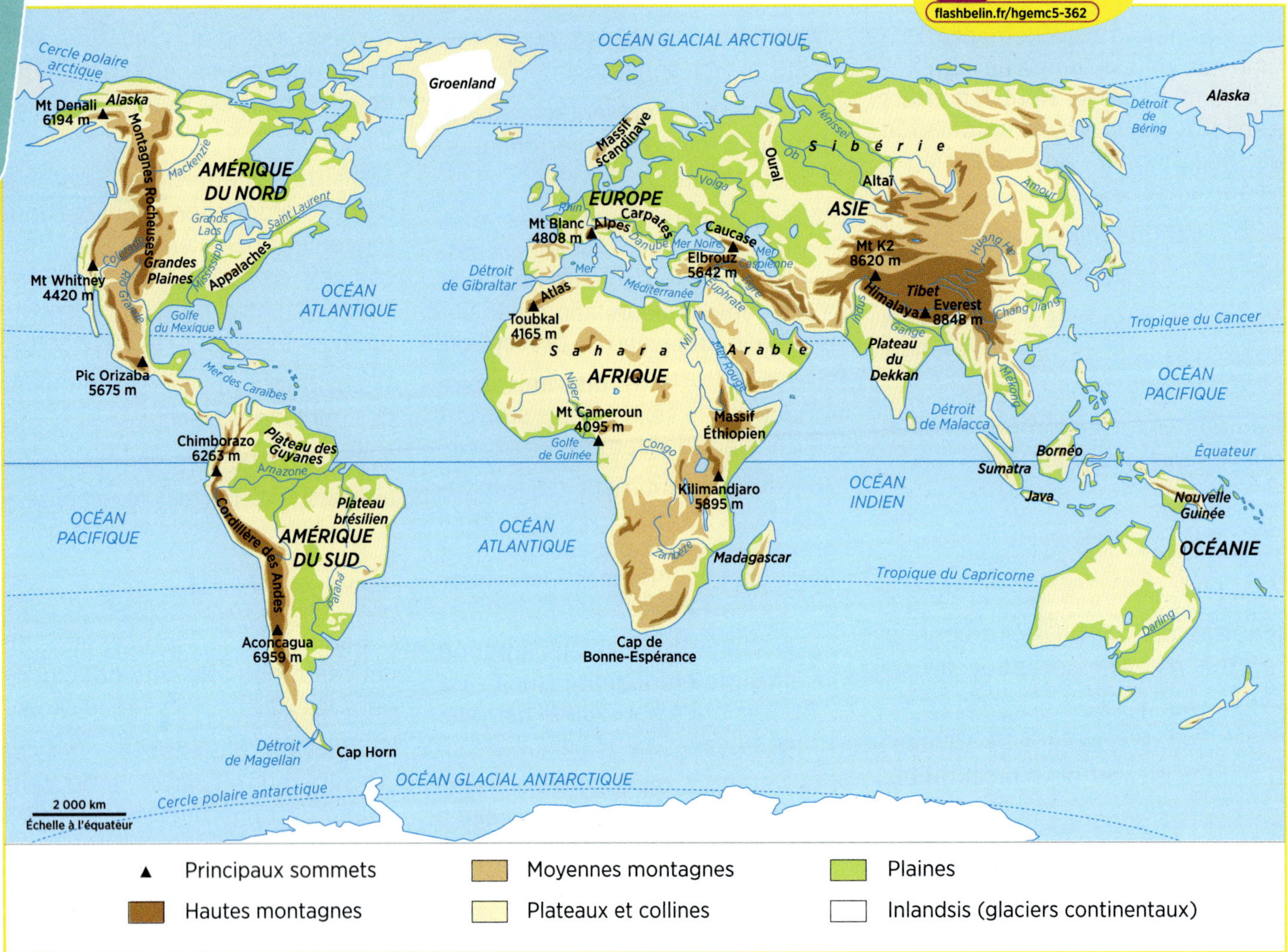

Les différentes formes du relief

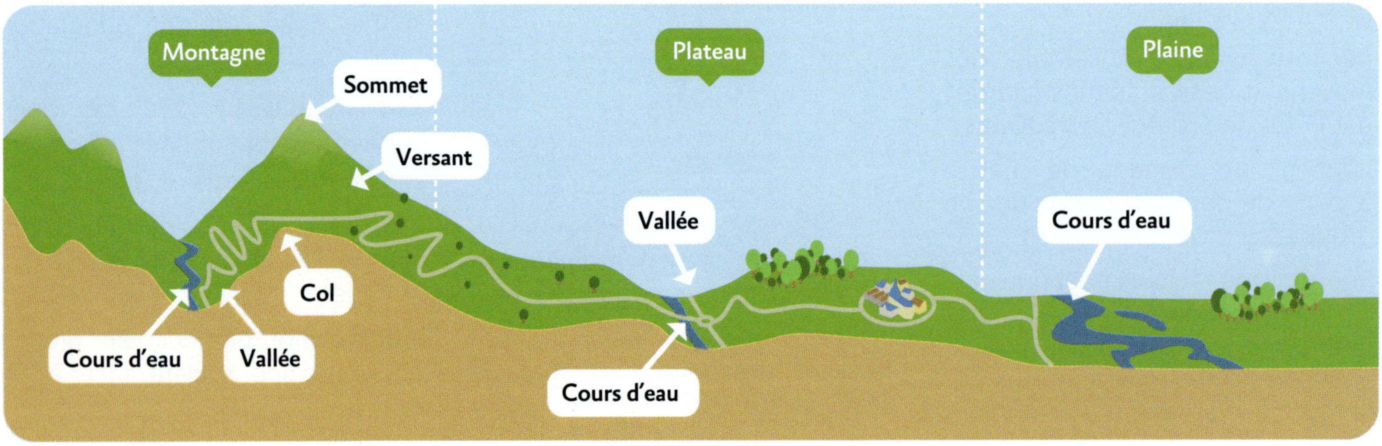

Les climats de la Terre

CARTE interactive
flashbelin.fr/hgemc5-363

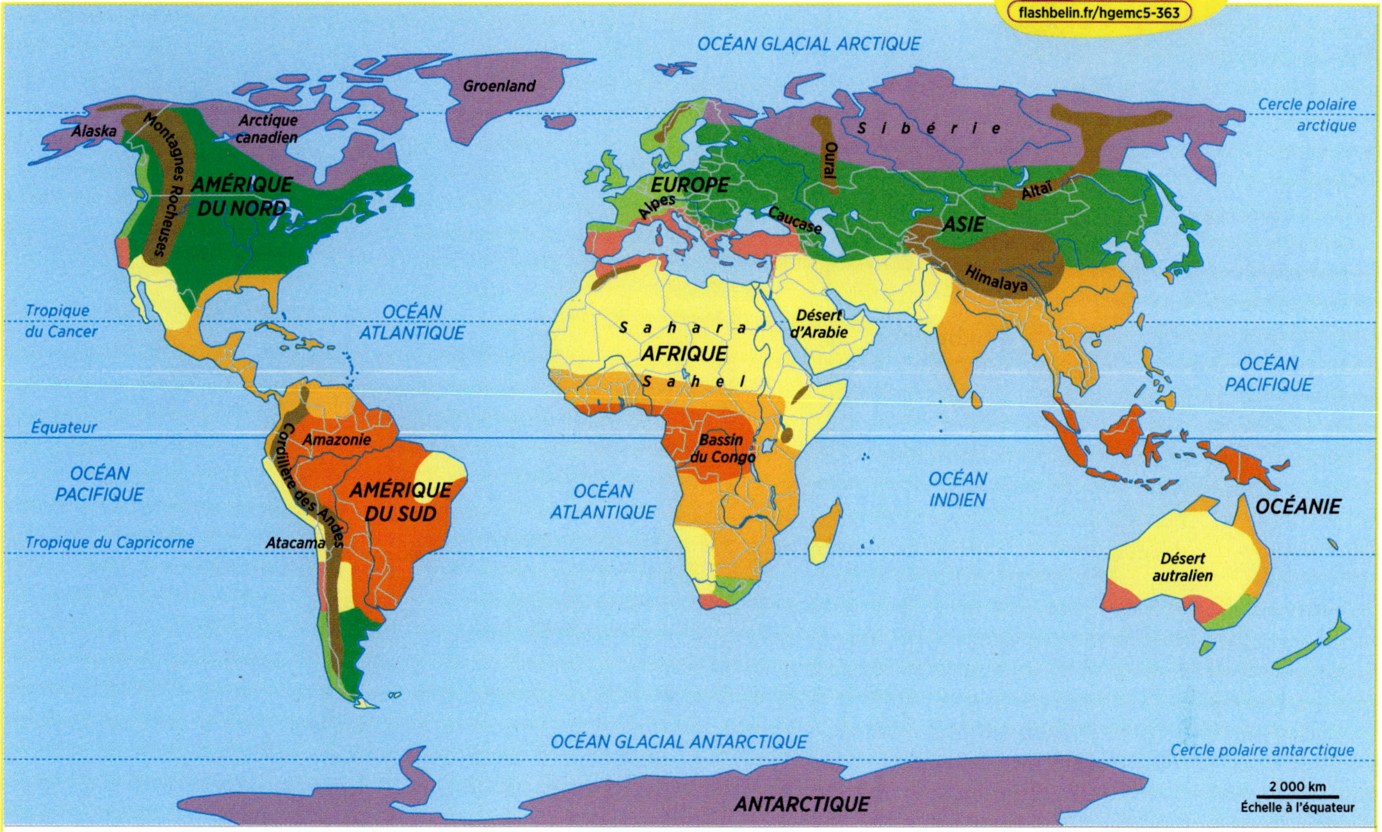

1. Climats froids
- Polaire
- Montagnard

2. Climats tempérés
- Océanique
- Continental
- Méditerranéen

3. Climats chauds
- Désertique
- Tropical
- Équatorial

Les différents climats de la Terre

Climats froids	Polaire	Froid et sec toute l'année
	Montagnard	Plus froid et plus humide que les plaines environnantes, températures qui baissent avec l'altitude
Climats tempérés	Océanique	Étés frais et hivers doux, précipitations abondantes
	Continental	Étés chauds et hivers froids, précipitations abondantes
	Méditerranéen	Étés chauds et secs, hivers doux
Climats chauds	Désertique	Chaud toute l'année et très faibles précipitations
	Tropical	Chaud toute l'année, une saison sèche et une saison des pluies
	Équatorial	Chaud et précipitations toute l'année

La répartition de la population mondiale

Chiffres clés

7,8 milliards d'habitants dans le monde en **2021**

9,8 milliards d'habitants en **2050** d'après les projections

1,4 milliard d'habitants en Chine, soit **1/5**[e] de la population mondiale

37 millions d'habitants à **Tokyo**, ville la plus peuplée du monde

CARTE interactive
flashbelin.fr/hgemc5-365
OCÉAN GLACIAL ARCTIQUE
Cercle polaire arctique
Moscou
Londres
Paris
Istanbul
Mer Méditerranée
Le Caire
Lahore
Delhi
Karachi
Kolkata
Dacca
Mumbai
Hyderabad
Bangalore
Chennai
Beijing
Tianjin
Shanghai
Chongqing
Guangzhou
Shenzhen
Tokyo
Osaka
Bangkok
Manille
Jakarta
Lagos
Nairobi
Kinshasa
OCÉAN INDIEN
OCÉAN PACIFIQUE
OCÉAN ATLANTIQUE
Un point représente 500 000 habitants
Métropoles les plus peuplées du monde (en millions d'habitants)
De 20 à 37
De 15 à 20
De 10 à 15
Les 10 métropoles mondiales les plus peuplées
Cercle polaire antarctique
2 000 km
Échelle à l'équateur

ATLAS

L'IDH dans le monde

Chiffres clés

9 % de la population mondiale en situation d'extrême pauvreté en **2021**

56 % de la population en situation d'extrême pauvreté dans le monde vit en **Afrique**

Les **3 pays** avec l'IDH **le plus élevé** en **2021** : Norvège, Irlande, Suisse

Les **3 pays** avec l'IDH **le plus bas** en **2021** : République centrafricaine, Niger, Tchad

Définition

• L'IDH (Indice de développement humain) : le chiffre qui permet de mesurer le niveau de développement d'un pays. Il prend en compte l'espérance de vie, le niveau d'éducation et le pouvoir d'achat. Chaque pays a un score compris entre 0 (pays en développement) et 1 (pays développé).

CARTE interactive
flashbelin.fr/hgemc5-367
OCÉAN GLACIAL ARCTIQUE
Cercle polaire arctique
NORVÈGE
RUSSIE
IRLANDE
FRANCE
SUISSE
Mer Méditerranée
CHINE
OCÉAN PACIFIQUE
ALGÉRIE
ARABIE SAOUDITE
INDE
TCHAD
NIGER
RÉPUBLIQUE CENTRAFRICAINE
Maldives
Seychelles
Comores
Maurice
OCÉAN INDIEN
Îles Salomon
Vanuatu
OCÉAN ATLANTIQUE
AUSTRALIE
L'IDH dans le monde
IDH très élevé (> 0,850)
IDH élevé (de 0,750 à 0,850)
IDH moyen (de 0,550 à 0,750)
IDH faible (< 0,550)
Aucune donnée disponible
Cercle polaire antarctique
2 000 km
Échelle à l'équateur

Crédits photographiques

Couverture : *Portrait de Marguerite de Navarre,* Jean Clouet, 1527. Walker Art Gallery, Londres. © Fine Art Images/Heritage Images/ Coll. Christophel. Rozina Begum et son mari Soleman travaillant dans leur plantation de thé au Bangladesh. © G.M.B.Akash/PANOS/REA • **Histoire :** 12-13 : Andia/D. Delimont/©Jannsen • 14 (reprise 16hg, 20h, 26h, 28hg, 29) : Photo 12/Alfredo Dagli Orti • 15 : Agefotostock • 16hd : Bibliothèque municipale Ville de Castres (Tarn) – Grandes Chroniques de France • 16hmd : Akg-images • 16bg (reprise 22, 26mg) : BnF, Paris • 16bd : Bodleian Libraries, University of Oxford • 18 : Photo © RMN-Grand Palais (musée du Louvre)/Maurice et Pierre Chuzeville • 19 : Photononstop/Tetra Images • 20b : Agefotostock/CuboImages/A. Innocenti • 21 : Shutterstock.com/A. Reuter • 23m : BVMM/IRHT/CNRS – Bibliothèque municipale de Châteauroux, ms.0005, f.133 – vue 3 • 24 : © Photographic Archive Museo Nacional del Prado • 25 (reprise 26b, 28 hmd) : Bridgeman Images/LPL DeA Picture Library • 28hmg (reprise 30hm) : Aurimages • 28hd : BnF, Paris • 30hg : Photo12/Alamy/mauritius images Gmbh • 30hd : iStockphoto/P. Marjanovic • 30b et 31 : BnF, Paris • 32 et 33 : Bnf, Paris • 34hg (reprise 46hd) : agefotostock/Pictures from History/AGB Photo Library • 34hd : BnF, Paris • 34bg : Bridgeman Images/Luisa Ricciarini • 34bd (reprise 46hm) : STAATSBIBLIOTHEK ZU BERLIN - Preussischer Kulturbesitz, Orientabteilung - Diez A, fol. 70. • 36 : © BPK, Berlin, Dist. RMN-Grand Palais/W. Selbach • 37 (reprise 44h) : The Sarikhani Collection/Droits réservé • 38 (reprise 46mhg) : BnF, Paris • 39b : Bridgeman Images • 42 : iStockphoto/e55evu • 43h : iStockphoto/Eldad Carin • 43m : Photononstop/Godong/Ph. Lissac • 43md : BnF, Paris • 46hg : «Luttrel Psalter» Add. Ms 42130. folio 82 - The British Library, London • 47 : BnF – éditions multimédias • 48h : © Bodleian Libraries, University of Oxford – MS. Pococke 375 • 48b : BnF, Paris • 49 : Chapitre de la Cathédrale de Cordoue - https://mezquita-catedraldecordoba.es/fr/ • 50 : Akg-images • 51 : Akg-images/H. Champollion • 52hg (reprise 54) : Photo12/Ann Ronan Pictures Libraryritage Image • 52hd : Aurimages/The Granger Collection NY • 52bg : Akg-images/Schütze/Rodemann • 52bd (reprise 61 hd) : Bridgeamn Images/ © NPL – DeA Picture Library/A. Dagli Orti • 55 (reprise 64h) : BnF, Paris • 56 : Collection privée de M. de Wismes/Droits réservés • 57 (reprise 64m) : Agefotostock/De Agostini/A. Ceolan • 58 et 59h (reprise 64b) : BnF, Paris • 59mg : Aurimage/M. Cohen • 60 : Kharbine-Tapabor/Jean Vigne • 61mg : BVMM/IRHT/CNRS - Bibliothèque de la Sorbonne, MS 133 - Paris, France • 62 : Hémis.fr/F. Guiziou • 63h : Agefotostock/J. Alba • 63md : Hémis.fr/C. BOISVIEUX • 67 : « Chevaliers, moines et paysans - de Cluny à la première Croisade », de Florian Mazel et Vincent Sorel, éditions La Découverte © 2019 • 68mg : Bridgeman Images/Photo Josse • 68md : Akg-images • 68bg : Akg-images/British Library • 69hg : BnF, Paris • 69hd : Aurimages/Content_DFY • 69md : Bridgeman Images • 69bd : © Pascal Raymond, Inrap • 70 : Shutterstock.com/Massimax • 71 (reprise 72h, 84d) : BnF, Paris • 72hd (reprise 78bd, 84md) : «© Bibliothèque municipale de Besançon, Ms 677, p. 144 » • 72bg : Archives départementales du Nord, Lille /B 790 • 72bd : Andia.fr/imageBroker/M. Weber • 75h (reprise 82h) : Shutterstock.com/GLF Média • 75 m : Archives départementales du Nord, Lille /(gantiers, cote 4749) – (poissonniers cote 4757) • 77 (reprise 82m) : Aurimages/Collection Dagli Orti • 78h : Aquarelle de Jean-Claude Golvin. Musée départemental Arles Antique © Jean-Claude Golvin / Éditions Errance. • 79 (reprise 82b, 84mg) : BnF, Paris • 80 (reprise 84g) : © Photo Christian Lambin • 81g : La Collection/J.-P. Dumontier • 81d : Bridgeman Images/© Photo Josse • 85 : nuagedemots.com • 86h : Bridgeman Images/Archives Charmet/© Centre Historique des Archives Nationales • 86b : Bridgeman Images • 87 : http://foiresdechampagne.com/Droits réservés • 88 (reprise 90b, 102md) et 89 : BnF, Paris • 90hg (reprise 92, 102mg) : Leemage/© Photo Josse • 90hd et 90 bd : BnF, Paris • 93 (reprise 100h) : Bridgeman Images • 94 : Archives nationales, France • 95 (reprise 100m, 102g) et 96bg (reprise 102g) : BnF, Paris • 96hd (reprise 105m) : Bridgeman Images • 97 (reprise 100b) : BnF, Paris • 98g : iStockphotos/jumabufu • 98d : Akg-images/H. Champollion • 99h : Photo12/Alamy/Unnaugan • 99md : BVMM/IRHT/CNRS - Bibliothèque municipale de Toulouse, ms 511, f. 128 r. • 104 : BnF, Paris • 105bd : C. C. 3.0 / Codepem - https://commons.wikimedia.org/wiki/File:Vitrail_03_Bouvines.JPG • 106 : Service historique de la Défense (D. I. Z14) • 107 (reprise 108bg) : Bridgeman Images/© Photo Josse • 108hg : BnF, Paris • 108hd (reprise 114) : Akg-images • 108bd (reprise 115) : Bridgeman Images • 110h : Aurimages/The Granger Collection • 110b : Alamy Stock Photo/Abbus Acastra • 111hg : Bridgeman Images • 111hd : Benson Latin American Collection, LLILAS Benson Latin American Studies and Collections, The University of Texas at Austin • 111mg : Akg-images/Album / Oronoz • 111md : Bridgeman Images/University of Glasgow Library • 111bg (reprise 118h) : Akg-images/Science Source • 112g : Agefotostock/© L. Vallecillos • 112d : Brigdeman Images • 113h : Bridgeman Images • 113b: Photo © musée du quai Branly - Jacques Chirac/Dist. RMN-Grand Palais/P. Guyon • 116 (reprise 118m) : Bridgeman Images/Rafael Valls Gallery, London, UK • 117 : Akg-images/Pictures From History • 118b (reprise 122) : Bridgeman Images • 121 : © OpenStreetmap France - https ://framacarte.org/fr/ • 123hg : Akg-images/Album/sfgp • 123hmg : Akg-images/UIG/Universal History Archive • 123hmd : Aurimages/© Fine Art Images/Heritage Images • 123hd : Aurimages/World History Archives • 123b : BnF, Paris • 124 : Bridgeman Images • 125 (reprise 126hg) : Bibliothèque Municipale de Lyon – Cote A16AMM000387 • 126hd (reprise 137, 138b) : Aurimages/Gianni Dagli Orti • 126bg : Aurimages/Heritage Images • 126bd : Photo © MN-Grand Palais/Agence Bulloz • 128 (reprise 138h) : Bridgeman Images • 130hg : Bridgeman Images/Photo Josse • 130hd : Photo © RMN-Grand Palais (musée du Louvre)/Michel Urtado • 131h : Aurimages/World History Archive • 131m : Le-Lokal Production • 132h : Hémis.fr/R. Mattes • 132b : Photo © Château de Fontainebleau, Dist. RMN-Grand Palais/Philippe Fuzeau • 133h : Photo © RMN-Grand Palais, (Château de Fontainebleau) Peter Willi. • 133b : Aurimages/M. Cohen • 134 : Akg-images • 135h : Akg-images/A. Held • 135b (reprise 138m) : Akg-images • 136 : Bridgeman Images/Iberfoto • 141 : Photo © RMN-Grand Palais (musée du Louvre)/H. Lewandowski/Th. Le Mage • 142g : Akg-images/Rabatti&Domingie • 142d : RMN-Grand Palais/Nicolo Orsi Battaglini – © rchives Alinari, Florence • 143h : Akg-images • 143b : RMN-Grand Palais/MOOC • 144 (reprise 156h, 159) : BnF, Paris • 145 (reprise 152, p.156b) : RMN-Grand Palais/Ch. Fouin, photo © Château de Versailles • 146hg : Archives nationales, France • 146hd : Onlyfrance.fr/St. Compoint • 146bg : Bridgeman Images/Leemage/© Lylho • 146bd (reprise 153) : RMN-Grand Palais/E. Cambier, photo © Paris-Musée de l'Armée • 148 et 149 : Bnf, Paris • 150 : Aurimages/World History Archives • 151 (reprise 156m) : Photo © RMN-Grand-Palais (Château de Pau)/R.-G. Ojeda • 154h : Onlyfrance.fr/Th. Grun • 154b : Shutterstock.com/Gimas • 155h : Onlyfrance.fr/ St. Compoint • 155mg : Alamy Stock Photo/Image Broker • 155md : Alamy Stock Photo/F. Lipov • 160 : Photo © RMN-Grand Palais (musée du Louvre)/St. Maréchalle • 161g : UNESCO • 161d : © Réseau des sites majeurs de Vauban • **Géographie :** 162-163 : Alamy Stock Photo/G. Rooney • 164 (reprise 168, 169, 194, 195, 214, 215, 218, 219, 240, 241, 258, 259, 262, 263, 280, 281, 284, 285) : Nations Unies/Objectifs de développement durable/Droits réservés • 166 (reprise 186h) : Getty Images/Polybutmono • 167 : Alamy Stock Photo/A. Segre • 168h : © Fey Christophe – Dessinateur de presse • 168b : AFP/DPA Picture Alliance/Miro May • 169hg : AFP/Sputnik/M. Plotnikova • 169hd : AFP/Hans Lucas/L. Pedraza • 170 : FP/XINHUA/Hu Zhixuan • 171 : Sipa/Costfoto/W. Gang • 172 : Rea-Panos/A. Vitale • 173 : AFP/Images Getty/ASIAPAC/A. Mukherjee • 175g : iStockphoto/Phototreat • 175d (reprise 186m) : Alamy Stock Photo/Aflo Co. Ltd • 177 (reprise 186b) : AFP/Fl. Plaucheur • 179 : Alamy Stock Photo/D. Falletta • 180 : AFP/Hans Lucas/A. Morcillo • 181 : Sipa/A. Bailey • 183 : Alamy Stock Photo/Ph. Lejeanvre • 190h : O.M.S – 2022 • 190b : AFP/P. Magakoe • 191 : CcIned - www.ined.fr • 192 : AFP/H. Retamal • 193 : Getty Images/Hadynyah • 194 : UNICEF/Omid Fazel • 195 : AFP/E. Benavides • 196h : AFP TV/Andrey Borodulin • 196b : AFP/Ph. Magakoe • 197 (reprise 208h) : AFP/Anadolu Agency/A. Rudianto • 198h (reprise 208m) : Reuters/L. Gnago • 198b (reprise 200b) : Nabil Zorkot/Profoto • 201hg : Getty Images/A. Cooper • 201hd : Alamy Stock Photo/S. J. Blackbird • 201b : Alamy Stock photo/M. Sobreira • 202 : Alamy Stock Photo/M. Waugh • 203 (reprise 208b): Alamy Stock photos/J. Bracegirdle • 205hg : Getty Images/R. Nickelsberg • 205hd : « Un bidonville à Bagnolet, aux pieds des tours Mercuriales » - © photo Alice Babin pour l'émission *Les Pieds sur Terre*, France Culture • 205b (reprise 211b) : Getty Images/Bloomberg • 211hd : quizlet.com/fr-fr/Droits réservés • 213h : Getty Images/EyeEm/Ty Le Minh • 213b : AFP • 214h : Ville de L'Haÿ-les-Roses • 214b : Hans Lucas/V. Gerbet • 215hg : Association Bio Équitable en France • 215hm : SPP GLOBAL A.C., México • 215b : « Commerce Équitable France », dans le cadre de la Quinzaine du commerce équitable 2021/Photographe : Tristan Parry pour AVSF • 216 : Alamy Stock Photo/Sombo sombo • 217 : Alamy Stock Photo/R. Arnold • 218 (reprise 230h) : Alamy Stock Photo/D. Vilaplana • 219 : Andia/Efe/ABC/E. Gonzalez • 220 (reprise 230b) : Getty Images/The Images Bank/S. Proehl • 223h : Abaca/Spus/Costfoto • 223b : AFP/A. Buchanan • 225h (reprise 230m) : Alamy Stock Photo/J. Boethling • 225m : AFP/A. Makar • 227h : AFP/O. Lamberti • 227b : Alamy Stock Photo/A. Norberg • 234 : © Chappatte, Le Temps, Suisse - www.chappatte.com • 235 : AFP/Hemis.fr/F. Cormon • 236h : Photo © Musée d'Orsay, Dist. RMN-Grand Palais/P. Schmidt • 236b : Andia.fr/Jarry S. • 237 : AFP/J-C Verhaegen • 238 : AFP/FAO/L. Tato • 239 (reprise 252b) : Photo12/Eva Sakellarides • 240h : AFP/J. Tanveer • 240m : W.F.P. • 241 : MaxPPP/EPA/A. Pain • 242 (reprise 252h) : Alamy Stock Photo/inga spence • 243 : Alamy Stock Photo/Life on white • 245h : © EU GCCA 2020 - Photo Denis Sassou Gueipeur • 245b : Hemis.fr/D. Bugrat • 246 (reprise 252m) : Alamy Photo Stock/C. Babini • 247h : Ana Mendes/Imagens Humanas • 247m (reprise 248) : AFP/M. Toscano/Mato Grosso State Communication Department • 249h : AFP/S. Kambou • 249m : Le Thor en Vert • 254g : MaxPPP/EFE/Newscom/Raminder Pal Singh • 254mg : AFP/J. Wessels • 254md : Getty Images/Helder Faria • 254d : Agefotostock/R. Hamilton Smith • 256 : Cosmos/Peter Menzel • 257 : Emilie Chaix/Ville de Paris • 258h : © Action contre la Faim • 258b : Maxppp/PhotoPQR/Voix du Nord • 259 : agriculture.gouv.fr • 260 : AFP/dpa Picture-Alliance/Rhein-Erft-Kreis • 261 (reprise 274h) : Getty Images/Paul Souders • 262 : AFP/G. Johnson • 263 : Andia.fr/Eyevine/ABC • 264 : AFP/D. Mackinnon • 265 : Darryl Dyck/AP/SIPA • 267h (reprise 274m) : AFP/J. Edelson • 267b : ABACA/Tass • 269h : SIPA/Xinhua News Agency • 269b (reprise 274b) : Getty Images/Jefta Images/Barcroft Media • 271h : AFP/AFPTV • 271b : AFP/S. Kanojia • 277h : Greg Tessier & Amandine © Jungle, 2020 • 277b : © Editions Le Lombard, 2008 • 278g : Biosphoto/imageBROKER/W. Jäkel • 278d : Shutterstock.com/S. Nualpradid • 279 : « Climate Central » • 281h : Sipa/Mastar • 281b : © Projet Pangolin 2022 • 282 (reprise 298h) : Fotoreso/Ch. Recoura • 283 : AFP/Sputnik/M. Alaeddin • 284h : REA-Panos/©G.M.B. Akash/WSUP • 284b : Andia.fr/© euroluftbild.de • 285g : AFP, The Yomiuri Shimbun/Yomuri/K. Kataoka • 285d : Alamy Stock Photo/I. Kruklitis • 287h (reprise 298b, 301g) : AFP/Stringer • 287b : AFP/L'Express Maurice • 289h : SIPA/AP/A. Penner • 289b : AFP/STR • 291 : Extrait de la vidéo « La grande muraille du Japon » : le projet anti-tsunami qui divise/France 24 – L'intégralité de la vidéo est disponible sur le site www.france24.com/fr/ • 293g : Campagne les Bons réflexes 2018, SPIRAL, SPPPY, APORA • 293hd : SIPA/Xinhua News Agency/T. Oelbermann • 293bd : AFP/Getty Images North America/S. Olson • 294 (reprise 298m, 301d) : Alamy Stock Photo/O. Schuelke • 295 : Global Climate & Health Alliance • 301h : Kahoot.com • 302 : AFP/Getty Images North America/Handout • 303 : www.georisques.gouv.fr/décembre 2021 • 304h : Alamy Stock Photo/Antiqua Print Gallery • 304b : Getty Images/Hulton Archive/I. Kostin/Laski Diffusion • 305 : « conçu par Météo France »/WMO • **Enseignement moral et civique :** 306-307 : Conseil Départemental de la Haute-Garonne/Artiste David Bordier/Photo Aurélie Cabon • 308 : © Ministère de l'Intérieur/J. Groisard • 309g : École Brassart – Marie BOTREL • 309d : Bestimage/Backgrid USA • 311 : ABACA/J. Domine • 312 : Illustration Tom Tirabosco • 313 : © studiovitamine.com/Mateo Vullo • 314 : Photo © Ministère de la Culture - Médiathèque du Patrimoine, Dist. RMN-Grand Palais/Studio Harcourt • 315h : Extrait de l'ouvrage *Joséphine Baker* de Catel & Bocquet / © CASTERMAN » • 315b : ParisMatch/Scoop/P. Slade • 317 : Saif images/M. Monteils • 318 : © défenseurdesdroits • 319 : © Themis - www.themis.asso.fr • 320h : © www.education.gouv.fr – MENJS • 320b : France 3 – France Télévisions • 321 : © défenseurdesdroits • 322 : © LesCheminsBuissonniers • 323 : « Centre Hubertine Auclert – Centre francilien pour l'égalité femmes-hommes ». • 329h : AFP/Th. Samson • 329b : AFP/H. Valenzuela • 331h : © Ministère du Travail, de l'Emploi et de l'Insertion • 331b : Extrait de la vidéo « La cour de récréation » sur la plateforme Matilda.education, dédiée aux questions d'égalité filles-garçons et au concours vidéo « Buzzons contre le sexisme ». • 332b : Ministère de l'Intérieur/Sécurité civile • 333g : AFP/Hans Lucas/A. Botbol • 333d : AFP/V. Hache • 334 : DGSCGC/Emilie Francesconi • 335hg : Ville de Valbonne Sophia Antipolis • 335hd : Ministère de l'Intérieur/Sécurité civile • 336h : © Bibliothèque du Parlement • 336b : AFP/Th. Samson • 337 : Alamy Stock Photo/S. Mouraret • 338md : Education Sécurité Routière/Droits réservés • 338bg : Divergence Images/Th. Fliche • 339g : Illustration issue du site éduscol -eduscol.education.fr/• 339d : Service public © DILARègles pour circuler en EDP • 341h : Ministère de l'Intérieur/Sécurité civile • 341b : Saif images/C. MARTIN • 343b : www.georisques.gouv.fr/décembre 2021 • 345h : Rea-Laif/J. Van Gennip • 345m : WWF France • 347 : Faireprod / © Sophie Raynal • 348h : Maxppp/PhotoPQR/Presse Ocean/R. Boulanger • 348b : © Conseil départemental de l'Essonne • 351h : © AFP Factuel • 353 : SYNALAF/volailles Label Rouge • 355g : SIPA/AP/M. Lennihan • 355d : Alamy Stock Photo/Allstar Picture Library Ltd • Nous remercions Cédric Merchet, principal du collège François Mitterrand de Caraman (31), pour la photographie p. 306-307.

Édition : Florence Coquinot, Émeline Marx • **Direction éditoriale :** Céline Martin • **Chargé d'édition :** Loan Herr • **Couverture, conception maquette intérieure et direction artistique :** Audrey Hette • **Adaptation maquette intérieure :** Nathalie Fatou, Véronique Rossi • **Mise en pages :** Nathalie Fatou (Histoire), Sabine Beauvallet (Géographie et EMC), Nadia Julienne (lexique et atlas) • **Cartographie :** Édicarto • **Infographies :** Mathilde Boucher • **Iconographie :** Marie-Pascale Meunier • **Illustrations :** Pauline Bernadoux (p. 103 et 327), Vincent Brascaglia (mascottes des pages méthode), Amélie Veaux (p. 17, 59, 60, 66, 68, 97, 109 et 134), Christian Verdun (p. 23 et 39) • **Photogravure et prépresse :** Arthur Caillard • **Fabrication :** Sandrine Sgarzi-Pavy

La pâte à papier utilisée pour la fabrication du papier de cet ouvrage provient de forêts certifiées et gérées durablement.

Imprimé en Italie par Elcograf

N° d'édition : 03582277-02/août 2022 – Dépôt légal : avril 2022

Les États du monde en 2022